JN279860

概説 西洋法制史

勝田有恒/森 征一/山内 進 編著

ミネルヴァ書房

目　次

プロローグ　ヨーロッパ法の時空 …………………………………………… *1*

Ⅰ　ヨーロッパ古代の法と社会

第1章　ローマ市民法の世界 ………………………………………… *13*
  1. ローマの遺産 ……………………………………………………… *13*
  2. ローマの建国神話 ………………………………………………… *14*
  3. 国制の展開——王政から共和政へ ……………………………… *15*
  4. ローマ市民法の特質 ……………………………………………… *21*

第2章　古典期ローマ法曹と法学 …………………………………… *27*
  1. 国制の展開——共和政から帝政へ ……………………………… *27*
  2. 古典期ローマの法学者たち ……………………………………… *30*

第3章　古ゲルマンの法と社会 ……………………………………… *39*
  1. 古ゲルマンの国制 ………………………………………………… *39*
  2. 家と親族の法 ……………………………………………………… *44*
  3. 違法行為 …………………………………………………………… *47*

Ⅱ　ヨーロッパ中世の法と社会(1)——フランク王国の時代

第4章　部族法典とユスティニアヌス法典 ………………………… *55*
  1. 部族法典 …………………………………………………………… *55*
  2. ユスティニアヌス法典 …………………………………………… *59*

第5章　フランク王国の法と国制 …………………………………… *65*
  1. サリカ法典 ………………………………………………………… *65*
  2. 「教会」としての国家と帝国 …………………………………… *70*
  3. フランク王国の国制 ……………………………………………… *73*

Ⅲ　ヨーロッパ中世の法と社会(2)——封建社会

第6章　封建社会——「身分」の成立と展開 ……………………… *78*
  1. 封建制とは何か …………………………………………………… *78*

i

② 封建社会の基本原理と身分 …………………………… 83
　　　③ 貴族・農民・市民 ……………………………………… 85
第7章　中世法の理念と現実 …………………………………… 91
　　　① 中世的法観念 …………………………………………… 91
　　　② 法の採録と空間化 ……………………………………… 93
　　　③ 中世における私法と刑事法 …………………………… 98
第8章　ヨーロッパ法システムへの転轍 …………………… 104
　　　① 教皇革命 ……………………………………………… 104
　　　② フェーデとフリーデ ………………………………… 108
　　　③ 刑罰の誕生 …………………………………………… 111

Ⅱ　ヨーロッパ中世の法と社会（3）——近世の胎動

第9章　ボローニャ大学とローマ法のルネサンス ………… 118
　　　① 都市の成立 …………………………………………… 118
　　　② 大学の誕生——ボローニャ大学 …………………… 121
　　　③ ローマ法のルネサンス ……………………………… 125
第10章　中世ローマ法学と条例理論 ………………………… 129
　　　① 註釈と註解 …………………………………………… 129
　　　② 法助言 ………………………………………………… 134
　　　③ 条例理論 ……………………………………………… 135
第11章　カノン法——教皇権と法の合理化 ………………… 141
　　　① カノン法 ……………………………………………… 141
　　　② カノン法学の展開 …………………………………… 146
　　　③ カノン法と社会 ……………………………………… 148

Ⅲ　ヨーロッパ近世の法と社会（1）——ローマ法の継受

第12章　学識法曹とローマ法継受 …………………………… 158
　　　① 学識法と社会 ………………………………………… 158
　　　② ローマ法継受の理念 ………………………………… 161
　　　③ ローマ法継受の現実 ………………………………… 162
第13章　帝室裁判所と宗派対立 ……………………………… 171
　　　① 帝国改革 ……………………………………………… 171
　　　② 帝室裁判所の設置 …………………………………… 173
　　　③ 帝国宮内法院 ………………………………………… 178

- **4** 宗派対立の中の帝国裁判所 ……………………………………… *180*

第14章 糾問訴訟と魔女裁判 …………………………………………… *187*
- **1** 糾問訴訟とは何か ………………………………………………… *187*
- **2** カロリーナ刑事法典 ……………………………………………… *191*
- **3** 魔女裁判とカルプツォフの功罪 ………………………………… *195*

第15章 ローマ法の相対化──人文主義法学とコンリング …………… *201*
- **1** 人文主義法学 ……………………………………………………… *201*
- **2** ヘルマン・コンリング …………………………………………… *208*

III ヨーロッパ近世の法と社会(2)──近代の胎動

第16章 身分制議会と絶対主義国家 …………………………………… *218*
- **1** 旧ヨーロッパの身分制議会 ……………………………………… *218*
- **2** 近代国家の基礎理論──主権理論と新ストア主義 …………… *222*
- **3** 絶対主義の時代──社会的紀律化とポリツァイ ……………… *225*

第17章 パンデクテンの現代的慣用 …………………………………… *232*
- **1** ユス・コムーネとユス・プロプリウム ………………………… *232*
- **2** パンデクテンの現代的慣用 ……………………………………… *235*
- **3** パンデクテンの現代的慣用の展開 ……………………………… *238*

第18章 自然法論の展開 ………………………………………………… *245*
- **1** 自然法論と人間理性 ……………………………………………… *245*
- **2** ヨーロッパ大陸における自然法論の展開 ……………………… *247*
- **3** イングランドの自然権論 ………………………………………… *252*

第19章 啓蒙主義と法典編纂 …………………………………………… *255*
- **1** 啓蒙とは何か ……………………………………………………… *255*
- **2** 刑事司法における啓蒙主義 ……………………………………… *257*
- **3** 法典編纂の時代 …………………………………………………… *260*

IV ヨーロッパ近・現代の法と社会

第20章 歴史法学派 ……………………………………………………… *273*
- **1** 1814年の法典論争 ………………………………………………… *273*
- **2** ドイツ歴史法学派の活動 ………………………………………… *277*
- **3** 英米法圏の歴史法学 ……………………………………………… *281*

第21章　パンデクテン法学と私法実証主義 …………………………… *285*
　　1　パンデクテン法学 ……………………………………………………… *285*
　　2　パンデクテン法学への批判者たち …………………………………… *288*
　　3　パンデクテン法学研究の新たな展開 ………………………………… *292*

第22章　近代公法学の誕生 ………………………………………………… *295*
　　1　近代公法学とは何か …………………………………………………… *295*
　　2　フランスの公法学 ……………………………………………………… *297*
　　3　ドイツの公法学 ………………………………………………………… *301*

第23章　近代法システムの完成 …………………………………………… *309*
　　1　ドイツ民法典の編纂 …………………………………………………… *309*
　　2　他のヨーロッパ諸国における民法典編纂 …………………………… *315*
　　3　ドイツ刑法典の編纂 …………………………………………………… *316*

第24章　近代法システムの揺らぎ——ワイマールからナチズムへ … *319*
　　1　近代法システムの揺らぎ ……………………………………………… *319*
　　2　ワイマール共和国時代 ………………………………………………… *320*
　　3　ナチス政権時代 ………………………………………………………… *325*

エピローグ　19世紀ヨーロッパ法の継受から20世紀アメリカ法の受容へ … *336*
　　1　法の継受 ………………………………………………………………… *336*
　　2　アメリカ法の影響 ……………………………………………………… *343*

西洋法制史の基本文献 ………………………………………………………… *345*
年　　表 ………………………………………………………………………… *351*
写真・図版出典一覧 …………………………………………………………… *355*
あとがき ………………………………………………………………………… *359*
人名索引 ………………………………………………………………………… *361*
事項索引 ………………………………………………………………………… *365*

プロローグ

ヨーロッパ法の時空

ヨーロッパ法の歴史 　本書は、「西洋法制史」の概説書である。大学や大学院、あるいは法科大学院でのテキストとして用いることを第一の狙いとしている。

したがって、執筆者一同が特に心がけたのは、現時点で理解しておくべきことがらを中心に記述することである。われわれは、最新の成果は取り入れてはいるが、西洋における、少なくとも200年以上に及ぶ研究成果の重みを踏まえ、その基本となる考え方や道筋を明らかにすること、またいわば通説と考えられるものを中心に議論を組み立て、日本における西洋法制史の研究や教育の基軸となり得る概説を描くことに努めた。

しかし、基軸的概説を描くといっても、実はそのスタイルはそれほど明確ではない。われわれは、これまでの内外のさまざまな研究成果と最近の傾向を探り、現代に生きるわれわれ自身の判断にしたがって、本書のような構成を取り、記述を行った。本書がめざしたのは、その意味ではあくまでも21世紀初頭に相応しい基本書である。その際、われわれは、2つの要素を重視した。

その一つは対象である。本書の対象は西洋特にアメリカを除くヨーロッパ、つまり地理的、政治・経済的空間であるだけでなく、文化的、歴史的空間としてのヨーロッパである。かつて、法制史とは、例えばドイツ法制史やイングランド法制史のように国別の法制史を意味した。そのような歴史記述を生み出し、必要としたのは19世紀における国民国家の興隆である。国民国家の確固とした存在が、国家法の歴史的理解を何よりも重視させ、必要としていた。

ところが、20世紀半ば、とりわけその後半から事態は大きく変わっている。最初の大きな動きは、第一次世界大戦以降のパン・ヨーロッパ運動だった。フランス外相ブリアンは、運動の主唱者であるクーデンホーフの理念を具体化するために「覚書」（1930年）を記し、「ヨーロッパ連合」を実現するように国際連盟総会時にヨーロッパ諸国に提言した。しかし、この具体化の動きは、ブリアンの死（1932年）とともにいったん終息した。

次の動きは、第二次世界大戦後に始まった。1951年にはパリ条約によってヨーロッパ石炭鉄鋼共同体が、さらに1957年にはローマ条約によってヨーロッパ経済共同体（EEC）とヨーロッパ原子力共同体（EURATOM）が創設された。これを基礎として、

ヨーロッパ経済共同体が発展を遂げ，1992年に署名され，1993年11月1日に発効した欧州連合条約（マーストリヒト条約）によって欧州連合（EU）が成立した。構成国はさらに拡大を続けている。

　このような状況のもとで，本書もまた，国別の法制史にはこだわらず，ヨーロッパという観点から法の歴史を追跡することを叙述の一つの柱とした。実は，この試みはすでにヨーロッパ私法史として，ドイツやフランス，オランダ，ベルギー，イタリアやイギリスなどで推進されており，EU法の発展にも大きな役割を果している。その成果は本書でも十分に生かされている。

時空史　もう一つの重要な要素は，時空（クロノトポス）史という方法的立場である。ここでいう時空史とは，ヨーロッパ法をできるかぎり過去の現実のうちに構造的にとらえると同時に，また歴史的流れのうちにとらえようとするものである。もう少し具体的にいうと，時空史とは，「共時」と「通時」という2つの時間軸のうちに，ある「空間」の歴史を総体的にとらえようとする方法である。

　「共時」と「通時」というとかなり難しい概念のように思えるが，要するにある空間の歴史を横に切ったときに現れる共通の時間軸が「共時」で，縦に連続する時間軸が「通時」である。歴史を構造的にみようとすると共時的になり，発展史的に理解しようとすると通時的になる。

共時の意味　法を共時の視点から考察するということの意味をもう少し説明してみよう。

　法を共時の視点から時空に即して考察するということは，ある特定の時空，例えばヨーロッパ中世に住む人々が一般にどのような感じ方や考え方をし，何を正しく何を不正と判断し，それに対してどのように振る舞い，それがどのように処理されることを望ましいと信じたのか，要するに正義に関する共通感覚がどのように具体化され，制度化されていたか，ということに帰着する。

　なぜなら，法とは，最終的には，その社会が容認する何らかの実力行使によって実現もしくは守護されねばならない規範だからである。法は，その限りで人々の共通感覚や社会規範のより厳格で明確な表現形態である。ある地域の一定数の人々がある程度普遍的に正しいと考え，それを力によっても守らねばならないと考えるとき，そこには「法」がある。

　その力が個々の人々に委ねられるか，特定の人々ないし機関に任せられるかは，その政治形態，つまり語の広い意味での国制の問題である。この国制もまた，人々の常識や感性の産物だといってよい。

　しかし，法や国制とその下で生活する人々の意識や感覚は相互的で，関係的である。それゆえ，法と国制が人々の法意識や行動様式を規定する，という側面があることも否定できない。人はこの世に生まれ落ちたその時から，その社会に適合的に生きていくための規範を身に付けていく。個々人の考え方や行動様式を規定するさまざまな規則や規

律が意識的, 無意識的に教えこまれ, その過程のうちに規範は血肉化され, 感覚化される。

さまざまな規範の編み目は, 個々人がこの世に現れるはるか昔から存在する。人々の常識や感性, 規範感覚や法観念もまた, それに適合的なものとなるのは自明なことであろう。

それゆえ, ごく一般的に言えば, およそ, 法, 国制, 人々の情感構造や規範意識は渾然一体としており, それらは相互に影響を及ぼしあっている。一方が一面的に他方を規定し, ある特定の「下部構造」からあたかもすべてが流出してくるかのように「法」を理解することはできない。

ある人的共同体の内外に通用する不文の慣習は言うまでもなく, 制定的な法や, 司法によって創造されたり確認されたりする判例法, 法律家によって形成される学識法や法理論, 法曹法ですら, ある特定の時空に生きる人々の情感構造や美意識, 共通感覚や規範意識と不可分の関係にある。いわば, そういったものの総体が「共時としての法」にほかならない。

通時のヨーロッパ法 しかし, 「法」は決して固定的なものではない。人々の情感構造や精神構造, 行動様式や規範意識は変化する。人と人との関係, 集団と集団との関係, それらを含みこむ国制は変化する。それにつれて, 規範的な感情や意識さらには学識理論もまた変容を遂げ, 新しい独自の関係や共通感覚, 規範意識を生み出す。その上に, 新しい精緻で技術的な法学識も展開する。要するに, ある時空を構成する歴史的世界は変容する。その変容の時間が「通時」である。

通時的考察は, 共時の法を一つの分節としてたて軸のなかに組み込む作業である。これは, 共時としての法が変化する過程を考察することといってよいであろう。本書ではその区分を「Ⅰ ヨーロッパ古代の法と社会」, 「Ⅱ ヨーロッパ中世の法と社会」, 「Ⅲ ヨーロッパ近世の法と社会」, 「Ⅳ ヨーロッパ近・現代の法と社会」と表現することにした。そのそれぞれに「総説」を記して, 共時的な法観念や法制度を概観し, それぞれの章で各論的に重要なテーマや歴史的流れを明らかにすることにした。

通時的アプローチについて, 2つのことを指摘しておきたい。

ある時空の法から次の時空の法への移行は通時的に説明されねばならない。これが一つである。

このテーゼは, 「ヨーロッパ近・現代の法と社会」への流れを各時空の共時的考察と同時に行い, その作業によって近代法と近代法学成立への歩みを理解することを意味する。現行の法システムはどのようにして成立したのであろうか。これを知ることは, かつて法がどのようなものであったかを知ることと同様に大切である。それゆえ, 本書では, 例えば, 「ヨーロッパ中世の法と社会」において「近世の胎動」の項目を設け, 中世的学識法学の特性を示すと同時に, それが近代法と近代法学の形成に大きな役割を果したことを明らかにする。この通時的視点によって, 19世紀における近代的, 学問的法

及び法律学の成立と発展にとって不可欠の前提を知ることができるであろう。

　もう一つは，通時的に法の歴史を考察し，変化のなかで変わらないもの，共通して存続する何らかの関係といったものを知ることである。

　共時の「世界」の変化は，たしかに大規模なものである。だが，それは必ずしも過去との全面的な断絶を意味しない。それは大きな変化であり，断絶の要素をかなり含むことは間違いないが，理解不可能な「世界」になるわけではない。ある意味で，変化しない「構造」が「ヨーロッパ法の時空」を貫徹しているとも言える。二つほど例をあげておこう。

　権利の体系　第一に，ヨーロッパ法は一貫して「権利の体系」だ，ということである。欧米人の権利意識は一般に非常に強いとされている。これは，過去から現代にいたるまで変わらない。本文で記すように，古代ローマ法はローマ市民の権利の体系であったし，中世ヨーロッパの人々は，彼らに対する権利侵害に対して自身の判断で自身の武力によってこれに対抗した。権利侵害に対するそのような武力（実力）行使は血讐あるいはフェーデ（私戦）と呼ばれ，合法的行為と理解されていた。

　むろん，裁判制度も存在していた。しかし，これは一般にフェーデと二者択一の関係にあるにすぎない。公権力による検察活動は原則として存在しなかった。しかも，その裁判は，「決闘裁判」のように，文字通りの決闘によって決着をつけられることすらあった。ここでは，当事者の関与の度合いが決定的に高い。

　「ヨーロッパ中世」の，そのような共時の「法文化」を知ってはじめて，現在の欧米型裁判における当事者主義や権利主張の重要性と必然性を理解することができる。欧米型裁判とりわけアメリカのそれは，権利のための武力抗争を言葉による抗争にかえた，独自の平和的戦闘空間という側面をもつ。

　各人の権利の守護や実現が各人の実力行使に委ねられている「世界」と公権力に委ねられている「世界」とは，明らかに異質である。そこでの人々の考え方や感じ方そして規範意識つまり法観念とそれに見合うさまざまな法や制度，組織のありかたは互いに根本的かつ構造的に異なっている。そこにあるのは，2つの異質な法世界である。

　しかし，この2つの異なった法世界に共通に貫徹するのが強烈な権利意識と，自己の権利を守り実現するためにあくまで自ら「戦う」という信念である。また，それを自明とする法制度である。「裁判」はたしかに「真実」を確定する場である。しかし，それ以上に重要なのは，当事者が互いにフェアに「戦う」ということである。裁判に期待されるのは，あくまでそのための「場」であることにすぎない。

　欧米の裁判，とりわけ絶対主義の軛から逃れ，重い公権力を嫌う人々が作ったアメリカの裁判のもとで「法の適正手続（due process of law）」が何よりも重視されるのはなぜだろうか。それは，単に「近代的な」人権を守るために不可欠だから，ということにつきはしない。デュー・プロセスが，中・近世ヨーロッパ法文化の精髄を近代的に変容し，表現するものでもあるからである。

学識的法文化　現代にいたるヨーロッパ法文化のもう一つの精髄は中世以来の学識的法文化である。

　この学識的法文化は，他のどの地域にもないヨーロッパ独特のものである。それは，主に，古代ローマ法を素材として作り上げられた中世ローマ法及びローマ法学並びにその担い手である法学識者の活動と威信からなっている。これに神学から独立して発達した合理的カノン法及びカノン法学並びにカノン法学者が加わって，ヨーロッパ独自の学識的法文化や法システムが創り上げられていった。

　ヨーロッパにおいて発展し，「近代」を作り上げ，その重要な構成要素となった，この合理的，学識的法文化の成果である近代法と近代法学そしてその諸々の法制度は，日本はいうまでもなく，およそすべての「開化された」非ヨーロッパ諸国において継受もしくは受容されて今日にいたっている。したがって，この学識的法文化の成立と発展を探ることはすぐれて現実性をもった課題ということができる。本書の第9章から第14章は学識的法文化の成立の過程と内容を詳細に取り扱っている。

　この過程の中で確認され，強化され，洗練されたのは，専門的法技術であるのはいうまでもない。その専門化と専門家集団形成の過程を的確に描きだすこと，その意味と意義を探り，考えることは本書の主要な課題である。

　この学識的法文化の内容の記述は本論によるしかないが，ここでは比較法文化的な観点から重要と思われることを一つだけ指摘しておきたい。それは，その専門性の背後にある思想と精神の存在である。

　ヨーロッパにあっては，古代ローマはもとより，ゲルマン社会や中世においてすでに，法そのものを重んじ高く評価する思想，精神，エートスがあった。法を尊重する姿勢，それも人々の正当な世俗的利益すなわち権利を重視する考え方と不可分な形で示された法尊重主義が学識的法文化を生み出し，支えていた。

　法が支配の道具であり，手段にすぎない世界，あるいは法がそもそも無視されている世界では，学識的法文化は生まれない。そこでの法の担い手は，権力に仕える役人か命令をただ実践し処罰する刑吏でしかない。

法の支配　ヨーロッパにおける学識法とその担い手は権力と一線を画し，権力を法のもとにおくことをめざした。法学者や法律家は専門的職業人としてその地位を高め，学識を武器として法実務を支配した。彼らは，皇帝や国王，教皇ですら従わねばならない法のあることを論じ，それを実現するための精緻な法理論，法学説を鍛え，実務に生かしていった。

　法律家は正義の担い手であった。中世ローマ法学の代表的法学者であるバルトルスは，ローマ法に対する註解で「法は正義に由来するといわれる」との立場から，「正義とは各人に各人の権利を分配することである」というローマ法の言葉を繰り返した。バルトルスは，世界の支配者である皇帝といえども地上にあるすべての物の所有者ではないし，すべての人々の裁判権者でもない，と明記した。バルトルスの後継者であるバルドゥス

もまた，君主といえども臣下の支配権や私的所有権を理由なしに奪うことはできないと主張している。

　同様のことは，ローマ法とは異なるかたちで慣習法（コモン・ロー）を発達させていったイングランドについてもいえる。ここでも独自の権威ある法曹集団が育ち，法を尊重する精神とその法文化が形成されていた。

　イングランドに絶対王政を確立しようとしたジェームズ1世に対して，後に「権利の請願」（1628年）を記し，コモン・ローの擁護に努めた法律家エドワード・クックの語った言葉はその精神を鮮やかに伝えている。クック自身の記録によると，王がある事件をめぐり「法は理性に基づきしかも王及びその他の者も裁判官と同じように理性を有していると考える，と述べた」のに対し，クックは「法と訴訟とは自然的理性ではなくて，人工的理性とその認知に達しうるまでには長年の勉学と経験を必要とする行為である法の判断とにより決定される」と主張した。

　王はクックの言に大いに感情を害し，「そうならば王は法の下にいることになる」と述べた。「このことを肯定することは，王が述べたごとく反逆罪であった」。しかし，クックはひるまなかった。彼は，これに対して「ブラクトンは国王は人の下に立つことはないが神と法の下には立たねばならないと quod Rex non debet esse sub homine set sub deo et lege 述べている」（『イングランド憲法史』）と断言したという。

　ブラクトンは，イングランドのコモン・ローを学識的に記した，13世紀の法学者である（第7章参照）。法の尊重と学識的法曹法文化の誇りと権威がここにみごとに表現されている。

法・歴史・文化　中世ヨーロッパの時空史的研究で著名な歴史家，アーロン・グレーヴィチによると，中世ヨーロッパを特質づけるのはなによりも「法の支配」だった。グレーヴィチが「法」に着目するのは，「社会と法との関係」のなかに「社会と個人の関係」が明示されるからである。法の地位は個人の地位の反映である。「法を軽視すること，社会関係の体系のなかで法に瑣末な役割しか持たせないということは，社会の成員である個人の人権の侵害を招来することになる。逆に，法を高く評価するということは，社会が人間存在を尊重し，人間存在に対する一定の保証があるという事実とつながってくる」（『中世文化のカテゴリー』）。

　このような，法に対する高い評価は，すでに中世ヨーロッパにおいて存在していたという。それは，ブルジョワ的市民階級が成長するはるか前から，封建制のもとですでに存在していた。たしかに，中世のイスラム教社会も，「ヨーロッパの封建制に近い一連の特徴をもっていた」。しかし，「ヨーロッパにおいては，教会の強権にもかかわらず，法が比較的独立した力であった」のに対して，「アラブ世界においては法は宗教の不可分の部分を構成していた。イスラム教の法は，教会法と世俗法の区別を知らない」。つまり，「アラブ人のもとにおいては純粋に世俗的な法は形成されなかったがために，法はその神聖な本性からして変更がほとんどきかないものであり，新しい社会条件に適用

させるには大きな困難をともなわざるを得なかった。法というものが著しく保守的な力だったのである」(同上)。

　イスラム法の理解についてはあるいは留保が必要かもしれない。だが，法に対する尊重は，第8章で示されるように，ヨーロッパにおける聖俗分離と深く関わっている。これは現代社会においてなお，きわめて重要な論点のひとつである。

　グレーヴィチは中国についても，そこでは法律は善ではなく悪とみなされ，権利の観念は物事の自然な秩序と矛盾するという。中国では「自分が受けるべき権利を厳しく要求するということは反社会的な行為であり，良い風習に反する」。秩序を形成するのは，国家を支配する人たちであり，「それゆえ，法秩序の原理——法治国家の理想——は中国文明には根ざしていない」と。

　この認識についても異論はあり得るに違いない。しかし，この中国における権利観念，「法治」をめぐる議論もまたすぐれて現代的テーマであることは確かである。ヨーロッパは，法と権利を内在的に深く結びつけ，学識的法文化を成立させた。この人類史的意味は重い。われわれは，その意味を問いつづけなければならないであろう。

　ヨーロッパは，その独自の法文化，法制度の上に，近・現代の法システムを産み出した。そのシステムはいま世界中で大きな影響力をもっている。そのシステムの成立の過程について学ぶことは，同様のシステムを運営するうえできわめて重要である。

　むろん，そのシステムにさまざまな難点があることはいうまでもない。ヨーロッパ法文化の特殊性を抱え込んでいることも確かである。したがって，その法システムを直ちに普遍的と考えることはできない。また，そうすべきではないだろう。

　しかし，ヨーロッパ法の歴史を学ぶということは，システムを歴史的に学ぶというだけでなく，法を尊重すること，個人とその権利を尊重することを学ぶということである。法と個人の権利の尊重は，そのものとしては普遍的ではない。それは，ヨーロッパにおいて文化的，歴史的に成立したものにすぎない。しかし，その歴史を学ぶことによって，法と権利の尊重を優れた成果と考え，それを適合的に導入し，血肉化することは可能である。それは自由な選択である。日本は，明治以来，西洋の法制度，法システムを導入してきた。しかし，その精髄である，法と権利の尊重をはたしてどれほど自覚的に導入してきたかについては，疑問がないわけではない。

　本書は，ヨーロッパにおける法の歴史を克明に描き出すことによって，ヨーロッパの法と法システムを知り，ヨーロッパというものを法の観点から考えること，またわれわれ自身を省みること，特に権利の尊重という問題を改めて考えるための手がかりを与えることをめざしている。歴史は過去の事実の記述である。だが，それは現在と未来を考えるための不可欠の手段でもある。本書が法と法システムについて，またその将来のありかたを考えるための一助となれば幸いである。

【参照文献】

石部雅亮・笹倉秀夫『法の歴史と思想——法文化の根柢にあるもの』放送大学教育振興会，1995年。
上山安敏『法社会史』みすず書房，1966年。
河上倫逸『法の文化社会史』ミネルヴァ書房，1989年。
真田芳憲『イスラーム　法と国家とムスリムの責任』中央大学出版局，1992年。
森征一・岩谷十郎編『法と正義のイコノロジー』慶應義塾大学出版会，1997年。
村上淳一『〈法〉の歴史』東京大学出版会，1997年。
山内進『決闘裁判』講談社現代新書，2000年。
N. エリアス／吉田正勝・波田節夫他訳『文明化の過程　上・下』法政大学出版会，1977, 1978年。
A. グレーヴィチ／川端香男里・栗原成郎訳『中世文化のカテゴリー』岩波書店，1992年。
J. フランク／古賀正義訳『裁かれる裁判所　上・下』弘文堂，1960年。
F. W. メイトランド／小山貞夫訳『イングランド憲法史』創文社，1981年。
Harold J. Berman, *Law and Revolution: The Formation of the Western Legal Tradition*, Cambridge (Massachusetts), 1983.
Aritsune Katsuta, A Grey Legal Culture, Sean Coyle (ed.), *Studies in Legal Systems: Mixed and Mixing*, London, 1996.

＊　本書では，著作の引用にあたっては，参照文献にあげる表題でその旨を示した。例えば，6ページの（『イングランド憲法史』）は，上記文献のF. W. メイトランド／小山貞夫訳『イングランド憲法史』創文社，1981年から引用したことを示す。

（山内　進）

I
ヨーロッパ古代の法と社会

凱旋するマルクス・アウレリウス帝

I　ヨーロッパ古代の法と社会：総説

◘　全体像

　ヨーロッパ法文化の基層をなし，その形成に決定的な影響を与えた古代法と言えば，古代ローマ法と古代ゲルマン法である。もちろん，この2つの古代法だけでヨーロッパ古代の法と社会を語りつくせるわけではない。例えば，地理的に後に「ヨーロッパ」となる地域には属さないが，古代バビロニア法（ハンムラピ法典）や古代ユダヤ法が旧約聖書を通じてキリスト教世界の法に与えた影響を，決して少なく見積もるべきではない。

　とはいえ，西洋法制史の概説という本書の位置づけからすれば，読者をあまり緻密な法史学的議論に誘い込んで本筋を見誤らせることは避けるべきであろう。そこで，第I部では，ヨーロッパ古代の法と社会を概説するにあたって，古代ローマ法及び古ゲルマン法という最も重要な古代法に専念することにした。

◘　ローマ法とゲルマン法

　読者のイメージを喚起するために，あえて図式的に言えば，ゲルマン法文化の土壌にローマの法制度が移植されたのが，現代ヨーロッパ法ということになる。もちろん，こうした図式化は誤解のもとであって，そもそもローマ法とゲルマン法以外の要素をすべて捨象してしまって良いはずがない。そのうえ，実際にはゲルマン法的要素とローマ法的要素は互いに分かちがたく結びついているので，もはや現行法制のある側面がどちらに由来するものか断定しようとしても，不毛であり，不可能ですらある。

　とりわけゲルマン法の概念については，世良晃志郎が指摘したように，むしろ「非ローマ法」と称すべきような，厳密な学問的検証には耐えない概念とすら言えるかもしれない。他方で，比較的はっきりしているように思われるローマ法の概念についても，何が「本当の」ローマ法であるかについて，必ずしも合意があるわけではない。そもそも文化的所産である法システムについて，他システムの影響を捨象した純粋な本質を抽出すること自体が不毛であるし，そうした「本質的特徴」を取り出すには何らかの形で論点を先取りせざるをえないからである。

　とはいうものの，ヨーロッパ法の時空を理解しようとする者にとって，その基本的構成要素であるローマ法とゲルマン法の大まかな特徴を概観しておくことは，不可欠の準備作業と言えるであろう。

◘　古代法の特色

　一般に，古代社会の法は，呪術的・宗教的な性格が強いとされる。古代法は，しばしば道徳や宗教と不可分一体であり，神託が判決の決め手となることも少なくない。このような社会においては，祭祀共同体としての氏族ないし家族が社会生活上の単位として前面に出てくることになる。古代法の主体として機能するのは，それゆえ個人ではなく

I　ヨーロッパ古代の法と社会：総説

氏族・家族である。

◘　家父長制

このような氏族・家族を率いたのが，家父である。自力救済を基調とする古代社会においては，強力な家父権が，家族員の財産と権利を守るために不可欠であった。生産手段が未熟な段階では，しばしば掠奪が経済合理的な行動であるし，公権力が未発達な段階では，権利を主張するのも実現するのも，すべて自己の実力だけが頼りとなるからである。例えば，古代社会では公的判決が下された場合でも，判決の執行がしばしば当事者の手に委ねられたが，そうすると武装能力のない者にとっては，権利も判決も画に描いた餅にすぎないわけである。

また，ゲルマン法や初期のローマ法における民会のシステムにも，こうした古代社会の特徴がよく現れている。武装市民資格をもつ者たちによる直接民主制のシステムは，実力と現物性を重んじた古代人のメンタリティーに相応しいものであった。

ただ，強力な家父権といっても，ローマ法とゲルマン法ではやや性格を異にしている。ローマの家父権（パトリア・ポテスタス）が，ばらばらの個人を家族という団体にまとめあげるための権力という性格を有したのに対して，ゲルマンの家父権（ムント）は，個人に先行して存在する団体における，一個の職務ないし権能という性格を有した。

その結果，個人主義的なローマ法の家父権の方が，団体主義的なゲルマン法の家父権よりもずっと専断的な形態を取ることになった。

◘　脱呪術化

さらに，ローマ法とゲルマン法の相違は，ローマが都市国家から地中海商業帝国へと発展していく過程で，一気に広がった。ついに古代法の性格を脱することのなかったゲルマン法に対して，古典期以降のローマ法では，合理主義的な法システムが発達して宗教・道徳との峻別が進み，古代法の特徴がきわめて希薄になった。ローマ法は本来の個人主義的特徴をさらに強めるとともに，呪術的性格を脱して，活発な人的・物的交流に対応した合理的な民事法システムを発達させ，広大な帝国支配を可能にする官僚制度を生み出したのである。

もっとも，これは図式的にすぎる説明かもしれない。実際には，ローマ法といえども古代法的性格を完全に捨て去ることはなかったし，ゲルマン法についても，ローマの法発展のようなダイナミズムを欠いたのは事実としても，過度に静態的に捉えてしまう見方は禁物である。第Ⅰ部の諸章において解説されている法史的事象を学ぶことで，読者には自分なりの具体的なイメージを描き出してもらいたい。

Ⅰ　ヨーロッパ古代の法と社会：総説

【参照文献】
世良晃志郎「ゲルマン法の概念について」『歴史学方法論の諸問題（第2版）』木鐸社，1975年所収。

（屋敷二郎）

第1章

ローマ市民法の世界

///

「ローマは三たび世界を征服した」というように，ローマ法はヨーロッパ法文化を規定する偉大な文化的遺産である。もっぱら法哲学に貢献した古代ギリシア人とは違い，古代ローマ人は，現実社会の法的問題に対して現実的な解決法を発見することに長けていた。ローマ法はもともと農業共同体に適合した厳格法だったが，ローマが地中海商業帝国へと発展するにつれ，法務官の活動を梃子（てこ）として，より柔軟な衡平法へと変貌を遂げていった。

1 ローマの遺産

ローマの遺産　19世紀ドイツの偉大な法学者ルドルフ・フォン・イェーリングは，1852年の著書『ローマ法の精神』第1巻の冒頭で，「ローマは三たび世界を征服した」と述べている。ローマ法が，ローマ帝国による地中海世界の支配（いわゆる「ローマの平和（pax romana）」）や，世界宗教へと発展したキリスト教とならんで，ローマの偉大な遺産であることに疑問の余地はないだろう。後の諸章で詳しく解説されるように，現代ヨーロッパ諸国の法制度や法理論は，いずれも何らかの形でローマ法という共通の地盤（ユス・コムーネ）の上に築かれている。

むろん，現在の西洋法制史学では，ローマ法の地位は相対化されており，例えばローマ法だけが特別の人類史的使命を帯びているのだ，といった主張を耳にすることはない。しかし，かつてのゲルマン法研究者（ゲルマニステン）にみられたように，ローマ法のプレゼンスを過剰に意識するがゆえに「非ローマ的な法」をいたずらに追い求める努力もまた，むなしいと考えられている。実際，対象となる法史料について当時の社会における現実的機能を探求しようとするならば，ローマ法的要素はごく自然なこととして至るところに出現する。その意味において，現代の西洋法制史学もまた，ローマ法の遺産相続人である。

ローマ法の時空　ここで，議論をより明確にするために，「ローマ法」という概念の輪郭を簡単に示しておくことにしよう。ローマ法とは，時間的にみて，紀元前449年に成立した12表法から紀元後534年に編纂を終えたユスティニアヌス

13

の立法事業（「法学提要」・「学説彙纂」・「勅法彙纂」）まで，およそ1000年間にわたって「ローマ」で形成され発展を遂げた法のことである。空間的には，イタリアの小さな農業共同体的都市国家ローマから，地中海全域を支配する大商業帝国を経て，コンスタンティノープル（今日のイスタンブール）を中心としたビザンツ帝国へと変遷した「ローマ」の法が，ここでいうローマ法である。本章では，このうち建国から共和政期までを扱い，続くローマ法の黄金時代（古典期）は次章で，以後ユスティニアヌスの法典編纂までを第4章で扱うことにする。

② ローマの建国神話

建国神話　ギリシアの知将オデュッセウスの奸計（「トロイの木馬」）によって小アジア西岸の豊かな都市国家トロイアが滅亡した際，トロイア王の婿であった武将アエネアスは，老父を背負い，息子を連れ，わずかな仲間とともに炎上する城市からの脱出に成功した。アエネアスの母である美の女神ウェヌスが，息子を死から救ったのである。苦難の流浪の末，アエネアスは一行とともにイタリアに上陸し，ラツィオ王ラティヌスに気に入られて娘ラウィニアと結婚し，ようやく安住の地を見出すことになった。ローマの建国神話はこのように説き起こされるのが常である。

ロムルスとレムス　数百年の後，ラツィオはアエネアスの子孫にあたる兄弟ヌミトルとアムリウスの共同統治下にあった。しかし，単独で統治しようと考えたアムリウスは，兄を追放し，子供たちを皆殺しにした。唯一，死を免れた娘レア・シルウィアは，子を産むことのないように巫女にされたのだが，軍神マルスがレアを見初めたために，レアは双子の兄弟をみごもった。激怒した王によってテヴェレ河に流された双子は，運良く岸に流れ着き，そこで牝狼に育てられた。成人した双子は，やがて自己の身上を知ると，故郷に帰還してアムリウス王を殺害し，祖父ヌミトルに王位を返上した。この双子こそが，ローマ建国の祖ロムルスとレムスである。

ロムルスとレムスは，まもなくラツィオを去り，かつて流れ着いた河口近くの岸辺に新しい都市を建設することにした。都市の名前を決めるために，双子は丘の上から見えた鳥の数を競い，パラティーノの丘を選んだロムルスが勝利して，新都市はローマと呼ばれることになった。双子は互いの勢力圏を画定するために1本の溝を掘って城壁を築き，この壁を越えるものは殺すと誓約しあった。しかし，レムスが誓約を破って壁を壊したため，ロムルスはレムスを誓約どおりに殺害した。この出来事のあった紀元前753年4月21日をもって，ローマは建国されたとされる。

ローマ人の心性　もちろん，これはあくまでも伝説であって，しょせんは神話にすぎない。しかし，重要なのは，伝説の内容そのものが史実に即しているかどうかではなく，こうした内容をもつ伝説をローマ人たちが好んで物語り，代々語り継いでいったという「事実」が意味することである。

ローマ人は，女神ウェヌスに愛された武将アエネアスの末裔であり，軍神マルスの息子ロムルスを建国の祖にもつ。このような宗教的・精神的プライドが，勇猛果敢さを重んじ軍事に長けたローマ人のアイデンティティの基礎に存在する。また，レムスが殺害されたと伝えられる日をもって建国の日と位置づけた「事実」もまた重要であろう。法を破った者は，たとえ実の兄弟であったとしても，仮借なく厳正に処罰する。ローマはそのよう

カピトリーノの牝狼

な厳格な法の上に築かれたのであり，こうした伝統的な法こそがローマ人の精神的支柱なのである。

このような法観念は，ローマ法の発展過程において繰り返し示されるローマ人の保守性を予示する。伝統的な法への固執と，社会的ニーズの変化とのせめぎあいが，ローマ法を傑出した高みにまで導いたことを思えば，こうした建国神話が好んで語り継がれたことの意味は実に深いといえよう。

3 国制の展開——王政から共和政へ

ローマの王政　現実のローマが独立した都市国家として成立したのは，およそ前600年頃のことだとされる。テヴェレ河畔に定住していたラテン族とサビーニ族は，氏父（pater gentis）を支配者とする氏族（gens）集団であった。これがエトルスキ族によって統一されて成立したのが，都市国家ローマである。ローマの支配者は，氏父の政治的権力をしだいに吸収して王（rex）となり，絶対的な命令権（imperium）をもつようになった。他方で，氏父の私法上の権力は，氏族に代わって国制の単位に浮上した家族の家父（pater familias）の家父権（patria potestas）へと変化した。

ローマの王政において，王は神権的・専制的な支配者だったとされる。王は神々と人間との仲介者として，鳥占によって神意を伺い人々に遵守を命ずる大神官であり，吉凶の暦日を定めて吉日に裁判を行う最高裁判官でもあった。さらに王は軍の最高司令官であり，最高行政官であった。命令権とは，このような軍事・行政・司法の最高権力を包括的に表現した言葉である。政治的権力を奪われた氏父たちは，王の顧問機関である元老院（senatus）を構成した。元老院議員（patres）は由緒正しい氏族に限られたので，これらの家柄はパトリキ（patricii）と呼ばれ，やがてローマの貴族身分を構成することになった。

身分闘争の時代　伝承によれば，前509年に王が追放され，ただちに共和政が成立したとされる。しかし，実際に制度が確立するまでには150年近くを

第1章　ローマ市民法の世界　15

要したのであり，ローマの共和政は前4世紀前半にようやく成立したとみるべきであろう。エトルスキ族の支配を覆したパトリキは，神官や元老院議員の職を独占したばかりか，王に代わって最高行政官・軍司令官となった執政官（consul）の職をも独占した。武器をとって国防にあたり，民会（comitia curiata）に参加して国政に参与するのも，パトリキに限られた。

しかし，主として軍事的必要から平民身分であるプレブス（plebs）の社会的重要性が増していくと，やがて激しい身分闘争が生ずることになった。いわゆる聖山事件（前494年）を皮切りとする身分闘争の結果，平民会（concilia plebis）の開催と，そこでの護民官（tribuni plebis）の選出が認められるようになった。当初は2名，後に10名に増員された護民官は，プレブスの権利の救済を主たる任務とし，パトリキの独占する政務官（magistratus）の職権行為に対して，抗議（intercessio）をなしてこれを取消す権限を有した。

12表法の制定 護民官によってプレブスの個別的な救済の可能性が確保されたにせよ，法知識そのものは依然としてパトリキの独占物であった。というのも，法が成文化されておらず，判決にあたる神官職はパトリキに独占されていたからである。当然ながら，これでは法的安定性を期待できないし，とりわけプレブスの眼には，パトリキが都合のよい判決を恣意的にブラックボックスから取り出しているように映ったことだろう。

10年に及ぶ交渉の結果，ようやく前452年にパトリキだけで構成される十人委員会（Decemviri）が設置され，翌年に10表の法案が作成された。法案は民会（comitia centuriata）を通過したものの，さらに追加規定が必要とされたので，前451年にプレブスを委員に加えて十人委員会が再編され，2表が新たに起草された。追加規定は前449年に民会を通過し，こうして完成した12表法（lex duodecim tabularum）は，12枚の木板に刻まれて，市場に公示されることになった。

▶12表法の復元

12表法の正文原典は，ガリア人によるローマ掠奪（前390年）の際に失われた。その後，宗教的規定を除いて改めて公示されたものの，現在では共和政末期や元首政期の文献に引用された断片を再構成することによって，辛うじてその内容を知ることができるにすぎない。

復元の度合いは法文によって大いに異なる。複数の文献に法文が引用されていることからほぼ原典どおり復元されたとみられる幸運な条項もあるが，文献中の間接的言及から「こういう内容の条項が存したはずだ」と推定されるにとどまるような，いまだ文章の体をなさない条項もある。第Ⅳ表第2法文a条「法律が父に男児にたいする生殺与奪の権を与えてから」は後者の例であり，同b条「もし父が息子を3回売却したならば，息子は父より自由となれ」は前者の例である。　　　　　　　　　　　（R）

12表法の意義　12表法の制定に際しては，ギリシア（アテナイ）におけるソロンの立法をモデルにしたとの伝承があるが，基本的に，ローマ古来の慣習法を成文化したものと考えてよい。実際，12表法は「全ての公法および私法の源泉（fons omnis publici privatique iuris）」（リウィウス『ローマ史』）として，ローマの伝統に深く根ざした，ローマの法生活の磐石の基礎となった。12表法を暗誦するのがローマの少年たちの慣わしであった（キケロ『法律について』）。

　驚くべきことに，あれほど高い法的水準を誇ったローマ人は，12表法以後ユスティニアヌス法典の編纂まで，専主政期における勅法集の類を別にすれば，「法典」と呼び得るものを制定しなかった。民会の議決に基づいた「法律（lex）」という立法形式については，200ほどの例が知られており，なかには不法行為に関するアクィーリウス法（前286年頃）のような重要なものもあるが，いずれも個別問題を扱った単行法規にすぎない。ローマ人が「法律」というとき，それはしばしば12表法だけを意味した程である。

法的安定性の向上　債務者に対する厳しい姿勢が示すように，12表法は必ずしもプレブスの権利を優遇するものではなかった。例えば，第3表第5法文によれば，返済不能に陥った債務者は，60日にわたって鎖ないし足枷に繋がれ，その間に身請けの機会が与えられたが，誰も請戻金を支払う者がない場合には，殺害されるか，奴隷として売却された。それにもかかわらず，12表法の制定は，プレブスの権利状態を大幅に改善することになった。なぜなら，それまでブラックボックスから取り出されていた神官の判決が，いまや市場に公示された成文法の適用という形式をとることになったからである。プレブスは恣意的に権利を奪われる恐れがなくなり，法的安定性が著しく高まることになった。

共和政の成立　さらに，カヌレイウス法の制定（前445年）によってパトリキとプレブスの通婚が可能になった。プレブスのなかにパトリキに匹敵する社会的・経済的実力を蓄えたものも現れ，プレブスとパトリキの身分的格差はやがて解消へと向かった。前4世紀中葉には，プレブスであっても各種の政務官職に就任できるようになり，さらに執政官や法務官のような高官を経験した場合には，プレブスであっても登録議員（conscripti）として元老院に議席が与えられるようになった。また前286年のホルテンシウス法によって，それまで平民のみを拘束していた平民会決議は，民会の議決（lex）と同様の法的効力を与えられ，元老院の認可を得なくとも全ローマ市民を拘束することになった。こうして平民会は実質的に民会と同格となった。前3世紀末には形式的にも，すでに著しく数の減少していたパトリキを参加させ，民会（comitia tributa）に昇格することになった。このようにしてパトリキとプレブスの身分闘争は解消し，ローマ国民が一体となった共和政が完成した。

民会の機能　もっとも，身分闘争の終結によってローマ市民が社会経済的・政治的にみて平等で均質なものになったと短絡してはならない。共和政におけるローマ国民の一体性とは，あくまでもメンタリティーの上での問題にすぎない。

第1章　ローマ市民法の世界　*17*

そもそもローマの民会には，成立順にクーリア会・ケントゥリア会・トリブス会の3つがあった。このうち氏族制を基礎とするクーリア会（comitia curiata）ないし貴族会は，かなり早くに形骸化してしまったので，ここでは他の2つについて詳しく見てみよう。

ケントゥリア会　ローマの軍団編成を基礎とするケントゥリア会（comitia centuriata）ないし「兵員会」は，「最大集会（comitiatus maximus）」とも呼ばれ，もっとも重要な民会と位置づけられた。ケントゥリア会は，執政官・法務官・戸口総監などの高等政務官選出権を保有し，死刑に関する刑事裁判権も掌握した。ケントゥリア会では193ある部隊ごとに1票が投じられたが，その構成は著しく富裕層に有利であった。というのも，パトリキが18の騎士部隊を，財産額に応じて5階級に区分されたうちの第1階級が80の重装歩兵部隊を構成したので，これだけで過半数となったからである。投票は騎士から階級順に行われたので，議決も選挙も富裕層の投票だけで決まってしまうのが常であった。なお，武装は自弁が原則であったから，無産者（proletarii）には兵役の義務もなく，最初から民会への参加資格をもたなかった。

トリブス会　これに対して，地区（トリブス）を単位として編成されたのが，トリブス会（comitia tributa）ないし区民会である。成立時期は3つの民会のうちでもっとも新しいが，それでも前5世紀には活動していたようである。トリブス会の政務官選出権は，財務官や按察官といった下級職に限られていた。また，裁判権も罰金刑に関する刑事裁判権を有したにすぎなかった。もっとも，ケントゥリア会よりも立法手続が簡素であったため，やがてトリブス会は立法において中心的役割を果すようになった。トリブス会の議決方法は，トリブスごとに成員が投票を行って各トリブスの意思を決定し，これを民会における1票と数えたため，各トリブスごとの有力者の意思が強く反映することになった。

支配階層の再編　ホルテンシウス法以後，平民会が立法権をもつ民会に昇格したという際の「民会」というのは，ここでいうトリブス会のことである。しかし，その議決は有力者の意向に左右されがちであった。また，ローマの共和政下において民会を召集し議事をリードしたのは，政務官である。この意味で，執政官などの高等政務官選出権を独占したケントゥリア会が，依然として最重要の位置にあったと考えるべきであろう。

　このように考えると，身分闘争の結果，パトリキとプレブスの平等化がもたらされたというよりも，パトリキと有力プレブスが合流することによって新たな支配階層を形成したとみる方が適切であろう。とはいえ，権利において両者の区別がほぼ解消したことによって，実際生活のうえでというよりも，むしろメンタリティーのうえで「ローマ国民」の一体化がもたらされたのである。

政務官の機能　立法権を有したのは民会であるが，民会を召集し議事をリードしたのは政務官であった。政務官を選出したのは民会であるが，候補を選定

ファスケス(束桿)をもって政務官を先導する警護士

して民会に提案したのは前任の政務官であり、民会はその人選に賛同の意を表明するだけであった。実際、もともと政務官の候補者数は定員と同数が常であったし、定員数を上回る立候補があっても、前任者はあらかじめ不都合な候補者の届出を拒否したり、期待に反する投票結果を無効にした。このように、民会に対する政務官の権限は圧倒的であった。

政務官には、かつての王に代わるものとして、命令権を保有するものと、単に職権を持つだけのものとがあった。前者に属するのは、執政官(consul)・法務官(praetor)・独裁官(dictator)であり、後者に属するのは、戸口総監(censor)・按察官(aediles)・財務官(quaestor)である。

財務官・按察官　ローマの若者が政界を志したとき、最初の登竜門となったのが財務官の職である。その職務は国庫支出の監督と罰金・税金の取立であった。任期は1年で、定数は当初の2名からやがて20名までしだいに増加した。これを首尾よく務めると、任期1年・定員4名の按察官に立候補できる。公共建造物の管理や市場取引の監督に加えて、ローマ市の警察業務をその職務内容とした。

法務官　こうして法務官のポストへの挑戦が可能になる。法務官はもともと、執政官が軍務についた際、同僚制の原理によって2人が同時に不在となることから、その間の職務を代行するものだった。しかし、平時には法務官は司法に携わった。その内容については第4節で詳論するが、政治家である法務官がいわば裁判官の任にあった

第1章　ローマ市民法の世界　*19*

ということが，一方では政治家として社会的ニーズに応えた法形成の動機となったし，他方ではブレーンを必要としたことから法律家階層の発達を促すことになった。法務官はローマ法史の要だった。法務官の任期は1年で，定員は1名だったが，ローマが地中海帝国へと変貌を遂げていく過程で，国際取引が増大したために，前242年に外国人相互並びにローマ市民と外国人との紛争を解決するために，外国人係法務官（praetor peregrinus）が設置された（旧来の法務官は，以後「市民係法務官（praetor urbanus）」と呼ばれた）。なお，執政官の代理職としては，属州の増加とともに属州長官としての法務官が増設され，前1世紀には定員8名となった。

戸口総監 次の重要ポストは戸口総監である。戸口総監は，5年ごとに戸口と財産額の調査を行い，これに基づいて徴税簿や戸籍簿を作成した。また，元老院議員名簿の作成も担当した。名簿の作成にあたっては，素行調査なども行ったため，風紀取締も職務に加えられた。定員は2名だが，職務内容から例外的に同僚制の適用を受けず，任期も1年半とされた。

執政官 キャリアの頂点にあるのは，執政官である。執政官は，国家を代表する最高行政・軍司令官である。任期は1年，定員は2名で，同僚制の原理により，一方の出した命令を執行前に他方が抗議（intercessio）して取消すことができた。執政官の命令権そのものは絶対的だが，もう一つ別個の命令権を設定することで，濫用が防止された。執政官は，ローマ市域（domi）では任期や同僚制のほかに護民官の抗議や民会への提訴による制約も受けたが，戦地（militiae）と呼ばれる市域外の場所では，かつての王のごとく絶対的だった。

独裁官 非常事態に際しては，執政官の任命によって独裁官が設けられ，いわば一時的な王政復古として単独で命令権を行使した。その代わり，任期は半年に限定された。

元老院の機能 こうして政界のキャリアを登りつめた者は，元老院議員として迎えられる。政務官職はいずれも無給の名誉職だったので，ローマ人にとって，きわめて高い名誉を与えられる元老院議員の地位こそが最終目標だった。それゆえ，議員たちの決議である元老院議決（senatus consultum）は，もともと政務官に対する勧告・助言にすぎなかったが，政務官たちは元老院議決の権威を認めざるをえなかった。

実質的に政務官がリードした民会の立法や選挙にしても，最終的に元老院から権威（auctoritas）という形で承認が与えられねばならなかった。したがって，政務官は法案の作成や候補者の選定にあたって元老院の了解を得ておくのが通例となった。また，同僚制のため1日交代で勤務し，任期も1年で交代してしまう政務官が，戦争や外交などの重要課題を長期的視野をもってこなしていくのは困難であった。こうして，法的にはさしたる権限のない元老院が内政・外交の要として機能することになった。ローマ人が（とりわけ対外的に）ローマ国家のことを「SPQR」すなわち「元老院とローマ国民（senatus populusque Romanus）」と称した理由もまた，そこにある。

4 ローマ市民法の特質

ローマの家と家父権 　古代社会一般にみられるように，ローマの家もまた祖先崇拝を軸とした祭祀的血縁団体であった。ところが，ローマ人はこうした事実上の家を法的な「家」とはまったく別個に観念した。ローマの家は法的に単なる原子的個人の集合にすぎず，これらを束ねるべき家父権は，公法上の「命令権」に匹敵する絶対的権力とされた。それゆえ，妻も子も孫も，子の妻や孫の妻さえも，家父の権力に直接に服した。これは，団体を法的実在ではなく個体の集合とみなすローマ法の個人主義的性格の現われである。

たしかに，家子であっても自由なローマ人男子であれば，民会での投票権や，政務官に選出される権利を有した。また婚姻をなす権利や財産的取引をなす権利を有した。しかし他方において，婚姻ばかりか離婚さえも家父の決定に服したし，家子が取得した財産はみな家父の所有に帰した。それどころか，民会で法律の提案をしていた護民官を，その法案を悪法と考えた家父が家に連れ帰ってしまった例すらある。

生殺与奪の権 　このように，ローマの家父権はきわめて強大であった。家内で唯一の自権者（sui iuris）として，家父は，物や奴隷など家産（familia）を自由に使用・収益・処分したばかりか，家子もまた家産と同様に売却することができた。さらには，古典期法学者パピニアヌスの著作から再構成された12表法（IV. 2. a.）の有名な規定（16頁，コラム参照）にあるように，ローマの家父権は，家族員に対する生殺与奪の権（ius vitae necisque）にまで及んだ。

法と道徳の峻別 　もっとも，適切な家内裁判の手続を踏まない懲戒権行使や，正当な理由のない売却権行使は，戸口総監の素行調査に際して「祖先の慣習（mores maiorum）」に違反した家父権濫用とみなされる危険があった。現実のローマ社会においては，家父の権力行使はかなり制約されていた。しかし，それはあくまでも道徳的な規制であって，法的には，家父権はほとんど無制約の絶対的権力であった。この点が，ギリシア法文化やゲルマン法文化など，習俗・倫理・道徳・宗教的な規範と法規範とを明確に区別しない他の古代法文化と，ローマ法文化との大きな相違だといえよう。

3回売却規定 　ところで，こうした家父権の規定は，明らかに農業社会の大家族制度に適したものであった。それでは，ローマが商業社会へ発展するなかで，ローマの家父権はどのように変化したのだろうか。ウルピアヌスの『法律集成』及びガイウスの『法学提要』から再構成された12表法の3回売却規定（16頁，コラム参照）を例に，具体的に検討することにしよう。

この規定の趣旨はもともと，家父の家子売却権の濫用禁止にあったとされる（異説もある）。より古い時代には，家子を奴隷として国外に売却すること（venditio trans

Tiberim) さえ認められたようだが，それが廃れた後も，国内で準奴隷 (in mancipio) として売却することが行われた。ところで，買主がこの準奴隷（家子）を解放しても，家父権はなお存続しているので，結局，もとの家父の下に戻ることになる。この制度を利用して，家子を独立させようとする家父は，やがてあらかじめ仮装買主と信託 (fiducia) を約して家子の解放を確保しておいてから，3 回の仮装売買を繰り返し，家父権免除を行うようになった。

　これは農業社会から商業社会への移行に対応した変化といえる。ローマ人は旧態依然とした12表法の規定を廃止しないどころか，そこに時代に即した積極的な活用法を見出したのである。保守性と進歩性との，この絶妙のバランスが，ローマ法の真骨頂であった。

ローマの民事訴訟　ここで共和政期ローマの民事訴訟の仕組をみておこう。ポイントは，法務官と審判人 (iudex) の分業体制である。

　法務官の役割は，訴訟全体の指揮監督である。特に重要な仕事として，法務官は，事件に適用されるべき法律が何かを審判人に提示する。というのも，審判人は素人なので，必要な法律の知識を欠くからである。しかし，市井の一私人だからこそ，審判人は，現実に何が起きたかについて専門法律家よりむしろ適切に判断できるとされる。

　ローマの訴訟手続は 2 段階の構成を取った。法務官が関与するのは，訴訟の第 1 段階だけであった。これは法廷手続 (in iure) と呼ばれた。法務官は原告の訴訟能力を調査し，さらに原告の請求が市民法ないし解釈 (interpretatio) の認めるものであれば，訴権を付与する (datio actionis)。これに対して，被告には認諾する (confessio in iure) か，否認して争点決定する (litis contestatio) かの選択肢がある。争点決定がなされると，審判人が選定され，訴訟は第 2 段階に移行する。この審判手続 (apud iudicem) の開始とともに，法務官の役割は完了した。審判人は，当事者の陳述を聴き，証人や証拠書類を調査して，事実関係を確定する。審判人の判断 (sententia) は，そのままで事件の終局判決となった。法務官は事実審理に立ち会わず，判決の宣告すらしない。

　審判人は，無作為抽出によるのではなく，主として元老院議員からなる審判人名簿 (album iudicum selectorum) から，当事者双方の合意によって選定された。また人数も，原則的に 1 人だけであった。その意味において，審判人はむしろ仲裁人に類似するかもしれない。もっとも，仲裁人とは異なって，審判人の下した判断は有権判決となった。なぜなら，選定の際に，当事者の合意した候補者を法務官が承認するという手続を踏むことで，審判人の地位に公的な性格が付与されたからである。

万民法の形成　このように，ローマの民事訴訟は，政治家である法務官による訴権の付与及び争点決定（法廷手続）と，素人である審判人による判決（審判手続）からなった。ところが，これは市民についてのみ適用された。外国人係法務官は，市民係のように12表法に基づいて紛争解決にあたることができなかった。というのも，市民法 (ius civile) である12表法はあくまでも市民 (cives) の法であって，市民

間の紛争にしか適用できないからである。

法律訴訟 そのうえ，12表法を基礎とするローマ市民法は，余りにも硬直的で，融通が利かなかった。伝統的な法律訴訟（legis actio）は極端な形式主義に支配され，法的救済の対象となる権利も法廷で当事者が行うべき方式も，すべて法律（lex）によって厳重に定められていた。

「古人が用いていた訴訟は法律訴訟と呼ばれていた。これは，法律訴訟が法律により創造されたからか（たしかに当時，多数の訴訟を導入した法務官告示はまだ用いられていなかった），あるいは法律自体の文言に合わせ，そのため法律と同様に変えることのできないものとして尊重されていたからである。そこで，切断された葡萄の樹について訴訟を提起し，その訴訟で葡萄の樹という言葉を用いた者は，葡萄の樹についての訴訟を提起できる根拠となっている12表法が一般に樹木の切断について述べているので，樹木という言葉を用いなければならなかったから敗訴したと伝えられている」（ガイウス『法学提要』）。

厳格法 このように，12表法の権威が神聖視されたため，わずか1語の言い誤りも些細な動作の誤りも敗訴につながった。こうした厳格法（ius strictum）も，少なくともローマ市民については自ら望んだものであったが，それを外国人に適用するのは無理があった。

外国人係法務官はそこで，一方ではギリシア・ヘレニズム文化圏から伝えられた自然法（ius naturae）思想に依拠し，他方では現実の商慣習の背景にある諸原理を見出すことによって，信義誠実（bona fides）などの道徳的規範を根拠として，訴訟を運用するようになった。訴訟方式の点でも，外国人にとって言い誤りによる敗訴の危険の大きい口頭陳述に代わって，書面による争点決定が行われた。

方式書訴訟 こうして成立したのが，方式書訴訟（litigare per formulas）である。旧来の法律訴訟における法廷手続と審判手続の分離は維持されたが，いまや法廷手続の主眼は審判手続の指図書となるべき方式書の作成に向けられた。法務官は，方式書において新しい訴権（actio）や抗弁（exceptio）を承認したり拒否したりすることで，実質的に市民法を修正していった。方式書訴訟では，さまざまな擬制（fictio）が駆使され，信義誠実に基づいて各種の諾成契約（contractus consensu）に法的保護が与えられた。方式書訴訟は，当初は外国人係法務官の命令権に基づく訴訟であったが，前2世紀前半のアエブティウス法によって正規の市民法上の訴訟となり，法律訴訟と同格になった。

衡平法 法務官は就任にあたって告示（edictum）を掲げ，自己の任期中に訴訟で用いることのできる訴権や抗弁や方式書の雛型などを列挙した。このようにして発達した衡平法（ius aequum）は，諸国民に共通する法ということから万民法（ius gentium）と呼ばれた。これはまた，法務官の活動によって形成されたことから法務官法（ius praetorium），あるいは政務官職が無給の名誉職であったことから名誉法

(ius honorarium) とも呼ばれる。厳密に言えば，市民法と万民法との区別は属人主義的な適用法の相違を示すもので，市民法と法務官法との区別は法の成立形式の相違を示すものであるが，実際には，法務官法の大部分は外国人にも適用される万民法であった。

市民法の再生 このように，万民法はもともと，外国人関係訴訟の必要から生じたものであったが，やがてローマ市民相互の紛争にも適用されるようになった。ローマ人自身にとっても，硬直的な市民法よりも，融通の利く万民法の方が，好ましく思われるようになったからである。

実際，12表法が制定された頃のローマの人口はおよそ5万人と見積もられるが，このうち武装能力ある市民はせいぜい3分の1にすぎなかった。しかし，前3世紀のポエニ戦争を契機に地中海帝国への道を歩み始めたローマの人口は飛躍的に増大し，前3世紀末には100万人にも達していた。ローマの社会・経済の基礎はもはや農業ではなく商業であり，ビジネスのニーズによりよく応えてくれるのは，柔軟さの点でも簡便さの点でも，明らかに万民法であった。

握取行為 例えば，握取行為（mancipatio）についてみてみよう。
「ところで，握取行為は，われわれが前にも述べたように，ある種の仮装売買である。これ自体もローマ市民に固有の法であり，この行為は次のようにしてなされる。すなわち，5人より少なくないローマ市民である成熟男性の証人，および同じ資格のもう1人の者，つまり，銅製の秤をもち，秤持ちと呼ばれる者の立ち合いのもとで，マンキピウム権に受け入れる者が銅をつかんで，次のように述べる。すなわち，「私は，この奴隷をクィリーテースの権にもとづいて私のものであることを宣言する。そして，これは銅と銅製の秤によって私に買い取られよ」と。次に銅で秤を打ち，そして，その銅を，マンキピウム権に受け入れる者が，あたかも代金のように与える」（ガイウス『法学提要』）。

イタリアの土地・地役権・奴隷・牛馬など重要な財産は，1名の秤持ち（libripens）と5名の証人（testes）の立会いを要する厳格な要式行為（銅秤式売買）である握取行為（mancipatio）によってのみ，所有権を移転することができた。これらの物は握取行為を要することから手中物（res mancipi）と呼ばれ，それ以外の物すなわち非手中物（res nec mancipi）については単なる引渡（traditio）で足りるとされた。握取行為はもともと，占有の移転を伴った現物即時売買であったが，やがて一般的な所有権移転方式と解されるようになった。

農業経済を基本とした時代であれば，重要な財産取引を慎重に行うために，握取行為のような儀式的手続が求められたことも合理的だったといえる。しかし，商業経済に移行した後，こうした要式性は煩雑に思われるようになった。

法務官法上の所有権 例えば，売買によって手中物の引渡がなされた場合，握取行為がなされなければ市民法上の所有権は移転しないが，法務官はここで，買主保護のための抗弁を認めることによって，実質的に所有権が移転したに等

しい効果を持たせた（法務官法上の所有権）。こうした変化は商業経済への移行に対応したものである。むろん，旧来の市民法の規定が廃止されたわけではないので，市民法上の所有権が移転するのは，動産1年・不動産2年の使用取得（usucapio）期間が経過した後のことであった。しかし，実質的には，引渡がなされた時点で，売主の所有権はもはや虚有権（nudum ius）と化したのである。

問答契約　問答契約（stipulatio）についても，市民法と万民法の並存がみられた。問答契約とは，当事者の一方の問いかけに対して他方が答えることによって，債権債務関係を設定する口頭の要式行為である。問答契約による債権債務関係は片務的だったので，双務的な取引を行うためには双方向の問答が必要であった。したがって，例えば売買にこの方式を用いようとすれば，売買物を引き渡すという問答契約と，売買代金を支払うという問答契約がともに成立する必要があった。

ところで，この伝統的な契約方式において「あなたは与えることを誓約するか／私は誓約する」という問答は，市民法に属するものであり，ローマ市民相互の間でのみ有効とされた。これに対して，「あなたは与えるか／私は与える」，「あなたは約束するか／私は約束する」，「あなたは信義によって約束するか／私は信義によって約束する」，「あなたはなすか／私はなす」といった問答については，万民法に属するものであり，ローマ市民であれ外国人であれ，全ての人々の間で有効とされた。また，万民法上の問答契約は，ラテン語ではなくギリシア語で行っても有効だったから，より柔軟な方式でもあった。

こうした市民法と万民法の並存は，やがて市民法が万民法を吸収するという形で終了した。前90年頃の同盟市戦争における懐柔策から，ローマ市民権がイタリア半島全域に拡大されると，武装能力ある市民は110万人に，人口も400万人にと一気に増加した。この時点で，イタリアの自由人は基本的にすべてローマ市民法のなかに組み込まれることになった。やがて元首政下の後212年，カラカラ帝の勅法によって，帝国領域内のすべての自由人にローマ市民権が一括して付与されると，もはや市民法と万民法との区別は意味を失い，万民法のルールを吸収した新しい「市民法」が一元的に適用されることになった。

もっと学びたい人のために

① I. モンタネッリ／藤沢道郎訳『ローマの歴史』中公文庫，1979年。
　＊世界史を勉強していない人にも忘れてしまった人にも，寝そべったままで一気に通読できる楽しいローマの歴史。古代ローマと言われてもピンとこない人におすすめ。
② P. スタイン／屋敷二郎監訳／関良徳・藤本幸二訳『ローマ法とヨーロッパ』ミネルヴァ書房，2003年。
　＊古代から現代にいたるまで，ヨーロッパにおけるローマ法の意義を，具体的に分かりや

すく解説した好著。最新の研究成果が織り込まれているが，それを感じさせない平易な叙述であり，入門書に最適。

③ J. ブライケン／村上淳一・石井紫郎訳『ローマの共和政』山川出版社，1984年。
  ＊ルネサンス・啓蒙主義・市民革命などに際して，時空を超えて近代ヨーロッパが常にモデルとしてきた「ローマの共和政」の実像を解き明かした，読み応えのある作品。

④ F. シュルツ／眞田芳憲・森光訳『ローマ法の原理』中央大学出版部，2003年。
  ＊ローマ法学を敵視するナチス政権によって1933年に教壇を追われた著者が，政権とそれに迎合するドイツ法律学を批判するために著した書物。ローマ法の基本的な構造を明快に解き明かす。

【参照文献】

柴田光蔵『ローマ法概説』玄文社，1978年。
柴田光蔵『ローマ法フォーラム――比較法文化の場として』玄文社，1988年。
原田俊彦『ローマ共和政初期立法史論』敬文堂，2002年。
船田享二『ローマ法 第1巻』岩波書店，1968年。
町田実秀『ローマ法史概説ⅠⅡ』有信堂，1968・69年。
佐藤篤士訳『ガーイウス 法学提要』敬文堂，2002年。（本文中の引用は佐藤訳による）
佐藤篤士訳『改訂 Lex XII Tabularum――12表法原文・邦訳および解説』早稲田大学比較法研究所，1993年。
船田享二訳『ガイウス 法学提要 新版』有斐閣，1967年。
E. ギボン／朱牟田夏雄・中野好之訳『ローマ帝国衰亡史 第6巻』ちくま学芸文庫，1996年，第44章。
F. シュルツ／眞田芳憲・森光訳『ローマ法の原理』中央大学出版部，2003年。
P. スタイン／屋敷二郎監訳／関良徳・藤本幸二訳『ローマ法とヨーロッパ』ミネルヴァ書房，2003年。
J. ブライケン／村上淳一・石井紫郎訳『ローマの共和政』山川出版社，1984年。
O. ベーレンツ／河上正二訳『歴史のなかの民法』日本評論社，2001年。
E. マイヤー／鈴木一州訳『ローマ人の国家と国家思想』岩波書店，1978年。
I. モンタネッリ／藤沢道郎訳『ローマの歴史』中公文庫，1979年。

(屋敷二郎)

第2章

古典期ローマ法曹と法学

　古典期ローマ法学が開花したのは，共和政下ではなく，権威主義的で抑圧的な元首政下のことである。元首政のもとでは，国家と社会が明確に分離され，ある種の安全弁として，比較的広範な自由が私法領域に確保された。結果的に，諸般の政治的・経済的な配慮から解放された法学は，純粋に法的推論の発展に専念できた。2000年の時空を超えてまさに世界を支配するに至った古典期ローマ法学は，このようにして生まれたのである。

1　国制の展開——共和政から帝政へ

市民資格と軍隊　ローマ共和政下の軍隊は，ローマ市民によって担われた。軍隊への参加は，市民にとって名誉ある義務であるとともに権利でもあった。もともと軍隊勤務に対して俸給が支給されず，武装が自弁とされたのは，軍隊への参加が権利だったからである。しかし，資力には格差があったから，結果として資力に応じた武装が要求された。他方で，軍隊への参加は義務でもあったから，国家（res publica）への貢献の度合いに応じて，民会での発言権が異なることもまた当然と考えられた。外国人や奴隷は言うまでもなく，無産者に対して軍隊勤務が要求されず，他方で民会への参加も認められなかったのは，このような理由による。

市民軍の危機　しかし，軍事的成功によってローマの版図がしだいに拡大し，またポエニ戦争のように長期にわたる戦争が行われるようになると，ローマ市民軍の編成はしだいに困難になった。従来のような短期間の軍隊参加では作戦行動に支障をきたすようになったが，かといって長期にわたる軍役を繰り返し市民に要求すれば，長期の不在と武装の負担によって，ローマ市民の没落を招きかねなかった。実際，この両方の問題が生じていた。

　もともと兵士は1年勤務が原則であったが，軍務に慣れた兵士を繰り返し徴集するという方法がとられたために，やがて軍隊勤務は6年にも及ぶのが通例となった。これでは，従軍する有産市民の生業に支障をきたすことは当然で，徴集された市民たちは早く除隊できることばかり望んで士気が低下し，とりわけ没落の著しい農民層は土地を失っ

て無産者となり，ローマ市内に流入した。武装を自弁して勇敢にすすんで戦う有産市民兵士の数が減少し，結果，ローマの軍隊はしだいに弱体化することになった。

官職と命令権の分離 同じく作戦行動上の理由から，前327年以降，軍司令官の任期についても変化が生じた。執政官の任期1年制は維持されたが，それは官職についての制約であって「命令権の延長（prorogatio imperii）」を妨げるものではない，と解されるようになったのである。命令権は「後任が到着するまで」「元老院が呼び戻すまで」「戦争が終了するまで」といった不確定終期つきで延長され，やがて長期にわたって特定の人物が軍司令権を握ることが常態化した。

ポエニ戦争のさなか前211年には，強敵ハンニバルに対抗するためとはいえ，戦死した弟スキピオの息子に「執政官として（pro consule）」ヒスパニアの軍司令権が任された。彼はまだ24歳で，まだ命令権をもつ政務官職に就いたことがなかったから，ついに「政務官でない命令権保有者（privatus cum imperio）」が誕生したことになる。なお，カルタゴ本国の攻略に成功してスキピオ・アフリカヌスと称された彼は，前205年に執政官に選出され，前201年まで命令権を延長されたため，実に11年にわたって軍司令権を保有したのである。こうした官職と命令権の分離は，さしあたりローマの軍事的復権に貢献したが，やがて元首政の成立をもたらすことになった。

職業軍隊の誕生 前104年，軍司令官マリウスの時代に，ローマの兵制はついに根本的な変化を遂げた。すでに俸給制については前4世紀に導入されており，また後2世紀の弟グラックスの改革によって困窮者への軍隊装備支給が行われるようになっていた。そもそも兄グラックスの農地改革にしても，市民層の没落を前に，自作農創設によって兵役義務者の増加を目論んだものであった。

マリウスは，不正規軍（tumultuarius exercitus）を編成する軍司令官権限に基づいて，無産者に対して志願兵（volones）としての入隊を許可し，有能な兵士を集めて軍事的成功を収めることができた。こうしてローマ軍は，自分で自分たちのもの（res publica）を守る市民軍から，雇用され職業として戦闘する職業軍隊へと変容することになった。

このことはローマの国制にとって重大な帰結をもたらした。たしかに，職業兵制を取ることで，ローマに流れ込んできた大量の無産者に糊口の道を与えることができたし，有産市民たちは自己の生業に励むことができた。しかし，軍隊勤務が職業であれば，除隊は解雇・失業を意味することになる。こうして無産者兵士たちは，ローマの国家ではなく，雇用者である軍司令官個人に対して忠誠心を抱くようになった。いまや両者の間には，保護者（patronus）と庇護民（clientes）の関係が発生した。

私兵化 もはや軍隊徴集の理由が問われることもなく，軍司令官が適当な理由をつけて軍隊を私兵のように維持したとしても，むしろ無産者兵士たちは収入が得られると歓迎した。軍司令官はまた，動員解除の際に農地法（lex agraria）を民会に提案し，老兵（veterani）にいわば恩給として土地を割当て，殖民させて余生を楽しませ

ることにした。割当てに際しては部隊全員が一箇所にまとめて殖民するのが常であったから，恩義を感じる植民者やその子孫は，戦争のみならず選挙や投票の際に動員されて，かつての保護者のために奉仕するようになった。マリウスの政敵スラがローマ市を軍事占領するという建国以来の暴挙をなしえたのも，カエサルが自らを王とする王政復古を目論んだのも，私兵と化した軍隊があってこそである。

アウグストゥス

三頭政治 ローマの軍隊を国軍（exercitus Romanus）として本来の姿に引き戻し，ローマの平和（pax Romana）を再建したのは，カエサルの養子オクタウィアヌスである。前43年のティティウス法によって民会が「国家の秩序確立のための三人官（triumviri rei publicae constituendae）」を正式に設置したことにより，アントニウス，レピドゥスとともにオクタウィアヌスは無制限の非常大権を5年間にわたって（後にさらに5年間延長）保有することになった（第二次三頭政治）。やがて前36年にレピドゥスが脱落すると，西部ラテン地方を掌握したオクタウィアヌスと，東部ヘレニズム地方を掌握したアントニウスとの対立が鮮明になった。アントニウスがエジプト女王クレオパトラと結んでイタリアをエジプトの属州化しようとしているとの風説が広がり，東方の諸王がこれに組してローマ遠征を準備していると伝えられるに至って，イタリア及び西部諸州はオクタウィアヌスに忠誠を宣誓し，一致団結した。ローマ国民から命令権を付与されたローマ国軍の軍司令官として，前31年アクティウムの戦に勝利したオクタウィアヌスは，全市民の歓喜の声をもってその凱旋を迎えられた。

アウグストゥス いまや1人となった「三人官」であるが，オクタウィアヌスは「宣誓（coniuratio）」と「全市民の承認（consensus universorum scil. civium）」を法的根拠として，三人官の職にとどまった。オクタウィアヌスが非常大権を「元老院とローマ国民」に返上したのはようやく前27年のことで，元老院は彼に「アウグストゥス（至尊）」の尊称を捧げた。このとき，アウグストゥスが掌握していたローマ全属州に対する命令権（imperium）は，元老院と民会によって正式に承認され，地域概念としての「インペリウム・ロマーヌム」（後の「ローマ帝国」）が成立することになった。

前13年にヒスパニア・ガリアの平定によって「ローマの平和」が確立すると，恒久的な平和を維持するために，常備軍が設置された。常備軍の規模は，広大な版図を守備する必要から，正規軍（ローマ市民）及び補助部隊（属州民）あわせて約30万人にも及んだ。

第2章　古典期ローマ法曹と法学　29

元首政の成立　前31年から（本来は違法であったが）続けて執政官の職に就いていたアウグストゥスは、ようやく前23年に執政官職を辞したものの、以後は前執政官（proconsul）として終身の命令権（imperium proconsulare）を保持した。また同年には、「毎年更新される永久の護民官職権（tribunicia potestas annua et perpetua）」を取得し、神聖不可侵権、権利救済権、取消権、民会・元老院の召集権といった護民官の職権を終身にわたって保有することになった。ここにローマの共和政は事実上終焉し、元首政が成立したのである。

元首政の特徴　権威・権力を客観的に評価するならば、アウグストゥスはいまや皇帝となり、ローマは帝政に移行したというべきであろう。もっとも、当時の人々の見方はそれとは異なっていた。

アウグストゥスはあくまでも「元首（princeps）」すなわち「市民の中の第一人者（princeps civium）」であって、ローマの共和政はなおも存続していると考えられた。元老院も民会も開かれていたし、政務官職も旧来どおりに存続していた。ローマの国制史において、アウグストゥスから軍人皇帝時代（後3世紀）までを「元首政時代」と呼んで、共和政の制度がついに消滅した真正の帝政である「専主政時代」と区別するのは、そのためである。

とはいえ、実質的にみて、アウグストゥスの地位は皇帝と呼ぶに相応しいものであった。というのも、アウグストゥスの支配は、「命令権の延長」によって可能になった命令権と官職の分離に基づいた、同僚制や任期制の制約を受けない終身単独の前執政官命令権・護民官職権だったからである。

共和政でありながら帝政でもあるという奇妙な元首政体は、アウグストゥスのような類稀な人格があってこそ存続し得ると考えるべきであろう。ローマの元首政は、アウグストゥス没後、地中海帝国の維持の必要性と、しだいに強くなるギリシア・ヘレニズム文化圏の影響によって、徐々に帝政の性格を強めていった。元首政はやがて、軍人皇帝時代（後235～284年）の混乱を経て、ディオクレティアヌス帝の即位とともに専主政へと変貌を遂げることになる。

2　古典期ローマの法学者たち

政治体制と法学　古典期ローマ法学が開花したのは、共和政ではなく元首政の体制下であった。たしかに、古典期法学の全盛期は、国制史においては紀元後96年から180年までの、いわゆる五賢帝時代（ネルウァ、トラヤヌス、ハドリアヌス、アントニウス・ピウス、マルクス・アウレリウス）にほぼ相当する。ローマ帝国の版図が最大に達し、いわゆる「ローマの平和（pax romana）」が実現された時代である。しかし、古典期前期の皇帝といえば、アウグストゥスはともかく、カリグラ、ネロ、ドミティアヌスといった評判の芳しくない人物が名を連ねている。また、古典期後期はす

でにセウェルス朝から軍人皇帝時代にいたる衰退の時代であったことに留意すべきであろう。

このように考えるとき，古典期ローマ法学の繁栄は，19世紀ドイツのパンデクテン法学（第21章参照）の繁栄と類似した側面を持つことが分かる。すなわち，権威主義的で抑圧的な政治体制のもとで，国家と社会が明確に分離されるとともに，ある種の安全弁として，比較的広範な自由が私法の領域に確保されるという構造である。

その結果として，諸般の政治的・経済的な配慮から解放された法学は，より純粋に法的推論の発展に傾注することになった。こうして，19世紀ドイツのパンデクテン法学が当時の全ヨーロッパの法学に絶大な影響力を誇ったように，否それをはるかに上回るレヴェルにおいて，古典期ローマ法学は，2000年の時空を超えてまさに世界を支配し得るだけの水準にまで到達したのである。

古典期前の法学 古代ローマ法学の樹立者とみなされるのは，一般に，共和政後期の前95年に執政官を務めた政治家クィントゥス・ムキウス・スカエウォラである。スカエウォラは，18巻に及ぶ『市民法論（De iure civili）』を著して，ローマ市民法全体の見取図を示し，その後の法学の発展に道を開いたとされる。古典期前の時代には，ギリシア・ストア哲学の影響を受けながら，一般に信義誠実（bona fides）や衡平（aequitas）といった原理を重んずる自然法論の影響が強く見られた。かのキケロが法廷弁護人として活躍したのも，この頃のことである。

古典期前期 アウグストゥスは，元首政を確立するとともに「解答権（ius respondendi）」という独特の制度を導入した。元首は勅法（constitutio principis）を制定することができたが，このうち大部分を占めたのは一般的立法としての告示（edictum）ではなく，個別の法的問題に対する有権解釈を示した勅答（rescriptum）であった。アウグストゥスが主要な法学者に対して解答権を附与し，元首の権威をもって法的問題に解答することを許したのは，おそらく有権解釈を求めた人々が元首のもとに殺到することを避けるためだったと思われる。

サビヌス派 この頃のローマには，サビヌス派とプロクルス派という2つの法学派が成立していた。サビヌス派の創始者はカピトであるが，学派を真に確立したのはその後を継いだサビヌスである。後1世紀に活躍したサビヌスは，スカエウォラの影響を受けた著作『市民法3巻（De iure civili tres libri）』によって，学派を指導した。

プロクルス派 このサビヌス派に対抗して創設されたのが，ラベオに始まるプロクルス派である。こちらも同様に，学派の真の確立者となったのはその後継者であるプロクルスであった。サビヌスとプロクルスは同時代の法学者で，やや異なる法的アプローチを取っていた。サビヌスが個別的問題に妥当な解決を導くことに秀でたのに対して，プロクルスはより厳密で一貫性のある解釈を好んだとされる。

加害者委付　加害者委付（noxae deditio）を例に，より詳しくみてみることにしよう。
「家子や奴隷が盗を犯したり，人格侵害を犯した場合には，彼らの不法行為を原因とする加害訴権が与えられる。すなわち，家長や主人は訴訟物の評価額を支払うか，加害者を委付することができる。なぜなら，本人の悪い性格が，家長や主人に彼の身体〔を委付する〕以上の損害を与えることは不当だからである。」（ガイウス『法学提要』）。

ローマ法において家子や奴隷には責任能力がなかったので，彼らが不法行為を行った場合，責任は家父に生ずることになった。現代法でも，不法行為における使用者責任の規定があるが，これに類似した制度といえよう。ただし現代法と異なって，ローマ法においては，当該の家子や奴隷を被害者に引渡すことによって，家父は責任を免れることができた。「加害責任は加害者（加害物）に随伴する」のである。

引渡を受けた被害者は，新たに取得した家父権を行使して，当該の家子や奴隷を懲戒することも，酷使することも，売却することも自由にできた。ただし懲戒や酷使がゆきすぎると戸口総監のチェックを受け，社会的地位を失うおそれもあったから，被害者の復讐にもおのずと制約が課されていたことに留意すべきである。なお，こうした加害者委付はしだいに原始的な習慣とみなされ，時代とともに金銭賠償が主流になった。

学派の対立　ところで，このようにして加害者が被害者の家父権に服するに至ったとする。この場合，被害者の加害訴権はどうなるのであろうか。ガイウスは続く箇所でこう述べている。

「ところが，家子がその家長に対して，あるいは奴隷がその主人に対して損害を与えた場合にはいかなる訴権も生じない。なぜなら，一般に，私と私の権力のもとにある者との間に債権債務関係が生じることはありえないからである。したがって，たとえこれらの者が他人の権力に服することになったにせよ，自権者になったにせよ，これらの者を相手どっても，これらの者が新たにその権力に服することになった者を相手どっても訴訟を行うことはできない。そこで，他人の奴隷または家子が私に損害を与え，その後，私の権力に服することになった場合に，訴権が消滅するのかそれとも停止するのかが問題となる。わが学派の諸先生は，訴権はそれが存在することのできない事態へと導かれるので消滅し，したがって，これらの者がたとえ私の権力から離脱したとしても，私が訴訟を行うことはできないと考えている。反対学派の諸先生は，私自身が私を相手どって訴訟を行うことはできないので，これらの者が私の権力のもとにある間，訴権は停止するが，これらの者が私の権力から離脱したときには訴権が復活すると考えている」。

ここでいう「わが学派」とはサビヌス派のことで，「反対学派」とはプロクルス派のことである。引用にあるように，プロクルス派では純理論的に加害者が被害者の権力下にある間は訴訟が実行されない状態にあると解したのに対して，サビヌス派ではより実質的な見地から訴権そのものが消滅してしまうと解したわけである。

両学派の共通点　もっとも，両学派の相違を強調しすぎるのは誤解のもとで，彼らの間に何らかの政治的・経済的な利害対立があったわけではない。対立は哲学的なものですらなく，あくまでも法的アプローチの次元にとどまるものであった。

それよりも，むしろ注目すべきは両学派の共通点であろう。彼らはいずれも法原理を一般的に表現することを嫌った（D. 50. 17. 202 ヤウォレヌス「市民法におけるすべての定義は危険である（Omnis definitio in jure civili periculosa est）」）。古典期ローマの法学者たちが一般的な法原理を嫌ったのは，彼らに一般化の能力が欠如していたからではなく，むしろ法適用に際して例外を設けることを嫌ったためである。というのも，一般的原理を提示することの必然的な結果として，法適用に際しての例外が増え，法的行為における予測可能性を害しかねないからである。

法の精通者　これらの学派の指導者には元首によって解答権が付与されたが，元首の権威をもって法的問題への解釈を示しうるということは，多くの優秀な若者を法学の世界にひきよせる誘因となったに違いない。というのも，法学者による法的助言に対しては，謝礼が支払われることはあっても，経済的成功を可能にするような報酬が支払われることはなかったからである。

こうした解答権を付与された法学者は，一般の法学者（iuris studiosus）と区別されて，「法の精通者（iuris consultus）」と呼ばれ，特別な尊敬を受けたといわれる。

古典期盛期　サビヌス派とプロクルス派の学派対立はその後も続いたが，古典期盛期になると両派の学説は収斂する方向へと向かい，しばしば「折衷的見解（media sententia）」を生み出すようになっていった。換言すれば，現代におけるように，1人の法学者が異なるアプローチに目配りするようになったわけである。

この時代を代表する法学者として，サビヌス派ではユリアヌス及びガイウス，プロクルス派ではケルススの名前を挙げることができる。ケルススは，「法とは善と衡平の術である（ius est ars boni et aequi）」（D. 1. 1. 1 pr.）との定義によって，ユスティニアヌスの「学説彙纂」の冒頭を飾ることになった。

永久告示録　ユリアヌスの名声は，何よりもまず永久告示録（edictum perpetuum）の編纂によるものである。共和政の終焉とともに，法務官の告示による法発展はほとんどなされなくなった。実際，元首政下における法務官の告示には，元老院議決を通じた元首の意向が強く反映されるようになっていた。こうして固定化した法務官告示の内容は，ハドリアヌス帝の命を受けたユリアヌスの手によって，高等按察官の告示とともに一個の法典に集成されることになった。永久告示録は，元老院議決によって効力を確定され，以後は法務官による告示の変更が禁止された。

ガイウス　これに対して，2世紀のローマ社会におけるガイウスの名声は，さほどのものではなかった。解答権のない一介の法学教師であったガイウスは，そのフルネームすら伝えられていない。しかし，現代のローマ法研究において，ガイウス

ほど重要な古典期法学者はいないだろう。というのも，ガイウスの入門書『法学提要（Institutionum commentarii quattuor, 161）』は叙述がきわめて平明で理解しやすかったので，古典期以後も広く読み継がれたからである。実際，ユスティニアヌス法典の一部をなす「法学提要」は，ガイウスのそれに依拠して書かれたものである。

▶『法学提要』の再発見
　ガイウスの『法学提要』は，「学説彙纂」を媒介としないで現代に伝えられているほとんど唯一の古典期文献である。しかし，その写本は12世紀における「学説彙纂」の再発見以後も，久しく失われたままであった。それが19世紀になってついに再発見されたのは，ふとした偶然の賜物であった。
　1816年，プロイセン公使として教皇庁に赴任する途上，たまたまヴェロナの教会附属図書館を訪れたニーブールは，聖ヒエロニムスの書簡を記したパリンプセスト（羊皮紙の再記写本）を手にして，その下層に法律文献が記されていることに気づいた。この文献を『法学提要』の一部とするサヴィニーの鑑定意見を受けて，プロイセン政府はただちに調査団を派遣した。調査団は，細心の注意を払いながら薬品処理によって上層の文字を消し，下層の文字を復元した。こうしてガイウス『法学提要』が再発見されたのである。
　ヴェロナ写本には判読不明な箇所や欠落部分があり，また成立年代も古典期当時ではなく5世紀である。しかし，この写本によって，「学説彙纂」からの再構成によらず直接に古典期の著作に接することが可能になった。『法学提要』の再発見は，まさに劇的な仕方でローマ法研究の発展に貢献したのである。
　　　　　　　　　　　　　　　　　　　　　　　　　　　　　　　　　　　（R）

法学提要の体系　ガイウスの『法学提要』は，訴権（アクティオ）を軸に発達したローマ法のシステムを，人法（ius personum）・物法（ius rerum）・訴訟法（ius actionum）の3編別にまとめることに成功した。ローマでは，権利を静態的には構成せず，権利侵害があった場合の救済手段であるアクティオという形で動態的に権利を把握していたため，訴訟法が実体私法のなかに有機的に組み込まれていたのである。
　こうした法学提要方式の体系は，同時代の法学者からはあまり重視されなかったが，（後に訴訟法が分離されたとはいえ）フランス民法典をはじめ近代の諸法典に採用され，現代の法生活に影響を及ぼしている。

古典期後期　古典期盛期における法学説の発展は，古典期後期において集大成されることになった。この時代の代表的な法学者は，いずれも元首に次ぐ地位である近衛長官の職にあって，いわば帝国の体制そのものと化していたことが重要である。代表する法学者としては，サビヌス派ではパウルス，プロクルス派ではパピニアヌス，ウルピアヌス及びモデスティヌスの名前を挙げることができる。
　パピニアヌスは，古典期ローマのもっとも偉大な法学者とされる。パピニアヌスの著

作はギリシア的教養とローマ的実際性を兼ね備えた古典期ローマ法学の精華と称されている。しかし，彼の名声は，むしろその悲劇的な最期によるものだろう。カラカラ帝が共同統治者であった弟ゲタを殺害したことの正当化を求められて，パピニアヌスは，剛毅にも「殺人を正当化するのは，殺人をするほど容易なことではない」と言い放ち，帝の怒りを買って処刑されたと伝えられている。いわば自己の生命を賭して学問的信念を貫いた人物として，パピニアヌスは高潔な法学者の鑑として評価されてきた。もっとも，彼があまり評判の芳しくないセウェルス帝の親友であり，セウェルス・カラカラ親子の厚い信頼を得て近衛長官の職にあったことに鑑みれば，こうした評価はやや一面的なものかもしれない。

ウルピアヌス及びパウルスは，ともにセウェルス・アレクサンデル帝のもとで近衛長官の職に就き，ともにサビヌス『市民法』と永久告示録について膨大な註解書を著して古典期法学の集大成に貢献した。ウルピアヌスの『サビヌス註解（Libri ad Sabinum）』は未完ながらも51巻に及び，『告示註解（Libri ad edictum）』に至っては実に81巻にも及んだ。パウルスのものは前者が16巻，後者が78巻であるから，分量ではやや劣るものの，学説の独創性という点ではウルピアヌスを凌駕するとされる。こうした旺盛な著述活動の結果として，ユスティニアヌスの「学説彙纂」においては，ウルピアヌスの法文が全体の実に3分の1，パウルスの法文が6分の1と，2人だけで実に「学説彙纂」全体の半分を占めることになった。

古典期後の法状況　弟子のモデスティヌスがなお健在とはいえ，近衛兵の反乱によってウルピアヌスが殺害された223年をもって，事実上ローマ法の古典期は終わる。以後，ローマ法学は衰退の一途をたどった。

専主政の成立　ディオクレティアヌス帝の即位とともに，ローマの元首政は崩壊し，皇帝はいまや「万物の主にして神（dominus et deus）」となった。神格化した皇帝は，「法の創造者（conditor legum）」「法の解釈者（interpres legum）」としての機能を当然に独占し，法学者はいわばその傀儡に成り下がった。こうして活力を失った法学はもはや有為の若者にとって魅力的なものではなくなり，才能ある若者たちは台頭しつつあったキリスト教神学の世界を志すようになった。

職権審理手続　訴訟手続の面でも，大きな変化がみられた。アウグストゥスは，すでに廃れていた伝統的な法律訴訟を廃止したが（前17年），加えて職権審理手続（cognitio）を私人間の訴訟に導入した。これはもともと国家と私人の間の訴訟を処理するための特別審理手続であったものを，私人間一般に拡大したものである。

法律訴訟にせよ，方式書訴訟にせよ，被告の法廷召喚を原告に任せている点や，判決の執行を当事者に委ねた点，また審判人の選任が仲裁契約の性格を有した点などを考慮すると，自力救済を公的にバックアップするという性格が強かった。その意味で，法廷召喚から判決執行まで訴訟のあらゆる局面を裁判官が職権をもって遂行する職権審理手続の導入は，公的な紛争解決システムを整備し，訴訟から自力救済的側面を大幅に削り

取るものであった。この職権審理手続は，属州からしだいに全帝国へと普及し，元首政末期にはついに方式書訴訟を駆逐してしまった。こうして法学者は活躍の舞台を失った。

法学の衰微　古典期後のローマでは，ウルピアヌスやパウルスの膨大な註釈書ではなく，簡便なガイウスの教科書が好まれた。これは明らかに法学の水準の低下を反映したものだったが，この社会的混乱と衰退の時期に好んで読まれたということが，後代にまで奇跡的に写本が生き残った一因と言えるかもしれない。やがてガイウスの『法学提要』ですら難しすぎるようになると，『ウルピアヌスの法範（regulae Ulpiani）』，『パウルスの判断録（Pauli sententiae）』，『ガイウスの日常法律便覧（Gai res cottidianae）』といったレヴェルの低いダイジェスト本が流布するようになった。ここでウルピアヌス，パウルスといった巨匠とならんでガイウスが顔を出したことからも，古典期後のローマにおけるガイウス人気が感じられるだろう。

引用法　テオドシウス帝によって帝国が東西に分割される頃には，すっかり法学の水準も地に落ちて，裁判官が法適用に際して依拠すべき学説を自ら決めることすら困難になった。こうした法状況が行き着いたところは，東ローマ皇帝テオドシウス２世と西ローマ皇帝ウァレンティニアヌス３世が426年に共同で公布した引用法（lex citationum）であった。

「……パピニアヌス，パウルス，ガイウス，ウルピアヌス，及びモデスティヌスの全著作を，われわれは次のように確認する。パウルス，ウルピアヌスその他の者に伴うと同じ権威がガイウスに伴うものとし，かれの全著作からの引用が援用されるものとする。上記のすべての者が，自己の仕事にその著作と解答を併せ収めたところの，その人々の学識もまた，スカエウォラ，サビヌス，ユリアヌス，またマルケルス，及び，かれらが引用するすべての者のように，これらの者の著作があの古代の不確さの故をもって，写本の編集により確定されさえするならば，効力を有するものとわれわれは定める。

しかし，異なる解答が援用される場合には，著者の多数が決定するべく，或は，もし数がひとしければ，殊にすぐれた才能のひとパピニアヌスがひとにすぐれて立つ側の権威が，勝るものとする。但しかれも，ひとりひとりには勝るが，ふたりには敗れる。パウルス及びウルピアヌスがパピニアヌスの仕事へ加えた註釈は，前に述べたように，効力を有しないものと定める。しかしながら，権威がひとしいと定められたその人たちの解答が同じだけ引用される場合には，誰に従うべきか，裁判をなすものの決定がこれを選択するものとする。パウルスの判断録もまた，つねに効力を有すると，われわれは定める。……」（CT 1, 4 De reponsis prudentium）。

すなわち，引用法によると，パピニアヌス，パウルス，ウルピアヌス，モデスティヌス，ガイウスの著書に記された学説を，裁判所は引用することができる。この５名が著書で言及した他の法学者の学説に依拠する場合には，あらかじめ写本を比較検討して信憑性を確認しておく必要があったから，実際上はこの５名の法学者の著書だけが引用さ

れることになった。この5名の見解が分かれている場合には，多数説に依拠し，同数の場合にはパピニアヌスの支持する説に依拠すべきとされた。同数であってパピニアヌスが沈黙している場合にのみ，裁判官はどの学説に依拠するかを独自に判断できたのである。

　このように，法適用に際して依拠すべき学説の選択という高度の法的判断力を要求されるべき作業を単なる機械的処理に貶めてしまうような法律が制定されてしまった程に，古典期後のローマの法的水準は低下していたのであった。なお，引用法の5名の法学者のなかに，解答権をもたない一介の法学教師ガイウスが加えられたところにも，古典期後におけるガイウスの高い評価がよく現れている。

もっと学びたい人のために

① E. ギボン／朱牟田夏雄・中野好之訳『ローマ帝国衰亡史』全10巻，ちくま学芸文庫，1995～96年。
　＊ドイツ歴史法学派による劇的なローマ法復活劇のきっかけとなった名著。古代ローマ帝国がいかにして栄華の極みから衰亡するに至ったのか，長編だが一読に値する。特に第6巻所収の第44章は，ローマ法の歴史と特徴を分かりやすく伝えてくれる。
② O. ベーレンツ／河上正二訳『歴史のなかの民法』日本評論社，2001年。
　＊ドイツの代表的ローマ法学者による最新のローマ法講義に，日本の民法学者が実定法学の観点から解説を付した，ユニークな入門書。
③ 船田享二『ローマ法』全5巻，岩波書店，1968～72年。
　＊刊行年が古く，叙述も難解であるが，ローマ法研究の基礎となるべき知識を網羅した邦語文献は他にない。卒業論文などで，入門書や教科書にない知識が必要なときに，まず手に取るべきスタンダードワークである。
④ 柴田光蔵『法律ラテン語を学ぶ人のために』世界思想社，2000年。
　＊法律ラテン語にターゲットをしぼった文法書の決定版。手に取りやすい版型で，解説も平易かつ実践的。いろいろな論文に出てくるちょっとしたラテン語の格言やフレーズくらい自分で読めるようになりたい，という人に。類書に，佐藤信夫『法律ラテン――演習で学ぶローマ法の基礎知識』がある。こちらはやや難易度が高いが，豊富な演習問題はローマ法を勉強する素材としても有益。

【参照文献】
佐藤信夫『法律ラテン――演習で学ぶローマ法の基礎知識』国際語学社，2003年。
柴田光蔵『ローマ法概説』玄文社，1978年。
柴田光蔵『ローマ法フォーラムⅤ――現代・ローマ・ローマ法（2）』玄文社，1991年。
柴田光蔵『法律ラテン語を学ぶ人のために』世界思想社，2000年。

林智良『共和政末期ローマの法学者と社会』法律文化社，1997年。
船田享二『ローマ法　第1巻』岩波書店，1968年。
町田実秀『ローマ法史概説ⅠⅡ』有信堂，1968〜69年。
弓削達『ローマ帝国の国家と社会』岩波書店，1964年。
吉野悟「引用法（四二六年）」『久保正幡先生還暦記念　西洋法制史料選Ⅰ古代』創文社，1981年所収。（引用にあたって訳文を改めた）
佐藤篤士訳『ガーイウス　法学提要』敬文堂，2002年。（本文中の引用は佐藤訳による）
船田享二訳『ガイウス　法学提要　新版』有斐閣，1967年。
E. ギボン／朱牟田夏雄・中野好之訳『ローマ帝国衰亡史　第6巻』ちくま学芸文庫，1996年，第44章。
W. シーグル／西村克彦訳「ガイウス　法学のはじまり」『西洋法家列伝』成文堂，1974年所収。
P. スタイン／屋敷二郎監訳／関良徳・藤本幸二訳『ローマ法とヨーロッパ』ミネルヴァ書房，2003年。
O. ベーレンツ／河上正二訳著『歴史のなかの民法』日本評論社，2001年。
E. マイヤー／鈴木一州訳『ローマ人の国家と国家思想』岩波書店，1978年。

（屋敷二郎）

第3章

古ゲルマンの法と社会

　今日，ヨーロッパの中核部といえば，フランスやドイツを中心とする地域をさす。この地域に住んでいたのがガリア人やゲルマン人だった。特にゲルマン人は，大移動によって後の多くのヨーロッパ諸国民の先祖となった。したがって，この時期の「ゲルマンの法と社会」を知ることは，ヨーロッパ中核部の法制度の原型を知ることにも通じる。「古ゲルマンの法と社会」は，ローマ法とともに，ヨーロッパにおける法発展にとって重要な意味をもつ。

1　古ゲルマンの国制

ゲルマーニア　共和政ローマの時代にヨーロッパ大陸に住んでいたのは，主としてケルト人とゲルマン人だった。もともとはケルト人がほぼ全域に住み着いていたが，紀元前500年頃からユトレヒト半島や北ドイツの近辺に居住していた西ゲルマン語系諸族のゲルマン人が南下し，ケルト人を駆逐した。カエサルの時代には，ライン川がケルト人とゲルマン人の自然の境界線となっていた。ゲルマン人たちは，ラインの西側からドナウ川中流域をへてワルシャワを通る大河ヴィスワ川にいたる中欧一帯を支配した。

　カエサルの後継者アウグストゥスの時代になると，ガリア総督ネロ・クラウディウス・ドゥルスス・ゲルマニクスが紀元前12年からライン川を渡ってモゴンティアクム（現マインツ）など各地に基地をもうけ，ライン川から北海にいたる運河を開き，ゲルマンの有力部族であるフリージー族やカッティー族を従属させた。紀元前９年には，エルベ川にまで到達した。しかし，反乱が相次ぎ，ローマのゲルマン支配は安定しなかった。なかでも決定的だったのは，紀元９年に行われた，ビーレフェルト南東にあるトイトブルグの森の戦いである。これは，ケルスキー族の首長ヘルマン・アルミニウスの指揮下に，ゲルマン諸族がウァルス指揮下のローマの３軍団と３日間に渡って戦い，ついにローマ軍を殲滅した戦闘だった。およそ２万名に及ぶローマ軍兵士がほぼ全滅したという。ウァルスは自刃した。

　こうして，ライン川の東方地域「ゲルマーニア」はローマ人の征服を免れた。ローマ

トイトブルクの戦い

人は，これを「蛮族のゲルマーニア」と呼び，ローマが支配する，ライン川西部のゲルマーニアつまり「ローマのゲルマーニア」から区別した。この時期のゲルマン社会を知る最善の資料はローマ人であるタキトゥスの『ゲルマーニア』(98年頃)であるが，そこで彼が生き生きと描き出したゲルマン人とその社会はまさにその東方の「ゲルマーニア」のことだった。

古典学説 このゲルマンの社会はどのようなものであったろうか。ゲオルグ・フォン・マウラーなど19世紀の歴史家が示したかつての通説は古典学説と呼ばれるが，野崎直治によるとそれは次のようにゲルマン人の社会を考えていた。

「ゲルマン古代において，住民の根幹をなしたものは一般自由人であり，これがマルク共同体を構成し，土地は共有であった。しかし民族移動期になるとようやく土地の私有制が発生し，それを介して漸次経済的・身分的不平等が増大し，貴族層とその大土地所有の出現を広範に可能とするが，基本的にはカロリング王朝期にいたるまで社会構造を特徴づける基礎はマルク共同体であった。そして，カロリング王朝期におけるグルントヘルシャフトの急激な発展が，往時のマルク共同体を解体せしめ，それを構成した一般自由人の没落と農奴身分への転化を促進した……」(『ドイツ中世農村史の研究』)。

この学説には3つの基本的な認識がある。

(1) 古ゲルマンの時代においては「階層分化」の程度が低く，「社会構成の上では自由平等な自作の農民である一般自由人が圧倒的な比重をもっていた」。これは，「一般自由人説」と呼ばれる。封建社会の成立はこの「一般自由人」の没落＝農奴化を意味する。

(2) ゲルマン人の土地所有形態は総有もしくは共有であり，個人の私有する土地は存在しない。個別的に特定部分を利用したとしても，それは「不分割の共有地（アルメンデ）」とともに，すべて共同体に属していた。これを「土地総有説」という。土地の私有性はこのマルク共同体の崩壊，領主制の出現を意味する。

(3) ゲルマン人固有の定住形態は，集村型の集落（集村始源説）であり，これは男系の血族集団であるジッペ（氏族共同体）を主体とした。

以上のような基本的観点の下に，古典学説は，古ゲルマンの社会を素朴で，原始共産制的なものと規定した。しかし，このようなマルク共同体説は，非官憲国家的システムの淵源を古ゲルマン社会に認めようとした，19世紀ドイツの自由主義的歴史学のイデオロギーにすぎず，今日そのままでは到底なりたたない。なかでも，その「土地総有説」と「集村始源説」は，最近の考古学的研究によって実証的にほぼ完全に否認されているといってよいであろう。古ゲルマンの社会の下でもすでに私有はあり，ジッペの存在はともかくとして，人々の集まりもむしろ散居的だった。

しかし，「一般自由人説」は必ずしも全面的には否定できないように思われる。たしかに，これを古典学説とまったく同一の文脈のなかで語ることはもはやできないであろ

う。だが，古ゲルマンの社会体制の根幹をなすのは「自由人」であり，そのありかたと変容が後のヨーロッパ社会の形成に深く影響している，という認識はなお説得力を有している。

ロシアの歴史家グレーヴィチや日本の代表的西洋史学者阿部謹也のヨーロッパ中世社会論は明らかにそのような認識を前提としている。また，熊野聡などは，北欧社会の研究を素材としてこれを実証的に証明している。これに対して，ドイツの法制史家カール・クレッシェルのように，北欧世界の資料を根拠として古ゲルマン社会のありかたを探る方法を否定する立場もある。

そのどちらが正しいかについては，今後の研究の進展を待たねばならないであろう。だが，本書では「自由人」の広範な存在を認める立場から記述を進めることにしたい。その理由は，これからの論述のなかで明らかになるはずである。

貴族支配制説 19世紀ドイツの偉大な法制史家で中世ドイツ法に関する基本学説を作り上げたハインリヒ・ブルンナー（1840～1915）によると，古ゲルマンの法社会における基本単位は，近代のように個人ではなく，ジッペであった。ジッペは，いわば国家にも比し得る機能と重みをもち，法・平和共同体であると同時に，経済・軍事共同体であった。現代ドイツの標準的教科書の一つであるハインリヒ・ミッタイスの『ドイツ法制史概説』もまた，このブルンナーの見解を引き継いでいる。

しかし，現在ではジッペはもはや非常に緊密な共同体とは理解されていない。ミッタイスもまたジッペを「強力な支配団体」ではなく，「むしろ一つの生活圏」だったと記している。クレッシェルはさらにはっきりとジッペの法団体的性格を否定した。彼は，古ゲルマンの時代においてすでにゲノッセンシャフト（仲間）ではなく，ヘルシャフト（支配）の要素がより強くみられることを指摘し，人々に平和と安全を保障したのは親族相互の助け合いを本質とするジッペではなく，主君の支配だった，という。

仲間的血縁関係ではなく，最初に「支配」があったというこの認識は，1930年代から1940年代前半にかけて活躍したハインリヒ・ダンネンバウアーの「貴族支配制説」ですでに鮮やかに示されていた。彼は言う。

「タキトゥスの時代には古い高貴な家柄がゲルマン諸部族を支配し，戦時にはかれらが指揮をとり，平和時には裁判を行っていた。かれらは自分の出自と富と力のゆえに，他の人民の上に高くそびえ立ち，国土と住民を支配し，戦士的従士団とブルクを所有していた。かくてかれらは自分の意のままに尊敬を受けることができたし，また危急の時には人民に保護の手をさしのべることができた。かれらは生まれながらにして自己の部族構成員の長，つまり首長であったし，かれらの支配権はなんら異議なく承認された」（『古ゲルマンの社会状態』）。

人の平和と保護の機能を何が，あるいは誰が持ったか，そしてそれは法とどう関わるか，という問題は，政治的共同体の基本的ありかた，つまり国制と密接に結びついている。古ゲルマンの国制は自由だったのだろうか，それとも，支配に貫徹されていたので

あろうか。

> ▶コルネリウス・タキトゥス（Cornelius Tacitus, 56/7～117頃）
> 　氏族名や家族名は必ずしも確定していないが、おそらく騎士身分で、南ガリア・北部イタリアの家柄の出身と考えられている。法務官と執政官を歴任し、『ゲルマーニア』を記して、ゲルマンに関するもっとも重要な資料を後世に伝えた。また『年代記』（岩波文庫）などで、ローマの現実政治をリアルに描き出し、16世紀には政治的現実主義としてのタキトゥス主義をもたらすことになった。　　　　　　　　　　　（Y）

民会　古典学説と貴族支配制説の双方がその重要な論拠としているのは、タキトゥスの「民会」をめぐる記述である。それは次のようなものである。

「11　会議（民会）

小事には首長たちが、大事には〔部族の〕部民全体が審議に掌わる。しかしその決定権が人民にあるような問題も、あらかじめ首長たちの手許において精査されるという仕組みである。図らざる、そして突発の事件が起らないかぎり、彼らは一定の時期、すなわち新月、あるいは満月の時を期して集会する。これが事を起すに、最も多幸なるはじめの時と、彼らは信じているからである。……集まった彼らがよしと思った時、彼らは武装のまま着席する。そしてこのとき、拘束の権をさえ有する司祭たちによって沈黙が命じられる。やがて王あるいは首長たちが、それぞれの年齢の多少、身分の高下、戦功の大小、弁舌の巧拙に相応して、いずれも命令の力よりは、説得の権威をもって〔発言し〕傾聴される。もしその意見が意に適わない時、聴衆はざわめきの下にこれを一蹴する。しかしもし、意に適った場合、彼らはフラメアを打ちならす。最も名誉ある賛成の仕方は、武器をもって称賛することである」（『ゲルマーニア』）。
「大事」とは、国王の選出、武装能力の付与、他地方への移住・侵攻、戦争の宣告、和平の締結、重大な事件の裁判のことである。決定方法は全会一致である。これを見る限りでは、独立した自由人たちが民会を構成し、重要な問題に決定権をもったかのように見える。事実、古典学説はそう読んだ。
　ところが、ダンネンバウアーは、この訳にある「首長」に着目した。首長とは原文で、principesだが、これは実は貴族のことだと彼は理解する。この貴族たちが「小事」を決定し、大事についてもあらかじめ彼らが「精査する」。したがって、民会の決定はすべて貴族たちの意向に支配された、と。
　しかし、これを読む限りでは、たとえ首長が貴族だったとしても、大事の決定権が部民全体にあることは明らかである。王または首長（貴族）が「命令の力」ではなく「説得の権威」に頼らざるをえず、聴衆が賛成、反対を明示し得ることになっているからである。しかも、聴衆は武器をもち、賛意を表現するためにフラメア（槍）を打ちならした。これは「最も名誉ある賛成の仕方」だとされているが、高く聳え立つ貴族の支配の

第3章　古ゲルマンの法と社会　*43*

もとにある農民に，はたしてそのようなことが許されるであろうか。
　民会を構成したのは武器を有する自由人たちだった。武器を有し，集会に参加するのは自由と自立の証である。それゆえ，彼らが互いに争うのも自由だった。血の復讐もあればジッペや姻族をも含む血縁集団相互の果てしない武力抗争もあった。後者をフェーデという。また，彼らが互いに和解することも自由だった。もし強力な支配者が存在し，貴族と隷属者しかいなかったのであれば，フェーデも自発的な和解も抑圧されただろう。自由な復讐，フェーデ，和解は支配と秩序を侵すからである。

自由　ところが，タキトゥスには次のような記述がある。
「父または血縁のものが含んでいた〔さまざまの〕仇敵関係は，〔さまざまの〕友好関係と共に，〔後継者は〕引き継がなくてはならない。しかし，おさまりがつかないまま，いつまでもつづくのではない。殺人でさえ，牛または羊の〔それぞれについて定められた〕一定の数によって償われ，被害者の全一族はこの賠償を満足して受納するからである」（『ゲルマーニア』）。
　この仇敵関係はドイツ語ではしばしばフェーデと訳される。ここには血のつながりを軸とする，戦争と平和の世界がある。戦争を行うのも手仕舞いをするのも，当事者の意思である。彼らの日常生活もそのような意味での自由に彩られていた。
　タキトゥスによると，昼夜にわたって飲み続けても，誰ひとり，非難されなかった。酔った結果，喧嘩がしばしば起こり，悪罵，諍論に終わることは稀で，多くは殺傷にいたったという。しかし，仇敵を互いに和睦させ，婚姻を結び，首領たちを選び，平和や戦争について議論するのも，また多くの場合，宴席だった。たしかに，これは自由とも放恣ともいえる世界だった。

2　家と親族の法

家父権　『ゲルマーニア』での人々の振る舞いを見ると，血縁が重要であるにしても，ジッペという集団ではなく，個人が動きの中心にある。
　この個人とは，むろん自由人なのだが，血縁的論理からすると，それは家父である。ジッペとは「ジッペ意識と連帯感によって相互に結びあっていることを自覚した血縁者の団体であり，それゆえ中世的意味においてあくまでも団体と理解されるべきもの」（『西欧中世史事典』）ではあるが，実生活においても法生活においても，主体はむしろ家父であり，国制の基本単位も家であった。家父は，男系のジッペに属しつつ，婚姻によって新たに姻族関係を設定し，広い範囲の親族と互いに助け合い，そのことによって家と家の構成員を守ることに努めた。
　オットー・ブルンナーによれば，「家は中世における，さらには中世を越えて，広義の憲法（国制）の基本的一要素」であった。それはひとつの「自由圏」（フライウング）であり，そこでは特別の平和，すなわち家の平和が支配した。家の内外の「平和」つまり安全を保障し

たのが家父である。家は家父を支配者とする団体であり，対外的に政治的な権利や私法的な権利を行使するのも家父だけであった。ジッペは，このような家の血縁的連合体にすぎず，時代とともにその独自性は希薄になっていった。しかし，家は続き，姻族関係の設定を含む血縁的相互扶助の体制は残る。

　家父は，家に帰属するすべての人と物に対する支配の権限を有した。この支配の権限は家父権（ムント）と呼ばれた。ドイツの著名な民法学者ディーター・シュヴァーブによると，このムントのもとで「若者は，いつまでも家族という家父長制的支配団体にくるみ込まれている，という感じであった。初期の法源によれば，父は，子を殺したり譲渡したりしても，罰せられることはなかった。シュヴァーベンシュピーゲル（1270年頃）にもまだ，緊急の場合には，妻や子を売却する夫の権利が記載されている」（『ドイツ家族法』）。

　しかし，家父権は単に支配するだけのものではない。それは，またその権力の下にある妻や子や隷従者たちを保護する義務でもあった。とりわけ，ムントにはその性格が強い。男子の自由人であれば，成人に達して武装能力をもち，経済的に自立するとムントから離脱した。また従士となって有力者（首長）の館に移り住みその有力者のムントに服すると，家父のムントから離脱する。娘もまた，婚姻によって夫のムントに服するようになれば，家父のムントから離れた。要するに，家父のムントに服するのは，妻と未婚の娘，未成年者と不具その他の原因で武装能力をもたない者，成年には達しても経済的に独立していない者である。つまり，より強い力によって保護してもらわねば生きていけない人々であった。家は彼らを守るものであり，その意味で家は「城砦」であった。

　ゲルマンのムントは，保護という観点から，妻子の財産を管理し，裁判を追行することを家父にのみ許した。それゆえ，女性は基本的には常に父か夫または親族の保護のもとにおかれ，生涯，法的主体とはなりえなかった。それは女性が常に武装能力を持たなかったからである。

　古代や中世社会にあっては，自ら武装し自ら戦えることが完全な人格の不可欠な前提だった。人はその場合にのみ法的主体たり得る。自己の生命や財産は自らの力で守らねばならない社会だった。

私法　物に対する家父の支配権はゲヴェーレと呼ばれた。ゲヴェーレは，衣服をまとうという意味の wern に由来する概念で，占有の実行によって確認される，物に対する支配権のことである。

　土地，奴隷や家の財産がゲヴェーレの対象だった。ゲヴェーレは，物については所持，土地については利用によって具象化される物権の現象形態で，実際に物理的に支配していることと所有という法的権限とが一体化したものである。これは，物を公然と支配しているという公示性を不可欠の要素とした。公示されているにもかかわらず，これに挑戦する者がいなければ，その物はゲヴェーレ所持者の物とみなされる。力があれば物を支配し，物を支配するとゲヴェーレが発生する。逆に，力がなければゲヴェーレは機能

しない。ゲヴェーレは，自力救済の世界に相応しい物権の概念だった。

ゲヴェーレによって表現，保護される所有についてみると，古ゲルマンの時代には，所有には個人的なものと親族的なものがあったと思われる。動産は一般に個人的所有に属し，金，銀，宝石，家畜，運び動かすことのできるすべての物，衣服や武器，家財や日常用具などは一般に家父のゲヴェーレに属した。人が死んだとき，死者が生前に大事にしていたもの，男であれば武器，妻であれば最上の衣服，子であれば玩具などをともに埋葬する習慣がゲルマン社会にあったといわれる。これは，動産への個人所有意識があった証拠であろう。

親族的所有 土地や家屋敷のような不動産はこれとは違った。古典学説のように，土地がマルク共同体の総有に属したと考えることはできないとしても，個人的所有に属したと主張することも難しい。カエサルの記録は個人的所有を明確に否定している。ゲルマン人は「農耕に熱を入れず，主として乳とチーズと肉を食べて生きている。どんな人でも，一定の畑なり固有の所有地なりを持っていない。各地区や各郷の指導者が，一年ごとに，一緒に暮らしている民族や親戚の集団にたいし，適当と認めた広さと場所を指定し，土地を分け与え，次の年には，また別な土地へと移ることを強制する」（『ガリア戦記』）と。

これはマルク共同体説に有利な記録と思われるが，考古学によって，整然と分割された畑が多数発見されている以上，共同体的総有説をとることはもはやできない。むしろ，ドイツの法史学者ヴェーゼルが主張するように，カエサルの記述は，ギリシア・ローマ人が夢想した黄金時代のアレゴリーを含んでいると考えるべきであろう。カエサルの行過ぎた記述を割り引いて解釈すると，親族集団が土地を共同で所有したと理解するのが妥当である。他の部族社会との比較から推察しても，土地は親族的所有のもとにあったと思われる。

それゆえ，土地は家の財産として家父の支配権のもとにあったとしても，その譲渡は決して家父の自由にはならない。少なくとも，それには相続人たちの同意が必要とされた。譲渡がなされる場合には，そのための厳格な形式（要式行為）を守らねばならなかった。土地の移転にあたって，西ゲルマン諸族の間では，ゲヴェーレの移転の象徴として槍が手渡された。正式に譲渡がなされた場合でも，中世北フランスの慣習法は，売買の後1年と1日以内であれば，親族が同額で買い戻すことを許した（「聖ルイ法令集」第168条）。他の地域にも類似の慣習は認められる。

相続でも，財産は家父の自由にはならなかった。遺言の制度がなかったからである。タキトゥスに次のような記述がある。「しかし，相続者となり，後継者となるのは，各人それぞれの男の子たちである。彼らには遺言書というものがない。子のない場合，相続における最初の段階は，兄弟，父方の伯（叔）父，母方の伯（叔）父。血縁の者が多ければ多いだけ，また〔婚姻を通じての〕姻戚の数が大なれば大なるだけ，その老年は，ますます愛重されるものとなる。子の無いことには，なんのよきこともない」（『ゲル

マーニア』)。

　部族によって，相続人になる範囲や順位は必ずしも同じではない。だが，親族は常に相続の可能性をもった。遺贈の制度が無いのだから，これは親族的所有といえるだろう。

③　違法行為

血讐とフェーデ　ゲルマンの社会では，家の外に一歩出れば，危険が常に待ち構えていた。家族の誰かが不名誉にも他者に遅れをとり，傷つけられたり，殺されたりした場合，家父は親族またはジッペを糾合し，時にはその総力をあげて，加害者とその家及び親族に対して復讐を行い，被害者の名誉を雪ごうとした。相手は，加害者その人であっても，彼と同じ血縁仲間であっても構わなかった。いずれの側も，親族とその成員とは一体化していたからである。これが血讐であり，集団的抗争としてのフェーデであった。

　10世紀初頭にプリュムのレギーノによって記された裁判の手引書はいう。「われわれは親族の復讐をフェーデと呼ぶ」。

　ゲルマンの社会では，それゆえ，犯罪の概念及び行為への対処が今日とは異なっている。そこで発生する事件は，大きくフェーデ事件とアハト（平和喪失）事件とに分けられた。通常の窃盗，姦通，傷害，公然たる殺人などの事件は公権的には処罰されず，ただ親族の復讐または訴訟に委ねられた。これをフェーデ事件という。被害者側が復讐にこだわらず，加害者側の親族がただちに被害者に賠償すれば事は解決するが，武力で対応するとフェーデが始まり，解決はその戦いの結果に委ねられるからである。

現行犯　現行犯の場合に犯人をその場で殺害し，または追跡して殺害しても，これはまだフェーデではない。端的に復讐である。被害者は犯罪進行中に叫び声つまり「叫喚」をあげ，看視と援助を求める。この「叫喚」を聞いた者，ほとんどの場合親族は，ただちに駆けつけなければならない。それは義務であった。被害者は，現場であれ，追跡して捕らえる場合であれ，犯人を殺害することが許された。

　叫喚を聞いて駆けつけてきた者たちはシュライマンネン（シュライは「叫び」という意味）と呼ばれ，殺害の後に開かれる，死者を訴える緊急裁判（「死者に対する訴訟」）で，被害者が犯人の死体の前で行う宣誓を保証した。この役割のゆえに，シュライマンネンは通例，宣誓補助者と訳される。宣誓補助者は証人ではなく，宣誓者の宣誓の信頼し得ることを保証した。裁判所で宣誓を行うのは，殺害された犯人の側の親族による復讐を防ぐためである。

　現行犯に対する復讐が常に殺害を許したか否かはよくわからない。ミッタイスはすべてに及ぶと断言しているが，窃盗や放火，殺人や姦通に限定する考えもある。姦通の場合，被害者である夫は妻を殺すことができたし，相手方を殺すことも合法だった。夫が姦通しても，妻またはその親族によって処罰されることはなかった。夫が妻に対して自

由に罰を科すことができたのは，夫がムント権を有していたからである。

フェーデ 「犯行がもはや現行的でなくなった場合，すなわち犯行が『一夜を超えて』発見された場合には，組織的な復讐，すなわちフェーデがおこなわれる」(『ドイツ法制史概説』)。フェーデは親族集団による復讐行為であるから，和解も可能だった。和解のことをウルフェーデという。ウルフェーデには定型の文言があったし，宣誓が必要とされた。タキトゥスが伝えているように，この場合には賠償つまり贖罪金が支払われた。贖罪金は高額だったので，和解は必ずしも安易な方法ではなかった。

復讐とフェーデは，当事者の意向にほぼ完全に委ねられていた。しかし，当事者の手から離れ，当時の意味での公的な科罰の対象となる重大事件もあった。これがアハト事件である。

アハト事件 アハト事件は大きく「人民や国家自体の法益が侵害された場合」と「破廉恥罪の場合」に分かれる。前者には宗教上の犯罪（寺院や死体の掠奪，密殺など）や大逆罪などがあり，後者は夜間の犯罪や姦淫などである。公益に著しくかかわるか秘密の破廉恥な行為である，というのがその基準だったと思われる。

平和喪失 このような事件をおこした者は平和喪失者となった。平和喪失とは親族や家の保護（平和）を失うことであり，親族が彼らを守り，かくまうことは禁止された。ハインリヒ・ブルンナーの言葉を使うと，彼らは「国王と人民の敵，国王とその友人の敵，神の敵」であり，それゆえに「すべての者によって追跡，殺害され得るし，またされねばならない」。

平和喪失者は法の保護を失い，妻は寡婦，子は孤児となり，その財産は破壊された。彼らが身を置くことのできる場所は狼の棲む森だけであり，したがって狼男となると伝えられた。11世紀イングランドのエドワード懺悔王の法（6.2a）では，平和喪失者は「平和を喪失したその日から狼の頭（lupinum caput）をもつ」と記されている。

6世紀初頭の「サリカ法典」第55章第2条（または第4条）にも次のような規定があった。

「彼が既に埋葬せられたる死体を発掘略取し，しかしてそれが彼について証拠立てられたる場合には，彼は，彼がその死者の親族と和解し，しかして彼ら〔死者の親族〕が彼のために，人中に出づることの彼に許さるべき旨，請わんが日まで，狼〔vuargus〕たるべし。しかして彼が〔死者の〕親族に賠償する以前に彼に或はパンを与え或は客遇を与へたる者は，〔彼の〕親族なると〔彼に〕最近者なる妻なると，6百デナリウスすなわち15ソリゾス責あるものと判決せらるべし」（『サリカ法典』）。

ドイツ法制史の初期の研究者たちはこの規定を平和喪失刑の一典型とみなしてきたが，最近の研究はこれに懐疑的である。それによると，この法文は，犯人を平和喪失のゆえに殺害せよとは述べておらず，死者の親族と和解するまでは「vuargusたるべし」と述べているにすぎない。この言葉は言語学的にも「強盗」という意味でしかなく，「狼」ではない。したがって，これを根拠に平和喪失刑の存在を根拠付けることはできない，

と。このような批判は、ここでもクレッシェルによって鮮やかに伝えられている。

　この批判はおおむね妥当だと思われる。たしかに、平和喪失者を神の敵として積極的に殺害すべきだとしたという事実を第55章からひきだすことはできない。この「vuargus」である状態は、直ちに死を意味するものではなく、期限付きの間接強制の手段として用いられているにすぎない。それゆえ、いまや、平和喪失という概念そのものの検討すら必要となっている。

　しかし、第55章の法文についてみると、期限つきではあれ、親族や妻に対して犯人への接触やその保護が禁じられている。親族の保護がない状態は、この時代においては平和の享受や法の保護を失っているのとほぼ同義である。その意味で、vuargus を「平和喪失」と理解するのは必ずしも不当とは思えない。キャサリン・フィッシャー・ドローの英訳もまた、これを法喪失（outlaw）と訳している。平和喪失とは法の保護を受けない法喪失のことだ、と考えてよいであろう。

　はっきりとした支配と刑罰が存在しない時代にあって、法共同体全体に関わると思われるほどの重い犯罪について、その紛争解決を当事者にまかせず、加害者側親族の保護を排除することによって犯人を孤立させ、共同体から放逐するか犯人側親族の復讐権を否定したのが平和喪失＝法喪失だった。それは、過去の学説が主張したように殺害すべき積極的義務をもたらさないが、誰が殺しても責任を問われないという効果は生み出したと思われる。これは、一種の公的な制裁であり、萌芽的な刑罰ということは可能である。

死刑の宣告　このことは、自由人全員が参加する民会で裁判が行われ、平和喪失＝法喪失にあたる特定の犯罪について死刑が宣告、執行されたことと矛盾しない。犯人を捕らえ民会に連行できれば、民会で裁かれたからである。この場合、裁判で犯人の平和が剥奪され、その後に死刑が確定された。ゲルマンの民会について記したタキトゥスは、民会における裁判についても貴重な証言を残している。

　「会議においては訴訟を起こすことも、生死の判決を促すこともできる。刑罰の量定は罪状による。裏切りと逃亡犯は木に吊し、臆病者、卑怯者、あるいは恥ずべき罪（破廉恥罪）を犯した者は、頭から簀をかぶせて、泥沼に埋め込む」（『ゲルマーニア』）。ハインリヒ・ミッタイスはこれを「平和喪失者の処刑」と伝えている。

もっと学びたい人のために

① タキトゥス／泉井久之助訳『ゲルマーニア（改訂版）』岩波文庫、1979年。
　＊ローマの歴史家タキトゥスの手になる。この時期のゲルマン社会の法と国制を知るうえで、最も重要な文献であり、資料である。
② カエサル／國原吉之助訳『ガリア戦記』講談社学術文庫、1994年。
　＊ローマの英雄カエサルの戦記で、『ゲルマーニア』と同様、重要な文献であり資料である。文学作品としても第一級の出来栄えで、興味をもって読むことができる。

③ 阿部謹也「刑吏の社会史」「中世賎民の宇宙」（ともに『阿部謹也著作集』筑摩書房，2000年，第2巻所収）．
  ＊日本における代表的な西洋中世史家の作品で，ゲルマン社会をも照射した西洋中世の「宇宙」と「法」を鮮やかに描き出している．『刑吏の社会史』は中公新書，『中世賎民の宇宙』は筑摩文庫でも読める．
④ K. クレッシェル／石川武監訳『ゲルマン法の虚像と実像――ドイツ法史の新しい道』創文社，1989年．
  ＊「ゲルマン」法に関する古典学説全般に対する鋭い批判の書．その研ぎ澄まされた論理は，学問の厳しさと楽しさを伝えてくれる．難しいが，読み応えがある．
⑤ H. ミッタイス／世良晃志郎訳『ドイツ法制史概説』創文社，1971年．
  ＊古典学説を踏まえたドイツ法制史の代表的教科書．初版は1949年だが，ドイツではいまでも教科書として用いられている．上記④と併せて読むと，学説の対立点がよく理解できるだろう．

【参照文献】
阿部謹也『阿部謹也著作集』第2巻，筑摩書房，1999年．
石川武『序説・中世初期の自由と国家』創文社，1983年．
久保正幡『西洋法制史研究』岩波書店，1952年．
久保正幡編著『中世の自由と国家』全3巻，創文社，1963〜69年．
熊野聡『北欧初期社会の研究――ゲルマン的共同体と国家』未來社，1986年．
野崎直治『ドイツ中世農村史の研究』創文社，1985年．
伏島正義『スウェーデン中世社会の研究』刀水書房，1998年．
久保正幡訳『サリカ法典』創文社，1977年．
カエサル／國原吉之助訳『ガリア戦記』講談社学術文庫，1994年．
K. クレッシェル／石川武監訳『ゲルマン法の虚像と実像――ドイツ法史の新しい道』創文社，1989年．
G. ケブラー／田山輝明監訳『ドイツ法史』成文堂，1996年．
D. シュヴァーブ／鈴木禄弥訳『ドイツ家族法』創文社，1986年．
タキトゥス／泉井久之助訳『ゲルマーニア（改訂版）』岩波文庫，1979年．
H. ダンネンバウアー／石川操訳『古ゲルマンの社会状態』創文社，1969年．
O. ブルンナー／石井紫郎・山田欣吾他訳『ヨーロッパ――その歴史と精神』岩波書店，1974年．
H. ミッタイス／世良晃志郎訳『ドイツ法制史概説』創文社，1971年．
Heinrich Brunner, Abspaltungen der Friedlosigkeit, in・*ZRG (GA)* Bd. 11 (1890).
Uwe Wesel, *Geschichte des Rechts*, München, 1997.

（山内　進）

II

ヨーロッパ中世の法と社会(1)

フランク王国の時代

フランク国王シャルルマーニュ（カール）の戴冠式

Ⅱ　ヨーロッパ中世の法と社会：総説

◎　全体像
　一般にヨーロッパ中世というとき，その対象となる期間はおおむね500年から1500年頃までをさす。第Ⅱ部が扱う時期もおおむね，その区分にしたがっている。とはいえ，最近の研究では，むしろ12世紀から13世紀あたりを大きな画期とする考え方も有力である。そこで第Ⅱ部では「近世の胎動」という時期区分を設けて，その考え方を取り入れることにした。
　ヨーロッパ中世は，古代の伝統をなお強く残している時期（フランク王国の時代），ヨーロッパ中世の典型といえる時期（封建社会），近世・近代へと大きく変化する時期（近世の胎動）に分けることができる。前2つは部族制的血縁社会としての「前ヨーロッパ」，最後の1つをポスト部族制的血縁社会としての「ヨーロッパ」の始まりと括ることもできるが，フランク王国の時代と封建社会との間にも大きな違いがあるので，第Ⅱ部では3つの時期に区分して記述を進める。

◎　フランク王国の時代
　地中海世界からガリア（ほぼ現フランスにあたる部分）やゲルマン（現ドイツとその近隣地帯）という現ヨーロッパの中核部にあたる地域にヨーロッパの中心が移り始めた時期である。この時期に，ゲルマン諸族の部族法典が次々に現れてその勢いを示す一方で，古代ローマ帝国の栄光の復活に意を注いだユスティニアヌス帝が偉大なユスティニアヌス法典（いわゆる「市民法大全」）を編纂，公布させている。これは，武力だけではなく，政治・文化面でも厳しい覇権争いがあったことを示している。
　ローマ教会もまたこの争いに関与していた。それは，サリー族の王クローヴィスと接触をたもち，カトリックへの改宗を支援していた。クローヴィスのアリウス派諸族への勝利は，カトリック教会の勝利でもあった。クローヴィスによって建国されたフランク王国はローマとの固い絆をもった。クローヴィスの創った「サリカ法典」には，自力救済を自明とするゲルマン慣習法とともに，カトリック的な平和志向が窺われる。
　カトリックとの絆をさらに決定的にしたのはカロリング朝だった。わけても，ローマ教皇によって皇帝として戴冠されたカール大帝は，聖俗の最高権力者として君臨し，異教徒と戦い，支配し，キリスト教世界を拡大することに貢献した。その統治もキリスト教的で，なによりも正義の実現をその使命とした。統治も裁判もその観点から遂行された。カール大帝の国家は「広義の教会」であり，国王（皇帝）の勅法も立法というよりも狭義の教会事項を含む指令に近いものだった。
　「広義の教会」は世俗的な官僚制的国家ではない。それは普遍的だが，それゆえに多様性を許す緩やかな支配しか実現できなかった。各地の有力者や権力者は自立的で，独自

Ⅱ　ヨーロッパ中世の法と社会：総説

の支配圏をもっていた。国王は，彼らの支配圏を王国に組み込むために，彼らと人的な結合関係をもった。この人的結合関係を主として土地（封土）を仲立ちとする政治・社会制度にまで高めたのが封建制である。

◎　封建社会

封建制は，中世ヨーロッパに特有の制度である。それは，封主の封臣に対する土地（封土，レーエン）の貸与を前提とする双務契約に基づき，保護と勤務の相互的義務を負う関係である。この関係は，実は領主と農民との間にも同様に存在した。領主は農民を保護し，農民は土地を耕し，役務を提供した。ただ，封主と封臣の契約は1代ごとに更改されたのに対し，農民の場合は終身，代々にわたって身分的に引き継がれるという大きな違いはあった。農民は，身分的に領主に隷属した。

保護と勤務という関係を身分化し，上は皇帝から下は農民にいたるまでの基本的な制度とする社会をマルク・ブロックは封建社会と呼んだ。封建社会は自立的，地域的権力の存在を前提とするから，法や裁判も最高権力者の直接的支配のもとに置かれることはなかった。身分ごと地域ごとに法圏が異なった。封建社会の法は多様で重層的なところに特質がある。帝国法や王国法，都市法や村法があってそれぞれ独自に機能すると同時に，教会法，レーエン法，荘園法，商人法などが各身分について適用され，空間性と人的関係がさまざまな形で絡み合っていた。ここでは，慣習が大きな意味をもった。

◎　近世の胎動

このような関係を大きく変えたのが聖職叙任権闘争による聖俗分離革命だった。教皇は皇帝との対立のなかで教皇権の絶対性を主張し，教皇を頂点とする位階制（ヒエラルヒー）を明示した。支配が最高権力から下降するという思想は，双務的契約関係を軸とする封建制とは異質の考えで，合理主義的だった。一方，俗権もまた聖性を失うことで，世俗化を推進した。世俗的権力として，その存在根拠を求めた皇帝や国王は，格好の素材を発見した。ローマ法である。

11世紀から12世紀にかけて，ローマ法の重要性が再認識され，ボローニャに最初の法学校（大学）が生まれた。ローマ法は皇帝権力の至上性を伝えていたうえ，高度な私法概念を多数含んでいた。都市が勃興し，商業活動が国際的に行われ始めていた時代の要請にローマ法は適合していた。

ローマ法の再生はカノン法つまり中世教会法を生みだし，発展させることに寄与した。本格的カノン法学はボローニャではじまり，ボローニャで研ぎ澄まされた。カノン法はローマ法とともに学識法となり，普通法（ユス・コムーネ）としてヨーロッパ各地に大きな影響力を振るった。

Ⅱ ヨーロッパ中世の法と社会:総説

　第Ⅱ部は，部族法とユスティニアヌス法典の成立からこの普通法（ユス・コムーネ）の興隆にいたる過程を扱う。

(山内　進)

第4章

部族法典とユスティニアヌス法典

　古代地中海世界を制覇し，優れた法と法学を生み出したローマも，五賢帝の時代以降になるとさすがに衰えを見せ，北方のゲルマン人によって侵略され始めた。ゲルマン人は民族大移動を経て独自の王国を作り上げ，ローマを模範として法典を作り，法による支配を行おうとした。これに対して，6世紀の東ローマ皇帝ユスティニアヌスは古代ローマの復活を夢見て，古代ローマ法の精華と多数の勅法を法典化した。このユスティニアヌス法典は，後にヨーロッパ法文化の形成に決定的ともいえる足跡を印すことになる。

1　部族法典

ゲルマン民族の大移動　いわゆるゲルマン民族の大移動が始まったのは375年のことだった。その口火を切ったのは西ゴート族である。西ゴート族は，東からやってきたフン族に押し出され，同年ドナウ川を渡り，ローマ領モエシアに移動した。378年，彼らは，アドリアノーブルでローマ軍と戦って勝利し，皇帝ヴァレンスを殺害した。この危機に面して，皇帝グラティアヌスは379年，軍事的能力に富んだテオドシウスを共同帝に任命し，東の支配を委ねた。テオドシウス帝は，ローマ軍の再建を図り，多数のゲルマン人を受け入れた。テオドシウス帝はまた西ゴート族との共存を考え，382年彼らと同盟条約を結び，軍事的援助と引き換えにドナウ河とバルカン山脈の間に殖民することを認めた。

　しかし，ゲルマン人のローマ帝国領への進出はこれでやむことはなかった。西ゴート族はその後イタリアを去るが，ガリア南部に進んで415年に西ゴート王国を建てスペインをも傘下に収めた。ドナウ川中・下流のヴァンダル族も，ガリア，イベリア半島に渡り，西ゴート族におわれて，429年，アフリカ北部にヴァンダル王国を築いた。エルベ川とオーデル川の間に暮らしていたブルグント族もまたライン川を越えてフランス南西部一帯を制して443年にジュネーブを中心としたブルグント王国を建設した。493年には東ゴート王国がラヴェンナを首都として成立し，セーヌ川，ロアール川にそって南下したサリー系フランク族はクローヴィスの下に486年にソワソンに建国した。

ゲルマン人の支配　この一連の動きのなかで，西ローマ帝国はゲルマン人の圧力を受けつづけ，ついに476年皇帝ロムルス・アウグストゥスがゲルマンの傭兵隊長オドアケルによって廃位され，滅亡した。しかし，この一連の出来事を，ゲルマン人によるローマ帝国の征服，解体，支配と自己への同化の過程と考えるならば，それは必ずしも適切ではない。ゲルマン人はローマ帝国の存在を認め，その権威を尊重していた。

　西ゴート族もブルグント族も形式的にはローマ皇帝の同盟者だった。オドアケルは，西ローマ皇帝を退けた後に，東ローマ皇帝によってパトリキウスついでコンスルに任命されている。ブルグント王グンドバッドはガリア総督だった。東ゴート王国のテオドリック大王（454？～526）も484年東ローマ皇帝によってコンスルに任命され，493年にオドアケルを倒した後，パトリキウスの称号を得ている。さらに，フランク王クローヴィス（465？～511）もまた，507年に西ゴート王アラリックを倒し，東ローマ皇帝アナスタシオスからコンスルとされた。そもそもフランク人は4世紀の段階でローマの政治に深く関わり，コンスルの称号を与えられた者を複数出していた。フランク人はローマ帝国の強力な軍事的支援者であり，ローマ的な国家思想に通じていた。

　したがって，ゲルマン人は王国を作るにあたって，いたずらにローマ人を迫害せず，むしろローマ的なスタイルで王国を統治しようとした。その典型的な例が法典の編纂である。ゲルマン人の王は，法典を編纂するという方法の点で，またその内容において，ローマの法律事業に多大な影響を受けることになる。

テオドシウスの勅法彙纂　当時のゲルマン人に影響を与えた法典についてここで触れておこう。ローマ専主政期はローマ法史のうえでは衰退期であるが，皇帝による統治と官僚制的支配は，ゲルマン人にとってはなお文明的で，先進的だった。この統治のもとでは，皇帝の勅法が重要な法源だった。勅法は次々と増加し，裁判や行政実務，また法学教育のために何らかの整理が必要となり，私撰の「グレゴリウスの勅法集」（291年）と「ヘルモゲニアーヌスの勅法集」（295年）が出された。

　しかし，その後も勅法は増えつづけ，ついに東ローマ皇帝テオドシウス2世が435年に16名からなる法典編纂委員会を設置し，公式に法典を編纂することとした。2年後に全16巻からなる法典が完成され，438年2月15日に東ローマ帝国で，439年1月1日に西ローマ帝国で効力を得た。コンスタンティヌス帝からテオドシウス2世までの勅法（313～437年）を選別，編纂し，総数2529の勅法からなるもので，「テオドシウスの勅法彙纂」または「テオドシウス法典」と呼ばれる。内容的には，第1巻が官僚，第2巻から第5巻の初めまでと第8巻の最後の部分が私法，残りは第15巻までが公法，最後の第16巻が教会法である。

ローマ法の卑俗化　「テオドシウスの勅法彙纂」は，ローマ帝国において通用したのはもとより，ゲルマン人の王国でも重要な役割を果した。それはゲルマンの諸王に法典の編纂を促し，その内容に影響力を振い，ヨーロッパ大陸にお

いてイタリアや東ローマ以上に生命力を持ちつづけた。

　しかも，移動によってローマ帝国内に王国を作ったゲルマンの諸王は，ローマ人の同化政策をとらず，しばしば自民族とローマ人とで異なった法を用いることとし，別個に法典を作成した。これは属人主義と呼ばれる原理に基づくもので，支配地域一帯に共通の法規範を用いる方法（属地主義）によらず，裁判の法源を当事者の属する法とするものであった。ゲルマン諸族相互の間でも同様である。

　こうして，ゲルマンの部族国家のもとでもローマ法は効力をもった。しかし，このローマ法はあくまで部族国家がまとめた簡素で限定的なもので，内容的にも古典期ローマ法の高度の技術性と精緻さを備えず，独自の解釈や変更を加えられたので，一般に「卑俗ローマ法」と呼ばれる。また，この現象をローマ法の卑俗化という。

　部族法典　ゲルマンの諸王がローマを範として作成した部族法典には，自身の部族民を対象とする法典とローマ人を対象とする法典，その双方に通用する法典とがある。ここでは，煩雑になるので，部族ごとに法典名をあげ，その説明でどのような性格のものかを記すことにしよう。

■西ゴート族の法典
(1)　「エウリック王の法典（codex Euricianus）」。西ゴート族のエウリック王がローマ人の助けを得て475年頃に作成した。西ゴート族の慣習法の採録ではなく，王の制定法という形式をとっている。内容的にもローマ法に近く，ゴート人とローマ人とに共通に適用されるものとされた。
(2)　「西ゴートのローマ法典（Lex Romana Visigothorum）」。後に「アラリックの抄典（Breviarium Alarici）」と呼ばれる。フランク族の攻撃を前にしてエウリック王の子アラリック2世が域内のローマ人の協力を得るために，おそらくローマ法学者の助力を得て，506年に編纂した。スペインと南フランクに住むローマ人に対するもので，12世紀までイタリアを除くヨーロッパで，ローマ法の主要な法源とされた。
　この法典の内容は，実質的にローマ法そのもので，次のような順序で編纂されている。①「テオドシウスの勅法彙纂＝テオドシウス法典」16巻，②テオドシウス2世等の「新勅法彙纂」，③ガイウスの『法学提要』2巻，④「パウルスの断案録」5巻，⑤「グレゴリウスの勅法集」，⑥「ヘルモゲニアーヌスの勅法集」，⑦「パピニアヌス解答録」第1巻。
　この法典は，制定法の「法律（leges）」とローマ法学者の著作である「法（jus）」とに分類され，ガイウスを除いて解釈が付加されている。
(3)　「レッケスヴィント王の西ゴート法典」。654年に編纂。ゲルマン人とローマ人の区別なく西ゴート全域で通用するものとして作られたが，ローマ法に依拠している。「アラリックの抄典」の方が重視された。

■東ゴート族の法典
「テオドリック王の告示法典（Edictum Theodorici）」。東ゴート王テオドリック大王

(在位471～526)によって，500年頃に制定された。内容はローマ法で，「テオドシウス勅法彙纂」や「新勅法彙纂」などから抜粋された154の法文からなる。東ゴート王は，形式的には東ローマ帝国の総督として統治しており，立法権をもたず告示権しかなかったので，告示法典とされた。これは，ローマ人とゲルマン人に等しく適用された。イタリアでは，ユスティニアヌス帝によって554年に東ゴート王国が滅ぼされたので，ユスティニアヌス法典（533～534年）が使用されることとなる。

■ブルグント族の法典

(1) 「ブルグントのローマ法典（Lex Romana Burgundionum）」。グンドバッド王（在位480～516）が500年頃に編纂。内容は「テオドリック王の告示法典」と同様に「テオドシウス法典」などからの抜粋である。

(2) 「ブルグント法典（Lex Burgundionum）」。グンドバッド王はまた，501年にブルグント人を対象として「グンドバッド王の法典」を作成した。現存しないが，その子シギスムンド王が改訂増補したのが「ブルグント法典」である。したがって，この法典は516年以後に編纂されたものである。だが，ブルグントはフランク人に攻撃され，シギスムンドは殺され，534年に併合された。法典はゲルマン人に適用されたが，ローマ法の影響，特に「テオドシウス勅法彙纂」の影響が大きい，とされている。

■ランゴバルド族の法典

「ロータリ王の告示（Edictum Rothari）」。568年にランゴバルド人がイタリアに侵入して同地を支配。通例，この年をもって，民族大移動時代は終わるとされる。572年，パヴィアを首都とした。ロータリ王（在位636～652）が643年にランゴバルド人の法慣習を採録して作成。告示とされたのは，やはり東ローマ帝国総督となっていたからである。その後の国王も法の識者たちと協同して，法典を付加。とくに有名なのは，「リウトプランド王附加王令」（713～735年）である。

■フランク族の法典

(1) 「サリカ法典（Lex Salica）」（507～511年）。ベルギー，北フランスのサリー・フランク人の国王，クローヴィス（在位481～511）が編纂。もっとも重要な部族法典で，フランク人の慣習が多いとされる。この法典については，次章で改めて触れることにしたい。

(2) 「リブアリア法典（Lex Ribuaria）」。ケルン近郊のリブアリア・フランク人のための法典。7世紀前半に作成。「サリカ法典」を元にしており，実質的には修正されたサリカ法典といえる。

■アングロサクソン族の法典

(1) 「エセルビルフト王法典」（600年頃）。全90条で，ケント王エセルビルフトがキリスト教に改宗した際に作成したといわれる。キリスト教の影響とローマの影響がともに認められる。大陸の部族法典がラテン語で記されているのに対し，西ゲルマン

語に属する古代英語で書かれている。この点においては，きわめてゲルマン的である。後に「アルフレッド大王の法典」（885〜899年頃）でも一部採用されている。
(2) 「イネ王法典」（668〜694年頃）。西サクソン人またはウェセックスの王イネが編纂。「エセルビルフト王法典」と同様に，贖罪金の規定からなる。これも部分的に「アルフレッド大王の法典」に取り入れられている。

　以上が，部族法典と呼ばれるもので，これにはゲルマン人独特の制度と当時の卑俗化されたローマ法が記録されているところに特徴がある。特に，独自の部族法典の場合には，犯罪的行為をも含む紛争を贖罪金（損害賠償金）の支払いで解決しようとする規則が多く，その時空的性格を示していて興味深い。贖罪金については，第5章で詳論する。

2　ユスティニアヌス法典

東ローマ皇帝　ゲルマン諸国の部族法典が編纂されたのはおおむね5世紀後半か
ユスティニアヌス　ら6世紀初頭のことであったが，その少し後の530年頃から東ローマ帝国でも法典編纂の事業が始まる。その推進者は，東ローマ皇帝ユスティニアヌス（在位527〜565）であった。

　ユスティニアヌスは偉大な皇帝だった。彼はかつてのローマ帝国の栄光を復活すべく，将軍ベリサリウスを派遣してアフリカのヴァンダル王国を533年に征服した。535年にはフランク人と同盟して東ゴート王国を攻め，553年にはついにイタリアからゴート人を放逐し，短期間ではあったが，東西ローマの一体化を実現した。帝はまた，その間に聖ソフィア教会堂を立てるなど文化面でも多くの業績を残した。だが，帝の最大の偉業はローマ法の集大成である。

> ▶ユスティニアヌス帝とテオドラ皇后
> 　ユスティニアヌス帝の統治における最大の危機はニカの乱（532年）であった。反乱者たちが宮廷に攻め寄せ危機に陥った時，ユスティニアヌス帝は亡命を企てようとしたが，テオドラはそれを止め，気をとり直したユスティニアヌス帝は反乱者たちをようやく退けたという。テオドラは慈善事業に尽したことでも有名である。　　　　（Y）

旧勅法彙纂　ユスティニアヌスは皇帝になってすぐに法典編纂の事業に着手した。528年2月に10人からなる委員会を設置して，「テオドシウス勅法彙纂」などかつての3つの勅法集及びその後の勅法を整理して新たに一個の法典を編纂することを命じた。また，一個の法典に集約するために，不必要な序文や反復，矛盾，曖昧な事項を削除し，3勅法集中の法文を適当な章立てのなかに組み込むことを命じた。また，必要があれば，もとの勅法の文章に付加，削除，変更を加えること，しかし公布された年とコンスルの名称を記し，年代順に配列するように要請した。

編纂委員会には皇帝の官房長官であったトリボニアヌス（545年死？）やコンスタンチノープルの法学校教授テオフィリウスが任命された。法，少なくとも法典編纂の天才ともいえるトリボニアヌスの的確な運営のもとに，529年4月16日に「ユスティニアヌス勅法彙纂（Justinianeus Codex）」が完成，公布された。

ユスティニアヌス帝は，「きわめて困難で，まさに不可能と思われた」にもかかわらず，「予想を越えた成果」を収めた，とこの作業を高く評価した。彼はまた，以後他の勅法彙纂には効力がなく，この新法典だけが効力を有するように命じた。

ユスティニアヌス帝

しかし，この法典は，「ユスティニアヌス法典」つまり後にいう「市民法大全」に属さず，すぐに効力を失う。その意義は，その作品そのものよりも，むしろ「ユスティニアヌス法典」編纂の準備とトリボニアヌスという天才的法律家を発見したところにある。

学説彙纂　「ユスティニアヌス勅法彙纂」完成の翌年，ユスティニアヌス帝は新たにトリボニアヌスを委員長とする16名からなる法典編纂委員会を設置し，解答権ある法律家たちの著作から抜粋された学説法からなる法典を編纂することを命じた。期限は10年間とされたが，トリボニアヌスや法学校教授ドロテウスやアナトリウスの尽力により，ほぼ3年間で作業は完遂し，533年12月16日に出された勅法によって12月30日から施行された。これは，学説法の要約，集大成であったから，「学説彙纂（ディゲスタ）」ないし「会典（パンデクタエ）」と呼ばれる。

「学説彙纂」は，ローマの法曹の2000巻300万行にも及ぶ膨大な著作からその精華を選び抜き，全50巻15万行に圧縮したものである。選び抜かれた学説は主として古典期法曹のもので，利用されたのは39名の法曹だった。パピニアヌス，パウルス，ウルピアヌス，モディスティヌス，ガイウスの著作がもっとも多く，なかでもパウルスはほぼ6分の1，ウルピアヌスは3分の1を占め，その2人で全体の約半数に及んだ。私法を中心とするその優れた法内容は，後述するように，近代法及び近代法学の形成と発展に決定的な影響を与えることになる。

法学提要　この「学説彙纂」は，選び抜かれた精華ではあったが，なお膨大な内容を含んでいた。そのために，ユスティニアヌス帝は，初学者の便宜のために簡潔な入門書を法学校での講義のための官撰の教科書として作成することを命じた。トリボニアヌスを中心とする3名が編者となり，ガイウスの著作にちなんで「法学提要」と題し，これを533年11月21日に公布した。これも同年，12月30日から法的効力をもった。

勅法彙纂　この間にユスティニアヌス帝は多くの勅法を発したので、先の「ユスティニアヌス勅法彙纂」を改定する必要が生じ、トリボニアヌスが新しい勅法集の編纂に従事し、534年11月16日、新たに「勅法彙纂」が公布された。全12巻からなり、ハドリアヌス帝の即位（117年）から公布直前までの重要な勅法約4600を収録している。法典が効力をもったのは534年12月29日で、かつての「ユスティニアヌス勅法彙纂」は無効とされた。「ユスティニアヌス勅法彙纂」は以後「旧勅法彙纂」と呼ばれることになった。

新勅法彙纂　その後も多くの勅法が発布されたために、ユスティニアヌス帝は「新勅法集」を作成することを予告していたが、これは果たされなかった。しかし、私的にこれを編纂するものがあり、一般に「新勅法彙纂」と呼ばれる。535年から565年までの勅法を含む。これにはいくつかの版があるが、もっとも大きいのが165または168の勅法を含むギリシア語版である。また、コンスタンチノープルの法学校教授であったユリアヌスの手になる、ラテン語版の「ユリアヌス抄録（エピトーメ）」（124勅法）、さらにギリシア語のテクストから作られたラテン語版（134勅法）もあり、これは後に最も権威あるものと考えられたために「権威の書（アウテンティークム）」（通例「公撰書」と訳される。以下「公撰書」）と呼ばれた。

▶**インテルポラーティオ**
　ユスティニアヌス帝は、法典の編纂にあたって適宜、原文の削除、修正、改竄、新文の挿入を認めた。これは、「ユスティニアヌス勅法彙纂」と同様に、法典を現行法として用いるためであったが、この作業をインテルポラーティオ（修正）という。残された「学説彙纂」とかつての原文との異同を明らかにするインテルポラーティオ研究は、かつてはローマ法研究の最重要の課題だった。　　　　　　　　　　　　　　　　（Y）

市民法大全　これら4つの（厳密にいえば3つの）法典を一般にユスティニアヌス法典という。ユスティニアヌス自身は、この4つの法典に包括的名称を与えていない。だが、16世紀フランスの法律家ディオニシウス・ゴトフレードゥス（ゴトフロワ）がこれらの法典をそれまでの慣行をふまえ「市民法大全（corpus iuris civilis）」の名のもとに一括して刊行したことから、今日にいたるまでユスティニアヌス法典を「市民法大全」あるいは、コルプス・ユーリスと呼称するのが通例である。この「市民法大全」を構成する4つの法典を公布順に改めて整理すると、次のようになる。

法学提要（Institutiones）　533年11月21日公布、12月30日施行。
　全4巻。第1巻「人の法」、第2〜3巻「物の法」、第4巻「訴訟の法」。
　引用は、巻・法文・節による。
　　（例：法学提要第1巻第1法文第2節。欧文の場合は、I. 1. 1. 2）
学説彙纂（Digesta sive Pandectae）　533年12月16日公布、12月30日施行。

全50巻。第1巻「総論」、第2～46巻「私法」、第47～48巻「不法行為（刑罰法規を含む）」、第49巻「訴訟法・軍事関係法」、第50巻「行政法」。
　引用は、巻、章、法文、節による。
　（例：学説彙纂第1巻第1章第1法文第1節。欧文の場合は、D. 1. 1. 1. 1）

勅法彙纂（Codex）　534年11月16日公布、12月29日施行。
全12巻。第1巻「教会法・法源、行政法」、第2～8巻「私法」、第9巻「刑法」、第10～12巻「財政法、行政法」。
　引用は、巻、章、法文（条）、節（項）による。
　（例：勅法彙纂第1巻第1章第1法文第1節。欧文の場合は、C. 1. 1. 1. 1）

新勅法彙纂（Novellae）　565年以降。
内容は、行政法、教会法。
　引用は、法文、節、分節による。
　（例：新勅法彙纂第1法文第1節第1分節。欧文の場合は、N. 1. 1. 1）

ローマの再生　ユスティニアヌス帝がかくも膨大な法典を編纂したのは、彼がヘレニズムの影響のもとにあって古典主義的傾向をもっていたからであろう。だが、より大きな理由は、東西両ローマを包括する壮大な法典を編纂することによって、ローマ帝国及びローマ理念の復活と再生を図ることにあった。

彼がすべての法典に現行法としての効力を与えたのはそのためであった。これはまた、ゲルマンの諸王がローマを模範として完成していた部族法典に対して、ローマ帝国本体の偉大さを証明するものでもあった。帝国とゲルマンの諸王国は競争的関係にあった。帝国はあらゆる面で屹立していなければならない。ユスティニアヌス帝は、「法学提要」に付加された11月21日の勅法でこう記している。

「皇帝の権力は、武器によって飾られるだけでなく、法律によっても武装されねばならない。皇帝の権力は、戦時においても平時においても、しっかりと統治することができねばならないからである。ローマ皇帝は、戦闘において勝者としてあらわれるだけでなく、法の面でも欺瞞的な人々の不正直を妨げる。ローマ皇帝は、敵を征服する勝者であるのみならず、正義の最高の守護者でなければならない」。

ユスティニアヌス法典つまり後の「市民法大全」は絶対的権威を付与された。法学校ではこれを「まったく唯一のもの」として利用、遵守しなければならなかった。西ローマでも法典の遵守が求められた。しかし、ランゴバルド人が568年にイタリアを席巻したので、イタリアでユスティニアヌス法典を用いることは不可能になった。それに、イタリアでは「テオドシウス法典」を中心とする卑俗ローマ法が支配的で、新たに古典ローマ法の精華を使う必要性はなかった。他のゲルマン諸国でも同様である。そのため、ユスティニアヌス法典は東ローマ帝国でしか実効性をもたなかった。

しかし、その東でも、イスラム勢力との戦いのなかで法学校が閉鎖されるなど、ユスティニアヌス法典が利用される条件は失われていった。後にバシリウス帝（在位867～

886）は，ユスティニアヌス法典を修正した大法典の編纂を企画し，その死後「バシリカ法典」(892年) が完成した。その結果，東ローマ帝国の法学もまたユスティニアヌス法典を無視し，「バシリカ法典」を基礎として発達することになる。

　ユスティニアヌス法典を現行法として広大なローマ帝国全域に通用させようとしたユスティニアヌスの試みは，このように完全に失敗だった。しかし，それにもかかわらず，ユスティニアヌス法典の編纂は歴史的大事業であっただけでなく，真に偉大な歴史的意義を有した。これは，決して否定できない。なぜなら，ユスティニアヌス法典は，ローマ法という「古代世界の遺産」を「後代へ伝えるという歴史的な役割」(吉野悟) を担い，後にヨーロッパの形成及びすぐれてヨーロッパ的な学識法学と法律家たちの創設に決定的ともいえる役割を果したからである。この「後代」とは11世紀末以降のことである。

もっと学びたい人のために

① 吉野悟『ローマ法とその社会』近藤出版社，1974年。
　＊ローマ法の本質を社会生活との関連で歴史的に解き明かし，ユスティニアヌス法典の編纂の意義を教えてくれる。
② W. シーグル／西村克彦訳『西洋法家列伝』成文堂，1974年。
　＊法律家・立法者の列伝という形で西洋法制史を概観できる，分かりやすくて面白い読み物。同書所収の「東ローマのユスティニアヌス帝」は，ユスティニアヌスの法典編纂事業をその政治活動との関係のうちに描いている。
③ E. ギボン／中野好之訳『ローマ帝国衰亡史』第6，7巻，ちくま学芸文庫，1988, 1990年。
　＊18世紀に記された歴史学の古典で，いまも世界中で広く読まれている。内容といい，もののとらえ方といい，古典の名に恥じない。現代風に訳されているので，読みやすい。本書を読むと，ローマ法を生き生きと理解することができるだろう。

【参照文献】
船田亨二『ローマ法　第1巻』岩波書店，1968年。
吉野悟『ローマ法とその社会』近藤出版社，1974年。
吉野悟「ローマ法学の成立」『岩波講座　世界歴史3』岩波書店，1970年所収。
E. ギボン／中野好之訳『ローマ帝国衰亡史』第6，7巻，ちくま学芸文庫，1988, 1990年。
W. シーグル／西村克彦訳「東ローマのユスティニアヌス帝」『西洋法家列伝』成文堂，1974年所収。
P. スタイン／屋敷二郎監訳／関良徳・藤本幸二訳『ローマ法とヨーロッパ』ミネルヴァ書房，2003年。

ピエール・マラヴァル／大月康弘訳『皇帝ユスティニアヌス』白水社，2005年。

テオドシウス法典研究会訳「テオドシウス法典」1〜9，『専修法学論集』第59〜61, 63巻，『立教法学』第43, 45, 47, 50, 53巻, 1993〜1999年。

Jill Harries and Ian Wood (ed.), *The Theodosian Code*, New York, 1998.

Ernst Levy, *West Roman Vulgar Law, The Law of Property*, Philadelphia, 1951.

(山内　進)

第5章

フランク王国の法と国制

ゲルマンの諸部族王国のなかから抜きん出たのはフランク王国だった。フランク王国はゲルマン的性格を残した「サリカ法典」を発布し、カトリックの国として発達した。フランク王国は、特にカロリング朝のもとで神の国と意識された。国王は正義を担い、法と平和の維持をめざす。王国は、普遍的な「広義の教会」だった。この「教会」は官僚制国家ではない。地域や部族の自立と伝統を認めた、多様性を特質とする王国だった。中世の普遍とは多様性を意味したのである。

1 サリカ法典

「サリカ法典」の成立　ゲルマン諸国の一連の部族法典はローマ法の影響を強く受けていた。そのなかにあって、ゲルマン的要素を強く示し異彩を放っていたのが、フランク王国の「サリカ法典」である。

この法典は、ヨーロッパの形成に決定的ともいえる役割を果たしたフランク王国の法で、その王国のもとで長期にわたって付加、改定がなされ、実定法としての意味を持ちつづけた。また、王位の継承をめぐる争いを発端とした英仏百年戦争の時代に、「サリカ法典」第59章が女性の王位継承権を否定する論拠として挙げられ、後にそれがフランスにおける法原則にまで高められることになったのも有名な話である。「サリカ法典」の歴史的意義は遠く近世にまで及んだ。

法典を作成したのは、フランク王国の創建者で、カトリックへの改宗によってフランク王国を異教の国からローマ的なキリスト教国家へと転換させた、サリー系フランク人のクローヴィスである。クローヴィスは、英雄的な王で「グンドバッド法典」を編纂したブルグント王グンドバッドや「アラリックの抄典」を作成した西ゴート王アラリックを破り、中・南フランスに住んでいたガロ・ローマ人を支配した。王は、フランク人の他の支族で、ケルンを中心に住んでいたリブアリア族をも傘下に収め、ソワソンからパリに首都を移し、フランク王国の支配を固める作業に従事した。

法典が編纂されたのは、クローヴィスがアラリックを戦死させた507年から死亡した511年の間といわれる。カトリックへの改宗を媒介としてローマとのつながりを強化し

受洗するクローヴィス

た王は，その晩年にさらに法典を発布することで，ローマ的な支配をめざしたものと思われる。法典は，ラテン語で記されたという点で，また法典として文章化されたという意味で，ローマ的だった。また，他の部族法典と同様に，法典を作成するにあたってローマ人法律家の助力を得たといわれる。

贖罪金 しかし，「サリカ法典」の内容そのものはローマ的ではなかった。ローマ法は私法を中心とするが，「サリカ法典」は相続や贈与，契約などにはあまり言及せず，主として犯罪や不法行為に対して，固定化された金銭賠償を定めている。例えば，その第13章の一部をあげてみよう。

「第13章　自由人の掠奪について

1　3人の男たちが一人の自由人の少女を家もしくは仕事部屋から掠奪した場合，3人は1200デナリウスすなわち30ソリヅス支払わなければならない。

2　3人以上の者がいる場合には，3人以外の者はそれぞれ200デナリウスすなわち5ソリヅス支払わなければならない。

4　掠奪者は，2500デナリウスすなわち62ソリヅス半支払わなければならない。

6　しかし，奪い去られる少女が国王の平和保護の下にある場合には，要求される平和金は2500デナリウスすなわち62ソリヅス半である。

7　しかし，国王の奴隷または解放自由人が自由人である女性を奪い去る場合には，その者は生命で補償しなければならない。

8　しかし，自由人の少女が自分の意思で奴隷の一人を追いかけ，結婚した場合には，少女はその自由身分を失う」(「サリカ法典」)。

この第1条や第2条，4条で示されているのが金銭賠償である。法制史ではこれをと

くに贖罪金と呼ぶ。この贖罪金は被害者側の親族に支払われるいわば和解金である。しかも，この第13章の例のように，たとえ殺人であっても，奴隷であれば死刑となったが，自由人であれば，その支払いでことが済んだ。今日のような刑罰は一切ない。公法と私法という区別は無く，2つは混在していた。

　ここでの法は，同一の事件について民事と刑事の双方について責任が発生する近代法とは明らかに違う。その理由は，フランク王国の王権が行為者を処罰できるほどの力をもっていなかったことにある。自力救済がなお原則で，裁判外及び裁判における和解が代替措置として存在していた。少なくとも2つが並存していた。「サリカ法典」はその現実を映し出している。

　もっとも，この贖罪金は決して安くはない。とりわけ殺人に対する贖罪金は高額で，とくに人命金と呼ばれた。例えば，「サリカ法典」の第15章は，「誰かが一人の自由人を殺害もしくは他人の妻を夫の生存中に奪い，それが証明されるならば，彼は8000デナリウスすなはち200ソリズス支払わねばならない」と規定しており，贖罪金の額はかなり高い。ミッタイスによると，これはほぼ60頭の牛の価格に等しい。

　むろん，罰金に値するものがなかったわけではない。平和金と呼ばれるのがそれで，例えば先に引用した第13章第6条にみられる。平和金は国王の保障する平和侵害への処罰で，その一部は国王に，また別の一部は裁判官に支払われた。「サリカ法典」を見る限りでは，平和金という言葉を明示的にあげている例は少ないが，一般の贖罪金にも含まれていたらしい。この場合，通例その3分の1が国王に帰し，残り3分の2は被害者の親族に属したという。7世紀後半に至る頃には，平和金つまり裁判は国王やその代理人の貴重な収入源になっていた。

キリスト教の影響　「サリカ法典」だけでなく，他の部族法典も様々な事件について個別的に贖罪金の額を記述している。個々の事例ごとに，例えば乳飲みの子豚を奪う場合3ソリズスとか牝牛を奪う場合35ソリズスといった具合である。近代法では「窃盗」という概念ですべて包摂されるような多くの事例について，法典は個別的に法を定めている。このような方式を個別事例主義（カズイスティク）という。カズイスティクは，概念の抽象化に欠ける具象的な中世法の一つの特徴である。こうして，ゲルマンの部族法典はいわば「贖罪金のカタログ」となった。

　贖罪金のシステムは，ローマではほとんど見られない。したがって，これはローマ的な制度ではない。むしろ，ゲルマン的である。最近では，キリスト教的だという有力な説もある。この説は，法典のキリスト教的性格を強調する。例えば，本書の第3章であげた平和喪失に関わる法文（「サリカ法典」第55章）のゲルマン的性格を否定し，まったく類似した文章がすでにフランクの贖罪規定書（キリスト教徒が重罪を教会で償うための指針書）にあることを指摘している。流血を嫌い平和を求めたキリスト教が，賠償制度によってフェーデを妨げるために，「サリカ法典」に贖罪金のシステムを導入させたというのである。

第5章　フランク王国の法と国制　67

しかし，キリスト教が平和を求め，紛争の和解に関心を示したのは確かだとしても，そもそも贖罪金による解決が即キリスト教的だとは必ずしもいえない。タキトゥスが伝えるゲルマン人の慣行のなかに，「殺人でさえ，牛または羊の一定の数によって償われ，被害者の全一族はこの賠償を満足して受納する」という一文があったことを思い起こすとよいであろう。これは伝統的な制度だった。

▶「サリカ法典」の主要な版

「サリカ法典」には現在80を越える手写本が残っているが，これらは大きく3つのグループに分けられる。

(1) クローヴィスが作成した「65章」版。「サリカ法協約」として知られている。クローヴィスの子のキルデベルト1世やクロタール1世，孫のキルペリク1世によって，「序文」と6個の勅令が付加された。

(2) ピピン3世が行った法改革の際に作られた「100章」版。65章により長い「序文」とメロヴィングの諸王の勅令を付加し，裁判所で用いられていたフランク語の注釈，いわゆるマルベルク注釈（マルベルクは裁判所を意味する）をつけている。これは，798年にカール大帝によって改定され，「改定サリカ法典」として知られている。

(3) カール大帝によって802年から803年にかけて改定された「70章」版。「65章」にいくつかの勅令を加えたもので，マルベルク注釈はない。カール大帝がなぜこの版を出したか謎とされている。一般に「カールのサリカ法典」と呼ばれる。　　　　　（Y）

ゲルマン的伝統　「サリカ法典」の性格を考えるうえで重要なのは，もっとも早い時期（6世紀）に書かれたと思われる「序文」である。それを次にあげてみよう。

「パクトゥス・レーギス・サリカエ始まる。

1　フランク人ならびに彼等の首長たちの間において，神の加護により，次のごとく合意協定された。すなわち，彼らは，平和への努力を自分たちの間に維持するために，暴力による争いのあらゆる萌芽を除去すべく，また，彼らは近隣の他の諸部族に腕力において卓越しているのであるから，法の権威においても彼らを凌駕すべきであり，刑事訴訟が事件の性質に応じて結末を遂げるごとくすべきであると。

2　かくして，彼らの間で多数の人びとの中から4人の人が選ばれた。その名は，ライン河岸の村々ボドヘム，サレヘムおよびウィドヘムのウィソガストゥス，アロガストゥス，サレガストゥスおよびウィドガストゥスである。この人びとは，三回の裁判集会に集まって，もろもろの訴訟事件のあらゆる原因を丹念に論議した上，各個の事件について次のように判決を決定した」（「レークス・サリカ」）。

「サリカ法典」が成立したのはクローヴィスの改宗後であるから，キリスト教の影響があっておかしくはない。また，この「序文」にも，たしかに「神の加護」という言葉が入っている。だが，それ以外に神に触れるものはなにもない。「序文」は，フランク人

の間にみられる「争い」の原因をなくし、「平和」を維持すること、そのためにフランクの自由人や首長あるいは貴族たちが「法の権威」を確立するために自主的に「合意協定」したことを伝えている。キリスト教の教えに導かれて、などとはどこにも書かれていない。むしろ、「法の権威においても彼らを凌駕すべきである」という一文は、ユスティニアヌス帝533年11月21日の勅法の言葉に近いように思える。

「序文」は、フランク人やその首長のなかから4人が選ばれ、過去の裁判例に基づいて法典が作られた、と記している。判例法または慣習法が採録されたということは、その内容がおおむねゲルマン的だった、ということであろう。ゲルマン人の慣習に基づき、フランク人とその首長たちが行った「合意協定」のゆえに、この法典は当初「パクトゥス・レーギス・サリカエ」すなわち「サリカ法協約」と呼ばれた。

フェーデと贖罪金はゲルマン社会の伝統に深く根ざした制度だった。流血と復讐はジッペや家の名誉と深く関わっている。贖罪金はその名誉を損なわないほどの金額でなければならない。高額な贖罪金という事実のうちには、フランク人の強い名誉感情が潜んでいる。キリスト教的な、赦しと愛の精神だけが贖罪金の制度をもたらしたと考えるのは、フランク人に和解がなかったと考えるのに等しく、不当であろう。

シカルのフェーデ　しかし、教会が贖罪金の制度を尊重し、推し進めようとしたのは確かである。それが、この時代にあっては、繰り返される流血を避け、平和を確立するのに現実的だったからである。

6世紀後半、メロヴィング王朝の時代に起きた「シカルのフェーデ」はその良い例である。それは次のような事件だった。

トゥールにシカルという男がいた。あることがきっかけとなって、彼及びその親族とアウストレギシルという男及びその親族が相互に激しく戦い、互いに殺し合い、掠奪の応酬に明け暮れた。裁判が開かれ、贖罪金の支払いが定められることもあったが、双方は戦いつづけた。裁判官はこれに対して無力だった。執行する意欲も実力も義務もなかった。自由人たちの争いを力で抑えつけることのできる力をもたなかったからである。だが、これに必死で介入したトゥールの司教がいた。後に『フランク史』の著者として有名になるトゥールのグレゴリウスである。グレゴリウスは「平和」のために和解を勧め、贖罪金の肩代わりすら申し出た。教会の仲介により、双方は今後互いに攻撃しないことを「誓約」し、ようやく戦いは終わっている。

贖罪金のカタログがあったとしても、それが有効に機能していたという保証はない。だが、「シカルのフェーデ」の例を見ると、教会が平和のために活動し、その実効性を高めるために努力し、少しずつであれ成果をあげていったことがわかる。おそらく、これはフランク王国全域で起こっていたに違いない。やがて、キリスト教はフランク王国の内部に深く浸透していった。

2 「教会」としての国家と帝国

神の国　キリスト教がフランク王国のもとで有した意義ははかりしれない。とりわけ、ローマ教皇の了解のもとに王位を簒奪し、国王として塗油されたピピン3世（在位751～768）によって開かれたカロリング朝においては、キリスト教は国家の性格を規定するほどの重要性をもった。王国のキリスト教化は進み、763年か764年頃に書き換えられたと思われる「サリカ法典」の新しい「序文」には次のような記述が見られる。

「1　神の力によって創建された全フランク人は戦において強く、思慮において重く、平和の盟約において堅く、身体において純粋、容姿において際立ち、勇敢で敏捷かつ規律正しい。近時、カトリックの信仰に改宗し、異端にとらわれず、神の助けにより野蛮人の儀式を拒絶し、信仰を守っている。その慣習にしたがって、知恵の鍵を求め、正義を渇望する。

4　フランク人を尊重する者をしてこの勅令によって生かしめよ。キリストよ、フランク人の王国を守り、彼らに統治者を与え、彼らを恵み深い光で満たし、彼らの軍隊を守り、彼らの信仰を守り給え。キリストよ、主たる者たちの主よ、恵み深い愛によって、フランク人に平和の喜びと幸福の時を授けたまえ。……」。

これを先に引用した初期の「序文」と比較すると、そのキリスト教的色彩は明らかであろう。事実、五十嵐修によると、この頃、ローマ教皇パウルス2世は、「フランク人は新しい契約の民であり、〈聖なる民、忠実なる民〉である」、と記した書簡をピピンに送っている。つまり、新しい「序文」は、フランク人は神に選ばれた民である、という思想を表明したものであった。フランク王国は「神の国」だった。

ヨーロッパの父　神の国フランク王国という思想は、ピピンの孫のカール1世（シャルルマーニュ）の時代にさらに強化された。カールは、800年12月のクリスマスの日に、ローマ教皇レオ3世によって塗油され、ローマ皇帝の冠を与えられた。フランク王国は帝国となり、西ローマ帝国の復活とみなされた。帝国は、キリスト教と密接に結合しつつ、ヨーロッパを形成することになる。

しかし、戴冠によってローマ教皇とフランク皇帝との結びつきが強まったのは確かだが、皇帝はローマ教皇の保護者ではあっても、その従者ではなかった。フランク皇帝、そしてそれ以前に、フランク国王はそもそも聖的な存在だった。

ハロルド・J. バーマンの的確な指摘によると、皇帝は「キリストの代理人」であり、人びとの宗教的指導者と考えられていた。フランク国王となる者、そして皇帝となる者は、大司教やローマ教皇によって塗油されたが、それは彼らを聖なる存在とするためであった。王や皇帝は塗油により治癒力をもち、奇跡を行うと信じられた。皇帝はキリスト教世界における最上位の存在にほかならない。

カール大帝は、聖の権威と世俗の権威との2つを同時に備えた神聖な君主だった。

カールは狭義の教会に関わる命令を発し、信頼できる者たちを教会の重職に従事させた。802年には、教皇ハドリアヌス1世によって提示されていた、教会法の集成『ハドリアヌス法典』(第11章参照) を教会の従うべき規範とすることを命じている。皇帝は教会の守護者だった。

　カールの統治のもとでは、世俗的な面と宗教的な面は、互いに区別できないほど緊密に結びついている。フランク帝国は広義の意味での教会だった。狭義の教会の担い手である聖職者は皇帝を支え、皇帝は彼らの意見を尊重する。その意味で、この広義の教会は「現実に存在する『神の国』、『キリストの身体』としての『教会』であった」(『教会から国家へ』)。

　国王そして皇帝は、聖書に示された神の意志の実現をめざした。彼らは、ダビデ王を模範として、キリスト教信仰を確立、普及させ、キリスト教に基づく正しい社会秩序を形成すること、そして異端や異教徒に対して「教会」を守り、聖戦を実行することを自己の使命とした。異教徒であるザクセン人やアヴァール人、スペインのイスラム教徒などと戦う中で、フランク王国・帝国は拡大し、キリスト教世界の礎石を築いた。当時のある詩は、カール大帝をすでに「ヨーロッパの父」と呼んでいる。

　正義の執行——　正しい社会秩序を維持、形成するのが国王にして皇帝の義務
　フランク王国の裁判　だった。カール大帝はそのために司教区制を整備し、伯管区制を発展させた。また、伯の行政を監査する国王巡察使制度を設け、王国を正しく統治することをめざした。

　国王はさらに正しい統治を実現するために国王罰令権を有した。国王罰令とは、平和罰令、行政罰令、勅法罰令からなる命令・処罰権のことである。この罰令に違反すると、罰令違反金が科せられた。しかし、それだけである。国王には自由人の生命や身体を奪う権限はなかった。フランク国王は、王国や帝国全域を包括的に官僚制的に支配したわけではない。国王平和もまた、フェーデを禁止する王国全域の秩序維持を意味せず、貧者と弱者、寡婦と孤児の保護、旅行者、巡礼、異人、商人、教会、道路、森林の保護という特定の人々や場所の保護をめざすものでしかなかった。

　国王は王国内を旅行し、宮廷を各地に移動させ、自ら裁判を行い、それぞれの地域に正義をもたらすことを使命とした。国王が宮廷の移動とともに開いたのが国王裁判所である。

　国王または宮宰などの特別受託者が裁判官となり、廷臣が判決発見人となり、王宮に居あわせた人々が立会いの会衆となった。原則として、国王の封建臣下や修道院などがその対象であり、これは特権でもあった。しかし、衡平の観点から、国王の側から次に説明する伯裁判所から事件の移管を命ずることもできたという。また、国王の保護のもとにある者たちや他の裁判所での判決に異議ある者も、国王のもとに訴えることは可能だった。

　しかし、これは常に開かれている上訴裁判所ではなく、移動する宮廷裁判所だったの

第5章　フランク王国の法と国制　*71*

で，その機会に出会うことが必要だった。むしろ，フランクの裁判制度のもとでは，国王が行うべき正義の実現は，一般的には伯（グラーフ）に委ねられていた。それが定期的に開催された伯裁判所である。

伯裁判所は，6週間ごとに3日間開かれた，ゲルマン時代の定期裁判集会であるフンデルトシャフト（百人管区）裁判所に由来する。伯またはその代理人，通例は副伯（ヴィカリウス，ケンテナリウス）が裁判官となり，7名の判決発見人が集会参加者に判決を提案した。被告を含む会衆全員がこれに賛同することが必要だった。参加者は誰でも提案を非難（判決非難）することができた。この場合，非難者と判決発見人は決闘でその当否を決める。裁判官は，裁判を運営するだけで，判決の重みと危険は，地域の有力家系に属し慣習に精通していた，この判決発見人に負わされていた。

当初，この判決発見人はラキンブルギと呼ばれ，裁判ごとに選出されていた。ラキンブルギは，カール大帝の時代に常設かつ終身の役人とされ，スカビニと呼ばれた。スカビニとは，ドイツ語のシェッフェつまり参審人で，12名が選出され，うち7名が裁判に参加すればよいとされた。この改革によって，民衆の参加する裁判集会としての伯裁判所は年3回の開催とされ，臨時の裁判は裁判官とスカビニだけで運営されることになった。

伯裁判所の下には，より軽微な事件を扱う下級裁判所があった。これは，副伯によって担われた。副伯は伯によって任命され，伯管区は複数の副伯管区に分けられた。ここでも，裁判に判決を与えたのはスカビニであった。この他に，免除特権（イムニテート）を有する領主裁判所や教会や修道院の裁判所があり，これは副伯の下級裁判所と競合した。

王国下の部族法典 ラキンブルギやスカビニは地域の法の精通者であったが，法は属人的だった。「サリカ法典」はフランク人のものであって，例えばガロ・ローマ人や教会に適用されたのは「テオドシウス法典」か「アラリックの抄典」だった。

判決発見人はまずどの法や慣習を裁判で適用すべきかを問題としなければならない。すでにローマ人，ブルグント人，ランゴバルド人には法典があったが，法典をもたない部族もある。フランク国王は，正義の担い手として，彼らにその編纂を促し，作成を命じた。その成果は次の通りである。

(1) 「アレマンネン法典」（712～720年）　シュヴァーベンで7世紀初頭に作られた「アレマンネン法協約」をもとに，カール・マルテルの時代に，アレマンネン大公ラントフリートによって制定された法典。教会の影響が大きい。

(2) 「バイエルン法典」（741～743年）　バイエルン大公オディロによって制定された法典。「エウリック王の法典」や「アレマンネン法典」と似ている。

(3) 「ザクセン法典」（802年）　ザクセン人にあてた勅法（ザクセン地方の降伏文書，ザクセン勅令など）やザクセンの慣習法を記録した法典。カール大帝の時代にアー

ヘンの帝国会議（802年）で制定された。
(4) 「カマヴィ法典」（802年）　ライン下流域に暮らしていたフランク・カマヴィ族の法に関する判告録（ヴァイストゥーム）。アーヘンの帝国会議で法典と認められた。
(5) 「テューリンガ法典」（802年）　テューリンゲンの北部に住んでいたアンゲル族とヴァルネ族の慣習法をアーヘンの帝国会議で成文化した法典。「アンゲル族とヴァルネ族，すなわちテューリンガ族の法典」と呼ばれる。
(6) 「フリーゼン法典」（802年）　フリースラントの慣習法やフリースラント人に対する勅法を集めた法書。アーヘンの帝国会議で法典化するために準備されたものと思われるが，制定されずに私的な法書として受け継がれていった。

このように，フランク王国の下では，多様な法が行われていた。

③　フランク王国の国制

伯管区制　法の多様性は，フランク王国の多様性と結びついていた。むろん，王国を全体として統治するための組織はあった。もっとも大きな単位は大公領である。大公は将軍に由来するが，広大な地域を管轄し，しばしばフランク王国に征服された部族の支配圏をそのまま引き継いだ。しかし，これは国王に対抗し得るほどの存在となり，王権はその抑制に努めた。その意味において，王国統治にとってより有益で重要だったのは伯管区制だった。

伯管区制は，王国を大きな管区に分け，その行政と裁判を伯に委ねるというもので，すでにメロヴィング朝の時代から存在し，王国国制の要となっていた。かつて，古典学説はこの伯管区制を中心にフランク王国の国制をかなり近代的に理解していた。これについては，森義信の的確な説明があるので，それを次に引用しておこう。

「中世史研究における19世紀以来の通説的な理解によれば，国王を頂点としたフランク王国には，『グラーフシャフト（伯管区制）』という行政組織がくまなく張りめぐらされ，王国民はこのもとで平等な自由人として国王の直接的な統治に服している。学説上『一般自由人』と呼ばれるこれらの王国民は，武装能力を有し，国王の兵士としていつでも招集に応ずる義務を負っている。彼らは，伯管区の下級単位として『フンデルシャフト（百人管区）』と呼ばれる自治的な組織を構成し，彼らの選挙するその長のもとに軍隊に動員され，裁判にも召集される。こうした軍役と裁判への出席は単なる義務というばかりでなく，同時に権利でもある。ところが，そうしたフランクの国家制度は，封建制の進展に伴って解体をはじめ，伯の権限は封建貴族によって横領され，『一般自由人』も過重な負担のゆえに没落し，封建領主の支配下に入っていくとされる」（『西欧中世軍制史論――封建制成立期の軍制と国制』）。

しかし，森義信も指摘するように，フランク王国の伯管区は，このように高度な行政機構ではない。伯は国王に任命されたとはいえ，その中には役人に近い者もいれば自立

性の高い在地の豪族・貴族もいた。また，自由人はたしかに存在したが，平等な自由人だけが社会を構成したわけではない。

フランク王国の時代には階層分化がかなり進み，貴族と自由人が並存していた。ピピンやカール大帝を生み出したカロリング家自身が有力な大土地所有貴族だった。カロリング家が宮宰となり王位を得ることに成功したのは，他の土地所有貴族の支援を得たからである。

多元的普遍 ピピンやカール大帝が拡大した王国のもとでは，各部族の有力な土地所有貴族が各地に根をおろしていた。国王は，その実力と存在を認めざるをえなかった。それゆえ，その土地所有貴族そのものが伯となることも珍しくなかった。少なくとも，伯は彼らを抑圧するよりも，彼らと協調し，在地化する道を選んでいる。

それゆえ，伯は，国王のただの高級官僚ではなかった。それは，中央集権的行政機構の一部というよりは，割拠する地域権力を帝国の内部に組み込み，帝国に連合的なまとまりを与えるための，いわばかすがいだった。

たしかに，カール大帝は，広義の教会を統率するために，聖俗各1名からなる国王の代理人である国王巡察吏制度を設け，各地を巡回させ，宮廷の命令を伝え，時には伯を解任すらしている。しかし，これも，カール大帝の死後，有名無実化し，その機能を失う。フランク王国（帝国）という官僚制的国家が封建貴族の「横領」，簒奪によって解体されたのではない。そもそもそのような意味での「国家」など存在しなかったのである。最初にあったのは部族や有力貴族の割拠だった，と考えるのが適切であろう。

フランク王国は，地域や部族の伝統と自立性を認めつつ，それらをまるごと傘のように蔽いこむ「広義の教会」だった。その指導者である国王や皇帝は，そのような者として勅令（カピトゥラリア）を発し，全域に指示を与え，進むべき道を示した。

それゆえ，勅令は，従来の慣習法やその収録である「サリカ法典」その他の部族法典とは別種の新しい法ではあるが，近代的立法ではない。それは，法律であると同時に，狭義の教会事項や弱者保護，具体的案件への指示などを中心とする指令，行政命令であった。勅令は，たしかに不完全な部族法典を補い，王国に共通する統一的法の側面をもっている。だが，それは宛てられた地域や時期によってしばしば内容を異にし，矛盾を含み，王国の統一的法典に帰するようなものではなかった。

フランク王国は，理念的には統一的で普遍的な「教会」だったが，現実には多元的で多様な権力の集合体であった。これは，近代的な観点からすると，矛盾である。しかし，フランク人にとって，これは矛盾ではなかった。フランク王国とは，地域の自立性を不可欠の前提とする「普遍」だったからである。

もっと学びたい人のために

① 五十嵐修『地上の夢　キリスト教帝国』講談社，2001年。

＊カール大帝について最新の研究成果を踏まえつつ，平易に記した著作で，入門に最適である。
② P. リシェ／岩村清太訳『カロリング期の生活世界』東洋館出版社，1988年。
＊カール大帝の国家と社会について詳細に記述した作品で，有益である。
③ C. ドーソン／野口啓祐・草深武・熊倉庸介訳『ヨーロッパの形成』創文社，1988年。
＊カール大帝のフランク帝国の理念をキリスト教との関わりのなかで描き出した，スケールの大きい古典的名著。格調が高く，視野が広い。
④ 森義信『西欧中世軍制史論──封建制成立期の軍制と国制』原書房，1988年。
＊フランク王国における軍制と国制の問題を，新しい学説の成果を踏まえて論じたもの。古典学説の正否を念頭に据えつつ，バランスのとれた着実な研究で信頼できる。
⑤ 山田欣吾『教会から国家へ──古相のヨーロッパ』創文社，1992年。
＊フランク王国を「広義の教会」と規定し，日本の西洋中世史研究に衝撃を与えた論文を含む論文集。高水準の学術的研究で難しいが，挑戦する価値は十分にある。

【参照文献】
五十嵐修『地上の夢　キリスト教帝国』講談社，2001年。
佐藤彰一『ポスト・ローマ期フランク史の研究』岩波書店，2000年。
トゥールのグレゴリウス／兼岩正夫・臺幸夫訳『歴史十巻（フランク史）Ⅰ・Ⅱ』東海大学出版会，1975・77年。
西川洋一「トゥールのグレゴリスにおける国王の刑事裁判権」西川洋一・新田一郎・水林彪編『罪と罰の法文化史』東京大学出版会，1995年。
森義信『西欧中世軍制史論』原書房，1988年。
森義信「政治支配と人的紐帯」佐藤彰一・早川良弥編『西欧中世史』ミネルヴァ書房，1995年所収。
森義信「フランク王国の国家原理」『岩波講座　世界歴史7』岩波書店，1998年所収。
山田欣吾『教会から国家へ──古相のヨーロッパ』創文社，1992年。
久保正幡訳『サリカ法典』創文社，1977年。
世良晃志郎訳「レークス・サリカ」『西洋法制史料選Ⅱ』創文社，1978年。
世良晃志郎訳『バイエルン部族法典』創文社，1977年。
C. ドーソン／野口啓祐・草深武・熊倉庸介訳『ヨーロッパの形成』創文社，1988年。
P. リシェ／岩村清太訳『カロリング期の生活世界』東洋館出版社，1988年。
Katharine Fischer Drew, *Laws of the Salian Franks*, Philadelphia, 1991.
Uwe Wesel, *Geschichte des Rechts*, Beck, 2001.

（山内　進）

II

ヨーロッパ中世の法と社会(2)

封建社会

4つの身分:戦士・学識者・商人・農民

第6章

封建社会
―― 「身分」の成立と展開――

ヨーロッパ中世を特徴づける国制（政治・社会体制）としてあげられるのが封建制である。どのようなものを封建制と呼ぶかは必ずしも一義的ではない。本書では、レーエン制と荘園制を含みこむ、庇護関係を基軸とする社会体制と理解することにする。このような形で封建制を理解する方法を一般に封建社会論という。封建社会論は、封建社会をヨーロッパに特徴的なシステムとみなすので、これを考察することはヨーロッパの法文化的特質を探るうえで重要である。

1 封建制とは何か

封建制の成立　フランク王国（帝国）には、官職大公や伯管区など中央と地方とを結合する行政機構はあったが、それは一元的な官僚制的支配を貫徹するための制度ではなかった。むしろ、それは、広大な領域を支配するために、多かれ少なかれ自立的な多数の地域権力の協力を求めるという性格を強くもっていた。国王が留意しなければならないのは、何よりもこの協力関係を広く創り上げ、そのネットワークをしっかりと維持することだった。

フランク国王がネットワークの形成、維持のために取った方法は、きわめてユニークだった。それは、国王が物や土地あるいは伯などの官職を地域権力に貸与することを仲立ちとして、勤務と保護という相互協力を誓う契約を取り交わす、というものであった。この契約はもともとは自立困難な自由人の国王への従属契約に端を発するが、地域権力を国王に服従させる役割をも果すようになった。バイエルン大公タシロ3世が8世紀の半ば頃にフランク国王ピピン3世に臣従の誓いを行い、その封建的臣下となったのはその有名な初期の例である。

契約は、さらに各地域のレヴェルでも、これらの地域権力とより下部の地域権力との間で繰り返された。こうして、武力と財力を有する地域権力の相対的自立性を重層的に形成、容認することを前提とする、物的かつ人的契約関係に基づいた権利義務の社会システムが8世紀のフランク王国に成立した。

これは、特にロワール河とライン河にはさまれた王国の中核地域に始まり、やがてド

イツ，イタリア，イングランド，スペインなどヨーロッパ全域に広く行き渡っていった。このようにして成立した政治・社会状態を一般に封建制という。

3つの概念 　封建制という概念は学問的であると同時に政治的である。フランス革命は旧体制を批判するために封建制という概念を生み出し，旧体制と封建制を一体化してこれを断罪した。第二次大戦直後の日本で最も重視された研究テーマも封建制だった。それは，天皇制とその前近代的政治・社会体制を封建的遺制とみなし，その根本的批判とそのための歴史的研究を急務とした。

この意味において，封建制は幅広くあいまいな概念である。したがって，この複雑な概念をまず整理しておく必要がある。方法はいくつかあるが，世良晃志郎が『封建制社会の法的構造』で行った3つの分類が分かりやすく，依然として適切なので，それに従って次のように整理しておくことにしたい。

(1) 封建制＝レーエン制という概念。これによると，封主と封臣との人的支配関係（保護と勤務との双務的な誠実義務）と物権的関係（封主がレーエン＝封を貸与し，封臣がこれを有する関係）とが結合した統一的制度つまりレーエン制が封建制である。

(2) 封建制＝荘園制（領主制）という概念。これによると，荘園領主と隷属的農民との間の支配隷属関係を機軸とする社会・経済体制が封建制である。

(3) 封建制＝封建社会という概念。これは13世紀頃までのヨーロッパ中世社会全体を一個の社会類型と理解し，それを表現するものとして封建制または封建社会という概念を用いる。その特質は，社会の隅々までにいたる身分的階層性にあるが，同時に主として土地を仲立ちとする保護・勤務の契約関係も重視される。この概念の提唱者であるマルク・ブロックによると，封建社会は11世紀半ばを境に，交流と交換が脆弱な第一期と「経済革命」を遂行する第二期に分かれる。

▶マルク・ブロック（Marc Bloch, 1886～1944）
　ソルボンヌ大学経済史教授で「新しい歴史学」の開拓者。伝統的な政治的事件史中心の歴史研究に反旗を翻し，広い意味での社会史，人間環境全体を対象とする歴史研究の必要性を強調した。歴史は資料の研究ではなく，過去の研究であり，歴史家の第一の目的は事実を収集することではなく，問いかけることだ，とブロックは主張した。事件よりも構造が，短期よりも長期が，国内への沈潜よりも壮大な比較が，排他的歴史研究よりも学際的な協力が重視された。ブロックは，1929年もう一人の歴史学革命の推進者リュシアン・フェーブルとともに雑誌『経済社会史年報(アナール)』を創刊し，第二次大戦後に華々しく活躍することになるアナール派の拠点を形成した。ブロックの著作は『王の奇蹟』（井上泰男・渡辺昌美訳，刀水書房）など多岐にわたるが，もっとも著名なのは *La société't feodale* (1939-49)（『封建社会』）である。その視野の広さと豊穣な叙述は画期的で，今日でもなお封建制に関する最高の著作と評価されている。　　　　　　　　　（Y）

本書では，特に「封建社会」論の観点のもとに，カロリング帝国から封建制盛期にいたるヨーロッパの法と国制の歴史を考察することにしたい。「封建社会」という概念は，レーエン制と荘園制を包括する概念であると同時に，中世盛期ヨーロッパの人間関係を総体として理解する視点を与えてくれるからである。

レーエン制　ヨーロッパ封建社会を構成する重要な因子はレーエン制である。レーエンとは，ドイツ語で貸与するという意味のライエンという言葉に由来する。貸与するのは物であり，土地である。レーエンという言葉は，まさにこの「物」や「土地」を意味した。このレーエンの完成された形態について，ハインリヒ・ミッタイスはこう説明している。

　「レーエンとは〔封臣よりの〕勤務と誠実とに対する代償として，封主（Senior）から封臣（Vassallen）に期限付きで授与された財貨である。継続的な収益をもたらすものはすべて，〔有体〕物，とりわけ土地や城も，さらに権利や物と権利との集合体――例えば一つの支配地域全体――も，或いはまた定期金や公の収入等も，レーエン財となることができた」（『ドイツ法制史概説』）。

　このような形態にいたるには，2つの歴史的要素が必要だった。第一に人的な要素としての託身と従士制であり，第二に物的な要素としての恩給制である。

人的要素　託身（コンメンダツィオ）とは，おそらくメロヴィング時代にすでに見られるもので，自由人が自由身分を保持したまま強者の保護と支配のもとに入る，つまり身を託すことであった。その保護はまず何よりも衣食などの経済的援助だった。その見返りに託身者つまり封臣は勤務し，服従する義務を負う。託身は，封臣が両手をあわせて主君つまり封主の手のなかに置くという儀式によって行われた。このようにしてできあがる関係を封臣制（ヴァザリテート，家士制）という。後に託身の儀式はホマギウム（オマージュ）と呼ばれ，封建契約に不可欠の法的行為となった。

　もう一つの起源はゲルマンの従士制である。従士とは，財力のある名望豊かな人物のもとに寄宿し，そのムントに服し，ともに戦場に出かける，自由人の少年たちのことである。タキトゥスによれば，有力者あるいは貴族にとって「選ばれた若者の大いなる群によって常に囲繞されていることは，平和には誇りであり，戦場においては防衛である」（『ゲルマーニア』）。従士と主君との結びつきは固く，時代が下ると，青年が主君のムントを離脱した後にも，終生継続し，主君とともに戦場に赴き，そこで中核的な働きをすることになった。従士は自由意思による誓約によって主君の保護を受け，服従した。そこで貫かれた原理は相互の誠実である。

　レーエン制の発達に大きな影響を及ぼしたのは，この誠実の原理だった。というのも，従士制における誠実の観念が古い封臣制と結合し，封臣の服従よりも，封主と封臣相互の誠実義務が重視されるようになったからである。従士制の下で行われた誠実宣誓が託身と一体化し，封臣制は封主と封臣の双務的な誠実義務の関係として高い威信を獲得した。

物的要素 　封主と封臣を結びつける誠実義務という絆は、封主の与える経済的援助と表裏の関係にあった。封臣制がその物質的援助の側面を強くもっていたことを思えば、これは当然であろう。封主から食料や衣服が給付されることも少なくなかったが、特に封臣の地位が高い場合、それにふさわしい独立した経済的収入を保証する必要があった。そのために貸与されたのが恩給地（ベネフィキウム）である。

　ベネフィキウムは単に土地だけでなく、そこで生産する人々、村落や農家、耕地を含んだ。恩給としてのレーエンはさらに城や伯領、官職に及んだ。城や領域、官職のレーエンは領地の貸与だが、この領地には裁判権や租税徴収権などの政治的支配権も含まれていた。

オマージュを捧げる十字軍戦士

　ただし、恩給地に対して封臣が有したのは完全な所有権ではない。それは、現実に占有し利益を得る権利、また封主の同意のもとに処分することのできる権利、いわゆるゲヴェーレだった。しかし、このゲヴェーレは強力で、封主のもとに恩給地が復帰することはまれであった。レーエンは、特にドイツでは相続されるのが原則となり（授封強制）、支配はいっそう分散化していった。このようなレーエン制の物的基盤を恩給制という。

レーエン法 　レーエン制は、封臣制と恩給制との結合物である。それは、契約とレーエンをめぐる諸権利の総体であり、そこに独自の慣習法が発達していった。その慣習法をレーエン法という。レーエンをめぐる争いを扱ったのは、レーエン裁判所で、通常は封主を裁判官とし、判決はレーエン法に基づいて判決発見人によって提案された。レーエンを奪うことができるのは、このレーエン裁判所の判決だけであった。

荘園制 　荘園制（グルントヘルシャフト、マナー）は封建社会に特有の身分的経済形態である。シュルツェによれば、荘園制とは「土地の貸与を受け、それを自己の経営で耕作し、経済的に利用する人びとに対する土地所有者の支配」のことである。この「土地貸与を通じて、領主・農民の法的関係が作り出された。土地を授与された者（隷属農民）は、土地用益の反対給付として、荘園領主に貢租の義務を、また多くの場合労働給付（賦役）の義務をも負った」（『西欧中世史事典』）。

　このような意味での荘園は、領主直営地と農民保有地からなる大所領で、領主の広範な支配のもとにある。保有農は隷属農民であり、領主と保有農との間には決定的な身分的差異があり、領主は農民に対する裁判権すら有した。このような大規模な荘園がカロリング社会全体を覆っていたとするのが従来の通説で、これを他の場合と同じように古

第6章　封建社会　81

典学説という。

　古典学説の描いた荘園のありかたは，古典荘園制（ヴィリカツィオーン）と呼ばれる。これもまた，厳しく批判されてきた。特にアルフォンス・ドプシュなどによって，この古典荘園に組み込まれない自由農民の広範な存在が明らかにされたのは重要である。最近の研究でも，フランスでは，自立的な農民が10世紀頃まで存在しつづけたということが強調される。10世紀以降に決定的になる，カロリング帝国の解体と貴族・領主権力の確立（「封建革命」）によって，はじめて封建社会が確立し，荘園制が登場する。ドイツでも同様である，と。

　この批判は一面的で，むしろ最近ではフルヒュルストなどによって古典荘園の意義が再評価されつつある。それを踏まえたうえで，ごく一般的にいえば，古典荘園は，フランク王国の時代にすでにかなり広範に存在したが，同時に自由人の後裔である独立自由農民も依然として少なからず健在だった，と考えることができるであろう。自由農民が大幅に減少するのは10〜11世紀のことである。

貢租と賦役　古典荘園の担い手は多様である。領主となるのは，国王，大公や伯などの大貴族，中小貴族，大司教や司教，大修道院長や修道院長などである。要するに，聖俗の支配階層が荘園領主だった。彼らは農民に土地を貸与して，これを耕作させた。農民は土地保有農となって，隷属化した。農民は領主に対してさまざまな義務を負う。大別すると，貢租と賦役である。

(1) 貢租
- 地代…穀物や貨幣によって支払われたもので，もっとも基本的な貢租。
- 保有地移転料…領主の同意のもとに，保有者の移転の際に支払われた貢租。
- 死亡税…農民の死亡に際して，領主に遺すべき遺産の見返りとして支払われた貢租。家畜1頭など。相続人が払ったので，保有地移転料の意味をもった。
- 人頭税…農民の隷属性を確認するための貢租。金額は少なく，象徴的意味をもった。
- 十分の一税…収穫物の10分の1を納めるもの。もともと教会に対するものだったが，領主がこれを徴収した。
- 使用強制…領主の独占する，水車（粉引き），窯（パン焼き），醸造場（ぶどう酒）などの使用料の支払い。

(2) 賦役　領主直営地の耕作（一般に週3日），運搬賦役など領主のための仕事。

　古典荘園制は，このように多くの負担を隷属農民に課した。この負担と支配・隷属関係を封建制の本質と考えると，荘園制または領主制と封建制は一体化する。領主は，しばしば隷属的農民すなわち（家の者つまりファミリアと呼ばれた）荘民たちに対して裁判権をもち，荘園のなかで発達した慣習法に従って裁判を行った。この慣習法を荘園法という。荘園法は後に村法（村落共同体の法）に移行した。ドイツでは，荘園法及び村法はしばしば裁判という形式で記録され，その採録はヴァイステューマー（判告集）と呼ばれた。

2　封建社会の基本原理と身分

庇護関係　レーエン制と荘園制とは次元を異にする制度である。レーエン制はレーエンを仲立ちとする封主と封臣との契約的誠実関係であるのに対して，荘園制は領主と隷属農民との間の支配・服従関係である。この2つは異質である。だが，2つのシステムを統括する社会として封建社会があるとすれば，そこに双方を貫く同一の原理も存在するはずである。それは何か。相互の利益を前提とする保護・服従関係つまり庇護関係というのが，その答えである。

　ゲルマンの社会及びメロヴィング王権下のフランク王国では，国王や貴族とともに，多数の独立した自由人が存在した。彼らは，武装すると同時に耕していた戦士的農民である。彼らは隷属民ではなかった。しかし，その多くは，自身の利益のために有力者または貴族と結びつく必要性をもっていた。貴族は彼らに保護を与え，経済的援助を行った。彼等は庇護者である。

　一方，庇護民はその見返りにパトロンに協力と援助を惜しんではならない。いったん事があれば，庇護民は庇護者のもとに駆けつけ，武力を提供した。このような相互的保護・服従関係が庇護関係である。

　むろん，ともに戦うことは庇護民にも大きな利益をもたらした。中世の戦いにつきものなのは掠奪である。勝者は敗者から莫大な戦利品を得ることができた。生産性の低い時代にあっては，戦利品を得ることこそ最も重要な経済活動だった。そのために，戦士たちは戦う。ある意味で，庇護民にとって，庇護者は何よりも戦いに勝ち利益を得るための指揮官，大きな分け前を与えてくれる統領だった。

　従士が主君を選ぶ基準も同様であろう。そのような強く鷹揚な有力者だけが，名誉ある人物として称賛された。有力者もまた，威信と勝利を得るために多くの庇護民を必要とした。与える財貨は戦利品にとどまらず，日常的な給付を含んだ。封臣制度も従士制も，庇護民への食事や衣服の支給を行った。特に土地の支給つまりレーエン関係の設定は，名誉ある庇護関係の構築を意味した。

庇護関係と封建社会　最高の庇護者は国王である。強い，弱いは相対的であり，この庇護関係は国王と大貴族との間でも，貴族相互の間でも作り上げられていった。地位の高いものたちの間では，恩給地が保護と服従・勤務とをとりもつ。レーエン制は，比較的強く，経済力ある者たち相互の庇護関係だった。契約的要素の強いこの関係では，封臣の権利も強かった。封臣は封主が保護義務を果さなければ自らその関係を解消できた。軍事的勤務義務も40日を越えることはなかった。

　レーエンや広大な自身の所有地（自主地）を有する領主と土地を与えられて領主に隷従する農民との関係も，庇護関係の網のなかにあった。自由農民は領主の支配に服するにあたってやはり誠実宣誓を行う。これは，領主の保護と自身の服従との取引であり，

契約だった。中世ドイツの有名な法書である「シュヴァーベン・シュピーゲル」(1275〜76年頃)に次のような有名な規定がある。「われわれが領主に奉仕しなければならないのは，領主がわれわれを保護するからである。領主がわれわれを守らなければ，われわれは領主に奉仕する義務はない。これは法に則った行為である」。

　領主は，彼らの生命と財産に対するさまざまな危険から農民を守る義務があった。領主はまた，農民に与えた土地を勝手に奪う権利をもたない。逆に，農民は土地を用益し，その用益を相続する強い権利をもっていた。土地保有農はその保有農地でかなり経営の自由をもち，生産性を高めていった。12〜13世紀以降になると荘園制は崩れ，農民の法的，経済的地位はさらに改善された。それまでの人格的不自由は西欧地域ではおおむね解消した。

　このような庇護関係が，上は国王から下は隷属農民にいたるまでさまざまなレヴェルと形式で，社会の隅々まで覆ったのが封建社会である。このような関係は多かれ少なかれいつの時代にも見出される。しかし，契約による庇護関係が社会と国家の基本的かつ公的なシステムとして存在したのは，やはりこの時期のヨーロッパの特質であろう。

　封建社会のこの特質は，ヨーロッパ近世，近代の法思想と法制度の発達に深い影響を与えることになる。

「身分」の成立　　封建社会が庇護関係からなる社会であるという認識は，封建制を専制と隷従，恣意的で暴力的な支配の体系とのみ見ることを否定する。しかし，このことはまた，封建社会が近代的な契約社会だった，ということを決して意味しない。それは，明らかに身分社会だった。

　これは，戦士的自由人の身分的分化の結果である。貴族を含むゲルマンの戦士的・農民的自由人は，特にカロリング時代に一部が貴族的領主階層，一部が隷属的農民階層に分かれ，また一部が自由農民として存続した。とりわけ，領主階層に上昇し得なかった自由人が取り交わした庇護関係は，固定的な身分的従属をもたらすものだった。それゆえ，この身分は封建的「身分」である。

　その分水嶺がどこにあり，いつからその分化が始まったかを知るのは容易ではない。だが，それはおおむねカール大帝の頃と考えてよいであろう。大帝の時代に，多くの零細な自由人は武装自弁の戦争に参加することができず，召集を避けはじめていた。一方，伯や司教など地域の有力者は，零細な戦士的農民に土地を自己に売り渡すか委ねさせ，彼らを隷従化することをめざしていた。騎馬を主力としつつあったこの時代の戦争では，零細な戦士はもはや戦いの主体ではありえない。馬と武器をそろえ，訓練を積むには多大な資力が必要だった。貧者にはそれができなかった。自由人の分解は必然だった。

　かつての社会は，法的には自由人と半自由人（解放自由人），非自由人（奴隷）との区別しか知らなかった。ところが，このように自由人が分化し，支配階層としての貴族と隷属階層としての農民という職能身分が9世紀から10世紀にかけて成立した。自由な農民も存続したが，荘園制が一般化し，農民はそこで隷属的身分としてその地位を固定

化された。身分的隷属関係は子々孫々に及んだ。封建社会が生みだした「身分」という重圧は市民革命にいたるまで続いた。

③ 貴族・農民・市民

3つの身分 　封建社会を構成する主要な身分は3つある。貴族，農民，市民である。

貴族 　封建社会の支配身分は貴族であった。貴族は戦士的領主階級であり，ゲルマン諸部族時代以来の少数の名門と新たに領主階級に加わった者からなる。貴族の中には高位聖職者となる者もいて政治の世界で大きな役割を果すので，高位聖職者を含めて貴族と称する。

国王や大公，辺境伯，伯あるいは大司教などは高級貴族で，その代官といえる城主，副伯を中級貴族，自立的小領主や高級・中級貴族に寄食する家中戦士が下級貴族である。大領域を支配する高級貴族，少なくとも辺境伯あたりまでの貴族は諸侯と呼ばれた。また，特にこれら諸侯や城主の家の業務を執行し，戦では主君のために戦った非自由民の戦士（家人＝ミニステリアーレン）も下級貴族に属するが，それは13世紀のことである。

ごく一般的にいえば，下級貴族に属する戦士たちが特に騎士と呼ばれた。騎士は当初あまり名誉ある存在ではなく，富裕な自由農民との間の境界も流動的だったらしい。しかし，封建社会の進展とともに閉鎖化し，キリスト教会の理念的抽象化と聖ベルナールによって進められた理想化（キリスト教会のために戦う「新しい騎士」）などによって威信を高めたことから，騎士は13世紀頃から高級貴族などと融合し，その区別はあいまいになった。騎士は貴族となり，貴族もまた騎士となった。

貴族の間のレーエン関係は，当然この階層に即して行われた。この関係は，通常，中世ドイツの有名な法書「ザクセンシュピーゲル」（第7章）の言葉を用いて，ヘールシルト制と呼ばれる。「ザクセンシュピーゲル」第1巻第3条2節によると，ヘールシルトのピラミッドは次のようなものである。

国王は最高の封主，将軍，裁判官だった。国王は，裁判権や特権付与権，立法権さらに貨幣鋳造権，関税徴収権，市場開設権，商人護送権，ユダヤ人保護権，城砦構築権，採塩権，鉱業権などの国王大権（レガーリア）をもち，国を統治した。

フランク国王・皇帝及びその流れを汲むドイツ国王・神聖ローマ皇帝（第8章参照）は，すべてこのようにして国を統治した。しかし，神聖ローマ帝国では，特に12世紀以降，レーエン制を媒介として，高級貴族である聖界諸侯や世俗諸侯が独立化する。彼らは，裁判権を始めとして，国王に対し多数のレガリアを確認させ，王国のなかに独自の支配圏（領邦）を形成した。「金印勅書」（1356年）はその一つの到達点で，領邦国家がここに成立する。

一方，中級貴族もまた高級貴族との関係でやはり自立的だった。城を構えるものも少

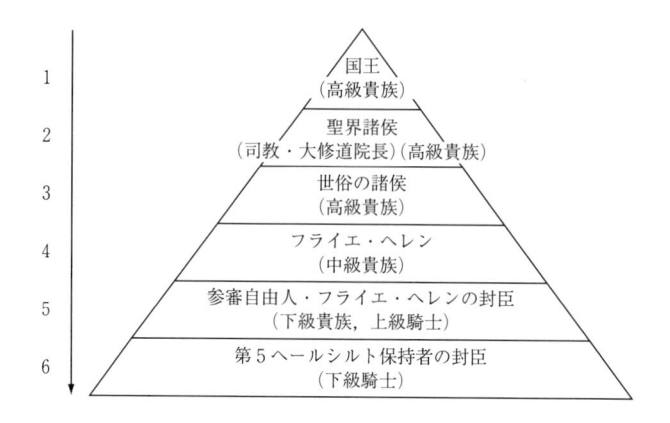

```
            1   ┌─ 国王
                │  (高級貴族)
            2   ├─ 聖界諸侯
                │  (司教・大修道院長)(高級貴族)
            3   ├─ 世俗の諸侯
                │  (高級貴族)
            4   ├─ フライエ・ヘレン
                │  (中級貴族)
            5   ├─ 参審自由人・フライエ・ヘレンの封臣
                │  (下級貴族, 上級騎士)
            6   └─ 第5ヘールシルト保持者の封臣
                   (下級騎士)
```

なくなく，聖俗の諸侯もこの貴族たちとの協調を余儀なくされた。フランスでは，城主となる貴族が11世紀から多数現れ，城を中心に周辺の住民の安全を守り，租税を徴収し，通行者から通行税を取り，裁判を行うなど支配者として君臨した（バン領主支配）。ドイツでも，領邦とは貴族的領主たちの結合体を意味した。オットー・ブルンナーの表現方法をかりるなら，ラント（領邦）とは貴族のことであった。

貴族は紛争があると互いに戦い，時には封建契約を解除して封主とも武力衝突した。このような争いは，血讐としてのフェーデ（第5章参照）であるだけでなく，また封建社会に特有の自力救済としての騎士フェーデ（第8章参照）といわれる。

裁判で参審人となる参審自由人とともに，下級貴族のなかに家人層がいた。家人は，フランク王国の時代に国王や高・中級貴族が戦争や行政のために用いた非自由人（出生不自由人または戦争捕虜）であるが，戦士または官吏として活躍し，後に騎士となり，下級貴族となった。騎士の多くは家人出身だといわれる。彼らは，レーエンを受けるとともに，レーエンを与えることも許された。

農民　農民は自由な農民と隷属的な土地保有農（半自由農民）及び家僕または日雇い農といった不自由農民に分かれた。

自由農民は自己自身の所有地（自主地）をもち，裁判でも自ら当事者となることができた。しかし，フェーデや強盗，掠奪が横行する自力救済の世界では，農民が単独で生きていくことは容易ではない。それゆえ，多くの農民は強者の保護を求め，荘園民，土地保有農となった。彼らは領主に人格的に従属しただけでなく，その裁判権に服した。領主の同意なく荘園を立ち去ることもできなかった。一方，かつての不自由人は逆にその多くが土地保有農に上昇し，奴隷制はほぼ消滅した。ごく一部が不自由農民として残ったにすぎない。

保有農民は隷属的ではあったが，保有地（フーフェ）に対する彼らの権利は強固だった。荘園が売買される場合でも，保有農は保有地とともに譲渡された。裁判では，領主

をも拘束する荘園法が尊重された。土地保有農はその保有農地で経営の自由をもち，三圃制によって生産性を高めた。

　農民の経済力が上昇した12～13世紀頃になると，古典荘園制は弱体化し，地代の支払いだけを義務とする地代荘園制が発達した。この地代荘園制への流れのなかで，農民の身分的解放が進む。また，開墾やプロイセン，バルト諸国，ポーランドなどへの東方殖民で，農民はより有利な条件のもとで働き，自由を獲得する例も多く見られた。荘園ではなく，自治的な村落も形成され始めた。その歩みは，都市の発展とそう違わない。

　村落は，一般的には領主に従属していた。村落には家令がおり，領主の代理人であると同時に，村落共同体の代表となった。その役職は相続された。家令は，村人どうしの紛争を解決するための裁判所を指揮し，時には犯罪を裁いた。

　11世紀以来の変革によって，農民の隷属性はおおいに失われたが，14世紀の農業危機によって，北東ドイツでは「第二次体僕制」が始まる。そこでは貴族領主が広大な自己の所領を農場化し，そこに住む農民から再び諸々の権利を奪い，隷属化させることに成功した。この隷属化された農民に課された直営地賦役に基づく封建的大農場経営をグーツヘルシャフト（農場領主制）という。この農場領主制は19世紀初頭まで残り，近代プロイセン国家に独特の性格を与えることになる。

都市の誕生　封建社会は基本的には農業社会だった。農民の数も全人口の90％といわれるほど圧倒的に多かった。これは荘園制と封建制が同一視される一つの理由である。しかし，封建社会の身分は貴族と農民だけではない。もう一つ，主要な身分があった。それは市民である。市民は都市の構成員であり，都市を前提として成立する身分である。したがって，まず都市の成立についてここで説明しておこう。

　中世ヨーロッパにおける都市は大きく3つに分けて考えることができる。一つはローマ人がつくり定住していた都市である。ケルンやマインツなどがあげられるが，この古代以来の都市には司教が住み着き，しばしば司教都市となった。王宮のおかれた国王都市もある。

　第二は，商人定住地（ヴィークス）から発達した都市である。農業社会のもとでも，流通や取引は存在していたし，遠隔地商業は中世初期においても行われていた。そのために，ヴィークスと呼ばれる商業地が主要な河川や海岸沿いに存在した。ヴィークスに住む商人は国王によって保護された。彼らは国王のムントの下にある自由人であった。ハンブルクなど特に北海，バルト地域の都市はこの商人ヴィークスから発達したといわれる。

　第三は，主に北フランスやフランドル，ライン河中流域で発達した，市の開かれるブルグス（市場集落）から生まれた都市である。ビュルガーやブルジョアなど市民を表現するドイツ語やフランス語のもとになったのは，このブルグスである。

　ブルグスつまり市場集落は，古典荘園と結びついていた。というのも，古典荘園は，空間組織としての機能を有していたからである。荘園は，単に生産組織というだけでな

く,流通組織でもあった。広大な所領である古典荘園のもとでは,農業だけが営まれていたわけではない。領主は家人や農民を使って,余剰農産物や荘園手工業者によって生産された手工業品を市場集落で取り引きした。

それどころか,「自立的な商人も大領主の保護を仰いで所領に属するようになり,さらに農民も領主の統括する在地市場を利用するとともに,運搬賦役による移動に際しては,かなり遠隔地に赴いて売買する可能性を持っていた」(「所領における生産・流通・支配」)。

都市の平和　フランク王国の都市は,おおむねローマ時代以来の司教・国王都市であったが,カロリング時代に,商人定住地や領主の城や修道院などに隣接してその保護を仰いだ市場集落が発達した。国王が,市場の平和を保障した。平和の侵害者には,60ソリズスの国王罰例違反金が科せられる。そのために設けられたのが市場裁判所だった。市場裁判官は領主の委任を受け,市場にかかわる紛争の解決にあたった。

この市場集落もしくは半都市的集落が11世紀ころから城と一体化するか新たに城壁を構築して都市へと発達していった。もともと,ブルグス(ドイツ語でブルク)には城砦という意味がある。近隣に住む人々は危険があるとこの城に逃げ込むのを常とした。このような城と市場集落が合体してできた都市は,安全つまり平和を保障する空間となった。

この「都市の平和」に着目したのがプラーニッツの「宣誓共同体説」である。宣誓とは,全市民によって誓われる平和誓約だった。市民たちの誓約によって,都市は一体化し,一個の団体となり,平和な空間となった。都市は時には都市領主と対立し,自治への道を歩んだ。すべての都市が宣誓団体だったわけではないが,都市の自由を考える場合,これは重要である。

12世紀以降になると,9世紀あたりから地域の支配者によって創設された市場集落を基礎にした,リューベックなどの建設都市も多数現れる(自然発生的都市を「自生都市」という)。領主たちは自治や自由を始めとするさまざまな特権を与え,都市の建設に努めた。

中世都市は単なる住民の集まりではなかった。それは,政治・行政の中心地としての機能か市場中心地としての機能をもつ,いわば地域の中核的存在だった。それどころか,フランドル地方や北イタリアの諸都市は,北海や地中海を舞台とする商業活動の拠点となり,国際的な商業都市として繁栄した。

都市の空気は　都市の主要な担い手は自由人である商人だった。財力のある商人を中
自由にする　心として,都市は成長した。商人の都市は,地方領主や高位聖職者などの都市の支配者(都市領主)から自治を獲得し,独自の法と裁判権を有するようになっていった。ここに成立した法を都市法という。

商人に続いて,都市に移住して都市の自治のために,商人とともに戦う者たちもいた。

手工業者である。彼らはツンフトに結集して都市における地位を高め，商人とともに都市の主要な担い手となっていった。こうして，12世紀頃に，主として商人と職人その他の営業者からなる市民身分が成立した。

市民とは都市共同体に所属し，都市裁判所で当事者となる資格をもち，都市に対し納税と兵役の義務を負っている自由民のことである。その妻や子も市民に含められていたが，女性には政治的権利はなかった。

都市は，農村から手工業者や農民を受け入れた。当初，隷属農民はそのもともとの支配者とのつながりを断ち切ることはできなかった。しかし，都市の自由と自治が確立する過程で，「都市の空気は自由にする」という法原理が確立されていった。12世紀の初頭，ドイツ国王ハインリヒ5世はシュパイアーやヴォルムスに与えた特許状で「1年と1日以上」居住した植民者に土地と自由を与えることを認めている。同じ頃，フランスのロリスの証書にも，新参者の自由を認める規定（第12条）がもられた。典型的な表現の例として，アイゼナッハの特許状（1283年）第2条をあげておこう。

「わが都市に1年と1日居住した者は，何人によっても返還請求を受けない。その者は，たとえどのような身分に属していても，常にわが自由な市民とみなされねばならない」

身分的農村社会のもとにあった隷属民でも，都市に1年と1日居住すれば自由身分を得ることができた。これは，都市の革新性を示している。

市民身分　しかし，植民者や流入者のすべてが市民になれたわけではない。市民となるには市内に土地を得るか，相当程度の資産証明が必要とされた。通常の流入者は居留民にとどまり，徒弟や職人，日雇いとして都市の下層階層を構成した。さらに貧民やこじき，売春婦などの周縁民も都市に存在した。彼らは市民ではない。

市民とは，市民権を有する者たちのことであった。都市とその市民は封建社会の一翼を担っていた。市民は団体的，排他的だった。市民は明らかに「身分」だった。

もっと学びたい人のために

① H.K. シュルツェ／千葉徳夫他訳『西欧中世史事典』ミネルヴァ書房，1997年。
　＊本書は，さまざまな事項に関する記述があるが，現代の研究水準にたって封建制や都市について分かりやすく説明している。
② F.L. ガンスホーフ／森岡敬一郎訳『封建制度』慶應通信，1982年。
　＊封建制に関する基本書。封建制を社会経済史的視点からではなく，あくまでレーエン制を基軸とするという観点から書かれたもので，西洋封建制の特質を知るうえで有益である。
③ M. ブロック／新村猛・森岡敬一郎他訳『封建社会』みすず書房，1973年。
　＊封建制研究に画期をなした名著。難しいが，庇護関係を軸とする，その比較史的視点は

鮮やかである。堀米庸三監訳による別の邦訳もある。
④ 世良晃志郎『封建制社会の法的構造』創文社，1977年。
　＊日本における法制史的西洋封建制研究の古典的著作。論理的分析に優れている。
⑤ 林毅『ドイツ中世都市法の研究』創文社，1972年。
　＊ドイツ中世都市法に関する論文集で，特に学説的整理や都市法の具体的内容を知る上で有益である。

【参照文献】

岩野英夫『成立期中世の自由と支配』敬文堂，1985年。
加藤哲実編『市場の法文化（法文化叢書2）』国際書院，2003年。
世良晃志郎『封建制社会の法的構造』創文社，1977年。
林毅『ドイツ中世都市法の研究』創文社，1972年。
宮松浩憲『西欧ブルジュワジーの源流』九州大学出版会，1993年
森義信『西欧中世軍制史論——封建制成立期の軍制と国制』原書房，1988年。
森本芳樹「所領における生産・流通・支配」佐藤彰一・早川良弥編『西欧中世史　上』ミネルヴァ書房，1995年。
E. エネン／佐々木克巳訳『ヨーロッパの中世都市』岩波書店，1987年。
F. L. ガンスホーフ／森岡敬一郎訳『封建制度』慶応通信，1982年。
H. K. シュルツェ／千葉徳夫他訳『西欧中世史事典』ミネルヴァ書房，1997年。
A. ドプシュ／野崎直治・石川操・中村宏訳『ヨーロッパ文化発展の経済的社会的基礎』創文社，1980年。
O. ヒンツェ／阿部謹也訳『封建制の本質と拡大』未來社，1979年。
H. プラーニッツ／林毅訳『中世ドイツの自治都市』創文社歴史学叢書，1983年。
G. フルカン／神戸大学・西洋経済史研究室訳『封建制・領主制とは何か』晃洋書房，1982年。
A. フルヒュルスト／森本芳郎他訳『中世都市の形成——北西ヨーロッパ』岩波書店，2001年。
O. ブルンナー／山田欣吾訳「封建制——その概念の歴史について」石井紫郎・山田欣吾他訳『ヨーロッパ——その歴史と精神』岩波書店，1974年所収。
M. ブロック／新村猛・森岡敬一郎他訳『封建社会1・2』みすず書房，1973年。
M. ブロック／堀米庸三監訳『封建社会』岩波書店，1995年。
W. レーゼナー／藤田幸一郎訳『農民のヨーロッパ』平凡社，1995年。

（山内　進）

第7章

中世法の理念と現実

　ヨーロッパ中世社会は「良き古き法」という法観念によって支配されていた。法は正しく，古ければ古いほど効力があるとされた。最近の研究は，この考え方に批判的である。だが，中世では慣習法もしくは慣習的権利が重要だった，ということはなお否定できない。法は，不文で多様だった。ただ，その一方でこれを突き崩す動きが起こっていた。12世紀頃から，法の採録による法の文書化が各地で進み，領域的法観念も徐々に浸透し始めていた。中世法というとき，この2つの動きに注意を払う必要がある。

1　中世的法観念

　「したがって，中世の人びとにとって法は古くなければならなかった。そして法が古ければ，それは善でもあった。法に当る古ゲルマン語が，ドイツ語の『永遠』や『公正』と訳されるラテン語の aequus と同じく e 語幹に属するのは，決して偶然ではなく，深い理由のあることである。というのは，中世では法と正しいものの区別は識られていなかったからである。法と公正はまた同じ意味であった。実定法と慣習法の間にもまだ区別は設けられていなかった。法は公正かつ道徳的であるはずであり，本源の世界秩序に相応しているはずであった。かくして法は最終的に神に由来してもいた」(『ドイツ農民戦争』)。

　良き古き法　　上の一文は，ドイツ法制史で通説とされてきた中世的法観念の内容を簡潔に示している。このような中世的法観念はまた「良き古き法」と表現される。この「良き古き法」という概念によって，中世的法理念に関する言わば古典学説を創始したのは，ドイツの歴史家フリッツ・ケルンである。ケルンによると，中世法の特質はおおむね次の5点に集約される。

　(1)　法は古いものである。
　(2)　法は良いものである。
　(3)　良き古き法は非制定的で，不文である。
　(4)　古い法はより新しい法を破る。
　(5)　法の改新は良き古き法の再興である。

主君の前の農民

つまり、ケルンのいうところでは、中世的法観念のもとでは、法はその太古の時代からすでに良いもの、正しいものとして存在している。それゆえに、法は新たに制定されるのではなく、発見されるものであった。法は自己目的的存在だった。一見すると新たに制定されたかに見える場合でも、それは「古い法の再興」でしかない。あるのは立法ではなく、「法発見」である、と。

「良き古き法」に関するこのケルン・テーゼは、中世全般にわたって通用するもので、時代を遡れば遡るほど有効だとされてきた。日本でも世良晃志郎がこの見解に即して、多数の論稿を残している。しかし、ここでも厳しい批判が登場する。ゲルハルト・ケープラーやカール・クレッシェルの批判である。ケープラーは6世紀から11世紀に及ぶ資料を精査し、その結果「良き古き法」という言葉の存在を示す証拠がないことを証明した。この結果、良き古き法という概念そのものが初期中世にあまねく存在したということは、現在では疑問視されている。

しかし、良き古き法という概念そのものが否定されたわけではない。それは、むしろ12世紀以降に見られる、というのがケープラーの主張である。村上淳一によると、中世盛期に自立的な地域権力と広域支配をめざす国王などの中央権力との拮抗が始まったために、伝統的権利の集積を法規範とする意識が発生し、良き古き法＝権利（ラテン語やドイツ語では法と権利は同じ言葉で表現する。）という概念が成立したという。

次章で見るように、この時期にヨーロッパの構造転換が始まり、皇帝法や王法、教皇令が有力な法源となりつつあったことを考えるなら、良き古き法がそれらとの対抗概念として意識化された、ということはあり得るように思われる。

法判告 良き古き法という言葉が含意したのは、王も臣民もともに従うべき、先祖伝来の、神聖で正しい秩序または慣習が存在する、という考え方である。そのような考え方そのものは、古ゲルマンの時代や初期中世から存在する。フランク王国や神聖ローマ帝国の少なくとも初期の時代にあっては、国王の義務は、新たに法を定めることではなく、永遠ともいえる秩序と慣習を守ることだった。それゆえ、良き古き法とは、慣習法または慣習的権利を規範的に表現する言葉だった、と理解しておけば、それで十分であろう。重要なのは、ヨーロッパ中世においては不文の慣習法が大きな力を振っていた、という認識である。

中世には、近代法のように、すべての人々を包括する一貫した法規範や精密で合理的な法システムは存在しなかった。中世法は、完結したシステムを構成する明確な規範ではなく、多様な事例ごとに発見される「開示の法」（ハンス・シュロッサー）だった。

シュロッサーはいう。
「多種多様な形式上の豊かさは，具体的な生活の必要から出発し，しかもある特定の個別的事件をまとめ上げるために，絶えず慣習的に法を創造したことの結果であった。単にその折々の生活関係についてようやく訴訟に登場したものだけが，一般的に拘束力ある法とみなされたのである。この個別的な事件を裁判するためにのみ，慣習に根ざした『法名望家』〔参審人，判決発見人〕の法的表象や法的確信から，彼らの社会的名声や権威によって，何が正しいかが確定されたのである」（『近世私法史要論』）。
参審人は，第5章で記したように，カール大帝の司法改革から生まれたもので，主として地域の下級貴族層によって担われた。彼らは，地域の慣習法に精通し，個別的な案件ごとに判決を提案した。裁判官は，裁判所の平和に責任をもつが，判決についてはその提案にしたがった。参審人が発見する法は，記憶されつづけている慣習法であった。それゆえ，中世ではしばしば「判決の発見」とか「法と判決の発見」という言葉が用いられた。
法と判決は一体化していた。クヌート・W. ネルが指摘するように，「法は抽象的・一般的な形で存在したのではなく，その裁判所において判決として言い渡される言明として存在した……。われわれがいま客観的なレヒト（法）と呼ぶものは，当初は個々の裁判所において時とともに積み上げられた判決の集積に他ならなかった」（『ヨーロッパ法史入門』）。
判決は，法の宣旨として，しばしば記録された。記録された宣旨を一般に法判告，その集成を法判告集という。法判告集で特に有名なのは，ヤーコブ・グリムによってまとめられた農民の法判告集である。それゆえ，ただ法判告という時，農民のそれだけを指すこともある（狭い意味での法判告）。

② 法の採録と空間化

法書　法判告は，創られた法ではなく，法の宣旨によって記録された法である。法の宣旨は，制定法が存在しない時代には，きわめて重要だった。それは，何よりも農民の間で，また市民や貴族のもとで行われた。皇帝の宮廷裁判所や帝国会議で宣旨された法の記録（帝国法判告）も多数ある。
「中世のドイツ皇帝たちは，何百年もの長きにわたり，その時々に宮廷に伺候している数も一定しない貴族たちにより発見される帝国法判告を用いて，数限りない個別事例に関し，通用している法の確認に努めた」（『ドイツ立法史』）。これは，集会における法の宣旨という形式を用いた一種の立法と理解される。しかし，その場合でも，宮廷裁判所が具体的な事件に即して裁判の形態で法を宣旨した。
「法と判決」を記録するということは，単に口頭で伝えられてきたものを文書に確定することだけを意味するのではない。ドイツの法史学者ディーステルカンプによると，法

第7章　中世法の理念と現実　*93*

判告によって,「法発見から,近代的な法適用におけるのと同様の,テクストによる法適用への転換」が行われた。これは立法への大きな一歩だった。と同時に,実体法の形成及び実体法の重視という近代的法システムへの転轍にも通じていた。

このような歴史的流れのなかで,12世紀から13世紀にかけて,不文の慣習法を記録する動きが強まる。当然ながら,あいまいで範囲の広い慣習法のなかから特に重要と思われるものだけが,編者の観点から選び抜かれたので,この作業は記録というよりも,採録だった。編者は法知識を有する私人だったので,彼らが採録した法集成を法典ではなく,法書という。

主要な法書 主要な法書名を次に地域別にあげておこう。

■イタリアの法書

「封建法書」(1150~1220年)。11世紀ロンバルディアの封建法を採録したもの。後に「市民法大全」に付加された。

■ドイツの法書

(1) 「ザクセンシュピーゲル」(ラテン語原草稿1221~24年,低地ドイツ語版1224/25年)。ドイツにおける最も重要な法書。東ザクセンの貴族,参審自由人アイケ・フォン・レプゴウによって編纂される。ザクセンの慣習法を「鏡(シュピーゲル)」のように正確に照らし出すと伝えているが,レプゴウの思想も入っていると考えられる。ラント法とレーエン法の2部構成。ラント法はザクセン人の,レーエン法はザクセン貴族の慣習法である。ザクセンにおけるローマ法の進出を妨げ,ドイツ各地における法書の出現に刺激を与えるなど,後世に深い影響を与えた。

> ▶アイケ・フォン・レプゴウ (1180頃~1233後)
> ザクセン・オストファーレンの村落レッピシャウ (Reppichau) に生まれ,参審人として活動。その生涯はほとんど知られていない。「ザクセンシュピーゲル」『ザクセン世界年代記』(1231年頃)の著者。豊かな学識をもち,ザクセン特に東ザクセン地方の慣習法をラテン語で採録した。しかし,「ザクセンシュピーゲル」の「序詩」で伝えるところでは,このラテン語をドイツ語に変えるように,彼の主君,クヴェドリンブルク修道院の代官ファルケンシュタイン伯ホイヤーに要請され,「いやいやながら」ドイツ語(低地ドイツ語)に移したという。当時の学問用語はラテン語だったので,これはかなり困難なことだったが,アイケはこれを完成した。「ザクセンシュピーゲル」はこの意味でも画期的で,それがドイツ各地に拡がり,「ドイツの法生活に測り知れぬ影響を及ぼす」(石川武)ことになった理由の一端はそこにあるという。　　　　　　(Y)

(2) 「ドイッチェンシュピーゲル」(1275~76年)。「ザクセンシュピーゲル」の高地ドイツ語訳を含む。アウクスブルクのフランチェスコ会修道士の手になる。

(3) 「シュヴァーベンシュピーゲル」(1275~76年)。やはりアウクスブルクのフランチェスコ会修道士によって編纂されたもの。「ドイッチェンシュピーゲル」が試み

た「ザクセンシュピーゲル」の改作をさらに推進し，チェコ語やフランス語にも訳されている。
  (4)「フライジング法書」(1328年)。代言人フライジングのループレヒトが自ら利用するために記した法書。シュヴァーベンシュピーゲルやアウクスブルク都市法などをもとにしている。
  (5)「ミュールハウゼン帝国法書」(1230年頃)。テューリンゲンにあるミュールハウゼン市の都市法書。フランク法を含み，帝国との結びつきが強かったので，「帝国法書」と呼ばれた。

■フランスの法書
  (1)「ノルマンディー大慣習法書」(1250年頃)。モカエルという聖職者によってラテン語で記され，直ちにフランス語訳され，ノルマンディーで16世紀にいたるまで裁判所で適用された。
  (2)「サン・ルイ法令集」(1270年)。ルイ9世期北フランスの慣習法を採録したもの。冒頭にルイ9世の王令があるためこう名づけられているが，匿名の私人が編纂したものである。
  (3)「ボヴェジ慣習法書」(1283年)。中世フランスの最も重要な法書。オルレアンとおそらくボローニャで法学を学び，ボヴェジで地方裁判官（バイイ）をしていたフィリップ・ド・ボマノワール(1247頃~96)がパリ北方のボヴェジ地方の慣習法を編纂したもの。アルトワやパリなどの慣習やパリ高等法院の判例や国王の命令なども含む。
  (4)「ジャック・ダブレージュのフランス大慣習法書」(1388年頃)。パリ・シャトレ裁判所で活動した法律家ジャック・ダブレージュの手になるもので，パリ・シャトレ裁判所の訴訟手続を記したもの。
  (5)「パリ大慣習法書」(1510年，1580年改正)。シャルル8世の定めた手続によりルイ12世の治世下に成文化されたもっとも重要な慣習法書。これをもとにフランスの共通慣習法が完成された。1580年の改正は，もっとも偉大な慣習註解学者であるシャルル・デュムランの註解書に大きな影響を受けている。

■スペインの法書
  (1)「アラゴン慣習法書」。フエロ（地方慣習法）と呼ばれた一連の慣習法書の一つ。他に，レオン，カスティーリャ，ナバラ慣習法書がある。
  (2)「7部法典」(1256~65年)。スペインで最も重要な法書。カスティーリャ・レオン国王アルフォンソ10世の時代に改作され，1348年にアルフォンソ11世のもとで7部に分けられ，補充的効力を有するものとして施行された。

■アイスランドの法書
「グラーガース」(1258/71年)。古アイスランドの慣習法書。1117年の全島集会で記録された「ハヴリジの法書」を核に成立した，スカンジナヴィア最大規模の法書。ノル

第7章　中世法の理念と現実　　95

ウェーによる征服後，マグヌス・ハコナルソン王の法典によって13世紀後半に効力を否定された。

■スウェーデンの法書
(1) 「エストイェータ法典」(1300年頃)。東ゲートランド地方の慣習法を採録したもの。マグヌス・エリクソン王の「国法」(1347年) で利用された。
(2) 「ヴェストイェータ法典」(1220年頃～)。西ゲートランド地方の慣習法を採録したもの。最初の採録者は，エスキル・マグヌスソンとされる。

■デンマークの法書
「スコーネ法書」(1210年)。
「スカンスケ・ロー」(1200/10年)。

■イングランドの法書
(1) 「ヘンリ一世の法律」(1115年頃)。ヘンリ1世統治期のイングランド法をラテン語で記したもの。ウェセックスのフランス人聖職者が採録したとされる。
(2) 『イングランドの法と慣習』(1187年頃)。ヘンリ2世の法律顧問ラヌルフ・ド・グランヴィルによって記されたもので，イングランドの裁判所で形成された慣習法を描き出している。中世イングランド慣習法（コモン・ロー）のもっとも古い「権威の書」。通称『グランヴィル』。
(3) 『イングランドの法と慣習』(1250年頃)。イングランドの国王裁判所裁判官ヘンリー・ド・ブラクトンが国王裁判所の2000ほどの判決をもとに記したもので，中世イングランド慣習法（コモン・ロー）の最善の記述である。

多様で重層的な法 　法書は法の一つの発展段階を示している。それは，良き古き法ともいえる慣習法を採録している，という点で初期中世的である。一方，口頭の慣習法を記録化しているという点で，新しい時代の到来を示している。その新しさは，法の文書化だけではない。法を属人的ではなく，属地的に考える見方が現れている点にも求めることができる。例えば，「ザクセンシュピーゲル」には次のような記述がある。

「1・30　（ザクセンに）入来した人はいずれも，ザクセン地方(ラント)内ではその地(ラント)の法に従って相続財産を受領する。その人（の法）に従ってではない，彼がバイエルン人またはシュワーベン人またはフランク人であるにしても」(『ザクセンシュピーゲル・ラント法』)。

このことから，中世盛期には法の空間的理解が進んでいたと考えることができる。帝国には帝国法（皇帝法，ローマ法），国には王国法（王法，ラント法），農村には村法（荘園法），都市には都市法が，また全キリスト教徒に適用されるものとして帝国もしくはそれ以上の空間的適用範囲をもつカノン法が生まれつつあった。一方，人的な要素は，出身部族との関係をほぼ失うが，封建社会に特有の身分と結びついていた。聖職者にはカノン法，貴族にはレーエン法，農民には荘園法，市民には商人法や都市法が適用され

た。空間性と人的関係がさまざまなかたちで絡み合うのが中世の法世界であった。

したがって，このもつれあった法世界を分析的に整理しつつ説明するのは決して容易ではないが，幸いスイスの法史学者マルセル・ゼンが13世紀ドイツにおける法圏の並存状況をわかりやすく図解してくれているので，それを次に紹介しておこう。

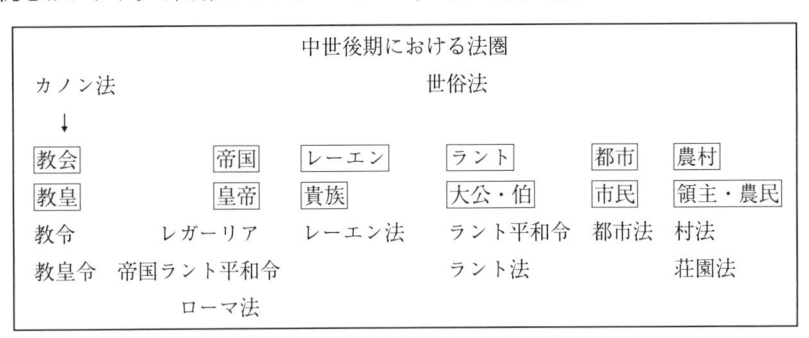

```
                    中世後期における法圏
    カノン法                        世俗法
      ↓
   ┌──────┐     ┌──────┐ ┌──────┐ ┌──────┐ ┌──────┐ ┌──────┐
   │ 教会 │     │ 帝国 │ │レーエン│ │ラント│ │ 都市 │ │ 農村 │
   └──────┘     └──────┘ └──────┘ └──────┘ └──────┘ └──────┘
   ┌──────┐     ┌──────┐ ┌──────┐ ┌──────┐ ┌──────┐ ┌──────┐
   │ 教皇 │     │ 皇帝 │ │ 貴族 │ │大公・伯│ │ 市民 │ │領主・農民│
   └──────┘     └──────┘ └──────┘ └──────┘ └──────┘ └──────┘
    教令        レガーリア  レーエン法 ラント平和令 都市法    村法
    教皇令    帝国ラント平和令          ラント法            荘園法
                    ローマ法
```

すでに身分との関わりで，貴族，市民，農村とその法については説明した。また，新しい合理的な学識法としての教会法とローマ法については，第9章以下で扱うので，ここでは，空間との関わりで，帝国法，ラント法，都市法について簡単に触れておこう。

帝国法 帝国法判告やレガーリア，「封建法書」に採録されたようなレーエン法，帝国諸侯の特権を確認した「諸侯の利益のための取り決め」（1231年）や「金印勅書」（1356年）などが帝国法である。数少ない帝国立法としては，平和違反者（犯罪者）を処罰することなどを定めた帝国ラント平和令をあげることができる。ラント平和令については次章で詳論する。

ラント法 「ザクセンシュピーゲル」のラント法は部族法の流れを汲む一般法で，国王から農民にいたる自由人を対象とする。農業社会なので，農民慣習法の性格が強い。領邦が成立する過程で，ラント法は領邦法の性格を持ち始め，領邦君主が制定する法を含めるようになった。領邦君主は1231年の帝国法「諸侯の利益のための取り決め」で，領邦貴族の協力と同意のもとに法を制定する権利を与えられた。すでに指摘したように，「ザクセンシュピーゲル」も領域的法観念を示している。

都市法 都市法は当初（10～11世紀），商人の慣習法からなっていたが，やがて一般化，成文化されていった。

まず，都市君主によって特権として与えられたいくつかの重要な原則や，ラント法から抜き出されて付与された法が都市法として定められた。これに市民が自治的に定めた自治制定法（締約法）が付加されるようになった。中世後期には，法学識者が関与する都市法書（改革法典）も現れる（第15章参照）。

都市の法はしばしば記録され，他の都市にも与えられた。法を同じくする一連の都市を都市法家族という。ドイツの北部や東部では，マクデブルクやリューベック，南部で

はフライブルク（ブライスガウ）などが母市となった。母市の裁判所は娘市の控訴裁判所となった。都市は自立した法圏となり，上級市民が構成した都市参事会の決議や都市裁判所での判決が都市法を発展させていった。その主要な内容は，売買や取引に関する規定，手工業や営業に関する規則，債務に対する訴訟手続などである。

とりわけ都市土地保有と呼ばれる形態（イングランド）や不動産登記（ドイツ）という形で市民が土地や建物を個人的に獲得することができたのは注目される。都市土地保有にあっては，封建的保有と異なり，土地を遺言で遺贈できたし，売ることも抵当にいれることも貸すこともできた。それは近代的所有権に著しく近いものであった。

都市法は，カノン法やローマ法とともに農村的，封建的慣習法の外部で発達し，法のヨーロッパ的発展の一翼をになった。

③ 中世における私法と刑事法

(1) 私 法

家 族　中世法の現実の内容について少し立ち入ってみよう。私法の世界では，親族の力は弱まり，家族が中心的な役割を担った。

しかし，重要な財産である土地の売買にあたっては，なお親族の意義は少なくなかった。11～12世紀から土地の譲渡がよく見られるようになったが，親族が常にそれに関与した。土地は親族集団に帰属すると意識されていたからである。

相続についても，フランク時代には親族相続権が存在した。「財は血のごとく流れる」のが原則だった。その順位は，息子，娘，父と母，兄弟と姉妹で，妻には相続権がなかった。親族の相続は夫と妻の双方の親族に等しく流れた。自由処分は本来知られていなかったが，12世紀には妻への生前贈与，13世紀には教会への寄進との関係で遺言が発達した。親族の不満は退けられた。

婚姻についても，教会の影響のもとに，12世紀頃からムント権者の決定ではなく，当事者の意思が尊重されるようになり，「合意が婚姻を創る」の原則が現れた。ムント婚とともに，自由婚が一般化した。教会はこの2つに秘蹟の性格を与え，離婚を禁止した。かつてムント婚であれば夫が，自由婚であれば双方が離婚を実現できたが，離婚の禁止が一般化していった。

不動産　物には動産と不動産の区別があった。動産としては家畜，衣服，武器などが重視されたが，不動産は最も重要な財産だった。

不動産は，持ち主の威信の源泉だった。土地所有は封建社会のもとで個人化しつつあったが，レーエン関係は土地について複数の人々にそれぞれ強い権限を与えていたから，個人所有はこの面でも貫徹しなかった。所有権の観念一般も土地と深くかかわっていたので，あいまいだった。所有と占有の関係も不明確で，ゲヴェーレは事実的物支配と同義ではなく，権利の外皮と考えられていた。それは，事実的所持だけでなく，用益

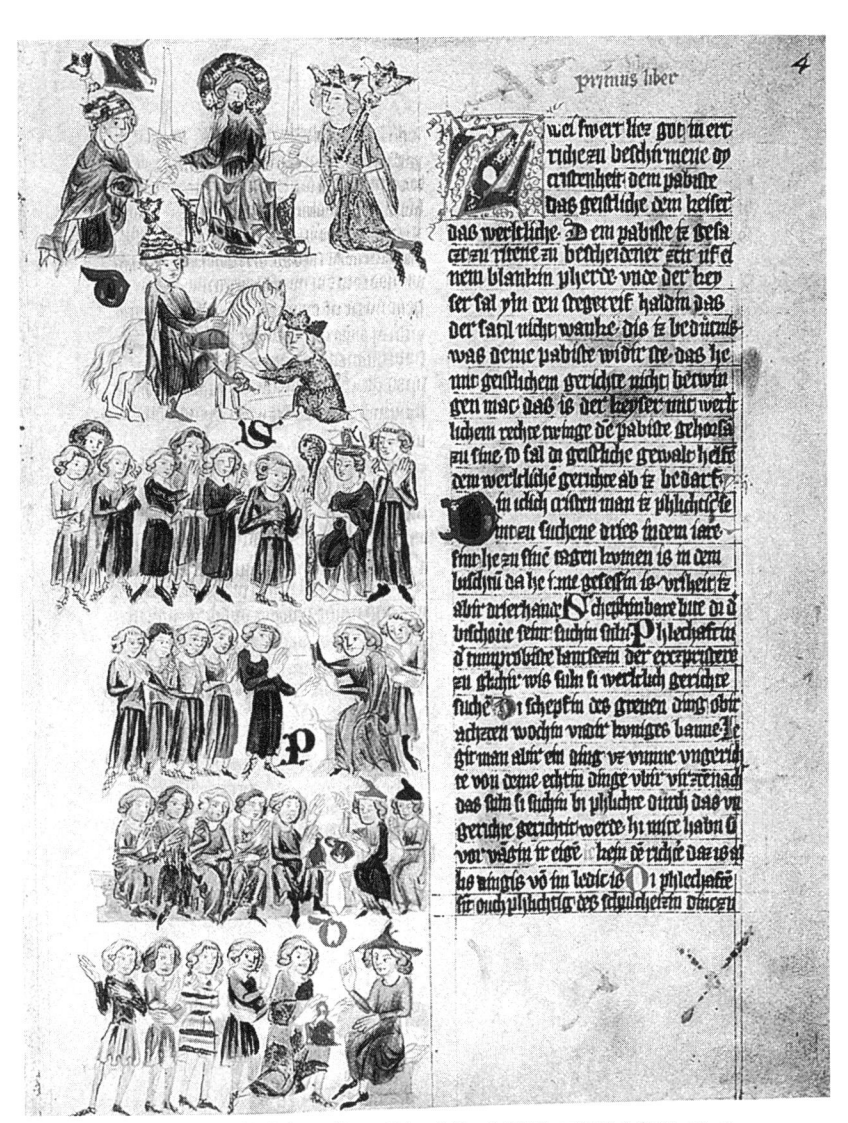

「ザクセンシュピーゲル」絵解き本の一部。一番上の絵は，教皇優位の両剣論を表現している。

第7章　中世法の理念と現実　99

権または占有権を意味した。ゲヴェーレを有する者は攻撃に対して裁判で防御し，物が奪われた場合にはその返還を請求することができた。近代的意味での排他的所有という考えはなお存在しない。

だが，アイゲン（私に完全に帰属する）という言葉はあった。その結果，12世になるとアイゲンを有する者は自由に対象を処分できるという認識が広まる。アイゲンは完全な所有権をさすこともあったが，占有権だけを意味することもあり，移行はなお流動的だった。所有権（アイゲントゥーム）という新しい言葉が現れたのは13世紀以降である。これはローマ法と関係する。

土地所有権の移転は，裁判の場で所有者が取得者に譲渡することを宣言し，それが判決によって認められねばならなかった。すべての相続人がこれを認めることが移転のために必要とされていた。これをエルベンラウプという。「ザクセンシュピーゲル・ラント法」（1・52・1）にこうある。

「いかなる人も相続人の承諾なしに，また正規の（定期の）裁判集会（echt dink）を経ずに，彼の所有地（egen）または彼の従属民（lude）を譲渡することをえない」（『ザクセンシュピーゲル・ラント法』）。

相続人の1人でも，1年と1日以内に反対すれば，処分は機能しなかった。都市での登記もその確認が行われたうえで許可された。もっとも，いずれにしても，1年と1日が経過すると，取得者は正当なゲヴェーレを得た。

動　産　動産の場合，このような制度はなく，善意の取得者は即時に取得した。「ザクセンシュピーゲル・ラント法」（2・60・1）は，他人に馬または何らかの動産を貸すか質入れした場合，所有者はそれを自身のゲヴェーレから手放したのであるから，新たに自分のゲヴェーレのなかにもった者が何らかの方法で第三者に売却するか質入れしても，その返還をその第三者に直接求めることはできないと伝えている。返還請求できるのは，所有者が貸すか質入れした，その相手方に対してだけであった。

この事例は「手は手を守れ」という当時の法諺そのものだった。「手は手を守れ」とは，ゲヴェーレを委ねた場合には善意の第三者に直接，返還請求し得ないことを意味した。中世法にあっては，所有権に基づく訴訟はなく，あるのはゲヴェーレの侵害に基づく訴訟だけであった。

ゲヴェーレを委ねた者に返還請求しえたのは，契約を理由とすることができたからである。フランク王国の時代には契約は形式を重んじていた。債務を履行しないのは一種の犯罪で，贖罪金の支払いが必要とされる行為だった。債務契約を基礎づけるのは形式にのっとった約束であり，誠実宣誓だった。

しかし，商業の発達とともに，契約違反は贖罪金ではなく，損害賠償によって処理されるようになる。公法と私法の分離が始まったのである。契約も諾成契約となり，手打ちといった契約締結時の行為も付随的なものと考えられるようになった。無方式の諾成契約の発達には，カノン法の影響が大きいといわれる。

（2）刑法と刑事手続

和解の体系　ゲルマンやフランク王国の時代に一般的だった贖罪金制度は損害賠償と復讐を混在させたもので，贖罪刑法ともいわれる。これは，いわば「和解の体系」（エーベルハルト・シュミット）だった。「和解の体系」とは，多くの事件を当事者の合意のもとに贖罪金の賦課とその支払いで決着をつけることである。厳密な意味での刑法はなく，あるのは贖罪金の体系だった。

この時代には復讐に大きな余地が与えられていたので，行為の主観的意図はともかく，結果的に損害と侮辱が加えられたならば，責任が発生すると考えられていた。これを結果責任主義という。「行為が（犯）人を殺す」といわれたのもそのためである。この復讐主義と結果責任主義を緩和したのが，被害者や追及者も踏み込めない教会などのアジール（避難所）や贖罪金だった。贖罪金は復讐感情をいわば買い取る意味をもっていた。「和解の体系」のもとでは，当事者の意向が大きな比重をしめた。

裁判は両当事者が訴訟契約を取り交わすところから始まる。被告が拒否した場合は，原告は召喚手続を行った。被告がこれをも拒否するなら，平和喪失が宣告された。しかし，裁判で不利な判決が提案された場合には，被告は判決発見人を非難することができたし，判決の宣告がなされた後でも，これを否認し，自ら自己の無実を証明することが許された。その証明方法は，宣誓（雪冤宣誓），神判，決闘だった。証明に成功する場合と失敗する場合があったので，裁判官はあらかじめ本来の贖罪金と証明に失敗した場合のより高額の贖罪金を同時に判決した（二枚舌の判決）。

宣誓・神判・決闘　自由人は原則として，宣誓で自己の嫌疑や判決を否認することができた。宣誓は厳格な要式行為で，言い間違いは許されなかった。また，必ず宣誓者の人格を保証する宣誓補助者が必要とされた。その数は事件の重要性と被告の社会的地位によるが，一般的には被告を含めて3名，7名，または12名だった。彼らは被告の宣誓が偽りでないことを誓うのであって，事件の内容の真偽についてはまったく関係しない。つまり，現在の意味での証人ではない。

神判には水神判，熱湯神判，熱鉄神判などがあったが，いずれも超自然的奇跡を起こすことによってその真偽を測るものだった。熱湯のなかに手をいれるか，熱鉄をもって歩いた後に包帯をまき，火傷の有無で正邪が判断された。非自由人に課せられるのが普通だが，自由人でも姦通や父性をめぐる争い，密殺や夜間の窃盗，異端や異教の判断など秘密性が高かったり，倫理性が強く疑われるような事件については，神判が適用された。

決闘裁判も古くから用いられた。これはある時点で神判と結びつき，神判の性格を強くもつが，基本的には自力救済を裁判の場で実力で行うというものである。これも宣誓を用いることのできない事件や特別のケースについて適用された。訴えの提起の際にあらかじめ決闘を申し込んで宣誓の余地をなくするか，死者に代わって決闘することなどが定められていた。

この決闘裁判が広く流布していたことは「ザクセンシュピーゲル」「ボヴェジ慣習法書」『イングランドの法と慣習』などでも詳細にその方式が描かれていることからも明らかである。イングランドでは，土地をめぐる係争の場合，被告は大アサイズという一種の陪審による国王裁判を受けるか決闘によって否認するかを選択する権利をもった。
　フランク王国の時代に訴訟は当事者召喚と並んで，出頭命令つまり裁判所の職権的な召喚が登場した。また，当事者訴訟（告訴主義）とともに，新たに弾劾手続と官憲的犯罪訴追も生まれた。

弾劾手続　弾劾手続は，国王巡察使によって任命された地方名望家に宣誓させ，その地方での犯罪を弾劾する義務を課したものである。弾劾された者は出頭命令を受け，宣誓か神判によって身の証をたてねばならなかった。この宣誓弾劾人はイングランドの（告発）陪審員の先駆者だった。官憲的犯罪訴追は職務による逮捕や訴追の始まりを示している。裁判官が証人に尋問するという手続（職権的尋問手続）も行われたが，これは一時期衰退した。

　和解の体系は徐々に退いていった。代わりに現れるのは，公益を重視する「刑法」である。「刑法」という概念が現れるのは1200年頃のことだといわれるが，11世紀から13世紀にかけて犯罪者にたいして苦痛刑が広く科され始めていた。苦痛刑とは要するに身体刑で，それは自由人にも非自由人にも等しく適用された。新しい時代が到来しつつあった。

もっと学びたい人のために

① F. ケルン／世良晃志郎訳『中世の法と国制』創文社，1968年。
　＊中世法の理念に関する古典的名著。短く訳文も分かりやすいので，読みやすい。必読の文献である。

② 世良晃志郎『西洋中世法の理念と現実』創文社，1991年
　＊ケルン理論を柱とする西洋中世法論の日本における代表的研究。論文集なので，関心のあるテーマに即して読むことができる。

③ K. クレッシェル／石川武監訳『ゲルマン法の虚像と実像』創文社，1989年。
　＊ケルン・テーゼに関する明快な批判が行われている。これを②の世良論文などと合わせて読むと，論点がいっそう明らかになるだろう。

④ H. ミッタイス／世良晃志郎・廣中俊雄訳『ドイツ私法概説』創文社，1951年。
　＊書名は「ドイツ私法」だが，内容は「ドイツ私法史」である。中世ドイツの私法について比較的詳しく書かれており，この分野ではいまももっとも有益である。

⑤ 山内進『決闘裁判』講談社，2000年。
　＊決闘裁判を神判の一部であると同時に，別個の特殊ヨーロッパ的法制度という観点から神判や決闘裁判を歴史的に考察したもの。ヨーロッパ法文化とは何かを考えることをめ

ざしている。

【参照文献】
石川武「中世法の規範構造」『北大法学論集』49巻3号，1988年。
石川武「ザクセンシュピーゲル・解説」『西洋法制史料選Ⅱ 中世』創文社，1978年。
石川武「ザクセンシュピーゲルにおけるレーン制について（1～3）」『北大法学論集』50-4・5号，1999，2000年。
岩波敦子『誓いの精神史——中世ヨーロッパの〈ことば〉と〈こころ〉』講談社，2007年。
林毅『ドイツ中世都市と都市法』創文社，1980年。
村上淳一「『良き古き法』と帝国国制」『法学協会雑誌』90巻10・11号，91巻2号，1973, 74年。
山内進「ヨーロッパ法史における所有と力」同編『混沌のなかの所有』国際書院，2000年。
久保正幡・石川武・直江淳訳『ザクセンシュピーゲル・ラント法』創文社，1977年。
W. エーベル／西川洋一訳『ドイツ立法史』東京大学出版会，1985年。
グランヴィル／松村勝二郎訳『中世イングランド王国の法と慣習』明石書店，1993年。
K. クレッシェル／石川武監訳『ゲルマン法の虚像と実像』創文社，1989年。
A. グレーヴィチ／川端香男里・栗原成郎訳『中世文化のカテゴリー』岩波書店，1992年。
F. ケルン／世良晃志郎訳『中世の法と国制』創文社，1968年。
H. シュロサー／大木雅夫訳『近世私法史要論』有信堂高文社，1993年。（引用にあたり〔 〕内を補った）
K.W. ネル／村上淳一訳『ヨーロッパ法史入門』東京大学出版会，1999年。
G. フランツ／中村賢二郎他訳『ドイツ農民戦争』未來社，1989年。
R. バートレット／竜嵜喜助訳『中世の神判——火審・水審・決闘』尚学社，1993年。
H. ミッタイス／世良晃志郎・廣中俊雄訳『ドイツ私法概説』創文社，1951年。
F.W. メイトランド／河合博訳『イギリス私法の淵源』東京大学出版会，1979年。
Gerhard Köbler, *Lexikon der europäischen Rechtsgeschichte*, München, 1997.
Eberhard Schmidt, *Einfürung in die Geschichte der deutschen Strafrechtspflege*, Göttingen, 1983.
Marcel Senn, *Rechtsgeschichte: ein Kulturhistorischer Grundriss*, Zürich, 1999.
Uwe Wesel, *Geschichte des Rechts*, München, 1997.

（山内　進）

第8章

ヨーロッパ法システムへの転轍

ヨーロッパ中世世界は聖俗混交の世界認識のもとに動いていた。皇帝や国王は神権的だった。ローマ教皇や司教はかなり世俗的で皇帝や国王に従属的だった。この関係を打破し、聖俗分離への道を切り開いたのが聖職叙任権闘争である（教皇革命ともいう）。王権は世俗化の道を歩み始め、実力による平和形成（ラント平和令の公布と執行）を開始した。ラント平和令はフェーデを制限し、平和令違反者に対して身体刑を科すことを定めた。ここに公的刑罰の観念が生まれる。法の世界における中世から近世への移行が始まりつつあった。

1　教皇革命

自然と超自然　中世的世界の1つの特色は、自然と超自然が不可分の形で無媒介的に結びついていることである。宣誓や神判が広く行われたのも、神がこの世で行われる不正を裁き、超自然現象を引き起こすことによってその内容を示してくれる、と人々が信じていたことによる。本来、火傷をおうはずの行為が無傷で終わるとすれば、それはたしかに奇跡であり、超自然であろう。

自然と超自然との結びつきは神判だけではない。キリスト教的信仰とは明らかに矛盾する行動が伝統的法世界に見られる。例えば、その代表的なものとして、死者が法的に生きつづける、という制度を挙げることができる。

法的主体としての死者　ハインリヒ・ブルンナーは、ゲルマンの時代にあっては死者も法的に権利を有しえた、という。殺害された死者が犯人を訴えることさえできた。彼は、それをこう説明している。

「ゲルマンのかなり昔の裁判手続もまた、死者が生き続けるという思想によって動いている。現行の殺人つまり犯人がただちに捕まった殺人をめぐる訴えは、死者の面前でいわゆる死者とともにする訴訟として裁判にかけられねばならなかった。被殺者の最近親の血縁者がそれを行い、ジッペ仲間がそれにつきしたがう。彼らは、抜き身の剣をもち、死者を棺台のうえにのせ、裁判官のまえに連れ出す。死者は3度、3歩ずつ裁判官のまえに運ばれる。3歩進むごとに彼らは棺台をもちあげ、叫び声を、いわ

ゆる叫喚をあげる」。
　ハインリヒ・ブルンナーは，これを「死者とともにする訴訟」と呼んでいる。むろん，物理的には死者は犯人を訴えることはできないから，近代法の観点からすると，これは不自然である。実際，犯人を訴えるのは血縁者だった。血縁者が死者を伴って訴える。血のつながりの固さを示す事例である。血は，部族的伝統社会にとって決定的に重要だった。
　しかし，血の原理とともにこの訴訟を支えているのは，「死者が生き続けるという」超自然的思想だった。これも同様に重要である。ブルンナーはこれを古ゲルマンの制度と考えているが，おそらく13世紀においても実効性をもっていたことであろう。というのも，「ザクセンシュピーゲル」第2部第14章第2条に「死者とともにする訴訟」が記録されているからである。例えば，そこにこうある。
　「しかるに人が死者を〔埋葬せずに〕裁判所の前に連れ出して，彼（死者を殺した人）を訴えるならば，彼は彼の首を賭して応訴するか，または死者を服罪させなくてはならない，〈または彼は，彼が打った（死者を打ち殺した）一撃について，彼がいかなる仕方で責を問われるにしても，責を負わなくてはならない〉」（『ザクセンシュピーゲル・ラント法』）。
　この訴えは，単に死者を同席させるのではない。死者は当事者だった。それゆえ，死者は原則として，常に裁判の場に居続けねばならない。死者を埋葬することは，訴えないということを意味した。「ザクセンシュピーゲル」第3部第90章第2条はこう記している。
　「また或る人が彼の親族または友人を打ち殺されたならば，誰が彼（死者）を打ち殺したかを彼が知っていても，彼は彼（死者）を埋葬することができる，ただし，彼が死者とともに裁判所の前で訴えを開始した場合は，このかぎりでない。その場合には，彼は彼（死者）とともに訴えを遂行しなくてはならず，そして，その訴えが終了しない間は，彼は裁判官の許可なしに彼の（親族または友人）を埋葬してはならない」（『ザクセンシュピーゲル・ラント法』）。
　「ザクセンシュピーゲル」には，また「死者に対する訴訟」も記されている。その第1部第64章は，決闘裁判で死者を服罪させうることを示している。親族が現れない場合，原告は「2撃と1突き」で勝利する。また，原告は7人の証人をたてることで死者との決闘を回避できるが，それは死者の親族が決闘を申し込むならば，排除される，と。
　死者と決闘裁判とを結びつけているのは，超自然を含みこむ伝統的法観念である。

聖と俗　自然と超自然の混交はまた聖と俗の混交でもあった。なぜなら，奇跡は神によって，この世俗の世界で超自然的に実現されるからである。神判は，聖職者の儀式と当事者の神に対する宣誓を不可欠とした。宣誓や主張は詩的に語られ，小枝や手袋や杖などの象徴が利用された。すべてはあいまいで，絡み合い，意識と無意識が相互に行き来した。

人は親族や共同体と同一化していた。神判は，犯罪によって作り出された共同体のほころびをその構成員全員の前で回復するための儀式でもあった。ピーター・ブラウンが指摘したように，手の火傷の判定すら共同体の全メンバーによる暗黙の合意（コンセンサス）によって決められていたかもしれない。主観と客観の境界は不確かだった。

神判は自然現象を媒介とする神の介在である。これは，自然に対する信仰や自然のうちに神々が内在するという認識と結びついている。ゲルマンやフランクの王，それどころか有力な貴族ですら，神々の子孫と主張されていた。民衆は，これを素朴に信じていた。

キリスト教の世界観はこれと根本的に異なる。神は１人であり，人間のうえに屹立し，自然界に聖性はない。自然は神が人類のために創ったものであり，太陽や月，森や川，山や海に超自然的要素は内在しない。それはすべて，人間によって征服され，利用される存在でしかない。修道院が先頭にたって荒地を耕し，開墾し，農業と地域を開発したのはそのためである。

しかし，初期のキリスト教は弱体で，教義も確立していなかった。キリスト教はある面でゲルマン化し，神判の儀式を主催した。フランクやその他の王たちの神性は否定したが，彼らに宗教的最高権威であることを認め，司教の任命権や宗教的事項を管理することを認めた。第５章で指摘したように，フランク王国はその意味で「教会」だった。

皇帝とローマ教皇　962年にオットー１世によって始められた神聖ローマ帝国もこの点ではなんら変わらなかった。神聖ローマ皇帝は自身を「キリストの代理人」と位置づけ，大司教，司教を任命しつづけた。これが可能だったのは，大部分の教会財産が王や封建諸侯に属するものだったからである（これを私有教会という）。ドイツ王（神聖ローマ皇帝）は，しばしば親族や自己の腹心を司教に任命し，王国の行政や戦争に関与させた。このような統治体制は王国（帝国）教会制と呼ばれる。

皇帝はローマ教皇に対しても優位にあった。帝国の最初の100年間で25人の教皇が在職したが，そのうち21名が皇帝によって任命され，５人が罷免された。オットー大帝によって定められたいわゆる「オットー大帝の特権状」では，ローマ教皇に選出された者は直ちに皇帝に忠誠の誓いを行わねばならない，と命じられている。オットー大帝に続くザクセン朝およびザーリアー朝の皇帝は，それを強制した。イングランドでもフランスでも，事態はほぼ同様だった。

しかし，このような聖俗混交体制も11世紀後半に革命的変革を被り，瓦解する。伝統的法制度・法観念もその頃から徐々に後景に退き，多くは人々の意識の奥底に沈殿していった。変革のなかから登場するのは，聖俗分離の世界と他文明圏に見られない独自のヨーロッパ法システムである。11世紀後半は，その転轍の時代であった。

聖職叙任権闘争　この変革を引き起こしたのは，南フランスのクリュニー修道院に端を発した教会改革だった。その眼目は，聖職売買（シモニア）と聖職者の妻帯・妾囲い（ニコライティズム）の禁止である。これは，教会における俗的要

素を排除しようとした，聖なるものの純化運動であった。大規模な教会改革運動は，あいまいな形で癒着していた聖と俗の分離に通じていた。

これを決定的にしたのが，改革派の中心人物グレゴリウス 7 世である。グレゴリウス 7 世は，1075年に教皇の至上性を伝える「教皇訓令書」を記し，司教の任命をめぐって時のドイツ国王ハインリヒ 4 世と敵対した。1075年から1076年にかけて，この敵対は沸点に達し，国王はグレゴリウスの廃位を決めた。教皇もまたハンリヒ 4 世を破門した。この破門に応じてドイツの諸侯は国王に敵対したため，ハインリヒ 4 世はグレゴリウス 7 世に屈し，カノッサで許しを求めてようやく危機を脱した（「カノッサの屈辱」）。

その後，ハインリヒ 4 世はグレゴリウス 7 世を襲い，教皇は亡命せざるをえなかったが，皇帝の聖性はこれを機に消失した。ヴォルムス協約（1122年）は，皇帝権力の世俗化をおおむね確定した。ほぼ同じ頃，イングランドでもフランスでも，「聖」に対する国王の支配権は否定された。

教皇は，教会全体を支配することになった。彼は，公会議を招集し，教皇令によってキリスト者に一元的な指示を発し，最高の終身の行政官及び裁判官として，争いに決着をつけた。教皇はまた，自然法と実定的な神の法以外の何ものにも従わない。教会は独自の階層性（ヒエラルヒー）を作り上げ，ゲルマン部族制的秩序とも封建的秩序とも異なる，知的で合理的な官僚制的秩序を築き始めた。裁判は教皇を頂点とする審級制を取り，カノン法は教皇立法ともいえる教皇令を中心に発達した。

教皇革命 教会のあげた成果は，それまでの聖俗混交の秩序を根底的に否定し，新しい秩序を生み出すことに貢献した。この運動は，まさに聖俗分離革命だった。教会は原理的に「聖」を独占し，皇帝権力や王権はいやおうなく「俗」へと比重を移した。彼らは，宗教や超自然から切り離された世俗的世界を磨き上げ，合理的秩序を形成する方向へと歩を進めた。その先にあるのは，教会の階層的秩序に呼応する，集権的な君主制国家だった。

帝国はついにその高い段階に到達できなかったが，皇帝フリードリヒ 2 世のシチリア王国やイングランドやフランス，スペインなどはそれに成功した。政治のみならず，法，経済や思想，文化のレヴェルにいたるまで聖職叙任権闘争の波紋は広がった。独自のカノン法と世俗の合理的ローマ法の発展によるヨーロッパ法システムの形成は，その波紋のもっとも良い例である。

グレゴリウス改革は，法と政治と社会のありかたを根底的に変える歴史的大事件だった。アメリカの法史学者ハロルド・バーマンは，グレゴリウス改革の劇的で深い影響を前にして，これを「教皇革命」と呼んでいる。

2 フェーデとフリーデ

武装権　伝統的中世世界はまた暴力的だった。人びとの感情の起伏は激しく、行動は刹那的だった。名誉のために力を行使することは賞賛されこそすれ、非難されることではなかった。血の原理にしたがって復讐することも自明だった。戦いの結果は神判であり、勝者は神に嘉された者だった。その上、支配階層である、貴族や騎士は戦うことを職業としていた。社会全体が、暴力に対して肯定的なのは当然である。

　しかし、中世盛期の封建社会は同時に身分社会であった。この時代には、戦う者は貴族や騎士（以下、両者を含めて騎士と呼ぶ）に限定されていた。ハンス・フェールの表現を借りると、完全な武装権は騎士にしか認められていなかった。武装権とは、①武器携帯権、②従軍権、③フェーデ権、④決闘裁判権、⑤犯人追跡権のことである。

　かつて自由人はこの①から⑤までのすべての権利をもっていたが、身分の成立によって、農民はせいぜい被害者の叫喚か領主の命令を聞いて駆けつける⑤を義務として行使できるにすぎなくなった。もっとも、武器とは刀や槍を指し、短剣や弓矢はそれに含まれなかったので、農民も短剣は携行した。

　古ゲルマンの社会では、現行犯に対して直ちに行われるのが復讐で、一夜を越えた後の「組織的な復讐」がフェーデであった。どちらも復讐で、違いは「一夜」と「組織的」という点にしかない。フェーデはあくまで、全自由人に許された、親族集団相互の血讐だった。これに対して、封建社会のもとで、復讐に限定されないフェーデが発達した。それは、騎士と都市共同体にのみ許された、権利侵害に対する自力救済の戦いである。

騎士フェーデ　この身分的に限定された戦いは、一般に騎士フェーデと呼ばれる。騎士フェーデの場合、物理的損害を賠償させることもあれば、精神的損害の回復をめざすこともある。権利はなお名誉とほぼ同視されたから、その範囲はたいへん広い。しかも、武装権に基づく合法的行為だった。騎士がこれほど広範な私戦権を有したのは、封建社会が言わば騎士（貴族）社会で、自力救済権が騎士に大幅に認められたからである。

　騎士は城をもち、自立的に割拠していた。暴力のはびこる世界では、自身の名誉と利益を守るのは自身の力、私と親族という血縁集団および親族類似の擬似血縁集団だった。オットー・ブルンナーは、『ラントとヘルシャフト』でフェーデを「拳の権利」つまり裸の暴力とする従来の一般的学説を否定し、その合法性を強調した。それは、あくまで封建社会に相応しい紛争解決法だった。

　むろん、すべての暴力行為が許されていたわけではない。フェーデにも正しいつまり合法的なフェーデと不正なつまり違法なフェーデがあった。正しいフェーデには、次のような要件が必要とされた。①その主体的実行者がフェーデ権を有していること。②そ

の実行は，権利の存在を前提とすること。③その実行に際して，必ずフェーデの通告をなし，一定の期間（通例は，ドイツでは最低でも３日，フランスでは40日）をおくこと。④その実行に際して，許された手段をとること。⑤その実行に際して，法的な制約を守ること。⑥その実行は，和平の締結をもって終了すること。

　しかし，その判定が容易でないことは明らかで，フェーデは頻繁に発生した。ホイジンガはそれを次のように巧みに表現している。「純一封建制の時期には，いたるところ，局地戦に限定された私戦がみられた。そこにみられる経済要因といえば，一方が他方の財産をねたんでいる，ということでしかない。だが，ねたみの対象は財産だけではない。栄誉もまた，たしかにそれにおとらぬほど，はげしいねたみの対象となったのだ。一族のほまれ，復讐欲，従者の側からは情熱あふれる誠実，こういったことが，この世界では，まず第一に心を動かし，行為を動機づける」（『中世の秋』）。

フェーデ通告状を運ぶ使者

神の平和　頻繁なフェーデは多大な被害を人々にもたらした。フェーデの対象とする「敵」には相手側当事者だけでなく，その親族，郎党，同盟者はもとより，その支配下にあるすべてを含んだ。それゆえ，城主や領主の支配下にある農村や農民は格好の餌食だった。彼らの生命と財産は奪われ，家に火が放たれた。農民は敵の攻撃を避けるために領主の城に逃げ込むか，攻撃者に財産を渡して見逃してもらうか，あるいは攻撃に身を任せることしかできなかった。平和（フリーデ）が希求された。

　フェーデがとりわけ盛んなのは，城を拠点とした地域権力が割拠し，王権の威令が届かなかった南フランスだった。この南フランスで，ボルドー大司教が他の司教たち，下位聖職者や修道士，男女の俗人たちを集め，犯罪行為を根絶し，法にかなった行為を根付かせるために，平和会議を開催し，３つのことを決議した。

(1) 教会に侵入したり，教会から何かを強奪しないこと。違反すれば破門。
(2) 農民やその他の貧者から雄牛，雌牛，驢馬，山羊，豚などを掠奪してはならない。賠償しなければ破門。
(3) 武器を携帯せずに歩いている聖職者や家に住んでいる聖職者を襲ったり傷つけたりした者は，その聖職者の方が罪を犯しているのでなければ，贖罪しないかぎり，「神の神聖な教会から追放されねばならない」。

　これを「シャルー司教区会議の決議」（989年）という。平和会議はこれをきっかけとして，南フランスからボーヴェやソワッソン，カンブレーなどの北フランスやフランド

第８章　ヨーロッパ法システムへの転轍　　109

ルそしてケルンやバンベルクなどのドイツにまで広がり，11世紀前半には同種の決議が次々と下された。平和会議は12世紀まで続き，その数も90回を越えた。一般に，司教が会議を開催し，司教区内の聖職者や貴族・騎士を含む男女の俗人を集め，集会参加者が教会や聖職者とその財産，並びに農民や商人や女性など弱者を攻撃しないことなどを「誓約」したので，これを「神の平和」という。

　神の平和は，「身分」の成立と関係する。カンブレーの司教ゲラルドゥスが11世紀初頭に「祈る人」「戦う人」「耕す人」という区分を行ったように，人は武器をもつ者ともたない者に分かれていた。武器をもつ者に対して，武力行使によっていたずらに弱者に加害しないこと，彼らから掠奪しないことを求めたのが神の平和である。これは，武装権のない特定の人々や物や場所の安全を武力独占者である騎士階層に迫るものだった。学説上，この特定の人や場所に限定した安全保障を特別平和という。特別平和の対象は，教会，聖職者，農民，商人，女性などであった。

　この特別平和が時間について適用される場合，これは神の休戦と呼ばれる。祭日や特に神聖な曜日である木曜日（あるいは水曜日夕刻）から翌月曜日までの日が，原則として武力行使を禁じられた。

▶一般平和・特別平和・アジール（アサイラム）

　国王がその支配下にある地域一帯に対して一般的に保障するのが一般平和で，特定の人，場所，物，時間についてその平和を保障するのが特別平和である。中世にあっては，一般平和という観念は希薄で実効性がなかったので，平和とは特別平和のことでしかない，といわれる。この特別平和と似ているのがアジール（避難所）である。アジールは権力といえども立ち入ることのできない空間で，教会や修道院などがそれにあたる。イングランドでは聖域（サンクチュアリ）と呼ばれた。特別平和とアジールは重なり合うところもあるが，その本質において異なっている。特別平和は国王が特に保護を与えることを意味するのに対し，アジールは自立した自由で不可侵な領域である。

　近世の権力は特別平和の範囲を拡大することで一般平和を生み出したが，アジールはむしろその障害となった。この過程で，教会もそのアジール性を否定されることになる。阿部謹也『物語ドイツ史』（中公新書）はアジールを軸にドイツ史を描いており，一読を勧めたい。
　　　　　　　　　　　　　　　　　　　　　　　　　　　　　　　　　　（Y）

　神の平和も神の休戦も平和への志向を示している。騎士もまた誓約によって平和形成に参加した。騎士たちの暴力志向，情熱的行動様式というものを考えるなら，神の平和運動はやはり新しい秩序形成のために大きな役割を果したといってよいであろう。

3 刑罰の誕生

ラント平和令の誕生　神の平和はまた教会改革，教皇革命とも関係した。というのも，神の平和は武器を持たない，「聖」に純化された聖職者像を示すからである。実際，ル・ピュイの神の平和（994年）は，聖職者に武器をもつことを禁じている。また，ポワティエの神の平和は，聖職者に対し，妻帯や女性と関係することを禁じている。十字軍への参加を求めたことで有名なクレルモンの教会会議でも，決議そのものは，聖職者や女性の平和と神の休戦を保障し，聖職売買を禁じ，聖職者の規律化を定めている。ウルバヌス2世がグレゴリウス7世の革命を受け継いだ教皇だったことを考えるなら，これは少しも奇妙なことではない。

「聖」を独占し，全キリスト者を指導，支配しようとしたローマ教皇に対して，ドイツ皇帝は「神の平和」の世俗版である「ラント平和令（ラントフリーデ）」を発布して，帝国全域の平和と秩序への道筋をつけようとした。その最初の成果は，グレゴリウス7世と死闘を演じたハインリヒ4世による「マインツの神の平和」（1085年）である。これはなお皇帝の聖性の名残をとどめているが，ハインリヒ4世は12世紀初頭に明らかに世俗的支配への方向を示す「マインツの帝国ラント平和令」（1103年）を公布した。

これは，王国の有力者である聖俗諸侯の誓約のもとに，4年間という時限的効力を有する帝国法として制定された。一方的な命令ではなく，誓約であり，そこになお大きな限界はあるが，騎士相互のフェーデに歯止めをかけ，帝国全域にわたって一定の犯罪行為に対して贖罪ではなく，身体刑を科すことを明記したところに，その革新性がある。

この帝国ラント平和令は，家への侵入や放火，金銭をとりたてるための傷害や殺人に対して，また5ソリズス以上の窃盗に対して，「両目または手を失う」と規定している。5ソリズス未満の窃盗については，頭髪を奪い，鞭打つことも定められている。このような身体刑はかつて奴隷に対しては行われていたが，このラント平和令によってすべての人に適用されることになった。

同様の規定は，その後も続いた。なかでも特に著名なのは，フリードリヒ1世の「帝国大ラント平和令」（1152年），ハインリヒ7世の「帝国ラント平和令，いわゆるハインリヒの休戦」（1224年），フリードリヒ2世の「マインツの帝国ラント平和令」（1235年），マクシミリアン1世の「永久ラント平和令」（1495年）である。

ラント平和令の特質　ラント平和令は，エーベルが指摘しているように，あくまで誓約であり，帝国や各領邦の有力者たちの協力と合意のうえに成立している。期間も限定されている。また，もっとも重要な抑制対象としてのフェーデも，「永久ラント平和令」に至るまで，フリードリヒ1世の「帝国大ラント平和令」を例外として，全面的に禁止されるものではなかった。むしろ，平和令は，通告の必要や期限などを示して，ルールに則った戦い方を求めたにすぎない。

それでも，恣意的な戦闘行為を禁止し，平和令への違反を処罰の対象としたことの意味は大きい。フリードリヒ１世のライヴァルであったザクセンのハインリヒ獅子公が皇帝に敗れて1180年にイングランドへと亡命した有名な事件があるが，獅子公の失脚は，不正なフェーデという平和令違反の訴えをめぐる裁判で下された帝国アハト（追放）の判決に始まった，ということはここで指摘しておいてよいであろう。ハインリヒ獅子公はレーエン法上の手続でザクセンとバイエルンというレーエンを失うが，そのとき，獅子公はすでに平和（法）喪失者だった。
　フェーデ抑止の試みはなお続くが，完全な禁止は，マクシミリアン１世の「永久ラント平和令」によってようやく達成される。

苦痛刑の体系　　ラント平和令の意義は，フェーデの抑止以上に，公権的な刑罰観を生み出したことにある。ラント平和令の示す苦痛刑の体系は，事件を当事者間の紛争と理解する，伝統的な贖罪あるいは和解の体系と違い，それを公共の平安を脅かす強盗やその他の犯罪と考え，その跳梁を「身体と生命に対する刑罰」である苦痛刑，つまり死刑と身体刑によって鎮めることをめざしていた。平和令に違反する流血や掠奪はもはや紛争ではなく，犯罪だった。
　刑罰は残虐だった。威嚇が主な目的といえるが，それはまた中世人の激しい感情の起伏に見合うものでもあった。ホイジンガは処刑について，こう述べている。「処刑台は残忍な感情を刺激し，同時に，粗野な心の動きではあるにせよ，憐れみの感情をよびおこす。処刑は，民衆の心に糧を与えた。それは，お説教付きの見世物だったのだ。恐るべき犯罪には，恐るべき刑罰が工夫された」（『中世の秋』）。
　死刑には，さまざまな方法があった。軽い死刑としては，窃盗や強盗に対する絞首，殺人，強盗，ラント平和違反，姦通に対する斬首があった。重い死刑としては，車輪刑，四つ裂き，火刑，溺死，熱湯または熱油刑，生き埋めがあげられる。魔女は火刑に遭い，嬰児殺の女性は原則として串刺しで生き埋めとされるが，通例は「慈悲によって」溺死させられた。
　身体刑あるいは切断刑も多様である。平和違反の傷害については手の切断，軽窃盗・偽誓・偽証については指の切断。同じく偽誓，偽証，瀆神，誹謗については舌の切断があった。刑罰が，身体の個々の部位について科されるのは一般に「同害報復（タリオ）刑」とか「反映刑」と呼ばれる。
　同害報復は「目には目を，歯には歯を」の原則に従うもので報復刑である。反映刑はその変種で，偽誓の場合の手，誹謗者に対する舌の切断はその典型であろう。刑罰ではないが，決闘裁判の代闘士も敗れたときには手を切断された。それは，彼らが戦う前に宣誓するからであり，処罰の根拠は同一だった。
　自由刑はまだ少ない。城や市庁舎の地下室に拘禁されることはあったが，それは訴訟または処刑をまつ間であった。賠償金を支払えない者に対する刑罰としての拘禁はあった。14世紀以降に都市において見られた長期間の拘禁は自由刑というよりは身体刑だっ

たといわれる。その酷い環境は身体にはなはだしい苦痛を強いたからである。

コンセンサスから権威へ　ミッタイスによると，身体刑は，ラント平和令以前には金銭で買い戻すことができた。しかし，ラント平和令の身体刑の場合は，買戻しは許されない。それは刑罰であり，自由人，非自由人の区別なしに科されなければならなかった。このような変化の理由については，3つの理論がある。

　第一は拡張理論で，フランク王国の時代に現行犯について例外的に行われていた身体刑がこの時期に拡張されたと考える。ミッタイスやハンス・ヒルシュ，ヨアヒム・ゲルンフーンバーの説である。第二は宣誓違反理論で，ラント平和の前提である宣誓違反に対する処罰として現れた，と説明する。ルドルフ・ヒスが主張した。第三は平準化理論で，奴隷に対して行使されていた処分が自由人にも拡張され，身分的差異が平準化されたというものである。グスタフ・ラートブルフやエーベルハルト・シュミットがこの説の主唱者である。

　そのどれもがそれぞれある局面について正しい判断を示している。だが，そのすべての背景にあるのは，11世紀後半に始まる聖俗分離革命によって，王権が著しく公権化し，世俗化し，合理化したことであろう。

　「公」という空間認識があってはじめて刑罰，刑法の思想が現れる。行為の買戻しつまり私的賠償がもはや許されないのも，「公」という認識が発達したからであろう。12世紀ヨーロッパにおける「コンセンサスから権威へ」の移行というブラウンの指摘は，この意味でも適切である。むろん，この過程はなお未発達で，さらに長い時間を必要とした。ラント平和令が「権威」的平和形成という観点からすると，なお不十分であるということも確かであろう。だが，革命のインパクトは決定的だった。

知的覚醒　聖俗分離革命としての教皇革命は精神世界の革新でもあった。聖俗分離という革新のなかで，人々に生き生きとした知的覚醒をもたらし，その世界認識を変えるような，新しい偉大な文化運動がはじまった。それは，法・政治・社会・文化のすべてに浸透し，ヨーロッパの知的形成に多大な影響力を行使した。これは，ヨーロッパ法システムの形成にも大きな力を振った。

　この知的覚醒は「12世紀ルネサンス」と呼ばれる。それは，社会経済の発展とも深く結びついていた。地方的農業経済のなかから都市型商業経済が登場し，大きく飛躍しはじめていた。社会経済的世界のなかに開放的空間が生まれ，それが商品の交換，人々の流れ，精神の交流を盛んにしつつあった。とりわけ目立つのはイタリアだった。ローマ法のルネサンスは，このイタリアで起こることになる。

もっと学びたい人のために

① W. エーベル／西川洋一訳『ドイツ立法史』東京大学出版会, 1985年。
　＊ドイツにおける立法の概念史。特に誓約による法定立という観点から，神の平和やラン

ト平和令を考察しており，その歴史的位置づけを考えるうえで有益である。
② 堀米庸三『ヨーロッパ中世世界の構造』岩波書店，1976年。
  ＊戦後のヨーロッパ中世史研究をリードした大家の論文集で，ラント平和令やフェーデの重要性を逸早く指摘している。この論文集には聖職叙任権闘争に関する論文もあり，著者の視点の確かさには感心させられる。
③ 阿部謹也『甦る中世ヨーロッパ』日本エディタースクール出版部，1987年。
  ＊ヨーロッパ中世の実相を新しい時代への転換とのからみのなかで描き出している。その記述の多くは法制史の範囲を超えるが，中世法とその転換に対する深い理解のために読むことを勧めたい。本書は，『西洋中世の罪と罰』とともに『阿部謹也著作集』第5巻，筑摩書房，2000年に収録されている。
④ 歴史学研究会『紛争と訴訟の文化史』青木書店，2000年。
  ＊紛争や訴訟をめぐる比較史的研究。中世ヨーロッパだけでなく，日本やその他の地域における紛争と訴訟の問題を宗教や平和との関係で扱っており，有益である。
⑤ 山内進『掠奪の法観念史』東京大学出版会，1993年。
  ＊戦時掠奪の合法性という問題を軸に，法観念という観点からフェーデや神の平和，ラント平和令について考察している。

【参照文献】

阿部謹也『西洋中世の罪と罰——亡霊の社会史』弘文堂，1989年。
井上琢也「生ける死体（Lebender Leichnam）とペルヒト（Percht）の思想史——ドイツ法史学あるいは民俗学の深層 1～4」『国学院法学』29-3，30-2，1992～95年。
加藤哲実『法の社会史——習俗と法の研究序説』三嶺書房，1991年。
久保正幡・石川武・直江淳訳『ザクセンシュピーゲル・ラント法』創文社，1977年。
土浪博「ドイツ中世におけるフェーデ・ラント平和令・国制」渡辺節夫編『ヨーロッパ中世の権力編成と展開』東京大学出版会，2003年。
堀米庸三『ヨーロッパ中世世界の構造』岩波書店，1976年。
堀米庸三・木村尚三郎編『西欧精神の探究——革新の十二世紀 上・下』日本放送出版協会，2001年。
山内進『掠奪の法観念史』東京大学出版会，1993年。
B. テプファー／渡辺治夫訳『民衆と教会』創文社，1975年。
A. フリシュ／野口洋二訳『叙任権闘争』創文社，1972年。
J. ホイジンガ／堀越孝一訳『中世の秋（上）（下）』中公文庫，1976年。
Harold J. Berman, *Law and Revolution : The Formation of the Western Legal Tradition,* Cambridge (Massachusetts), 1983.
Peter Brown, *Society and the Holy in Late Antiquity,* London, 1982.
Heinrich Brunner, Die Klage mit dem toten Mann und die Klage mit der toten Hand, ders.,

Abhandlungen zur Rechtsgeschichte, Bd II, Weimar, 1931.
Otto Brunner, *Land und Herrshaft*, 5Aufl., Darmstadt, 1965.
Urlich Eisenhardt, *Deutsche Rechtsgeschite*, München, 1984.
Thomas Head and Richard Landes, *The Peace of God*, Ithaca, 1992.

（山内　進）

II

ヨーロッパ中世の法と社会(3)

近世の胎動

「グラティアヌスの教令集」の註釈書

第9章

ボローニャ大学とローマ法のルネサンス

ローマ法のルネサンス（再生）は西洋法制史における大事件である。もしこの再生がなければ，今日の精緻な近代法学は生まれていなかったかもしれない。生まれたとしても，かなり違う相貌を示していたことであろう。ヨーロッパに成立した近代的法システムが西洋だけでなく，近代社会一般に規範的影響力を振っている現実を考えると，ローマ法の再生は世界史的意義を有する事件だったと考えることができる。

1 都市の成立

「自由」の精神　「都市の空気は自由にする」という有名な言葉がある（第6章参照）。近代の先駆ともいえる，中世イタリアにおける自治都市（コムーネ）の発展，大学の誕生及びローマ法のルネサンスは，この「自由（libertas）」の精神によって誘発された。

中世イタリアはイタリア王国として神聖ローマ帝国に属していたが，13世紀にヴィテルボのジョヴァンニは，中世イタリアの都市国家（civitas）の意味について，次のように述べている。

「都市はその市民の自由またはその住民の自由のために存在していると言われる。……この都市を表すcivitasという言葉は略語であり，したがって，その意味はcivitasがそれ自身の中に含む，ci, vi, tas という3つの音節から理解される。すなわち，ciとはcitra（なしに），viとはvim（力），tasとはhabitas（住む）のことであるから，civitasとは強制されずに住むという意味である。人は都市内で強制されることなく生活する。なぜなら，都市の統治者は，弱者が有力者によって打たれ傷を負わないように，弱者を保護してくれるからである。……同様に，真に自由がある。なぜなら，都市の住民は敵の力から市の壁と塔によって自由となりまた守られるからである」（『都市国家統治の書』）。

都市国家の発展　イタリアの中世都市は，10世紀後半から進展した農地の開墾と農業技術の改良に伴って，農業生産が増大するなかで誕生した。生産性の向上によって人口が増加し，封建制の土地経済の構造がしだいに緩んでいくことに

ヴェネツィア

なったからである。農産物の余剰は物の自由な流通を促し，航海技術の革新も加わって，商業交易が活発となった。商業活動とともに手工業活動も活発化し，それによって貨幣経済が発展した。

　11世紀になると，古代ローマの崩壊後しばらく停滞していた諸都市も，各地を渡り歩く商人の貿易中継地や交通中心地となり，そこに帝国の伯や司教も含めて，増加する人口が流入し，商業都市として成長していくことになった。これらのイタリア都市をヨーロッパ中世で最も繁栄した都市に飛躍させたものは，地中海貿易であった。西ヨーロッパ世界とオリエント世界との交易は，地中海沿岸のイタリア半島沿岸の諸都市を経由して行われ，アマルフィ，ヴェネツィア，ジェノヴァ，ピサなどの海洋都市を発展させ，加えて十字軍の遠征はこれらの都市に大きな繁栄をもたらした。荷揚げされた東方の物産は，各地に運ばれ，イタリアの商業路には，ミラノ，パドヴァ，ヴェローナなどの内陸都市が発展した。

　これらの諸都市の中でも，特に帝権と教権の間に挟まれた北中部イタリアの諸都市は，10世紀後半の教会改革に端を発する，皇帝と教皇との聖職叙任権闘争が最高潮に達した11世紀後半に皇帝からさまざまな特権を獲得し，自由な市民による共和制的な自治都市へと発展した。また，これらの諸都市では封建貴族，商人，職人等からなる市民が誓約合議団体（conjuratio）を結成し，11世紀末にはその代表達コンソレによる集団指導体制を固め，市壁を越えて，その周辺の農村地域に支配を拡大した。さらに都市は，皇帝の授封を通してその地域に支配権を行使していた伯や司教を排除し，しだいに独立した，領域的な都市国家に成長していった。

皇帝のイタリア政策 しかし，12世紀中頃，フリードリヒ1世バルバロッサ（赤髭王）が皇帝になり（在位1155〜90），帝権の回復をめざして積極的なイタリア政策を展開し始めた。彼は1158年ロンカリアに帝国会議を招集して，イタリア諸都市が行使している裁判権，裁判官任命権，関税権，貨幣鋳造権等は法律上イタリア国王としての皇帝が行使すべき「国王の諸権利」すなわちレガーリア（regalia）に属することを確認し，諸都市に収奪された国王の諸権利を取り返すことを宣言する。

これは都市自治の否定を意味した。なぜなら，都市は長い間享有してきたそれらの公的諸権利を「慣習法上の権利（consuetudines）」として認識し，都市支配権をその上に基礎づけていたからである。ロンバルディア地方を中心とする諸都市はロンバルディア同盟を結成し，慣習法上の諸権利，特に司法及び行政を一体とした公的支配権を意味した「裁治権（iurisdictio）」の承認を求めて戦い，1176年，同盟軍はレニャーノで皇帝軍を破り，勝利を収める。同盟都市はその後さらに，完全な自治の確立をめざし，裁治権に含ませて立法権の承認も要求した。1183年，コンスタンツにおいて帝国会議が開催され，ロンバルディア諸都市と皇帝フリードリヒ1世バルバロッサとの間で和約が締結された。

コンスタンツの和約 このコンスタンツの和約により，皇帝は諸都市に「裁治権」を承認したが，これと引き替えに，裁治権をもつコンソレに皇帝から叙任を受ける義務を課することによって，至高権を確保した。皇帝は最高の裁判官であり，重要事件の最終審である。和約はさらに25リブラをこえる訴額の上訴事件については，皇帝が使者を介して「都市の慣習と法律に従って（secundum mores et leges civitatis）」裁判を行うと定めた。したがって，都市は第一審裁判権及び25リブラ以下の上訴裁判権を行使できるのみならず，都市の慣習法及び都市が制定した法律，すなわち条例（statutum）に従って裁判ができるようになった。

コンスタンツの和約により，ミラノ，ボローニャ等のロンバルディア同盟諸都市は，「条例制定権（ius statuendi）」を含む自治権を獲得した。この和約は同盟諸都市のみならず，同盟に参加しなかった他の都市も含めて，以後，都市と帝国との間の関係を規律する基本法となった。その後，この基本法は効力を持ち続けた。特に，フリードリヒ1世の孫にあたるフリードリヒ2世が1250年に死亡し帝権が急速に衰退する中で，都市国家の自治は不動のものとなる。

都市慣習の成文化 コンスタンツの和約以前から都市の諸慣習はすでに都市の命令により公的に成文として編纂されつつあった。そのもっとも古いものは，1168年のアレッサンドリアのものである。また，コンスタンツの和約後，都市立法が本格化し，都市自治の象徴とも言うべき条例が編纂されることになる。

条例は都市の代表機関によって定立された規範であるが，そのもっとも古いものは，コンソレが職務に就くときの誓約書（breve）である。条例ははじめ有効期間が限定され，役人が任期を終えると，効力を失った。そのため条例には「短い」という意味の

breve という言葉が使われた。しかし条例はしだいに有効期間に限定もなくなり，内容も豊かなものになって，市民の閲覧に付するため，市庁舎に鎖に繋がれて置かれ，崇敬の対象となった。

ポデスタ制　都市自治の確立は都市間の対立を生む一方で，都市経済の発展と拡大は，都市の公生活の舞台に都市の旧勢力の地位を脅かす新勢力を登場させ，都市内に門閥間の抗争を引き起こした。都市はこのような政治的混乱を収拾して，正義と平和の秩序を確立するために，12世紀末から13世紀初めにはコンソレ制に代えて，権力を一身に集中させるポデスタ制を導入する。

ポデスタとは一定（1年あるいは半年）の任期付きで都市の統治を委ねられる者で，公正な統治を実現させるため，通常，法的知識のある他都市出身者で，いかなる党派にもくみしない貴族から選出された。

ポデスタの統治は契約によるものであったから，その評価は厳正に行われた。その評価を行う一団を評価委員，その手続きを評価制度（sindicatus）といった。ポデスタの司法関係者は評価委員の厳しい査定に備えて，その法律活動，特に判決にあたって，できるかぎり確実な法的根拠に基づくことを欲し，特にその都市の法及びローマ法に詳しい法学者の助言を求めるようになった。

この助言活動は特に註解学派（第10章参照）によって担われ，優れた法学識が現実社会のなかから求められるようになった。イタリアで学識法学が栄えた一つの理由はこのポデスタ制にあったということは特筆してよいであろう。

共和国の終焉　しかし，13世紀には聖職者の叙任権をめぐる帝権と教権との闘争に由来する，都市国家の支配をめぐる皇帝派（ギベリーニ）と教皇派（グエルフィ）の対立抗争も加わり，都市の権力抗争による混乱はポデスタ制によっても収拾されなかった。

そのため13世紀後半には商人，手工業者，一般住民がポポロ（民衆）政権を作り，都市の門閥貴族に対抗して都市の支配権を掌握するが，混乱は収まらなかった。このような状況の中で，13世紀後半から14世紀前半にかけて都市統治のための全権力をシニョーレ（僭主）と呼ばれた1人の有力者に委ねるシニョーリア制が誕生した。しかし彼はその権力が本来由来する民会の拘束から解放されるべく，その権力の正統性を人民の意思ではなく，皇帝や教皇に求めようとし，彼らから「君主」（プリンチペ）の称号を得，それによって君主制が成立した。このようにして，都市社会を悩まし続けた門閥政治は終焉を迎えるとともに，イタリアの都市は共和国から絶対主義国家へと移行する。

2　大学の誕生——ボローニャ大学

大学の誕生　大学は12世紀にまずボローニャ（法学）に誕生し，やや遅れてパリ（神学・哲学），オックスフォード（神学）にも誕生した。その後，この高

等教育組織はヨーロッパ全体に普及し、15世紀には約80を数えるにいたる。ボローニャ大学は学生の組織として、パリ大学は教師の組織として自然発生的に誕生したが、ボローニャからの大学人の移住により生まれたパドヴァ大学のように、既存の大学からの移動により誕生したもの、あるいは、皇帝フリードリヒ2世が設立したナポリ大学、教皇ベネディクトゥス13世が設立したトリノ大学、自治都市フィレンツェが設立したフィレンツェ大学、ミラノ君主ガレアッツォ・ヴィスコンティ2世が設立したパヴィア大学のように、創設により誕生したものがある。

イタリアで最初に大学ができたのは、都市国家へと発展を遂げていく都市の複雑な行政機構を円滑に機能させるために、高度の専門知識を身につけた知識人が必要とされたからである。したがって最初に生まれたのが法律専門家を養成する法科大学であるというのも当然であった。中世最高の法学者バルトルスも「国家の行政のために助力を求められる者が法律家である」と述べている。さらに言えば、イタリアの都市は商業都市として成立したために、現世的な利益を追求する商人が商取引の上で契約書の作成を行う公証人と世俗的な法律を必要としたのである。

中世の教育　中世の教育は教会付属学校を中心に行われていた。そこでは3学4科すなわち文法学・修辞学・弁証（論理）学及び数学・幾何学・音楽・天文学からなる自由学芸（artes liberales）7学科が伝統的に教養の基礎とされ、神学が仕上げとして教えられた。

しかし12世紀初期のイタリアの諸都市には教会付属学校と並んで、すでに一種の職業教育も視野に入れた私的な在俗学校も存在していた。ボローニャにも在俗の公証人養成学校があり、そこでは自由学科を基礎として、法律の実際的知識が補充的に教えられていた。ボローニャ大学はこの公証人養成学校を母体として生まれたと言われるが、ボローニャ大学の創設者であり法学の創始者とされるイルネリウスが自由学芸の教師（magister artium）であったことは、その意味で象徴的である。

ボローニャ大学の起源　11世紀後半から12世紀前半に、ボローニャでユスティニアヌス帝のローマ法に対する関心がしだいに高まり、テキストの再読が行われ始めた。13世紀の法学者オドフレドゥスによれば、初めペポという人物が私的にローマ法、すなわちユスティニアヌス法典の「勅法彙纂」と「法学提要」の再読を試みたが成功しなかった。その後、イルネリウスという人物が現れ、「学説彙纂」も加えて、ローマ法全体の再読を試み、彼の名声を聞いて全ヨーロッパから長旅の末に辿り着いた学生たちにローマ法を教授し始め、ローマ法に関する著作を初めて書き残したことから、イルネリウスがボローニャ法科大学の創始者とされた。

ボローニャがローマ法研究の発展の中心となったのは、偶然、イルネリウスという偉大な教師がいたという幸運に加えて、ローマ法の影響を少なからず受けたランゴバルド法（Lombarda）の研究で11世紀に全盛を迎えるが、その後ローマ法への関心が高まったために、法学研究の中心の座をボローニャ大学に譲ることになったパヴィア法学校か

皇帝ハインリヒ4世のとりなしの要請を聞くマティルダ

ら遠く離れてはいなかったことも関係していると思われる。

▶ボローニャ大学の創設とマティルダ
　伝承によれば，トスカナ伯女マティルダ（1046〜1114）がイルネリウスにボローニャ大学を創らせたという。マティルダは聖職叙任権闘争において皇帝ハインリヒ4世がグレゴリウス7世に謝罪し，破門を解いてもらったことで有名なカノッサの城主で，教皇派であった。その教皇派のマティルダが皇帝側に立ったラヴェンナの法学校に対抗して，ボローニャに法科大学を創ろうとしたとしても不思議ではないが，この伝承は今日では否定されている。しかし，その後援があったと考えることはできるだろう。　　　（Y）

知識の売買契約　　ボローニャに大きな夢を抱いて集まった学生たちは敬愛する教師を選び，教師の自宅などで共同体的な生活をしながら，授業料を払って，ローマ法を学んだ。学生と教師を結びつけるものは基本的には私的な契約である。それは知識の売買契約であった。

　教師は知識を生産する職人で，かつ，知識を商品として売る商人であり，学生は知識を買う消費者であった。知識の水準が報酬としての授業料を決定した。それはまさに商業都市ボローニャに相応しいやり方である。ボローニャは，このような商品としてのローマ法の知識を売買する法科大学を有する最初の学都となった。

第9章　ボローニャ大学とローマ法のルネサンス

大学団の結成　しかし、学生の多くは外国人学生であり、そのためボローニャ市では法的な保護を受けられなかった。そこで最初は出身地を同じくする学生たちがそれぞれ集まって相互扶助のための同郷会（natio）を組織していたが、彼らはそれをさらに進めて、当時イタリアで商人や職人が自らの利権と自衛のために結成していた同業者組合（universitas）に倣い、同郷会をいくつか統合して組合組織としての2つの大学団を結成した。一つはイタリア人以外の学生の同郷会が集まったアルプス以北組大学団であり、もう一つはイタリア出身学生の同郷会が集まったアルプス以南組大学団である。こうして2つの大学団から構成される、自治的な学生組合としてのボローニャ大学が誕生した。

ボローニャでは初め教師も法学以外の学生もこの法科大学団から締め出されていたが、後に医学と教養諸学の学生が集まって第三の医科・教養諸科大学団を結成し、また、法科大学団に従属していた教師も13世紀後半に団体化して、ローマ法の教師組合とカノン法の教師組合を結成する。この教師団体（collegium）は、法学の教授資格を意味した学位（doctratus）を授与する団体であった。

大学の公的承認　学生も教師も当然のことながらその団体が公的に権力に承認されることを望んだ。学生は外国人、特にドイツ出身者が多かったため帝国にそれを求めたのに対して、教師はボローニャ市民が多かったため都市に求めた。しかし、権力の側も、学生や教師の団体に関心を寄せ、それらを保護と統制の下に置こうとした。その理由は、聖職叙任権闘争にまで遡る、正しい世界秩序はいかにあるべきかをめぐる帝権と教権という2つの普遍的権力間の対立にあった。

ローマ法に依拠してその対立を克服しようとした皇帝はボローニャ大学の助力が必要だった。1158年、フリードリヒ1世は中世の大学の基本法となる特許状「ハビタ（Habita）」を発し、学生や教師の要求に応じて、学生がボローニャ市ではなく教師または司教の裁判権に服する等、一連の特権を付与し、彼らをその保護下に置いた。

これに対して教皇は教育に関する教会の専権を主張し、1219年、ホノリウス3世は、ボローニャの司教座大聖堂の助祭長に教授免許授与権を付与する旨の決定をしたが、これによって学識認定は、助祭長の教授免許（licentia docendi）授与と教師団体への加入を含む教師の学位授与の2段階で行われることになった。教師たちは教会という普遍的権力の統制を受ける代わりに、その保護下に入った。1292年、ニコラウス4世はボローニャの学士達に万国教授権（ius ubique docendi）を認めた。

大学の国際性　教育機関としての大学はラテン語でStudium generaleと呼ばれたが、studiumとは知識に対する欲求を意味した。実際ボローニャ大学に集まった学生は、再発見されたローマ法の再読に没頭したのである。

中世の大学は国際的であった。generaleと言われるように、帝権と教権という普遍的権力の後ろ盾があった大学には国境もなければ、言葉の壁もなかった。学生はヨーロッパのあらゆる地域から集まり、大学では共通語としてのラテン語が使われ、授与さ

れる学位も万国教授権を意味するように，どの国でも共通に認められた。教師の採用は国際的であった。ボローニャで教えられたローマ法も普通法（ユス・コムーネ：ius commune）と言われるように国際的となった。

しかし13世紀頃からしだいに都市が教師に給料を払い始め，14世紀頃にはそれが一般的となった。その結果，大学は自立的な団体から，都市や国家が管理するものに変わっていくことになる。

教育の方法 大学教育はスコラ学的な方法が用いられた。授業は講義・講読（lectio）と討論（disputatio）を中心に行われた。

講義・講読は午前に行われるが，最初，教師が学生にテキスト，例えば権威を認められていたユスティニアヌス法典の法文を読み上げ，字句の説明をし，その解釈を行うという形態が採られた。しかし12世紀頃には事例（casus）の説明を行い，それに関連する法文間の矛盾（contrarietates）を指摘し，その解決を行うようになる。こうして個々の法文がそれぞれ孤立することなく，すべてが結合する一体（corpus）として把握されることとなる。そしてさらに，午後の講義の中で学生が教師と議論できるようになった。

討論は午後に行われ，教師が問題（quaestio）を選び，それについて学生と議論をし，最後に結論（determinatio）を提示した。

手写本の重み 講義に際して教科書は用いられなかった。書物は手写本で転写に時間がかかったし，羊皮紙が用いられていたために高価だったからである。法典は教授だけが所有できるものであった。したがって，紙が普及する14世紀頃まで，学生はほとんど書物の助けを借りずに，授業内容すべてを暗記しなくてはならなかった。そのため修学後，故郷に帰った学生は必ずしも正確に教師の教えを伝えられなかった。ヨーロッパの各地で法制度に微妙な差異が見られるのは，このことに起因するのかも知れない。

法学が金になる学問だという側面があるとしても，俗化されえない「最も神聖なもの（res sanctissima）」であるという側面は残り続ける。書物は神聖と見なされた学問の証拠であるがゆえに，権威を有した。なお，古い手写本は写し直され，無用となった引用は削り取られ，その上に重ね書きされて，「羊皮紙再記写本（パリンプセスト）」が出来上がっていった。

こうした教育を 6 年から 7 年，最初にローマ法を，ついでカノン法を学んだ後，口頭試問を受け，教師から学識の証明として学位を授与された暁に，学生は晴れて博士（両法博士 doctor iuris utriusque）となったのである。

③ ローマ法のルネサンス

ローマ法の再発見 ローマ法，すなわち東ローマ皇帝ユスティニアヌスが編纂した法典に対する関心は，政治的ローマ理念を背景としつつ，11世紀イ

タリアでの再発見によって加速された。ローマ法が再発見されたのは，10世紀後半の教会改革に端を発する聖職叙任権闘争の最中であった。叙任権闘争が最高潮に達した11世紀後半，帝国も教会もともに論争の中で自己の主張を正当化するために法律に根拠を求めようとしていた。ローマ法が再発見されたのはまさにこの時期であった。

　ここでローマ法，すなわち「市民法大全」またはコルプス・ユーリス（Corpus iuris）とは，11世紀に再発見されたユスティニアヌス法典の全体を呼ぶが，この名称は中世ローマ法学者が用いたものである。ユスティニアヌス法典は「学説彙纂」（全50巻），「勅法彙纂」（全12巻），「法学提要」（全4巻）および「新勅法彙纂」の4つの部分から構成されていた。

学説彙纂の写本　コルプス・ユーリスの中で「学説彙纂」は最も重要な部分であるが，その再発見については多くが謎に包まれている。「学説彙纂」は7世紀以来，西ヨーロッパでその存在は知られていたが，11世紀（1030年頃）になって初めて南イタリアで6世紀の写本が再発見され，しばらくしてピサに渡った。伝承によれば，ピサ人は12世紀初頭（1135年頃）にアマルフィとの戦争でその写本の存在を知り，これをピサにもち去ったという。それ以降，写本はピサに保存されたので，「ピサ本（Littera Pisana）」と呼ばれる。この伝承の真偽のほどは別として，確かに，12世紀中頃，ボローニャの法学者たちは，彼らが使用していた「学説彙纂」のテキストとピサ本との法文の相違について言及している。

　しかし，1406年フィレンツェ人がピサを征服した後，これをフィレンツェに持ち運んだことから，この写本は「フィレンツェ本（Littera Florentina, Codex Florentinus）」とも呼ばれている。現在，聖ロレンツォ教会内にあるメディチ家のラウレンティアーナ図書館に保管されているこの「フィレンツェ本」が，学説彙纂の現存する最古の写本である。「フィレンツェ本」は2編別になっていて，第1編には1巻から29巻まで，第2編には30巻から50巻までが含まれている。

　また，「学説彙纂」には，「ボローニャ本（Littera Bononiensis）」と呼ばれるものもある。これは，おそらく1070年頃に「フィレンツェ本」を原本として書き写された現存しない「第二写本（Codex Secundus）」に由来する。この写本は，ボローニャの法学者によって定本として受け入れられ，11世紀末以来，研究や教育で一般的にテキストとして用いられたことから，「普及本（Littera vulgaris, vulgata）」とも呼ばれる。

　「勅法彙纂」は，中世初期イタリアでは完全に消失せず，要約版で知られていた。「法学提要」のテキスト全体も，イタリアでは知られていた。「新勅法彙纂」に関しては，ローマの法学者ユリアヌスが124の新勅法をラテン語で要約した「ユリアヌス抄録（Epitome Iuliani）」や，6世紀頃に134の新勅法を集めてラテン語で書かれた「公撰書（Authenticum）」として知られていた。なお，「公撰書」の現存する写本は11世紀にまで遡る。

法典の再構成　中世の法学者はコルプス・ユーリスを5編別に分類した。これはユスティニアヌスによる法典の編別とは異なっている。ユスティニアヌス

法典はボローニャ大学の時代に組み直されて5編別となり，この構成が12世紀から18世紀まで維持されたのである。

最初の第1編から第3編までは「学説彙纂」である。「学説彙纂」の3編別構成は「ボローニャ本」の再発見の伝説に由来する。伝説によれば，イルネリウス（1130年頃没）はまず，学説彙纂の最初から第24巻第2章までを含む写本を，次に第39〜50巻の写本を入手した。そこで2つを対比する意味で，発見された順に前者は「旧学説彙纂（Digestum vetus）」，後者は「新学説彙纂（Digestum novum）」と名付けられた。そして最後に，欠落していた学説彙纂の第24巻第3章から第38巻までを含む中間部分が発見された。思いがけなくその部分を入手したイルネリウスは，「ついにわれらの法は補強された（Ecce ius nostrum infortiatum est）」と叫んだという。そのため「補強学説彙纂（Digestum infortiatum）」と名付けられた。

このように，「学説彙纂」は全体が1つの纏まった形で発見されたのではなく，3つの部分に切り離された形で発見されたため，このような3編別が成立したと思われる。

第4編は「勅法彙纂（Codex）」と呼ばれたが，実際には「勅法彙纂」の最初の9巻しか含んでいなかった。第5編は，「諸巻（Volumen）」ないし「貧弱な諸巻（Volumen parvum）」と呼ばれ，そこには「法学提要」全4巻，「勅法彙纂」の残りの部分である「三巻書（Tres libri）」，そして「公撰書」として知られ，全9書に配列された「新勅法彙纂」が組み入れられた。「勅法彙纂」の最後の3巻が「三巻書」と名付けられ，切り離されて第5編に組み込まれたのは，これらが公法に関する規定であったために時代遅れとなり，利用価値がなかったためと言われる。

以上のように，コルプス・ユーリスは註釈学者の手によって5編別に再編成されるが，1250年頃さらに興味深い補完が行われる。全9書に配列された「新勅法彙纂」に10番目の書が追加されたのである。第10書には，中世の皇帝立法（constitutiones），1183年のコンスタンツの和約，そして1150年頃，ミラノの帝国裁判所の裁判官オベルトゥス・デ・オルト（Obertus de Orto）が編纂した私撰の封建慣習法である「封建法書（Libri Feudorum）」なども組み入れられた。

このようにして法学者の手によるユスティニアヌス法典の中世的な再編の作業が完了し，中世の法秩序を支えることになるコルプス・ユーリスがその全容を現したのである。

もっと学びたい人のために

① H. コーイング／上山安敏監訳『ヨーロッパ法文化の流れ』ミネルヴァ書房，1983年。
  *ヨーロッパ私法史の草分けであると同時に重鎮であるドイツ人法史学者の論文集。法制史が過去のことを扱う学問であるだけでなく，現在と将来を考える学問でもある，ということを教えてくれる。

② F. ヴィーアッカー／鈴木禄弥訳『近世私法史』創文社，1961年。
　＊ヨーロッパにおける私法学の発展を法の学問化ととらえ，その歴史を長大なスケールで描きだした近世私法史の最高傑作。分かりやすいとはいえないが，その力強く鋭利な論述は挑戦に価する。
③ C. H. ハスキンズ／野口洋二訳『12世紀ルネサンス』創文社，1985年。
　＊ヨーロッパ文化史における転換点を12世紀における古典復活の知的運動に求め，それを12世紀ルネサンスと呼んだことで有名な古典的作品。ローマ法再生の知的土壌を知るうえで重要。なお，本書には別宮貞徳・朝倉文市訳（みすず書房，1989年）もある。
④ G. ザッカニーニ／児玉善仁訳『中世イタリアの大学生活』平凡社，1990年。
　＊成立期のボローニャ大学における教師や学生たちの研究，教育，生活の実相を職員や書籍商にいたるまで詳細に描いている。分かりやすく，おもしろい。
⑤ 碧海純一・伊藤正己・村上淳一『法学史』東京大学出版会，1976年。
　＊佐々木有司「中世ローマ法学」が中世ローマ法学の成立と研究，教育内容について詳細に説明を行っている。初心者向け概説書のなかの１章にしては難しいが，中世ローマ法学についてしっかりとした情報を与えてくれる。また，本書はドイツやフランス，英米の法学史を含んでおり，その意味でも非常に有益である。

【参照文献】

P. ヴィノグラードフ／矢田一男・小堀憲助・眞田芳憲訳『中世ヨーロッパにおけるローマ法』中央大学出版部，1967年。

D. ウェーリー／森田鉄郎訳『イタリアの都市国家』平凡社，1971年。

J. ヴェルジュ／大高順雄訳『中世の大学』みすず書房，1979年。

E. エネン／佐々木克巳訳『ヨーロッパの中世都市』岩波書店，1987年。

H. コーイング／上山安敏監訳『ヨーロッパ法文化の流れ』ミネルヴァ書房，1983年。

P. スタイン／屋敷二郎監訳／関良徳・藤本幸二訳『ローマ法とヨーロッパ』ミネルヴァ書房，2003年。

K. W. ネル／村上淳一訳『ヨーロッパ法史入門』東京大学出版会，1999年。

C. H. ハスキンズ／青木靖三・三浦常司訳『大学の起源』法律文化社，1970年。

J. ルゴフ／柏木英彦・三上朝造訳『中世の知識人』岩波新書，1977年。

M. Bellomo, *The Common Legal Past of Europe 1000-1800*, trans. L. G. Cochrane, Washington, D. C., 1995.

O. F. Robinson, T. D. Fergus, W. M. Gordon, *European Legal History*, 3rd ed., London, 2000.

（森　征）

第10章

中世ローマ法学と条例理論

　中世ローマ法学の特質は解釈と実務にあった。そのどちらも中世ローマ法学の全期にわたって見出されるが，初期においては解釈が，後期においては実務が優位にたつ。そのそれぞれの特質を踏まえて，初期の学派を註釈学派，後期の学派を註解学派（助言学派）という。大学教育を踏まえた，この2つの学派の努力によって，ローマ法学は学識法学となり，高い水準の法解釈学と法技術を創造，鍛錬した。その成果が法律家の高い地位と報酬であった。

1　註釈と註解

法解釈の学　13世紀の法学者オドフレドゥスの語るところによれば，「ローマ法律諸巻」がボローニャにもたらされた頃，自由学芸教師イルネリウスがローマ法の法文に「註釈」を付し，その意味内容を解明し，法学の創始者となった。そのため彼は「法の燈明（lucerna iuris）」と呼ばれた。この逸話は，法学が教養諸学から独立し，法解釈の学として成立したことを象徴的に物語っている。

　中世において法学は法解釈学となることを運命づけられていた。中世キリスト教社会においては神が唯一かつ真の法の創造者であり，その神の自然法は永久不変のものと観念されていた。このような中世の法観念の下では，立法も慣習法の生成も，また法実務も法理論も，人間のあらゆる法的活動は究極的に神法の解釈と見られる。

スコラ学の方法　中世ローマ法学は12世紀前後に誕生した註釈学派によって基礎が築かれ，13世紀後半に始まる註解学派によって完成された。

　中世ローマ法学は，アリストテレスの弁証法に基づくキリスト教スコラ学の思考方法に立脚していた。スコラ学は中世思想に特徴的な権威（auctoritas）と理性（ratio）の微妙な調和のうえに成立する。それは，絶対的な権威者が作品を通して表明した思想を理性に基づく推論によって発展させるものである。中世の法学もユスティニアヌス法典（コルプス・ユーリス）をめぐる解釈の学であった。

　コルプス・ユーリスは皇帝の口を通して神によって発せられたがゆえに，それは正義でありかつ完全無欠である。法学者はそう主張した。コルプス・ユーリスは聖書のご

とき疑いえない真理として絶対的な，したがって超歴史的な権威を認められた。偉大な註釈学者アックルシウス（1260年没）が述べたように，それにはあらゆる法的問題の解答が用意されていると考えられた。

註釈の誕生　註釈学者にとって，法解釈とは法文に包み隠された立法者の意思を探求することであった。

註釈学派は唯一の立法者たる皇帝の権威を強調したため，ユスティニアヌスが定めた法典の法文の文言を絶対視することとなり，その結果コルプス・ユーリスの法文の配列順序に従って各法文の字句の意味を厳格に明らかにしていくという解釈方法を採用した。この解釈は簡潔な説明をつけるという形式で行われた。こうして法源テキストと結びついた，字句分析的な「註釈（glossa）」という文献が生まれた。

さらに皇帝の権威と結びつけてコルプス・ユーリスの絶対的拘束性を強調する態度は，スコラ哲学に特徴的な「権威による推論」の方法を生み出した。法律家は常にコルプス・ユーリスを権威的前提として受け入れ，それに準拠しながら論証を行うべきことを主張した。

ユスティニアヌス法典全体への註釈はアックルシウスによって完成される。彼の註釈書『標準註釈（glossa ordinaria）』は9万6940の註釈を施し，「註釈が認めないものは法廷もまたこれを認めず」といわれるほどの絶対的権威を獲得した。

▶註釈学派の巨頭たち
　註釈学派は，ペポ，イルネリウスに始まり，ボローニャ大学の4博士ブルガルス，マルティヌス，ヤコブス，ウゴーと続き，『勅法彙纂および法学提要集成』で有名なアーゾ（「アーゾをもたずして法廷に出ることなかれ」といわれた），その弟子のアックルシウスによって理論化され，完成した。註釈学派はこのアックルシウスをもって終わる。その間に，ヴァカリウスはイングランドにわたり，オックスフォードでローマ法を講じた。また，プラケンティヌスはボローニャでローマ法を教えた後，南フランスのモンペリエに法学校を創設し，ローマ法学を伝えた。　　　　　　　　　　（S）

皇帝権の基礎づけ　註釈学派の時代のイタリアは皇帝の権威を背景とした帝国の伝統が根強く，帝国は註釈学派の法理論構成の基本的かつ不可欠な要素であった。註釈学者（glossatores）は，帝国内にあって事実上「条例」に従って生活する都市国家が存在するという現実を認めながらも，帝国の絶対的な普遍的統一理念を高揚し，ローマ法の普遍的な妥当性を強調して，法律上は「一つの帝国，一つの法（unum imperium unum ius）」，すなわち国家は唯一つローマ帝国だけであり，その法秩序を形成する法源は唯一つローマ法のみであると主張した。

彼らは主意主義的な理念に立って，法の本質を理性よりも，むしろ権威＝意思に求めた。法は意思の産物であった。コルプス・ユーリスが法の効力を有するのは，それが

ローマ帝国の最高立法権者であるユスティニアヌス帝の意思の表明であるからだと確信した。イルネリウスは「王法（lex regia）」をもって国民はその保有する全支配権を皇帝に譲渡したと定める『学説彙纂』第 1 巻第 4 章第 1 法文を根拠にして，「国民はかつて法律制定権を保有していた」が「今日ではこの権力は［王法をもって］皇帝に譲渡されている」と述べ，それゆえに「皇帝の欲するところのものは法の効力を有する」とし，皇帝の独占的立法権を理論的に基礎づけた。

しかしこのような考え方はしだいに変化を見せ始める。都市国家が帝国ローマ法に反する都市条例を制定し，その中で条例のローマ法に対する優先的適用を求め，かつ条例を防衛すべく，条例の解釈を禁止するに及び，条例は現実には否定しがたい存在となり，それにより皇帝の権威と深く結びついていた帝国の唯一の法としてのローマ法という観念はもはや維持しえなくなったからである。

このような状況の中で，権威と理性の関係を拘束と自由のそれに置き換え始めた法学者が登場する。彼らはアックルシウスの『標準註釈』後の世代で，その解釈も『標準註釈』への註解を中心とした，というところから一般に註解学派（commentatores）と呼ばれる。しかし，彼らの特質はむしろ，主知主義的な理念に立ち，権威に対する理性の優位を強調し，法の本質を理性に求めたところにある。彼らによって，法は理性の産物となった。

法学者はコルプス・ユーリスを理性に基づく普遍的な最高の法原理としての普通法（ユス・コムーネ）として把握し始めることになった。

註解の誕生　註解学者の登場は理念的な発展だけでなく，社会の具体的要請によるところも大きかった。12 世紀後半頃から，都市は絶え間なく法学者に知識の提供を求めるようになった。高度化した都市の生活と商業活動がそれに相応しい法と法技術を必要としたからである。

そのことは註解学者を註釈学者以上に深く実務に接近させることになった。その結果，大学での講義も実務上生じた問題を取り上げ，コルプス・ユーリスの法文から出発し，弁証的論証によって，問題の解決を図るという解釈方法に重点が移っていった。その際，コルプス・ユーリスの法文の字句分析的釈義はすでに『標準註釈』が存在していたので，それを利用しつつも，実際的な問題と関連させて法文全体の意味を明らかにする詳細な説明をそれに追加するという形式で行われた。これらの追加註は，コルプス・ユーリスとは独立した形に纏められ，ここから原典テキストから切り離された，問題思考的な「註解（commentaria）」という文献が生まれたのである。

法学者は従来の学問伝統の上に立ちながらも，法学の内なる革新を求めていった。新しい時代に向かっていた都市社会の複雑な現実を前にして，法学はその研究対象をコルプス・ユーリスの原典テキストにのみ絞るのではなく，カノン法及び都市条例にも広げなくてはならなかった。

法学者に課せられた役割はローマ法の中に条例を取り込んだことによる法学の再構築

の仕事であった。そのために彼らは理性を中核に据えた法学の確立をめざした。そして彼らは，成熟したアリストテレス哲学の研究を基にトマス・アクィナスが確立したスコラ哲学の弁証法を，法学の中核に位置づけることを明確にし，スコラ法学を完成させた。弁証法とは論理的推論の方法である。中世においてそれは正義と真理の発見方法であった。

理性主義　註釈学者はもっぱらコルプス・ユーリス原典の法文の意味を解明するために理性を用いるなかで，しだいに理性に従いつつ原典そのものを越えていく弁証法的な法的推論の方法を発展させ，それを註解学者に引き渡した。新たな弁証学の展開が始まった。註解学者は，コルプス・ユーリスの解釈は古い法を保守するのではなく，新しい法を創造するためのものでなくてはならないと考えた。そしてコルプス・ユーリスに欠缺がある場合は，理性こそがこの新しい法を命ずることができるとした。ここにおいて弁証的推論の手続，わけても類推的拡張が重要な役割を果す。

　註解学者にとっても法解釈とは「法律の理性（ratio legis）」すなわち立法理由を明らかにすることを意味した。理性とは法律の精神にほかならない。これは理性主義の宣言であった。皇帝の意思が法の効力を有するのは，その意思が理性に導かれるからである。

　かくして，コルプス・ユーリスの法文はしだいに理性が法を創造してゆく上での弁証法的な推論手続の出発点へと変化していった。「法文が述べるように」という表現形式が，このために用いられた。設問に対する結論の後に，論拠として該当法文が提示された。

「書かれた理性」　このように，コルプス・ユーリスの法文は，問題解決をもたらす論拠として引用されるようになった。このことは理性が原典を解釈するために用いられたばかりでなく，原典が理性の証拠として引用されたことを示している。

　ここから，ローマ法は「書かれた理性（ratio scripta）」であり，それゆえに権威をもつという観念が発展する。この観念に基づき，この法が適用される裁判所は「理性の殿堂」と呼ばれた。法が「書かれた理性」であると理解されることによって，ローマ法の法文全体を理性によって秩序づける試みが始まった。

継承と発展　註解学者は権威ある学説の盲目的追従に反対し，理性によるその批判的継承を主張した。すなわちローマ法は註釈の助けを借りて理解されねばならないが，同時に註釈の見解はローマ法の原典に立ち返って再検討されねばならない。それによって形式的には原典に対する古い解釈を受け入れつつ，実質的にはそれとは異なった，時代の要求に合った内容を盛り込んだ，新しい解釈を生み出すことができる。継承とは発展である。この継承と発展の繰り返しによってローマ法はその有効性を保持し続ける。

　こうして，註解学派は註釈学派の後継者であること，否，バルトルス（1357年没）こそがアックルシウスの後継者であることが確認されるとともに，使徒継承的な権威の継

承による学説の提供が継続的になされることとなった。キーヌスからバルトルスへ，そしてバルトルスからバルドゥスその他の次世代の法学者へと継承されていく，彼らの学説は真理の推定を受ける「共通見解（communis opinio）」，すなわち通説として，帝権不在のイタリアの法秩序を安定的に維持することとなる。

法文の探求　こうして理性が法解釈論の表舞台に躍り出た。バルトルスは，法解釈において，あくまでも法律の文言の中から，そこに隠された法律の理性を引き出すという方法を採用する。法文の中にそれを基礎づける理由を読み取るという，この法の合理的な解釈を行うためには，法文の慎重な読解が要求される。

無論，そのためには，正確な法文を知ることが前提である。実際，彼は法解釈で疑義が生ずると，わざわざピサに赴き，当時彼も含めて法学者が用いていたローマ法「普及本（ボローニャ本）」とローマ法原典テキストの「ピサ（あるいはフィレンツェ）本」を照合して法文の確認をしたという。

解釈による法創造　中世の法解釈理論一般についていえば，法学者は「解釈」を広義に理解し，法律の意思の解明だけではなく，法律に欠缺がある場合の補充をもその中に含めて考えていた。中世の法学者はコルプス・ユーリスの法文を時代の要請に応え得るように読み変えていった。法学者の解釈の作業は，形式的には法文の釈義ではあったが，それは実質的には法創造であった。

ローマ法原典はいまや中世的精神によって満たされる器にすぎなかった。まさにこのことを物語るエピソードがある。バルトルスは「自分は物覚えがよくないから」という理由で，一定の事案について一定の結論を出した後で，彼の友人にローマ法大全の該当法文を示させたという。ローマ法が先にあるのではなく，バルトルスの判断つまり「解釈」が先にあった。

森のアレゴリー　註解は問答形式で展開した。最初に問題を提示し，つぎに肯定及び否定の対立する見解を示し，それらを批判的に検討し，そして最後に一定の法文を引証し，そこから論理的に相対立する見解を調和させた，より高次の見解を解答として導き出すという形式である。これは法獲得の方法であった。

その際，「区別（distinctio）」の方法が用いられた。問題を類（genus）と種（species）に区分し，それを小分けし，問題が解決されつくすまで細分し続け，その本質を解明していく。良く区別する者は良く知る者である，とされた。

このように，註解はそれぞれがまるで法文という幹に枝葉を広げる一本の樹のようであり，それらが集まって作られる全体は大きな森のようであった。それはまさに，森のアレゴリーとしてとらえられる，中世の壮大で華麗なゴシック建築の体系を思わせる，スコラ的な概念の系統樹といえる。個々の要素が全体に調和的に総合される，ゴシック建築を構想させるものは理性であった。そこには中世全体を貫く理性主義がある。

> **▶註解学派の巨頭たち**
>
> バルトルスとバルドゥスが最高の権威だった。ピサやペルージアで教鞭をとったバルトルスは多方面にわたって優れた業績を残し，その影響力は絶大だったので，「バルトルスの徒でなければ，よい法律家ではない（Nemo bonus iurista, nisi Bartolista）」とうたわれたほどである。その権威は立法や裁判実務に及び，スペインでは彼の著作は法としての効力をもったといわれる。ペルージアでバルトルスに師事したバルドゥスも主としてペルージアの教授として活動を続け，2800もの助言（コンシリア）を残し，財を築いたとされる。その他，初期の学者としてアックルシウスの弟子でボローニャの教授だったオドフレドゥス，ダンテやペトラルカの友人でバルトルスの師キーヌス・デ・ピストイア，実務家のアルベリクス・デ・ロサーテ，15世紀に活躍したヤーソン・デ・マイノ，オルレアンの法学者ヤコブス・デ・ラヴァニス（ジャック・ド・レヴィニー），同じくオルレアンの教授ペトルス・デ・ベラペルティカ（ピエール・ド・ベルペルシュ）がいる。 (S)

2 法助言

法学の黄金時代　12世紀後半に始まるポデスタ制は絶え間なく法学者に知識の提供を求めていた。前章で記したように，都市は任期終了後に，都市条例に従って正しい司法行政を行ったかどうかを審査し，厳格に責任を問うた。ポデスタはその責任を免れるべく，法学者の助言・鑑定を求めた。

都市の裁判官は，紛争を解決するのに学識法律家に助言（consilium sapientis iudiciale）を求めるのが常であった。それは法学者（doctor iuris）の大きな権威に根拠づけられたものであり，助言者（consiliatores）としての法学者の活動がその分大きくなった。

立法による法秩序の形成がなお不十分であった時代に，バルトルスは法学，すなわち通説を提供することによって法秩序を十全なものとしようとした。「法とは何か」を知る者は法学者以外には存在しない。こうして，法は法学者のものとなった。

彼の学説は実務に直結した明快な理論構成の下になされていた。そのため，それは法実務家にとってもまた，きわめて魅力的であった。バルトルスの註解書及び鑑定集は実務家の手引書の役割を果した。法学そしてそれを生業とする法学者の地位を不動のものに築き上げたのはバルトルスである。こうして法学の黄金時代が到来した。

③ 条例理論

条例制定権理論　時代が法学者に解決を求めた問題は、帝国の普遍的統一という理念と都市自治という現実との対立をいかに調和させるかということであった。註釈学者は、イタリアにおける皇帝権の不在という現実の中で上位者たる皇帝を認めない都市国家があることを事実上認めながらも、法律上主権は上位者たる皇帝に帰属すると考えた。註解学者の仕事は、事実上独立している都市国家の存在を法律上、すなわちローマ法によって承認することであった。

都市国家の条例制定権の問題は主権の問題との関連で論じられた。バルトルスによれば、国民は王法によって皇帝に譲渡してしまった立法権をもはや撤回できない。それでは都市国家は条例制定権の法的根拠をどこに求めればよいのか。

まず、コンスタンツの和約のように皇帝の許可をうる方法が考えられる。だが、それは皇帝によっていつか取り消されるかも知れない。そこで都市国家の条例制定権を確かなものとするには、その根拠をいまや皇帝の取消を許さないほどに揺るぎないものに求める必要がある。それは、都市自治の現実以外にはない。こうして条例制定権は都市国家がその統治のために事実上行使している公的支配権である「裁治権」に基礎づけられることになる。

国民の同意　バルトルスは、事実の最初の表現である慣習の問題から始める。「学説彙纂」第1巻第3章第32法文は、成文の法律が拘束力を有するのはそれが国民の「同意」に基づくからであり、したがって暗黙の同意である慣習も法律と同様の拘束力を有すると定めているが、彼はその註解を通して次のように言う。

法律の効力は国民の同意に由来し、他の者の承認を必要としない。それゆえ慣習は都市の国民の同意の表現であるから、それは上位者たる皇帝の承認を必要としない。したがって条例もまた、上位者たる皇帝の承認を必要としない。なぜなら慣習は都市の国民の暗黙の同意であって、条例は都市の国民の明示の同意であるから、両者はともに同意である点で同一であり、同一の効力をもつからである。

バルトルスの考えでは、条例は国民の意思の産物であり、立法は上位者たる皇帝だけの独占物ではない。

都市の自治　彼はここから国民の同意は主権の基本的な要素である上位者たる皇帝の存在の否定に繋がると考えた。「上位者を認めない都市国家」は「自由な国民」といわれる。そしてこの自由な国民は、皇帝が帝国内で有する支配権たる「裁治権」を都市国家内で有する。「裁治権」は必ずしも皇帝の許可によらなくても、都市がそれを自ら行使してきたという「使用」の事実によって取得されうるからである。したがって「都市はそれ自身皇帝である」。これはまさしく皇帝への依存関係から解き放たれ、独立した都市の完全な自治（主権）の確立の表現であった。

すべての裁治権を有する国民である自由な国民は，その意思の欲するところに従って上位者の権威を懸念せずに条例を制定できる。バルトルスは条例制定権をこのように裁治権の一つの発現形態として基礎づける。

彼において都市国家はいまや法人として把握され，したがってそれと同一視される国民とは個々の具体的な国民ではなく，それとは別個の統一体としての抽象的な国民である。そして都市国家の統治機関としての評議会が国民を代表して同意を与える。彼によれば「評議会は国民の精神を代表する」。そこでの意思決定は多数決でなされる。

要するに，都市国家はその裁治権の範囲内で，皇帝の許可を必要とせず，その意思に従い，いかなる条例をも制定できるという意味で「それ自身皇帝」なのである。ローマ法の枠内で都市国家の立法主権を表現しようとすれば，このような表現以外にはないであろう。そしてこの「上位者を認めない都市は，それ自身皇帝である」という表現は明らかに，フランスの王権が神聖ローマ皇帝に対して主張した命題「国王はその王国内では皇帝である」の応用であった。

「バルトルス全著作集」扉絵

主権と裁治権　しかし帝国の普遍的統一を維持しながら，都市の自治を承認しようとするバルトルスにとって，皇帝はあくまでも「世界の支配者」であり，帝国内で法律上の主権を保有し続ける。事実上上位者を認めない都市はただ事実のみに基づいて主権を獲得できるにすぎない。都市が真の主権を有するといっても，それは皇帝がその領域内でもつ最高の主権ではなく，次位の主権である。

皇帝が「最も完全な裁治権」を有するのに対して，都市は「完全な裁治権」を有する。帝国は都市国家と同一のレベルには立たない。すなわち帝国は対等な多くの国家の中の一つなのではなく，普遍的かつ最高の主権，すなわち至高権を有する国家である。

彼の主権理論は段階的で，対等な領域的主権性を要求する近代的な主権理論とは基本的に質を異にする。それは，中世的主権理論だった。

条例優先理論　都市国家の立法主権が理論的に確立されるとともに，「一つの帝国，一つの法」の概念は決定的に崩壊した。それに代わって帝国と都市国家がローマ的・キリスト教的な普遍的秩序と特殊的秩序として，またローマ法と条例が帝国の普遍的な法律＝普通法 (ius commune) と都市国家の特殊的な法＝特有法 (ius proprium) として対置関係のうちにとらえられることになった。

法学者はローマ法の中にその根拠を見出そうとした。「学説彙纂」第1巻第1章第9

法文には「法律と慣習によって支配されるすべての国民は，一部はその特有の法（ius proprium）を，一部は全人類に共通の法（ius commune）を用いる」（ガイウス）と規定されている。このガイウス法文において，「共通の法」は自然法・万民法を，そしてローマ国民またはローマ市（civitas）に「特有の法」はローマ市民法を意味していた。しかし法学者はこの法文を解釈の名の下に読み替え，「共通の法」をローマ市民法，そして「特有の法」を都市（civitas）が制定する条例を含む地域特別法として理解した。

その結果，普通法と条例の衝突の問題が生じることとなった。普通法と条例とが衝突するときは，まず種としての条例が類としての普通法に対して優先的に適用され，条例に欠缺あるときに，普通法が補充法として適用される，というのである。これを条例優先理論という。

条例衝突法理論 都市国家の住民は帝国の国民であるとともに，都市国家の国民でもあった。都市国家はその裁治権の範囲内でいかなる条例でも制定できるという意味で「それ自身皇帝」であると同時に，市民権の付与によってそれ自身の国民を作ることができるという意味でも「皇帝」であった。ここに，都市国家の国民相互間の交際による条例間の衝突の問題が起こる。

そもそも「一つの帝国，一つの法」，したがって一つの国民を前提とするコルプス・ユーリスはこのようなローマ国民と外国人との関係についての問題を予定していなかった。そのため法学者は問題解決のための典拠とすべき法文を求めて苦闘した。その結果ついにたどり着いた法源は，帝国の支配の下にある国民はすべてキリスト教を信仰すべきことを述べた「勅法彙纂」第1巻第1章第1法文であった。

法学者はこの法文を，皇帝法は帝国の国民を拘束するだけであり外国人を拘束しえないという意味に読み替え，それから類推して，都市条例も都市の国民のみを拘束するだけであり，外国人を拘束しえないと結論した。そして法学者はこの結論を前提とし，ローマ法を条例衝突に際して適用条例の選択の基準を示す上位法とみなし，条例衝突の具体的な問題を個別的に解決していった。

バルトルスは，本法文の註解で，都市国家の条例はその国民に対してのみ有効であり，かつその領域内でのみ有効であるという，条例の人と場所とに関する適用の原則を前提とし，条例衝突の問題を「都市の条例の効力はその領域内の外国人に及ぶか」及び「都市の条例の効力はその領域外に及ぶか」，すなわち条例の域内的効力及び域外的効力という2つの問題に区分して論じた。

彼は前者の問いに対しては契約，犯罪，遺言及びその他の事項の4つに再分し，後者の問いに対しては禁止的条例，許可的条例及び刑罰的条例・判決の3つに再分した。その上で，それらをさらに細分しながら，それぞれの問題を個別的に解決していった。

国際私法学の黎明 ここで，国際私法学の分野で今日でもその意味を失ってはいない，「法規分類説」などの名で呼ばれる彼の見解の一端を紹介しよう。

「長子がすべての財産を相続するという慣習がイギリスにあるが，ある者がイギリス

と，すべての兄弟間での相続財産の分配を定める普通法が行われているイタリアに財産を残して死亡したとき，いずれの法が支配するのか。……『故人の財産は長子に帰属すべきである』という文言のように，その規定が物に関するものである場合には，その財産の所在する地の慣習と条例に従って，すべての財産に関する裁判が行われるべきである。なぜなら法は，その財産が市民の物であれ，そこを訪れている市民以外の者の物であれ，物を扱っているからである。それに対して，『長子が相続すべきである』という文言のように，その条例または慣習が人に関するものである場合には，故人がイギリス人であったか否かで区別して考えなければならない。その者がイギリスに財産を所有していたにもかかわらず，イギリス人でなかった場合には，条例は彼とその子にその効力が及ばない。なぜなら，人に関する規定は……外国人にその効力が及ばないからである。そして，その者がイギリス人であった場合には，長子はイギリスに所在する財産を相続するが，他の地に所在する財産については……普通法に従って相続すると考えるべきである。なぜなら，その場合，その条例は長子以外の子から相続権を奪う，いわば不利益的な条例とみなすことが出来るからであり，それゆえにその条例は他の地に所在する財産にその効力が及ばない……」（『勅法彙纂註解』）。

バルトルスは条例または慣習の文言を慎重に分析し，そこから立法理由を読み取る。「故人の財産は長子が相続すべきである」と定めるとき，それは物に関する法であり，その場合は故人の財産の所在地の法が適用される。物に関する法は財産の所在地にその効力が限定されるからである。

それに対して「故人の長子が財産を相続すべきである」と定めるとき，それは人に関する法であり，その場合は，故人の本国法が適用される。人に関する法はあらゆる地にその効力が及ぶからである。故人がイギリス人ではなく外国人であった場合は，イギリスの慣習は適用されない。人に関する法は外国人にはその効力は及ばないからである。故人がイギリス人の場合はイギリスの慣習が適用され，長子はイギリスに所在する財産を相続する。

しかしイタリアに所在する財産については，すべての兄弟間での相続財産の分配を定めるイタリアで一般に遵守されている普通法に従って相続する。なぜならイギリスの慣習は長子以外の子から相続権を奪う不利益的条例とみなされるからであり，それは他の地に所在する財産にその効力を及ぼさないからである。

彼は法規をその性質に従って分類し，適用範囲を決定する。すなわち，主語が物であるか人であるかを基準として，法規を物に関する法と人に関する法に二分し，物法は属地的な効力を有するが，人法は属人的効力を有すると考えたのである。

バルトルスはこのように現在においてもなお有用な理論構成を行い，国際私法学の祖と呼ばれる。バルトルスの著作は，アックルシウスの『標準註釈』とともに，近代にいたるまで法学研究の基礎でありつづけた。

もっと学びたい人のために

① P. ヴィノグラードフ／矢田一男・小堀憲助・眞田芳憲訳『中世ヨーロッパにおけるローマ法』中央大学出版部，1967年。
　＊少し古いが，オックスフォード大学の著名な法史学者の手になる中世ローマ法史で，イタリアだけでなく，フランスやイギリスにおけるローマ法の再生と拡大の記述に多くの頁をさいている。詳細かつ適切な訳注があり，読者の便宜が図られている。

② P. スタイン／屋敷二郎監訳／関良徳・藤本幸二訳『ローマ法とヨーロッパ』ミネルヴァ書房，2003年。
　＊ローマ法のヨーロッパにおける展開を簡潔かつ適切に記述している。その第2章が主として本章にかかわるが，最新の研究成果をたくみに盛り込みつつ，充実した内容を的確に示しており，その手際は鮮やかである。

③ 森征一・岩谷十郎編『法と正義のイコノロジー』慶應義塾大学出版会，1997年。
　＊正義のイコノロジーという観点からの論文集。特に関係するのは森征一「中世イタリア都市社会における『正義』のイメージ」だが，日本を含む，法と正義の象徴をめぐる比較史的研究として有意義である。

【参照文献】

佐々木有司「中世イタリアにおける普通法（ius commune）の研究──バルトールス・デ・サクソフェルラートを中心として」『法学協会雑誌』第84巻第1号〜第85巻第8号，1967〜1968年。

森征一「中世イタリアの都市コムーネと条例制定権（ius statuendi）理論」『法学研究』（慶應大学）第49巻第8〜11号，1976年。

森征一「バルトルス・デ・サッソフェラート「条例衝突理論」概観──《中世イタリア法学 Mos Italicus》研究序説」『法学研究』（慶應大学）第55巻第3号，1982年。

森征一「バルトルスの慣習法理論における「同意」（序説）──イタリア中世都市国家の立法主権との関連で」『法学研究』（慶應大学）第67巻第11号，1994年。

森征一「バルトルスの法学観──ヨーロッパ中世法学の理解のために」『法学研究』（慶應大学）第70巻第3号，1997年。

P. G. ヴィノグラードフ／矢田一男・小堀憲助・眞田芳憲訳『中世ヨーロッパにおけるローマ法』中央大学出版部，1967年。

H. コーイング／上山安敏監訳『ヨーロッパ法文化の流れ』ミネルヴァ書房，1983年。

P. スタイン／屋敷二郎監訳／関良徳・藤本幸二訳『ローマ法とヨーロッパ』ミネルヴァ書房 2003年。

K. W. ネル／村上淳一訳『ヨーロッパ法史入門』東京大学出版会，1999年。

M. Bellomo, *The Common Legal Past of Europe 1000-1800*, trans. L. G. Cochrane, Washington, D. C., 1995.

O. F. Robinson, T. D. Fergus, W. M. Gordon, *European Legal History*, 3rd ed., London, 2000.

（森　征一）

第11章

カノン法
―― 教皇権と法の合理化 ――

　カノン法とは，中世カトリック教会が独自に発達させた，教会に関するすべての法を指す。その中心は聖書・公会議決議・教皇令である。これらを研究し，註釈・註解を加えたのがカノン法学である。公会議決議や教皇令は学識ある聖職者によって作成され，またカノン法学者はしばしばローマ教皇となった。こうしてカノン法は，ローマ法とともに普通法（ユス・コムーネ）を形成し，学識的なヨーロッパ法文化の形成に貢献した。

1　カノン法

初期のカノン法　ローマ法と同様に法の学識化を推進したのは，カノン法学の発達であった。カノンとはギリシア語の規範または規則という言葉に由来する。キリスト教の進出とともに，カノンは「神の命令」あるいは「信仰の規則」「道徳規範」という意味を与えられるようになった。それは，さらに聖職者に対する規則を含んだ。

　カノンは教会法についてのみ用いられた。その最初の例はニケーアの公会議（325年）である。その後，西方教会では，ローマ教皇や司教の教令，公会議や教会会議の決議がカノンと呼ばれた。また，聖書の教えや教父の言葉などを含めて，一般に教会に関するすべての法がカノン法（ius canonicum）とされた。

　したがって，カノン法は16世紀までは教会法（ius ecclesiasticum）という言葉とほぼ同義だった。近世以降，教会法は世俗権力が発布した教会に関係する法規も含むことになったので，カノン法と教会法は区別されることになる。したがって，ここでは，中世教会法及び近代のカトリック教会法の意味で，カノン法という言葉を用いることにする。

カノン法の整理・採録　カノン法の整理統合は繰り返し試みられた。著名なものとしては，6世紀初頭に，アナスタシウス2世（在位496〜498）の教皇文書館長ディオニシウス・エクシグウスによって集録された，「カノン法典（Codex canonum）」別名「カノン大全（Corpus canonum）」がある。これは後に「ディオニシアーナ」という名称で広く流布した。

　ローマ教皇ハドリアヌス1世（在位772〜795）は774年，フランク国王カールにロー

マ教会の公式のカノン法典として「ディオニシアーナ」を送った。この「ディオニシアーナ」は，さらに多数の教皇令及びローマ教会会議決議，さらに大教皇グレゴリウス1世の教勅を付加して，カール大帝にささげられた。それ以降，これは，「ディオニシオ・ハドリアーナ」と呼ばれるカノン法集録となった。

カール大帝は，アーヘンの教会会議（802年）で，これを「ハドリアヌス法典（Codex Hadrianus）」として公示し，帝国内の教会に対して，この法典に服するように命じた。「ハドリアヌス法典」は中世には「カノンの書」とされ，イタリア，フランス，スペイン，アフリカ，アイルランドで広く受け入れられた。

スペインでは，633年頃に編まれた「ヒスパナ（Collectio Hispana chronologica）」がある。これは「ディオニシアーナ」にガリアやスペインでの教会会議の決議を含めたもので，セビリャ大司教イシドールスの手になるものとされた。これは，後にさらに多くの教会会議決議や教皇令を採録し，9世紀には「イシドールス集録（Collectio Isidoriana）」と呼ばれるようになった。

> ▶偽イシドールス教令集
> 「イシドールス集録」とは別に，イシドールスが編纂したという名目で出された教皇令集。実際は9世紀にフランスの聖職者たちによって教皇権擁護のために創られたものと考えられている。3部から構成され，50ほどの「使徒のカノン」と90ほどの教皇の教勅からなり，教令はほとんど偽作だった。この第3部に，ローマ皇帝コンスタンティヌスが教皇シルヴェステルに世俗の支配権をも委ねたとする，著名な偽文書「コンスタンティヌスの寄進状」がある。「偽イシドールス教令集」は，一部のカノンがいくつかの教令集に採録されて権威を得たこともあって，教皇権の拡大のために利用された。　　（Y）

イタリアでは，「アンセルムスにささげられたカノン集録（Collectio canonum Anselmo dedicata）」（882年頃）がある。これはミラノ大司教にささげられた，匿名の編者による作品で，全12巻からなる。その第1巻はローマ教皇の優越性に関するものとなっている。

11世紀（1008〜22年）になるとヴォルムス司教ブルヒャルトによって，聖職者に教会法の知識を与えるために，「教令集（Decretum libri XX）」が作成された。これは，20巻からなり，「ディオニシオ・ハドリアーナ」や「アンセルムスにささげられたカノン集録」「偽イシドールス教令集」，多数の贖罪規定書などから構成されている。その第19巻の「矯正と医術」は贖罪を扱っており，15世紀まで利用されつづけた。これは，教皇レオ9世によって採用されたが，体系性に欠けていた。また，教会改革をめざす聖職者たちの間ではなお不十分なものとみなされていた。

イヴォの3部作　11世紀後半は，教皇革命の時代だった。グレゴリウス改革の流れのなかで，カノン法の採録もまた盛んに行われた。ルッカの司教アンセルムスは，カノン法を論理的構成のもとに13巻からなる「アンセルムス集録」を完成

し，彼に続くカノン法編纂作業や叙任権闘争をめぐる議論に大きな影響を与えた。

　11世紀の末期に現れたもっとも大きな業績は，シャルトル司教イヴォの3部作である。イヴォは1093年から95年の間に，「三部集録（Collectio trium partium, Tripartita）」，「教令集（Decretum）」，「概観（Panormia）」をまとめあげた。「三部集録」は教父・教皇・教会会議決議の年代記的記録で次の「教令集」の簡約版を含んだ。「教令集」はブルヒャルトの「教令集」を中心に教父やローマ法からの抜粋を加えたものである。「概観」は日常の業務に使いやすくコンパクトにまとめられたもので，カノン法の簡易百科事典といわれる。

　イヴォは改革派の司教ではあったが，教会と王権の協力を重視し，世俗君主の法令，ローマ法や勅令（カピトゥラリア）も採録した。ローマ法がイタリア以北で知られるようになったのも，彼の作業によるところが大きい，といわれる。彼はまた，アベラールの弁証法も採用して，カノン法の体系化に貢献した。

グラティアヌス教令集　イヴォの作業を踏まえて登場したのが，1130～40年代にボローニャで神学と教会法を教えていた修道士グラティアヌスの作品である。彼の「矛盾するカノンの調和（Concordia discordantium canonum）」，通例「グラティアヌスの教令集（decretum）」（1140年頃）は，カノン法とカノン法学の最良の基礎と評価される。

　グラティアヌスは，その教令集を編纂してカノン法を整理，統合し，カノン法学を明確に神学から区別し，カノン法学を学識法学として飛躍的に発展させた。この点で，彼はローマ法学においてイルネリウスが果したのと同じ役割をカノン法の分野で果した，といわれる。ダンテの『神曲』天堂篇第10歌でも，グラティアヌスは，トマス・アクィナスとともに天堂にあって，「彼は二つの法廷の権威をたかめる手伝いをしたので，そのため天堂界でよろこばれている」と紹介されている。

　グラティアヌスは，しかし，イルネリウス以上の仕事をカノン法の分野で行った，と考えることもできる。なぜなら，グラティアヌスは自らカノン法の集録を行い，「ローマ法大全」に匹敵するほどのカノン法典を自ら創り上げ，ローマ法におけるトリボニアヌスの役割をも担ったからである。

　その際，彼が利用したのは，ルッカの司教アンセルムスの「アンセルムス集録」（全13巻），サン・クリスゴノの枢機卿グレゴリウスの「ポリカルプス」，シャルトルのイヴォの「三部集録」，セビリャ大司教イシドールスの『語源20巻』特にその第5巻「法律と時間」などであった。

「教令集」の構成　「教令集」は3部から構成されている。第1部「法律命題（Distinctiones）」は，第1命題から第101命題に分かれ，各命題はさらに条文（カノン）に再分割されている。第1命題から第20命題までは「法源」論で，「教令集」全体の序文または総論の役割を担っている。第21命題から第101命題までは，教会の位階や聖職者に関する事項を扱っている。

第2部「法律事件（Causae）」は，グラティアヌス自身が仮設した36の法律事件からなる。この法律事件は法律問題に分割され，法律問題はさらに条文に再分割される。これは，法的手続や刑法，教会財産，異端，婚姻や告白などを対象としている。

第3部「法律命題（Distinctiones）」は，第1命題から第5命題に分かれ，各命題はさらに条文に分割される。第3部は通例「秘蹟論」ともいわれ，婚姻を除く秘蹟（洗礼，堅信，聖体，告解，終油，叙階）を規定している。

「教令集」の意義 グラティアヌスは弁証法的方法をとり，それぞれの論点について賛否を示しつつ，彼自身のコメントつまり「グラティアヌスの言葉」を付加した。こうして，グラティアヌスは「矛盾の調和」をめざし，統一性を与えようとした。たしかに，そのすべてについて矛盾のない法文が示されたわけではないが，「グラティアヌスの教令集」によってカノン法は飛躍的に整備されることになった。ただし，これは，もともと教授用にグラティアヌスが私的に編纂したもので，形式的には公的権威をもたない。

しかし，実際には，「グラティアヌスの教令集」は講義だけでなく，実務で広く用いられた。この教令集が，聖書や教父の言葉，過去の公会議決議や教皇令だけでなく，新しい教皇令を多数含むことによって，歴史的であると同時に現代的な意義をもつ法典とみなされたからである。

グラティアヌスは法を彼以前の「旧法」と彼の時代以降の「新法」（教皇令）とに分け，その統合，現代化をめざした。カノン法は，教皇の立法を大量に含むことになり，時代の先端をいく学識的法体系を構成することになる。

教会の法典編纂 ローマ教皇の権力が増大化するなかで，教皇令を集録する作業が「グラティアヌスの教令集」に続いた。教皇令とは，司教などへの手紙による命令や逆に司教などから出される法的質問への回答のことである。この教皇令を集める作業のなかでは，特に「教皇令集録5巻（Qinque compilationes antiquae decretalium）」が重要である。これは次の5つの教皇令集を総称するものである。

(1) 「集録第1巻」は，パヴィアのベルナルドゥス・バルドゥス・パピエンシスの「教令集以後の縮刷版教皇令集（Breviarum extravagantium）」全5巻（1187〜91年）である。彼自身が作成した縮刷版「諸章集成」はアイケ・フォン・レプゴウの「ザクセンシュピーゲル」のモデルとなったともいわれる。

(2) ウェールズのヨハンネス・ガレンシスの「集録第2巻」（1210〜15年）。

(3) インノケンティウス3世の「集録第3巻」（1210年）。これは最初の公的教皇令集で，インノケンティウス3世の教皇令を集録している。ボローニャに送られ，大学と法廷で用いるように要請された。

(4) ヨハネス・テウトニクスによる「集録第4巻」（1216/17年）。インノケンティウス3世の残余の教皇令と第4回ラテラーノ公会議の決議を集録している。

(5) ホノリウス3世の「集録第5巻」（1226年）。2回目の公的教皇令集。ホノリウス

3世の教皇令と皇帝フリードリヒ2世の発した教会特権に関する勅法（1220年）を集録。これもボローニャ大学に送られ，講義のみならず法廷でも用いるように薦められた。

　こうして「教令集」と「集録第5巻」が完成したことによって，カノン法の知識と教授が一段と進んだ。だが，その相互の間では必ずしも統一的な関連がなく，教会の普遍的共通法を織り成すには至らなかった。そこで，これを改善する作業に着手したのがグレゴリウス9世（在位1227～1241）である。

　グレゴリウス9世は，統一的で簡明な実定的法典を創る作業に着手することに決し，これをドミニコ派の修道士でボローニャ大学のローマ法及び市民法教授，ペナフォルチェのライムンドゥス（1180頃～1275）に委ねた。1230年のことである。

集外法規集　ライムンドゥスは主として「教皇令集録5巻」をもとに作業を行い，「教令集」以後の教皇令及びグレゴリウス9世の教皇令を論理的に整理，統合した。ライムンドゥスは，全体を5巻（通例，「裁判官」，「訴訟」，「聖職者」，「婚姻」，「犯罪」の巻と呼ばれる）に分け，各巻をさらに章，章を条に分けるという方法をとった。各章と条にはそれぞれ標題がつけられた。こうして全5巻185章1971条からなる法典が編纂され，グレゴリウス9世により1234年に公布された。

　この法典は「グレゴリウス9世教皇令集」，あるいは「グラティアヌス教令集」以外の教令集という意味で，「集外法規集（Liber extra）」ないし「別書」と呼ばれる。「グレゴリウス9世教皇令集」はボローニャ大学及びパリ大学に送付され，1917年の新法典にいたるまで，最も重要な公的法典となった。グレゴリウス9世はこの法典にのみ法的効力を与えたが，「グラティアヌスの教令集」はなお権威をもち，講義はいうまでもなく，実務でも用いられつづけた。

第六書　これに続いて，ボニファチウス8世によって，主としてその後の教皇令からなる「第六書」が1298年に公布された。これは，「グレゴリウス9世教皇令集」第5巻に続くという意味で，「第六書」とされた。これもボローニャ大学とパリ大学に送られた。

　ヨハネス22世が1317年に公布した「クレメンス集」がこれに続く。「クレメンス集」と呼ばれるのは，前任のクレメンス5世が企画，完成したが，大学への送付前に死亡したために法的効力を認められず，後にヨハネス22世によって改定，公布されたからである。篇別は「グレゴリウス9世教皇令集」と同一で，「第七書」とも呼ばれる。「クレメンス集」もボローニャ大学とパリ大学に送付された。

　その後，教皇の公式の編纂はないが，カノン法学者によって「ヨハネス22世追加教皇令集」（1巻14章）「普通追加教皇令集」（74教皇令）がまとめられた。

カノン法大全　教皇グレゴリウス13世は，「グラティアヌスの教令集」と以上の「グレゴリウス9世教皇令集」から「普通追加教皇令集」までのカノン法典を包括的に校訂，出版することを企画し，その出版認可の教勅（1580年）で「カノ

ン法大全」と名づけた。実際に,「カノン法大全（Corpus Iuris Canonici）」というタイトルのもとに出版されたのは，1586年のフランクフルト版が最初である。「カノン法大全」は，その後，1918年の大改正で「カトリック教会法典」が制定されるまで，カトリック教会の公式の法典として効力をもちつづけた。

ちなみに，この1918年の「カトリック教会法典」は1983年に改正され，新たに「新カトリック教会法典」が公布され，今日に至っている。

2 カノン法学の展開

教令集学派　「グラティアヌスの教令集」はカノン法の体系的法源として画期をなしたが，これはまた学問的カノン法学の出発点となった。ボローニャ大学，パリ大学，パヴィア大学などの教授は「グラティアヌスの教令集」以後，その註釈活動を中心にカノン法の研究を行うようになった。このような研究活動を行った学者たちを総称して教令集学派（デクレティスト）という。その盛期は1140〜90年頃とされる。

教令集学派は，ローマ法学の影響を強く受け，その註釈学派と同様に，法典の法文相互の矛盾を解決する註釈と全体の理解を容易にするための集成の著述にいそしんだ。註釈を集めた作品は「註釈集（アパラートゥス）」と呼ばれた。最も適切とされた註釈書は「標準註釈書（グロッサ・オルディナリア）」と呼ばれ，広く講義や裁判で用いられ，これに対する註釈も行われた。

教令集学派に属した学者としては，最初の教令集学者としてグラティアヌスの弟子であるパウカパレアの名がまずあげられる。ついで，やはりグラティアヌスに学んだロランドゥス・バンデネッリ（後の教皇アレクサンデル3世），フランスのルフィヌス（後のソレント大司教），アルベルトゥス・ベネヴェンタヌス（後の教皇グレゴリウス8世），ボローニャの最初の両法博士で最も権威ある教令集学者ピサのフーゴーつまりバジアヌス・フグッチョ（フェルラーラ司教），その弟子のロタリウス（後に教皇インノケンティウス3世），ドイツのヨハネス・テウトニクス，スペインのラウレンティヌスがいる。

著作としては，「グラティアヌス教令集」に対する，ラウレンティヌスの『註釈集』，テウトニクスの『標準註釈書』(1217年）が注目される。「グラティアヌス教令集」への標準註釈といえば，一般にこのテウトニクスの『標準註釈書』を指す。また，註釈集をさらに体系化した集成として，パウカパレアの『集成』(1148年），体系的方法と註釈を方法的に統合し，高い評価を受けたルフィヌスの『集成』(1159年），フグッチョのいわゆる『女王の集成（スンマ・レギネンシス）』(1191年，17世紀にスウェーデン女王クリスチーナがバチカンに献呈したことからこう呼ばれる。）がある。

個別的作品としては，デュー・プロセス（正当手続）論の端緒ともいえる「裁判手続論（ordines iudiciarii）」という訴訟法論が12世紀から13世紀初頭にかけて，リカルドゥ

ス・アングリクス，ダマルスス，タンクレードゥスによって著述された。なかでも重要なのはグイレルムス・デュランティスで，その『法廷鑑』は広く読まれ，「鑑照者」の名が与えられるほどであった。

　カノン法学は学問的だっただけではなく，実務とも深く関わっていた。著名な学者がしばしばローマ教皇となり，その学識を現実の裁判や立法に適用したからである。教皇は多数の教皇令を公布した。カノン法は，教皇の立法的イニシアティブの下に発達を続けた。

インノケンティウス4世

教皇令集学派　教令集学派に属するカノン法学者はまた，1190年頃から「教皇令集録5巻」への註釈・註釈集・集成を始めた。ペナフォルチェのライムンドゥスの『カノン法集成』などが注目されるが，「グレゴリウス9世教皇令集」が公布された1234年以後，カノン法学者の関心は大幅にこの包括的な最初の公的教皇令集に向かうことになった。

「グレゴリウス9世教皇令集」及びそれ以前，以後の一連の教皇令集への註釈や集成を中心に活動した学派を「教皇令集学派（デクレタリスト）」という。その活動期は1234年以前と以後とに大きく分かれるが，前半がペナフォルチェのライムンドゥスなど教令集学派にも属する学者たちの，後半が固有の教皇令集学者の活動期で，1234年以降の時代が教皇令集学派の，またそれのみならずカノン法学そのものの黄金期であった。

「グレゴリウス9世教皇令集」への註釈でもっとも重要なのはボローニャ大学教授ベルナルドゥス・パルメンシスの作業で，これは『標準註釈書』として受け入れられた。だが，この学派でもっとも著名なのは，セグジオのヘンリクス（〜1271年）つまりオスティア司教ホスティエンシスであろう。13世紀最大のカノン法学者であるホスティエンシスは，その師であった教皇インノケンティウス4世の教皇令に対する『註解』及び『黄金の集成』（1253年）を著し，「両法の王」と呼ばれた。その権威は，カノン法を学ぶということは「ホスティエンシスに従うことだ」との格言が残されたほどである。

　そのほか，教皇令集の各章への個別的な研究である「註解」や「講義」も記された。シニバルドゥス・フリスクス（後の教皇インノケンティウス4世，在位1243〜54）はボローニャ時代に多くの註解を記した。また，もっとも重要な註解学者として，ヨアンネス・アンドレアエ（1270年頃〜1348）の名をあげることができるであろう。アンドレアエの『グレゴリウス9世教皇令集新註解』（1338年頃）は，法文の解釈だけでなく，他の註解にも言及し，論争の解決を図っている。その妻と長男もまた教会法学者として活躍した。

> ▶ノヴェラ・アンドレアエ（1312〜1366）
>   初期のボローニャ大学では，女性が講壇に立つことも少なくなかった。富豪教授アンドレアエの娘として，莫大な持参金つきの絢爛豪華な結婚式を挙げたことでも有名なノヴェラ・アンドレアエもその一人である。聡明な娘ノヴェラはしばしば父に代わって講義したが，美人であったため，学生が集中できるようにヴェールを被って講義せねばならなかったと伝えられる（講壇に設けられたカーテン越しに，との異説もある）。
>   （R）

　また，学者ではないが，アルベリクス・ロサーテ（〜1354）の名も逸することはできない。彼は，「第六書」への註解を記しただけでなく，『辞典』（1338年頃）で言葉の説明を与えている。
　その後，活躍した教皇令集学者としては，リグナーノのヨハンネス（レニャーノ），アンカラノのペトルス，フランシスクス・ザバレラ（〜1417）がいる。ザバレラはボローニャの教授でフィレンツェの司教だったが，大シスマを解消したコンスタンツの公会議（1414〜18年）を指導し，「集外法規集」と「クレメンス集」への註解を記している。パレルモの大司教パノルミタヌス（〜1445）も「第六書」への註解や「助言」を記し，高く評価された。パノルミタヌスをもって，この学派の活動もほぼ終焉する。

3　カノン法と社会

裁判権　カノン法の効力が及ぶ教会の裁判権は，誰にどの範囲で及んだか。これは世俗の裁判との関係で重要である。教皇革命にいたるまで，聖と俗の境界はあいまいで司教の裁判権も多くの点で皇帝や国王に従属した。しかし，教皇革命によって教会の裁判権は大幅に自立化した。
　バーマンによると，それ以降，教会の裁判権は大きく2つの種類に分けられた。一つはある種の人々つまり「人に対する裁判権」で，もう一つはある種の行為や関係つまり「物に対する裁判権」である。
　人に対する裁判権の対象とされたのは，①聖職者とその家の構成員，②学生，③十字軍士，④貧者・寡婦・孤児を含む「悲惨な人々」，⑤キリスト教徒との訴訟におけるユダヤ人，⑥商人や水夫を含む旅人である。これは「法廷の特権」と呼ばれ，世俗権力と厳しく対立した。ただ，①と②には例外があったし，④〜⑥は本来，皇帝や国王の任務であるから，権力者がその保護義務を果さない場合に補充的に管轄するというものであった。したがって，教会の裁判権が強く及ぶのは最初の三者ということになる。この場合には，原則としてすべての事件が教会裁判所で裁かれた。
　「物」に対する裁判は，逆にすべての人に及ぶが，対象は特定の「物」に限定された。「物」に関わる事件は大きく2つに分けられた。一つは「霊的な事件」で，いま一つは

「霊的な事件に関わる事件」である。霊的な事件とは①秘蹟の執行，②遺言，③教会財産や教会税を含む教会禄，④信仰の誓約を含む宣誓，⑤教会の監視下に置かれる罪を指す。教会法学はこれを梃子に実体法の学識的発展に寄与した。婚姻の秘蹟を手がかりとした家族法，遺言をもとにした相続法，教会禄を基礎とした財産法，誓約に関する裁判権に基づく契約法，罪に関わる刑法と不法行為法，教会の存在そのものに基づく団体法（法人法）である。その他の原因によるのが「霊的な事件に関わる事件」である。

　教会裁判所は，教会の法廷で裁判を行うことを望む当事者を受け入れた。これは「延長（プロロガティオ）」と呼ばれる手続で，民事裁判の当事者が教会の法廷または仲裁で紛争を解決することを希望した場合に，そこで手続を進めるというものであった。それは，あらかじめ世俗の裁判所の管轄を放棄するとか，紛争の際には教会裁判所に訴えるという条項を契約に記載することで実行された。世俗の裁判所はなお遅れていたので，民事契約の当事者たちは，しばしばそのような放棄条項を取り入れた。カノン法はまた，「世俗の裁判所の怠慢」を理由として，訴えがあれば誰からでも裁判を受け入れ，時には世俗裁判所での事件を移すことを認めた。これは，しかし，かなり例外的である。

　いずれにしても，世俗と教会の２つの裁判所が異なった法源のもとに競合したのは事実である。むろん，すでに述べたように棲み分けはあった。例えば，殺人，窃盗，放火，攻撃などの事件についてみると，行為者が聖職者である場合，これは原則として教会裁判所が扱った。だが，世俗の人々の犯罪行為は原則として世俗の裁判所が管轄した。例外的に，異端，瀆神，魔術，魔女，高利貸し，誹謗，ある種の性的・婚姻犯罪（同性愛，姦通など），教会の汚染，聖職者への攻撃は教会裁判所の管轄に属した。

　とはいえ，この区分はあいまいで，２つの法体系と裁判所の存在は，それぞれの法と法廷の競争を引き起こし，法と裁判の改善，合理化と体系化に寄与することになった。紛争を裁判で解決しようとする傾向が西洋で著しく高くなったのも，一つにはこのような聖俗裁判所の競合による裁判の合理化と安定化，それに由来する信頼感の拡大のためであろう。教会裁判は，その意味でも西洋を法化社会へと進めるのに大きく寄与した。

　なお，教会裁判所が近代になって世俗の裁判所に交代したのは国家の管轄権が拡大したからである。モンテスキューは『法の精神』で，これを次のように指摘している。

　「世俗的権力は無数の領主の手中にあったので，教会裁判権にとっては日ごとにその範囲を拡大することは容易であった。しかし，教会裁判権が領主たちの裁判権の力を失わせ，それによって国王裁判権に力を与えることに貢献する一方，国王裁判権は次第に教会裁判権を制限し，後者は前者のために後退させられた」。

カノン法に　　グレゴリウス７世が1075年に記した「教皇訓令書」（全27条）は，ロー
おける権力　　マ教皇の権力を至上のものと規定した。その重要な規定だけを次にあげておこう。

　第３条　ローマ教皇だけが，司教を退位または復帰させることができる。
　第７条　ローマ教皇だけが，時代の必要に応じて新しい法律を作ることが許される。

第12条　ローマ教皇は，皇帝を退位させることができる。
第18条　ローマ教皇の判決は誰によっても修正されえない。ローマ教皇だけがすべての判決を修正することができる。
第19条　ローマ教皇は，誰によっても裁かれない。
第20条　ローマ教皇庁に上訴したものを非難することはできない。
第21条　すべての教会の重要な事件はローマ教皇庁に移されうる。

　ローマ教皇は，これまで明らかに皇帝権力に対して劣勢だった。それゆえ，「教皇訓令書」が，ローマ教皇に，皇帝を退位させることができるうえ，新法を作り，最終審として裁判をつかさどり，自らは裁かれない，という権限を与えたのは，政治・法思想のコペルニクス的転回であった。立法権という認識がなく「良き古き法」が語られていた時代に，これほど明晰に教皇の主権的性格が語られているのは，まさに覚醒的な知的革新だった。

　「教皇訓令書」の教皇は，フランクの国王や神聖ローマ皇帝すら抱かないほどの権力者像を示している。西洋中世の権力者とは絶対的存在ではなかった。彼らには，立法権も最終審としての裁判権もなかった。ところが，グレゴリウス７世はその権限の存在を明言した。後継者たちは，それを教会組織の枠内で大幅に実現した。

　すべては教皇権力から発し，戻るという合理的な組織原理は，やがて世俗の権力機構の形成にも影響を与えることになった。世俗の権力は，ローマ法の理論に依拠しつつ，合理化を推進し，自己の権力の強化を図った（「君主は法律に拘束されない。」）が，現実のモデルはライヴァルであるローマ教会だった。ローマ教会はその意味で，結果として世俗権力の絶対化と合理化の推進に寄与した。

　むろん，絶対的権力は専制的であることを必ずしも意味しない。ローマ教皇を選出するのは枢機卿団であり，各地の大司教，司教の独立性も依然として高かった。教会は独自の官僚機構を発達させたが，官僚制はまた官僚制として抑止効果をもった。その抑止的総体が「教会の憲法（status ecclesiae）」と呼ばれ，ローマ教皇もそれには服従しなければならなかった。

　したがって，教皇の権力的性格は，現実にはたぶんに理念的なものにすぎない。だが，理念として権力への集中と降下という明確な組織原理が確立したのは重要である。権力は専制的に行使されてはならないが，集約的かつ合理的に構成されるべきである，という認識が世俗の世界で定着するにはなお時間がかかるが，その大きな一歩を最初に踏みだしたのは教会だった。

実体法への寄与　カノン法は実体法と手続法のいくつかの分野で後世に多大な貢献をした。それは，いま説明した，権力の絶対性とその憲法的制約への道を切り開くとともに，団体法や刑法，婚姻，相続，所有，契約に関する法や手続法，そして国際法の発展に寄与した。

団体法　「団体」という概念はローマ法に由来する。ユスティニアヌス法典によると、国家や国庫、地方自治体は団体だった。国家は裁判の対象にならないが、他の団体は独自の財産をもち、代表を通じて訴訟の主体及び客体たりえた。私的結社も国家による特権の付与によって団体とみなされた。個々の教会も国家により団体に組み込まれた。

しかし、11, 12世紀以降、キリスト教会は、教会全体を一個の団体と考え、教会が国家によって管理されることを否定した。カノン法では、団体は国家の許可をまたずに独立した団体であるとされた。ローマ法は代表だけが団体として行為し得るとしたのに対して、教会は構成員総体の意思を認めた。団体の財産は、ローマ法では構成員に関わらないのに、教会法では構成員の共有物だった。そこに見られるのは、団体は成員からかけ離れた人格でも意思でもない、ということである。団体の長は責任者であるが保護者であり、独裁者ではない。

この理論はやがて、インノケンティウス4世のペルソナ・フィクタ（擬制人格）論により大きく修正されることになるが、カノン法による寄与の一つである。

刑法　刑法にも影響はある。ゲルマンの犯罪行為にあっては復讐と和解が中心だったが、キリスト教にあっては、贖いが重要である。それゆえ、法の破壊は処罰によって贖われねばならず、それはその加害の程度に応じたものでなければならなかった。行為者が贖うのは、神との関係における罪である。贖いを求めるのは正義、つまり神の正義だった。その限りで、権力者もまた、犯罪の程度に応じた適切な制裁規定を示さねばならない。

ここで重視されたのは被害者への罪の補償だけでなく、加害者自身の宗教的な意味での罪の贖いであった。それは、被害者の名誉を侵した行為への「特別の応報」とともに、法一般の毀損に対する「一般の応報」である。それはまた行為者を救う。トマス・アクィナスは『神学大全』で、刑事・民事の犯罪は被害者への補償の支払いを求めるが、犯罪はさらに法に対する挑戦であるから、刑罰が「法の侵害の代価として」科せられねばならない、と記している。

婚姻法　教会は私法にも影響を与えた。婚姻の分野では、一夫多妻と婚姻強制、女性への抑圧を一般的に行っていた部族的・血縁的社会に一夫一婦制と両性の自由な合意による婚姻を理念として持ち込み、これをついに一般化した。

相続法　相続についても伝統的な親族相続、家相続に対して、キリスト教は新しい概念を導入した。それは、相続財産を三分し、3分の1を氏族の長に、3分の1を相続人に、3分の1を「神の分け前」とした。この分け前を確認するために、聖職者は死亡しつつある者の枕もとにたって、その意思を確認した。それゆえ、カノン法は、死ぬ者の意思を「死者の魂の保持」と結合し、ローマ法におけるように形式ではなく、聖職者が聞き取る意思に重きをおいた。

教会は、残された妻と子供たちの保護にも意を用いた。ローマではすでに遺留分があ

り，それは4分の1（後に3分の1）だが，その相続人のなかに妻ははいっていなかった。カノン法は妻にも相続の権利を与え，遺言によっても3分の1以上は妻と子から奪うことができないと定めた。また，教会への土地の譲渡は「死手譲渡」として世俗の権力によって禁止されたが，これに対してはトラスト（ユース）という方法が案出された。

財団 このトラスト（ユース）は，カノン財産法論の重要な成果だった。教会や修道院はユースという概念によって土地を実質的に所有した。また，カノン法学は，「人々の団体」という概念とは別に「物の団体」つまり財団の概念を発達させた。財産上の権利義務や収入などを含む教会禄は一個の法人として扱われた。病院や救護院，教育機関や司教区や修道院は「人々の団体」だけでなく「物の団体」とみなされた。

さらに，教会法は財産の救済の理論を発達させた。それは，暴力や詐欺によって奪われた財産を不法に奪われたことの証明だけで現所有者に対して回復を請求できるとするもので，暴力による奪取と再奪取を自明とする，時代の慣行に批判的に対応するものだった。

契約法 契約に関しては，註釈学派はすでに合意の「外被（vestimentium）」と表現された「原因」があるならば，無名契約であっても義務を発生するという立場をとり，註解学派はさらにこれを契約の一般理論にまで高めた。それに寄与したのは，アリストテレス哲学とカノン法学だった。カノン法学は2つのことを付加した。

第一に，約束は，「外被」の有無にかかわらず，良心の問題として，そのものとして拘束力を有する，という原則である。形式のいかんにかかわらず，「合意は守られねばならない」。ただ，いかなる合意も有効であるというわけではなく，正しい原因は必要とされた。

また第二に，カノン契約法では「理性」と「衡平」が重視された。物や役務は等価でなければならない。これは「正当価格」の原理と呼ばれる。カノン法は当初，すべての利子を不正な利子（usura）として否定したが，後には必ずしも利潤を否定せず「恥ずべき利益」だけを非難した。それゆえ，「不正な利子」はすべての利子を意味しなくなる。後期のカノン法学は「利子（interesse）」を「不正な利子」と区別し，「適正な利子」と認めたといわれる。

手続法の合理化 訴訟法についても，カノン法は独自の発展を示した。それはまず文書主義を導入した。また，宣誓のもとに証言を求めた。さらに，代理人を認めた。最後に，刑事手続において，司法捜査が導入された。裁判官は理性と良心にしたがって，当事者と証人に審問した。裁判官は確信をもって判決を下さねばならないことになった。ここに合理的な糾問訴訟が始まる。

しかし，裁判官による審問はなお不十分で，より重視されたのは役人の用意した文書だった。文書への信頼は過剰なほどで，それは魔術的ですらあった。証人の場合，事実を確定するには2人以上の証言が必要で，女性の証言は半分の価値しかもたず，男性の証言によって補充されねばならなかった。貴族の証言は平民の2倍の価値をもち，聖職

者の証言は俗人の証言よりも重かった。

　裁判官は，容易に確信に到達できなかった。そこで，裁判官は，証拠を引き出すために，拷問を用いた。自白つまり「証拠の女王」を求めたのである。これは，特に異端審問において実行された。被告人の内面を知るには，自白が，そしてそれを引き出すための拷問が必要と考えられた。

　自白と拷問はローマ法にすでに見られた。こうして，ローマ＝カノン法訴訟が形作られていった。被告の雪冤宣誓などの不合理な裁判ではなく，証拠と自白に基づく「合理的な」裁判が始まった。1215年の第4回ラテラーノ公会議が聖職者の神判への関与を禁止したのは，その合理性の勝利を意味した。

国際法　最後に，カノン法学は異教徒たちを征服することを合法とする論理をも準備した。その戦争法の論理は，神の平和の規定とともに，後の国際法の発展に不可欠の役割を果すことになった。

> ▶北の十字軍とカノン法学
> 　中世のヨーロッパは異教世界を襲い，征服し，植民することで拡大していった。神学やカノン法学者はしばしば，そのような行為を非難するどころか，合法化することに努めた。十字軍は正当とされ，罪の赦免すら認められた。このような状況のもとで，プロイセンやバルト海沿岸地域に送られたのが北の十字軍である。北の十字軍はカノン法学の後援を受けて成功裡に推進され，そこで鍛えられた論理は，後の南北アメリカの征服・植民活動の法的，神学的議論の基礎となった。これについては，山内進『北の十字軍』（講談社，1997年）がある。　　　　　　　　　　　　　　　　　　　　　　（Y）

　カノン法学は，合理的学識法学として多くの重大な成果を残し，中世ローマ法学とともに，すぐれてヨーロッパ的な法と法体系の形成に寄与した。

もっと学びたい人のために

① J. ヨンパルト『教会法とは何だろうか』成文堂，1977年。
　＊教会法の入門書。歴史も含めて初心者向けに分かりやすく書かれている。
② R. メッツ／久保正幡・桑原武夫訳『教会法』ドン・ボスコ社，1962年。
　＊同じく教会法の入門書。絶版だが，図書館で閲覧してほしい。
③ U. シュトゥッツ／増淵静四郎・淵倫彦『私有教会・教会法史』創文社，1972年。
　＊教会がかつて世俗権力の私的所有の下にあり，聖職者の任命も権力者によってなされていた，という私有教会制は聖俗未分離の時代のヨーロッパを知るうえで重要である。本書はその基本書である。
④ J. ル・ゴッフ／渡辺香根夫『中世の高利貸――金も命も』法政大学出版局，1989年。

＊Usura が必ずしもすべての利子を意味しなかったという主張を高利貸しや煉獄との関連で明らかにした著作。いかにもアナール派の大家ル・ゴッフらしいエスプリに満ち溢れた作品である。

⑤ 淵倫彦「カノン法」木村尚三郎他編『中世史講座4　中世の法と権力』学生社，1985年。
　＊日本の代表的教会法学者によるカノン法の概説。簡潔に全体像を示しており，勉強になる。

【参照文献】

市原靖久「中世の正戦論と『神の平和』」竹下賢・平野敏彦・角田猛之編『トピック　法思想』法律文化社，2000年。

伊藤不二男「イシドールスの『語源』の考察1」『国際法外交雑誌』第55巻第5号。

伊藤不二男「グラティアヌス『教会法』の国際法学説史上の意義」『法と政治の研究』（九州大学）1947年。

小川浩三「訴訟の形式に従い判決の形式も整えらるべし——『グレゴリウス九世教皇令集標準註釈』の弾劾手続きと糾問手続」西川洋一・新田一郎・水林彪編『罪と罰の法文化史』東京大学出版会，1995年。

淵倫彦「いわゆるグラーティアヌスの正戦論について——Decretum Gratiani, Pars II ; Causa XXIII に関する若干の考察」『比較法史研究』11，2003年。

ダンテ／野上素一訳『神曲物語』教養文庫，1968年。

モンテスキュー／野田良之・上原行雄他訳『法の精神　上・中・下』岩波文庫，1989年。

J. ヨンパルト『教会法とは何だろうか』成文堂，1997年。

H. J. Berman, *Law and Revolution*, Cambridge (Massachusetts), 1983.

Constant Van de Wiel, *History of Canon Law*, Louvain, 1991.

（山内　進）

III

ヨーロッパ近世の法と社会(1)

ローマ法の継受

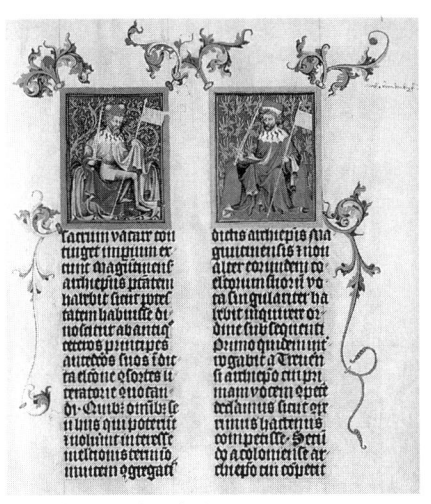

金印勅書写本（1400年頃）

III　ヨーロッパ近世の法と社会：総説

🔹 全体像

　第Ⅲ部が扱う時代は時代区分でいうならば近世（もしくは初期近代）と呼ばれる時期，おおよそ16世紀の初めから300年の間にあたる。産業革命とフランス革命という社会的・政治的な大変動によって始まる狭義のヨーロッパ近代に対して，近世は中世との連続性を保つものとして区分されるが，この時代の始まりを告げるルネサンス運動が新しい時代の到来を意識したように中世との隔絶もまた存在し，この時代の全体像を見極めにくいものとしている。

🔹 ローマ法の継受

　本書では近世における社会と法を2つの点から考察することにした。まず，その第一がローマ法の継受に関わるものである。封建制国家から身分制国家へ，すなわち国家が人的結合によるものから領域的なものへと推移するのに伴って司法・行政の恒常的な組織の重要性が高まるが，その際に大きな役割を果したのがローマ法であった。とりわけ，国王（皇帝）権力が統一的な国家を形成するほどの力を持たなかったドイツ（神聖ローマ帝国）においては，ローマ法が採用されて司法・行政組織が整備されることになった。
　15世紀末に帝国秩序回復の運動の結果として設立された帝室裁判所は等族国家として帝国最高裁判所の側面を示し，学識法としてのローマ法を学んだ者を裁判官として登用し，継受ローマ法を中心とする普通法を適用法としたことは継受をさらに促進することになった。また，刑事司法のなかで糾問訴訟制度が展開されることになるのもローマ法の継受を抜きには論じられない。
　しかし，継受の対象であるローマ法を生み出した中世法学は人文主義運動の影響を受けた新たな法学（人文主義法学）からの批判を受け，さらに継受ローマ法の妥当性に関する普遍的キリスト教的世界観に基づいた理念的根拠は宗教改革後の宗派対立のなかで通用しなくなっていく。

🔹 近代への胎動

　第二に，近代への胎動として，三十年戦争後の近代国家形成への動きに目を向けることにした。三十年戦争の後に帝国が無意味なものとなったわけではないにせよ，国家形成の中心は領邦へ移ることになった。
　この時期は絶対主義国家形成の時代と位置づけられるが，注意を要するのは超越した君主権力がただちに現出するのではなく，なおも特権的な地位を確保していた諸身分が国家運営において重要な役割を果した等族的国制の枠組みのなかで徐々に絶対主義国家が形作られたことである。また，そこでの秩序形成は絶対主義という言葉からイメージされるような「上から」のものでは必ずしもなかった。これらの点を見失わないよう

Ⅲ ヨーロッパ近世の法と社会：総説

に，本書では「紀律化」をキーワードとしている。

　この近世国家を導いたのが自然法論と啓蒙主義であった。普遍的な人間理性に対する確信を基本的な特徴とすることから理性法論とも呼ばれる近世の自然法論は，18世紀に入ると人間理性に基づいた実践的行動を提唱する啓蒙思想と結びついてもろもろの制度の革新をもたらし，来るべき近代市民社会の要請として，またさらなる啓蒙の実践として体系的法典の編纂事業を生み出した。

　このようにみると，自然法論以降の法の展開，とりわけ自然法論的法典編纂は新しいもの，近代市民社会の産物であるかのように思われる。しかし，それは，ローマ法継受以後の法学と隔絶しているわけではない。なぜなら，中世ローマ法学の権威から解放されて，ローマ法を時代の要請に適合的なものへと加工し，あるいは固有法との融合を行った継受以後の法学（「パンデクテンの現代的慣用」）が素材を提供してはじめて法典編纂も可能となったからである。

　第Ⅲ部では，中世と近代の間にあって，なお固有の特色を有する近世の法と国制についてたんねんに検討してみることにしよう。

　　　　　　　　　　　　　　　　　　　　　　　　　　　　　　（村上　裕）

第12章

学識法曹とローマ法継受

ローマ法とカノン法の発達は，中世の封建的身分社会に風穴をあけることになった。身分ではなく，知識と資格によって名声と地位と報酬を得る階層が出現したからである。学識法曹はさまざまな分野で活躍したが，特に重要な舞台が法廷である。ヨーロッパ大陸の法廷では，学識法曹が進出し，普通法（ユス・コムーネ）であるローマ法とカノン法が支配した。神判に象徴される古い訴訟手続は新しい学識訴訟にとって代わられた。学識法とりわけローマ法は，こうしてヨーロッパ世界に浸透していった。これをローマ法の継受という。

1 学識法と社会

両法博士　ローマ法とカノン法は，中世においては帝国と教会という2つの普遍的組織の法としての効力をもち，当時の法学はそれらのスコラ学的理解をめざした。この学問を習得し，試験に合格した学生には，大学における法の註釈学の万国教授免許が授与された。これは裁判実務のための資格ではなかったが，教授資格を得た財力ある学生は，さらに博士の学位を取得した。

法律学では，ローマ法とカノン法の双方の博士号取得が可能であり，2つの学位を得た博士を両法博士という。中世後期には，従来は貴族身分に独占されていたエリート層にも，学位を取得した法学識者が進出してくる。すなわち高位聖職者・宮廷法律顧問・都市裁判官等への道が開け，ここに新しい支配階層ともいえる学識法曹が誕生した。

社会との接触　中世における大学の法学教育は，本来的には原典註釈学の教授養成を目的としていた。当初ローマ法がボローニャ大学で註釈され始めた頃は，それは現行実定法学ではなく，聖職叙任権闘争などの世俗権力と教会権力の軋轢に際して，世俗側のための理論法学的な役割を担っていた。このボローニャ大学のスコラ学的註釈法学のモデルは，イタリアから南フランスそして全ヨーロッパの法科大学へと伝播・継承されていった。

第10章で明らかにしたように，ローマ法学は，13世紀後半以降，従来の註釈学の枠を超えて，封建法，都市条例や慣習などローマ皇帝法以外の法源を法学理論の中に包摂す

る努力を行っていた。法学研究も，従来の註釈を基礎として，個別テーマの探究や具体的な法律問題の解決などを行い，「単行論文（tractatus）」や「法鑑定（助言）集（consilium）」を刊行した。

鑑定活動　学識法曹は，しばしば大学教授であると同時に裁判官を兼務した。また，彼らは，高名な法助言者（consiliatores）すなわち法鑑定家として，社会的に積極的に活動した。そうした法鑑定家には，普通法（ユス・コムーネ）の卓越した知識に加えて，社会の生ける法への洞察力と衡平な判断が期待されるのだが，それにはローマ法原典から得られた緻密な法理論的裏付けが必要であった。この要請に応えたのが，バルトルスやバルドゥスに代表される註解学派（助言学派）であった。

彼らは大学で研究教育されている学識法を，当時のイタリア社会の現実に適用することに見事に成功し，新しい法学理論や法分野を創造した。彼らの鑑定活動には依頼者から高額な対価が支払われ，社会的名声はとみに上がった。この時代に法律学に初めて営利性が付与され，後に「パンのための学問」と揶揄される基礎が築かれた。

法律家の鑑定集や註解書（commentaria）は権威ある書物として尊重され，そこで展開された「博士たちの共通見解（communis opinio doctorum）」はいわゆる通説の地位を確立した。こうした鑑定活動は，やがて法律家個人だけでなく，大学の法学部に「訴訟記録送付」を行って鑑定を求める制度にまで発達した。

イタリア学風　また，本来のローマ法にはなかった条例優先理論・手形小切手法・国際私法といった新しい法分野も創造された。ユスティニアヌス法典の「学説彙纂」を軸として註釈や註解を行い，バルトルスの通説を尊重するローマ法学は，イタリア学風（mos italicus）と呼ばれ，15世紀以降，ヨーロッパの至る所に普及した。

特にイタリアとドイツではイタリア学風の権威が強く，その影響力は19世紀まで存続した。イタリア学風を学んだ学識法曹は，領邦や都市の司法や行政に大きな影響を与え，司法の合理化・近代化の中核ともなった。

ローマ法継受　この一連の現象は特にアルプスの北側では「ローマ法の継受」と呼ばれた。その担い手は，法科大学で学位を取得した学識法曹であり，普通法学すなわち中世イタリア法学の学識を利用して裁判・行政・立法に対応した。

ローマ法の継受とは，中世から近世にかけて生じた現象で，ローマ法の一般法化を意味する。一般法化とは，イングランドを例外として，ヨーロッパ各地の法廷であたかもヨーロッパ普通法（ユス・コムーネ）として，ローマ法が地域固有法を補充する一般法の機能を果すようになった，ということである。

この現象は地域によって偏差があり，特にドイツにおいて15～16世紀頃にもっとも著しく進行した。それゆえ，ローマ法の継受は特にドイツについて語られることが多い。

法生活の学問化　しかし，ローマ法の継受は，ヨーロッパ法社会における変化，すなわち法の近代化における法律家の機能に即して，ヨーロッパにおける「法生活の学問化」（ヴィーアッカー）を意味するというのが最近の理解である。

「法生活の学問化」とは、ユスティニアヌス法典の釈義学に始まる法解釈学の法社会全体への影響、法学識者による法生活全体の法学識化のことである。この観点からすると、ローマ法の継受とは、結局のところ、法解釈学を学び資格を得た学識法曹が、近世初頭にヨーロッパ大陸の裁判実務に彼らの法学識を導入し、やがてイギリスを除くヨーロッパの司法を支配するに至る過程のことであった。問題は、したがって訴訟である。

▶伝統的訴訟
　ヨーロッパにおける伝統的訴訟は、いくつかの特色をもっていた。第一に、判決発見人ないし参審人（Schöffe）制度で、裁判官と判決人とが分離していた。判決の裁定は判決人によって行われる。判決発見人は地方名望家で、慣習法にしたがっていた。第二に、訴訟が成立し判決が効力をもつには、当事者の合意が必要だった。判決の裁定に不服な者は判決非難をし、決闘または神判にもち込むことができた。第三に、裁判は口頭で、かつ共同体の全員に開かれた形、つまり公開で行われた。　　　　　　　　　　（K）

学識訴訟　12世紀ころまで支配的だった伝統的訴訟手続は、部族制的血縁共同体社会に適合的で、ゲノッセンシャフト（仲間団体）的な性格をもっていた。判決を下す裁判官は決定的権威ではない。判決を定めるのは、もともと被告の仲間で、同身分の判決人だった。裁判に当事者の合意が必要なのも、血縁共同的仲間意識のためだった。仲間であれば、同じ立場の者を一方的に処断できず、その納得を必要としたからである。口頭かつ公開であるのも同じである。仲間の監視のもとに、裁判が行われることが重要だった。
　この裁判手続に大きな変革をもたらしたのが、ローマ法やカノン法つまり普通法（ユス・コムーネ）の発達である。法自体の学問化とともに、訴訟手続も学識化され、専門化され、職権化されていった。これを学識訴訟という。最初にこの変化をもたらしたのは、既述したように（第11章）教会だった。
　教会はヨーロッパでもっとも早く中央集権化した組織である。ローマ教皇を最高権力とし、裁判は、司教のそれぞれの管区で行われたが、ローマ教皇の裁判を最終審として上訴することが可能とされていた。

カノン法訴訟　手続的にも、カノン法はローマ法の職権審理（cognitio）手続、すなわち文書証拠や事件に関連する証人を考慮する合理的システムを発達させた。口頭ではなく、文書が重視された。通常は、公証人がすべて筆記した。
　カノン法訴訟においては、まず文書による訴状（libel）によって手続が開始される。その訴状で、原告は請求の内容や理由を記した。被告がこれと争うために法廷に出頭すると、争点が決定される（「争点決定（litis contestatio）」）。延期的抗弁などは、争点決定前に主張されねばならない。争点決定後に、原告は分節（positiones）ごとに主張を行い、被告は認めるか、否認する。

裁判官は調査し，証拠を探究する。第11章でも説明したように，証拠が完全な証明力をもつには，2人の証人の証言または公証人による文書資料を必要とした。証人が1人であったり，文書資料が私的であれば，半証明とされた。これは，従来の宣誓補助者を含む雪冤宣誓より合理的だが，雪冤宣誓もなお平行して用いられていた。

　裁判官は事実調べの後に，原告・被告の議論を聞いたうえで，判決を下した。訴訟の全段階が記録された。すでに記したように，上訴も可能だった。

　刑事裁判も，当事者またはその代理人による訴えか，また公益の観点からの一般的告発または悪評に対する裁判所による独自の捜査によって，開始された。15世紀までには，カノン法訴訟における刑事事件は，裁判所による審問によって開始されるのが一般化した。

2　ローマ法継受の理念

ローマ理念　中世盛期の人々は，古代文明の一部であるローマ法に無限の憧憬を抱いていた。人々にとって，ローマ法は西ヨーロッパ帝国の根源的法秩序であって，宗教的権威による自然法，神聖法であるとの確信を有していた。こうした文化的ローマ理念の効果として，ローマ法は「書かれた理性（ratio scripta）」として，尊重された。

理論的継受　とりわけ，シュタウフェン朝において，聖書に基づく終末論を踏まえた永遠のローマ帝国の思想すなわち政治的ローマ理念が確立したことは重要である。その理念によって，皇帝が唯一の立法者であり，ローマ法のみが帝国の法である，という認識が成立した。このように思想的にローマ法の包括的受容が行われたことを，一般に「ローマ法の理論的継受」という。

実務的継受　しかし，実は，皇帝の勅法による包括的継受は存在しなかった。あったのは，先に示したように，裁判所や宮廷，行政活動を通じて，学識法曹が註釈・註解付ローマ法を実務的に適用していったこと，とりわけ，カノン法訴訟の影響のもとに，法学識者がローマ法の知識にしたがって世俗裁判所を支配していったことであった。

　これが，ローマ法の継受の現実である。その意味で，ローマ法の継受とは，実は「実務的継受」のことであった。

　以下においては，ドイツ・フランス・イングランドにおける継受の具体的過程を検討することにしよう。もちろん，普通法（ユス・コムーネ）の影響という点ではスペインやスコットランドも重要である。特に，コモン・ロー国でありながら大陸ローマ法を継受したスコットランドは，EUにおける法的統合の観点から注目を集めているが，本書では紙幅の関係で省略せざるをえない。

金印勅書

③ ローマ法継受の現実

皇帝理念 ローマ法の継受の痕跡がもっとも著しいのは，962年以降神聖ローマ帝国の中核を形成し，皇帝理念のもとにあったドイツだった。

ドイツの大学ではじめて法律学が講義されたのは，15世紀前半のケルン大学である。それまでドイツ人法学生は，イタリアやフランスの大学に留学しなければならず，いわばドイツは学識法教授の空白地帯だった。

大学が設立された後にも，その法学は主としてイタリアで発達した註釈付きローマ法やカノン法，そして法学者による鑑定書にほぼ全面的に従うものだった。ドイツはその意味で，法学植民地だった。

イタリア学風の支配 ドイツで国内の裁判所，特に帝室裁判所に学識法曹が姿をみせ始めるのは，15世紀前半であるといわれている。15世紀においては，ヨーロッパ各国の法学部では，一般にイタリア学風が教えられていた。この学風はその後も19世紀まで，イタリアとドイツの大学法学部で引き継がれてゆく。この両国では，人文主義法学の影響は非常に少ない。

法の分裂 15世紀になると，法学部入学者の社会層に変化がみられる。最初は聖職者が主流だったが，下級貴族が増加し，さらに市民階級出身者が加わりはじ

めた。火器による戦争方法の変化が下級貴族の地位を脅かし，商品交換経済の進展が市民の力を強めていた。

また，ドイツでも商品の流通や人的交流が盛んになり，共通な法の必要が生まれていた。ところが，イングランドやフランスのように伝統的固有慣習法を中心とする共通慣習法を創出するには，あまりにも各地の慣習法が多様に分裂していた。それらを集約して統一法を制定するには皇帝権力は脆弱だった。ドイツでは，特に金印勅書（1356年）以後に領邦国家の自立化，主権国家化が進んでいた。

金印勅書 金印勅書は選帝侯の過半数の選挙でドイツ国王ひいては神聖ローマ皇帝を選出し得ることを定めた全31章からなる帝国基本法である。これは，国王の選出をめぐる紛争とローマ教皇の選挙への介入を妨げることをめざしたもので，金印勅書の制定者カール4世はこれに成功した。

しかし，それとひきかえに，皇帝カール4世は将来の皇帝である国王を選出する権限を特定の選帝侯に与え，彼らに国王・皇帝の高権である高級裁判権（上位の裁判所をもたない不移管・不上訴特権）や鉱業権，関税権，貨幣鋳造権を認めた。これは，皇帝フリードリヒ2世時代に取り決められた「聖界諸侯との取決め」（1220年）や「諸侯の利益のための定め」（1231年）の諸侯独立化傾向の流れを完成するもので，後には選帝侯だけでなく，他の帝国諸侯にも認められた。帝国の分権化が進み，帝国とは皇帝ではなく，帝国諸侯である，という認識が広まるようになった。

帝国改造 神聖ローマ帝国は，有力選帝侯を中核とする連邦制的な国制（「等族国家」）を有することとなった。しかし，14世紀後半から15世紀初頭にかけて，トルコ帝国のヨーロッパ侵略が始まり，この弱体化した帝国を改革することが緊急の課題となった。しばしば帝国改造計画が論議されたが，帝国の中央集権化は困難で，帝国権力による司法・行政組織を整備するのが精一杯であった。

その流れのなかで特に注目されるのは，マクシミリアン1世の帝国改造計画である。それは曲りなりにも永久ラント平和令を制定し，またそれに基づく帝室裁判所令（Reichskammergerichtsordnung）を成立（1495年）させた。これは，帝国に平和をもたらし，法の安定をもたらすうえで決定的に重要な役割を果すことになった。

詳細は第13章に譲るが，この規則により，帝国実定法のレヴェルで，陪席判事への学識法曹の登用と帝国の普通法すなわちローマ法の適用が規定された。これは，すでに事実上進行していた学識法曹の進出つまり「ローマ法の継受」を追認するものであり，ヨーロッパ法史における大事件であった。

領邦レヴェルでの継受 帝国の裁判所法は，16世紀以降各領邦における上級裁判所法の模範とされた。領邦君主や都市も教会裁判所との競争のなかで，裁判を学識化することを余儀なくされていた。15世紀の後半には，ローマ＝カノン法訴訟が領邦の上級裁判所に採用され始めていたから，流れはすでにできていた。15世紀前半には『訴訟鑑』や一般的な手引きである『簡約鑑』などが早くも出されている。

こうして帝室裁判所の設立を大きな動力として、「ザクセンシュピーゲル」のあったザクセンを例外として、全ドイツがローマ法を継受することになった。

成文法地域 ローマ法が生きていた南フランスは成文法地域と呼ばれる。そこでは、モンペリエやトゥールーズに13世紀から法科大学が存在しており、そこで法律家（レジスト）も養成されていた。

しかし、レジストは国王に仕えることが多かったので、王権に遠慮して、ローマ法の優位を主張することはなかった。それゆえ、成文法地域でも、ローマ法はあくまで一般法にすぎず、その地域の慣習法がない場合にのみ適用可能とされたにすぎない。

慣習法地域 慣習法地域と呼ばれる北フランスでは、ローマ法が一般的、補充的効力をもつことはなかった。パリ大学では、1219年にローマ教皇ホノリウス3世によってローマ法の教授が禁止され、1679年までローマ法が教えられることはなかった。

北部では慣習法が優位にあり、法書化され、法典化された。もっとも、慣習法の整備にあたっては、学識法曹がその学識を利用していた。ボマノワールの「ボヴェジ慣習法書」やピエール・フォンテーヌの『友人への助言』や『正義と訴えの書』は地方の慣習法を第一の対象としているが、ローマ法の影響を強く受けている。

北フランスで特に16世紀に一群の慣習法（ブルゴーニュ慣習法、オルレアン慣習法、パリ慣習法、ブルターニュ慣習法など）がまとめられた。なかでも、パリ慣習法は標準的、典型的慣習法として優越的地位を占め、言わば北フランスのコモン・ローとなった。

イングランドと同様に、法曹がその担い手だった。ただ、彼らもまた、ローマ法的学識の影響を受けていたことを忘れてはならない。

王権とローマ法 フランス国王は、神聖ローマ帝国に対抗し、法律家を使って、「フランス国王は彼の王国内においては皇帝である」という命題を主張した。また、バルドゥスの「条例は祖国の普通法である」という命題を利用して、固有慣習法の優位とローマ法の補充性が強調されていた。

しかし、国王がその「王国内においては皇帝である」という命題はローマ法に由来する。国王は官僚等にローマ法の知識をもった法律家を登用し、合理化を進めていた。また、国の集権化を推進する過程で、ローマ＝カノン法訴訟を国王裁判所で用いた。裁判官の多くは聖職者で学識法は十分に理解していた。

この新しい手続を決定的に推進したのは、十字軍で有名な聖ルイつまりルイ9世（在位1226～1270）である。聖ルイは、1215年に神判が禁止されたのを受けて、国王裁判所で神判を用いることを禁止した。また、1258年には決闘裁判を禁止した。1278年には、パリに高等法院（パルルマン）を設置し、国王の法令によってその手続を定めた。王権が強化されるにつれて、地方にも高等法院が設置され、国王の法令の適用範囲が拡大した。

パルルマン　パルルマンの管轄はそれぞれ自立していたが，パリ高等法院はもっとも広い管轄権を有していた。国王が任命するパルルマンの裁判官には学識法曹が多数任命された。封建社会の法廷では上訴制度は存在せず，例外的に認められていたにすぎなかったが，王権の拡大とともに上訴制度が確立していった。聖ルイは1258年に王令を発布し，国王裁判所に「誤った判決」を理由とする控訴を受け入れることを定めた。

　民事裁判では，文書による主張が求められ，証言や証明文書による証拠の要約が記述された。刑事裁判でも，14世紀には私人の告訴を必要とせず，裁判官の職権による捜査が一般化した。

　パルルマンでは学識法曹が活躍した。パリだけでなく，地方もそれに倣って学識的になっていった。ローマ＝カノン法訴訟がフランスの裁判に学識化と専門化をもたらしたのである。

イングランドにおける継受　イングランドにはローマ法の継受がなかった，というのが通説である。大陸では，ローマ法は合理的かつ高度であるがゆえに，非合理的な素人裁判を凌駕した。しかし，もっとも早期に市民革命を行い，資本主義をもたらしたイングランドになぜローマ法が継受されなかったのか。これは不思議である。

　これについて，田中英夫は3つの理由を挙げている。

(1)　イギリス（イングランドとウェールズ）は早くから中央集権化され，複数の法圏が存在することなく，重要と考えられた法分野は一つ，コモン・ローだけだった。この単一の法が存在したので，法の統一のためにローマ法を利用する必要がなかった。

(2)　法の近代化はエクイティという別の法体系によって行われた。

(3)　ここには早くから強固な法律家の団体が存在していた。その法技術的な水準は高く，ローマ法の継受に反対するとともに，継受なしに法の近代化を達成した。

「手工業的」教育　この第三の論点については，マックス・ヴェーバーが『法社会学』で記した次の言葉を読めば，より容易に理解できるだろう。

　「『専門的な』法教育の発展，したがってまた特殊法的な思考の発展のためには，相互に対立する2つの可能性がある。その一つは，実務家による法の経験的な教育であり，これはもっぱらあるいは主として実務そのものの中で行われ，したがって『経験的』であるという意味で『手工業的』な教育である。他の一つは，特別の法学校において合理的に体系化された形で行われる・法の理論的な教育であり，したがって，これは，この純技術的な意味において『学問的』な教育である」。

　ローマ法の継受が，ヴェーバーのいう「学問的」教育と不可分であることは明らかであろう。大陸の法廷を支配していたのはおおむね学識法曹だった。ところが，法の専門家を生み出すのは，なにも特別の法学校や理論的な教育だけではない。適切な条件が整えば，「手工業的」な法学教育も十分に可能だという。ヴェーバーがここで念頭におい

ているのは，もちろんイングランドである。

イングランドでは，ローマ法の知識を備えた学識法曹が行政や私法の場で活躍することはほとんどなかった。有力なのは慣習法を発達させたコモン・ローであり，またコモン・ローの知識を備えた法曹だった。イングランドでローマ法の進出が阻まれたのは，コモン・ローの法知識を備えた法曹集団がすでに存在し，これがその侵入を食い止めたからである。

ローマ法の影響　もっとも，そのヴェーバーもイングランドにおけるローマ法の影響をまったく無視しているわけではない。「イギリス，北フランス，スカンジナヴィアを除いて，ローマ法は，ヨーロッパを，スペインからスコットランドやロシアにいたるまで，征服した。……いかなるヨーロッパ法の発展も，これらの影響から完全に自由ではありえなかった。イギリス法の発展もそうである」(『法社会学』)と。

ヴェーバーの指摘は正しい。慣習法であるコモン・ローの最初の教科書といわれる，ラヌルフ・グランヴィルの『イングランドの法と慣習』(第7章参照)にもその痕跡を認めることは可能である。特に，その第10章はユスティニアヌス帝の「法学提要」の影響を受けているといわれる。

ローマ法は，12世紀にはすでにオックスフォード大学やケンブリッジ大学で教えられていた。ヴァカリウスはボローニャで学んだのち，イングランドでローマ法の簡潔な教科書『貧者の書』(1170年代)によって講義した。大学では，ローマ法やカノン法がその後も引き続き講義された。

また，グランヴィルと同じ題名のブラクトン『イングランドの法と慣習』(1250年頃)がアーゾなど中世ローマ法学者の著作に繰り返し言及していることも注目される。

さらに，普通法（ユス・コムーネ）のもう一つの柱であるカノン法は，ローマ法以上にイングランドに入り込んでいた。イングランドもまたローマ教会の階層的秩序のなかに存在していた以上，これは当然だった。カノン法のイングランド法史における役割について，今後さらに研究を進めるべきであろう。

コモン・ローの優位　しかし，アサイズ占有訴訟にローマ法の影響がみられるにせよ，ウエストミンスターの国王裁判所における判決実務は中世的伝統に依拠し続け，13世紀のエドワード1世の治下では早くもコモン・ローが完成していた。法曹のギルドは，法曹学院 (Inns of Court) に結集し，コモン・ローによって法曹を養成した。これは，大学とはまったく隔絶されていた。

大学でローマ法やカノン法を学んだ法律家は，教会裁判所や海事裁判所で活動し，しばしば国王に重宝がられた。ローマ法は絶対権力のための法命題を蓄えていたからである。またコモン・ローが硬直化した際，大法官府裁判所でカノン法を基礎に，衡平法すなわちエクイティの考え方を導入して，イングランド法の発展に大きな役割を果たした。このようにローマ法的な法知識が，コモン・ローに対して部分的に影響を与えている。

▶コモン・ローとエクイティ

　イングランドにおいては早くも12世紀から，王国で普遍的な効力をもつコモン・ロー（common law）の萌芽がみられる。ラテン語ではユス・コムーネ（ius commune）であるが，これを英語に訳すとイングランド普通法の意味になる。日本では「コモン・ロー」と片仮名で表記している。

　イングランドの王権は，ヨーロッパでは比較的早く確立し，司法集権化の賜物として統一的なコモン・ローが成立した。国王裁判所の裁判権は，ウエストミンスターの3つのコモン・ロー裁判所（王座裁判所・人民訴訟裁判所・財務府裁判所）が分担していた。12世紀までには代訴人が登場し，エドワード1世（在位1272～1307）の時代には，すでに法曹の養成も行われていた。

　判例の編纂も13世紀末には始まった。14～15世紀にはコモン・ロー裁判所は安定し，ギルド組織の法曹学院（Inns of Court）が，法曹養成の担い手となった。

　地方の領主裁判所が，地域的なさまざまな慣習法を適用したのに対し，国王裁判所とそれを補完する国王巡回裁判官は，統一的な規則にしたがって判決していた。これは「イングランドの法と慣習（leges et consuetudines Anglicae）」あるいは普通法と呼ばれた。それを収録したグランヴィルの『イングランドの法と慣習』（1187年頃）やブラクトンの同名書（1250年頃）は，コモン・ローの重要な法源となった。

　コモン・ローでは「権威書（book of authority）」と呼ばれる一連の書物も法源として認められるが，現在でも価値があるのはフォーテスキューの『イングランド法の礼賛』（1470年頃）及びリトルトンの『不動産保有条件論』（1480年）で，クックは後者を1628年に註釈している。

　コモン・ローは，13世紀末までに整備されたが，その後徐々に硬直化していく。訴訟開始のための救済令状（writs）を発給していたのは大法官だが，エドワード1世の死後は活気を失った。コモン・ローの改善と緩和の道を開拓したのは，大法官府裁判所である。アリストテレスの命題に由来する衡平法すなわちエクイティは，法が不完全である場合に補正し，法に具体的妥当性を付与するとされた。

　これには聖職者だった大法官のカノン法知識が役立っている。14世紀から，大法官の権限が広がり，15世紀にはコモン・ローの及ばない救済措置が見られるようになった。1529年以降は大法官が世俗人となり，カノン法的要素を取り除かれ，こうした発展を促進した。衡平法は18世紀に，公認された命題の確固とした実定法の体系となった。

　法（law）と衡平（equity）の並列が，中世末以来のイングランド法の特徴となっている。この二元主義は，1873～75年の裁判所法によって緩和されたが，現在でもイングランドの私法制度や裁判所組織に残っている。

(K)

　しかし，コモン・ローの判例法のシステムは変わることはついになかった。このことはここで確認しておかねばならないであろう。イングランドとローマ法の関係について，ドイツの法史学者コシャカーが『ヨーロッパとローマ法』という著書のなかで面白い言葉を残している。

「イギリスの法律家にとってローマ法は，美しい白い髭を蓄えた老人であった。彼がドアをノックすると，イギリスの法律家は老人を恭しく招じ入れ，彼の話に耳を傾けそしてまた恭しくドアから送り出した。一方ドイツでは，ローマ法は罵られ放り出された。というのは彼は若い頃ゲルマニア女神のサロンで，余りにも無遠慮にタバコを吹かし，臭いが絹の調度に染みついてしまったので，彼が良い印象を残したとはとてもいえないからである」。

▶コモン・ローの危機と拡大

　コモン・ロー裁判所は，16世紀後半から17世紀前半に危機を迎える。16世紀前半，ヘンリー8世は国王の専制的統治のために，ケンブリッジ大学に欽定ローマ法講座を開設し，海事裁判所の裁判官・弁護士をローマ法曹とし，さらに枢密顧問官の星室裁判所に新しい事件の裁判を任せようと試みた。

　しかし，ロンドンの法曹学院で育った法曹は，伝統的なコモン・ローを守るために，ローマ法と当時のイタリア法学の影響を極力排除し，裁判所もまた改革に対しては消極的であった。その結果1650年以後，商事および海事法に係る権限の大部分を，コモン・ロー裁判所は取り戻した。このような危機を乗り越えて，コモン・ローすなわち伝統的な慣習法と判例法の優位が保たれた。

　17世紀にはコモン・ロー裁判所の主任裁判官クック（1551〜1633）の『イングランド法の制度』（1628〜42年）が公刊された。彼は国王権力に抵抗する裁判官，政治家，著作者として，コモン・ローとその裁判所の勝利に貢献した。さらにブラックストン（1723〜80）は『イングランド法註解』（1765〜69年）で，歴史的に成長してきたコモン・ローを総括した。18世紀後半になると，判例集が定期的に公刊されるようになった。

　イングランド法は今日まで，裁判官法の伝統を守り，大陸のローマ法学の影響を回避し，商法・海法・保険法という新しい分野においても，裁判官による法形成が続けられていくが，それはスチュアート朝において，裁判をコモン・ロー裁判所と大法官府裁判所へ集中した結果である。

　18世紀から19世紀にかけて，世界的にコモン・ロー（イングランド法）の効力範囲が著しく拡大した。アメリカ合衆国では，植民者たちがニューイングランドにコモン・ローを持ち込んでおり，これが独立後も立法と司法の基礎となった。一般に，イギリスの自治領・保護領・植民地となった地域では，英語とコモン・ローが継受された。例外は，カナダのケベック州（フランス系）と南アフリカ（ローマ・オランダ法）である。イングランドの取引法は全世界を結びつけ，コモン・ローは，イングランドの歴史と密接に結びついた国内の法体系から，わずかの間に世界的な法秩序になった。

　コモン・ローは，イングランドの中世の慣習法を母体とし，それぞれの時代の要求に対して緩慢に対応してきた。そして硬直化も経験し，その折りには大法官府裁判所が衡平法で補うことによって，法制の革命的変革を避けることができた。この漸進的な裁判による法創造によって，イングランドでは，ヨーロッパ大陸に見られたような，ローマ法継受，自然法論を基礎とする概念的・構成的法律学，そしてドラスティックな法典編纂もみられなかった。

> コモン・ローの法曹は，法典の解釈・適用ではなく，判例を参考として日々法創造を続けてきているのである。　　　　　　　　　　　　　　　　　　　　　　（K）

もっと学びたい人のために

① M. ヴェーバー／世良晃志郎訳『法社会学』創文社，1974年。
　＊社会科学の最高峰のひとつ『経済と社会』の一部を構成する作品。タイトルは「法社会学」だが，西洋法制史の概説としても読むことができる。法学部生の教養として，学生時代に一度は手にとってほしい古典的名著。
② F. ヴィーアッカー／鈴木禄弥訳『近世私法史——特にドイツにおける発展を顧慮して』創文社，1961年。
　＊近世私法史というジャンルを切り開いた画期的通史。特にドイツにおける法継受の問題をローマ法対ゲルマン法という図式でとらえるのではなく「法生活の学問化」と理解するテーゼは，現在の法制史研究の基本認識として受け入れられている。
③ 上山安敏『法社会史』みすず書房，1966年。
　＊ヴェーバーやヴィーアッカーの視点を独自に発展させ，とりわけローマ法継受の問題について，深い洞察と優れた比較的視点を示している。独創性に富む名著である。
④ 戒能通厚・角田猛之・平松紘『スコットランド法史』名古屋大学出版会，1990年。
　＊本書では割愛したが，EUの法的統合の観点から，コモン・ローの法源としてローマ法を継受したスコットランドの法史を概観するのに好個の一冊。
⑤ H. ティーメ／久保正幡監訳『ヨーロッパ法の歴史と理念』岩波書店，1978年。
　＊「普通法」や「ローマ法の継受」に関する論稿を含んだ著名な法史学者の日本における講演集。ヨーロッパ的視点からの継受論は啓発的である。

【参照文献】
上山安敏『法社会史』みすず書房，1966年。
戒能通厚・角田猛之・平松紘『スコットランド法史』名古屋大学出版会，1990年。
勝田有恒「Rezeptionの素描——ドイツ近世（私）法史研究の起点として」『法学研究』（一橋大学）第4号，1962年。
勝田有恒「フリードリヒ・バルバロッサといわゆる『ローマ法の理論的継受』」『法学研究』（一橋大学）第6号，1966年。
小山貞夫『イングランド法の形成と近代的変容』創文社，2002年。
田中英夫『英米法総論』上下，東京大学出版会，1980年。
山口俊夫『概説フランス法』東京大学出版会，1978年。
F. ヴィーアッカー／鈴木禄弥訳『近世私法史——特にドイツにおける発展を顧慮して』創

文社,1961年。
P. ヴィノグラードフ／矢田一男・小堀憲助・眞田芳憲訳『中世ヨーロッパにおけるローマ法』中央大学出版部,1967年。
M. ヴェーバー／世良晃志郎訳『法社会学』創文社,1974年。
P. スタイン／屋敷二郎監訳／関良徳・藤本幸二訳『ローマ法とヨーロッパ』ミネルヴァ書房,2003年。
K. W. ネル／村上淳一訳『ヨーロッパ法史入門』東京大学出版会,1999年。
F. W. メイトランド他／小山貞夫編訳『イングランド法とルネサンス』創文社,1979年。
Paul Koshaker, *Europa und das römische Recht*, 3. Aufl., München, 1958.
O. F. Robinson, T. D. Fergus, W. M. Gordon, *European Legal History*, 2nd edn, London, 1994.

(勝田有恒)

第13章

帝室裁判所と宗派対立

　帝室裁判所は数少ない帝国機関の一つとして神聖ローマ帝国が終焉に至るまで存続し，帝国を一つの法共同体として結びつける紐帯の役割を果した最高裁判所である。しかし，その設立から100年ほどの間は宗教改革に伴う激しい宗派対立の時代であった。帝室裁判所もその激流の中に巻き込まれ，神聖ローマ帝国も三十年戦争という動乱の時代へと進んでいくことになる。

1　帝国改革

帝国の危機的状況　帝室裁判所（Reichskammergericht）は15世紀末の帝国改造運動の成果であった。そこで，帝国の秩序回復を目的とするこの運動について述べねばならないが，その前提としてまず中世末から近世初期における帝国の状況を見ておくことにしよう。

　中世末の神聖ローマ帝国は，封建勢力が今までに国王から奪いとってきた国王大権（高権）つまりレガーリアをもとに領国支配権（ランデスヘルシャフト）をさらに強め，国家性を帯びはじめた領邦（テリトリウム）が割拠する状態であった。この領邦の国家化は一円的支配領域の形成として進められるが，これは領邦間の衝突を生み出した。特にラント君主である諸侯は領域（ラント）内の都市を掌握する過程で自由特権を主張する都市と対立することになる。この対立はしばしば伝統的合法的なフェーデ（第8章参照）の行使として現れ，無秩序といってもよい状態であった。

　くわえてフスの宗教改革とそれに伴うフス派戦争などの宗教不安やオスマン朝トルコの脅威などがいっそう帝国を不安に陥れていた。

帝国改革の機運　このような中で，コンスタンツ・バーゼル両公会議の開催された15世紀前半は，帝国の回復を求める声が高まった時期である。例えば，バーゼル公会議で書記をつとめ，もっともまとまった改革プログラムを提供したといわれる『普遍的和合について』（1433年）の著者ニコラウス・クザーヌスは，教会の改革には帝国の改革も必要であり，そのためには皇帝へのある程度強力な権限の付与と帝国統治についての諸侯の協力が必要であると主張した。

また，バーゼル公会議の無名の参加者が著し，皇帝からの改革であることを装うために皇帝の名前を冠した『ジギスムントの改革』(1439年) という文書は，帝国の混乱の原因を領邦権力の強化とそれに伴う皇帝権の衰退に求め，皇帝が中心になり，帝国都市が司法と行政を担当することで国政の改革を進めるべきだと主張していた。

「皇帝と帝国」　しかし，皇帝を中心とし，また皇帝と帝国等族の協力関係を前提とするような改革案では，実現はほとんど不可能であった。というのも，皇帝と帝国＝帝国等族双方の対立が厳しかったからである。

　帝国等族（帝国諸身分）とは，形式的にはこの時期に制度として固まりつつあった帝国議会に出席することのできる身分で，具体的には諸侯・高位聖職者・帝国都市などである。帝国議会は一般にいう「身分制議会」の一つであり，領邦にも領邦議会に出席できる領邦等族が存在した（第16章参照）。皇帝と帝国＝帝国等族の対立関係について，ハルトゥングは次のように語っている。

　「両概念はもともと同じことで，ただ皇帝は個人としての元首，帝国は一般的・永続的な組織であるというだけの違いだったのが，15世紀には両者の対立が現れ，それはやがて皇帝と，皇帝ぬきの等族の総体としての帝国との完全な分離をもたらすにいたった」(『ドイツ国制史』)。

　実際のところ，15世紀後半のほとんどを王位に就いていたフリードリヒ3世は帝位を事実上独占するまでにハプスブルクの家門勢力を拡大させる礎を築いたが，帝国の問題はなおざりにし，その改革要求をかたくなに斥けていた。

対ハンガリー戦争　したがって，15世紀の末に改革の動きに新たな展開が現れ，具体的な成果を生み出したとき，その改革はもはや皇帝と帝国との協調ではなく，両者の対立的な枠組みの中のものであった。1486年のフランクフルト帝国議会において自らの家門勢力維持のために帝国援助を求めるフリードリヒ3世に憤りを感じていた帝国等族はマインツ選帝侯ベルトルト・フォン・ヘネベルクのもとに結束し，皇帝が求めた対ハンガリー戦争についての援助要請を拒絶したうえで，帝国改革の要求を突きつけた。

　以後の改革運動の中心となったマインツ選帝侯は同時に帝国筆頭書記長の要職にあり，等族的発想の下に帝国の秩序回復と維持のための改革を指導してゆくことになる。平和秩序維持の努力としてはすでに12世紀からラント平和立法＝ラント平和令（第8章参照）があった。

　しかし，フェーデの抑止を実現するためには安定した司法機関が不可欠であり，ベルトルトの改革案も帝国の最高裁判所制度の改革を根幹とした。改革派の帝国等族は皇帝から切り離された独立した常設の裁判所を帝国内の一定の都市に設立することを要求した。

② 帝室裁判所の設置

永久ラント平和令　中世的法観念では、帝国裁判権は皇帝裁判権に他ならず、この要求は皇帝の全き権力を侵害するものであったため、フリードリヒ3世は既存の王室裁判所（königliches Kammergericht）の手直しを提示し、改革の引き延ばしを図った。その後、皇帝と改革派帝国等族の間で激しいやりとりが続くのだが、事態はフリードリヒ3世の死去とマクシミリアン1世の即位で急変する。

中世的皇帝理念の信奉者で、騎士的英雄的活動から国民に愛され「最後の騎士」と呼ばれたマクシミリアンはイタリアに侵攻したフランス王シャルル8世に対処すべく戦費調達のために1495年ヴォルムスで帝国議会を招集したのだが、ここで帝国等族は改革案の実現を迫った。急いで北イタリアに向かわねばならなかったマクシミリアンは、皇帝の権力を制限する改革には反対したが、その他の点では妥協し、帝国の改革に踏み切った。こうして、同年、次の3つの制度を柱とする帝国の改革が決定された。

(1) 永久ラント平和令の制定
(2) 帝室裁判所の設置
(3) 一般帝国税の導入

一般帝国税の導入は完全に失敗したが、永久ラント平和令は一定の成果を収めた。これは、長年の懸案であった平和形成のための帝国法で、帝国全域で暴力やフェーデの禁止を明示するものであった。

平和令が求められたのは、帝国が弱体化し盗賊団が跋扈するなど、秩序が十分に維持し得ない状態にあったのに、皇帝が真剣にこれに対処しようとしなかったからである。選帝侯たち自身が、放火や襲撃を禁止し、裁判組織を確立することをめざさざるをえなくなっていた。フリードリヒ3世ですら、この動きにおされて、フェーデの制限を含むラント平和令を発布している。しかし、これはまったく不十分だった。

この動きをさらに推し進め、フェーデの全面禁止という画期的内容を実現したのが、この永久ラント平和令だった。歴史的に重要な法文なので、禁止を明示している第1条を次にあげておこう。

「第1条　いかなる位階・地位・存在であれ、この告示以降、誰も他者を攻撃し、戦いを仕掛け、奪い、捕獲、侵略、攻囲し、さらに自分自身もしくは他の者を通じて、彼らに不利益を働き、徒党を組んで城・都市・市場・城砦・村・農園領地・集落に宿泊し、また同意なしに暴力的行為により不法に略取し、あるいは危険な焼き討ちやその類の方法で損害を与えてはならぬ。……むしろ、誰であれ他者への提訴を思うならば、その者はこのようなことを探索し、最後に裁判に付すべきである。なぜならそれら訴訟は以前も今も帝国裁判所の制度のなかで解決されるべく守られてきたし、将来的にも正規にそれに属するだろうから」（『西洋中世史料集』）。

> ▶帝国統治院と帝国クライス
> 　帝国改造運動の成果は永久ラント平和令と帝室裁判所の設置にとどまるものではない。ヴォルムス帝国議会において皇帝と帝国等族の間で交わされた協約『法と平和の司掌』に基づいて改革は進められ，1500年には帝国等族による行政機関である帝国統治院とそれに対応して帝国を6個（その後10に増加）の地域に区分して平和維持の機能を持たせた組織である帝国クライスが設けられた。前者は帝国等族の足並みが揃わなかったこともあって短命に終わるが，後者は帝国の最後まで存続し，帝室裁判所との関係では裁判官推挙の母体となり，ラント平和令維持・判決執行の機関であった。　　　　　(M)

帝室裁判所令　帝国改革のもう一つの柱として，「永久ラント平和令」第1条末尾にあるように，平和令に対する違反者を処罰する目的で帝室裁判所が設置された。

　帝室裁判所の具体的な構成や活動内容は帝室裁判所令で定められた。設立と同時に制定された1495年には，その条文数はわずかに32にすぎなかったが，その後いくたびか改正が加えられた。1548年にはアウクスブルクの帝国議会で新たな法律的基礎が与えられ，これに若干の修正を加えたものが1555年に宗教平和令とともに発布された。

　帝室裁判所令以外には帝国議会最終決議もしばしばこの裁判所の活動を規定し，また三十年戦争後のウェストファリア条約も大きな影響を与えた。

設置場所　皇帝と切り離された常設裁判所の設立という帝国等族の要求は実現された。もはや皇帝の宮廷とともに移転するようなことはなく，ハプスブルク家の本領地であるオーストリアの外部に設置されることになった。その所在地は1495年にフランクフルト・アム・マインに設置された後，政治事情などからいくつかの都市に移転したが，1527年以降はシュパイヤーに，そして1689年から帝国の終焉に至るまではヴェツラーという小都市が常設地となった。

裁判官の構成と任命　この裁判所を構成する裁判官は，最初の帝室裁判所令（第1条）では長官（Kammerrichter）と16名の判決人（Assesor, Beisitzer）であった。判決人はその後徐々に増員されて50名にまで及んだが，この裁判所の設立と同時に導入された一般帝国税の徴収額が十分でなかったなどの理由から判決人の定員が満たされることはなかった。

　判決内容を形成する実質的な裁判の担い手は判決人であり，長官は裁判の進行を司り，判決人の投票が同数の場合に限り自らが判断を下した。後にこの判決人から選出された部長判事（Praesident）が設けられ，各部において長官の職務を代行するものとされた。

　長官はグラーフまたはフライヘルの身分の帝国貴族から皇帝が任命した。判決人は皇帝と帝国等族の推挙に基づき帝国議会が任命する。判決人は帝国の代表であるべきとされていたが，実際は推薦する帝国等族の利益代表となってしまい，宗教改革以降における帝国等族の宗派対立のなかで機能を停止させてしまう要因ともなる。

管　轄　　帝室裁判所の土地管轄は一部例外を除いて帝国全土に及んだ。事物管轄については、第一審の管轄として裁判所設立の直接的な目的である永久ラント平和令の維持、すなわち平和令違反が挙げられる。1495年の帝室裁判所令にその規定はないが、永久ラント平和令は、先に紹介した第1条でフェーデを全面的に禁じ、帝室裁判所がこの法律の監視者であり、違反者については帝国アハトを宣告すると定めている。

そのほかに帝国アハトの無視、自力による差押と拘禁、帝国の権益に関する事件、そして帝国直属者相互の争いや帝国直属者に対する訴について第一審としての管轄を有した。ただし、帝国直属者に対する訴に際しては、まずは仲裁が行われ、その決定に対して帝室裁判所に上訴することができた。法廷ではなく仲裁人による紛争解決を求める権利は、帝国等族にとっては不上訴特権や不移管特権とならんで裁判権を制約するものであったが、これが帝室裁判所令では仲裁前置主義として取り込まれた。

上訴審としては、領邦及び帝国都市の裁判所の民事事件判決に対しての管轄を有した。民事・刑事事件の領邦裁判所の判決に重大な法律違反があり無効であると主張した場合には帝室裁判所への上訴ができた。また、これは第一審としての管轄となるが、領邦裁判所が領邦君主に対する臣民の訴を拒絶したり、審理を遅延させたりした場合は、その訴を受理することもできた。これら領邦裁判権を監督する機能は、特に17世紀後半以降では領邦臣民の権利を守り、領邦君主権の先鋭化を緩和する役割を果たした。

再審理と査察　　帝室裁判所は最高裁判所であるから、その判決が上訴によって取り消されることはない。しかし、敗訴者は再審理を要求することができた。この申立はレヴィジオ（Revisio）と呼ばれ、帝国議会に設置される査察委員会に請求した。そして委員会は帝室裁判所の裁判官と共同で事件を再審理した。訴訟当事者の申立によらなくとも、1507年以降、帝室裁判所は正しく運営されているか査察を受けた。

継受との関係　　この裁判所が裁判官に法学識を求め、適用法として帝国普通法に依拠したことはローマ法継受と深く関わり、ドイツにおける訴訟のありかたに大きな影響を与えることになる（第12章参照）。1495年の帝室裁判所令は次のように定めている。

「第1条　第一に帝室裁判所に聖俗の侯爵伯爵若しくは男爵である裁判官1名及びこの帝国国会の助言と意思によってドイツ国民の帝国から選出される16名の判決人を置くものとする。これらの判決人は気高く中庸で素行を良くし、彼らの半数は法を修得しその学識が認定されていなければならないし、他の半数は少なくとも騎士出身でなければならない。……

第3条　また裁判官判決人は、とくに国王皇帝陛下と神に対して次のことを誓約しなければならない。……帝国普通法に依拠し、各領地および各裁判所の堅実で適切かつ公正な慣習及び条例であって、明示されているものにも依拠すること。……」（『西洋法制史料選Ⅲ』）。

第1条では判決人の半数に法学識を要求しているが、後には貴族出身の判決人にも法

帝室裁判所

帝国宮内法院

学識を備えていることが望まれ，16世紀のなかばには裁判所自らが判決人の実務研修を行うようにもなる。適用法に関しては，地方特別法（慣習及び条例）もまた利用できた。しかし，「適切かつ公正」で「明示されている」ものに限定された。これは条例の優先的適用を認めつつも，その際には厳格な解釈を要求した条例優先理論（第10章参照）のドイツ的変容とも理解できるものである。

　これらの規定はすでに進行していた学識法曹の進出と学識法の効力を確認するものであったが，この法律が領邦や都市の裁判所法の模範とされることもあったため，継受を促進することになった。

③ 帝国宮内法院

もう一つの帝国裁判所　ヴォルムス帝国議会では帝国等族の要求に譲歩したマクシミリアンであるが，皇帝裁判権を放棄したわけではなかった。それをはっきりと示したのが帝室裁判所設立のわずか3年後に制定された宮廷顧問会議令である。そこには帝国あるいは世襲侯国領に関するあらゆる事件は宮廷の管轄事項であり，参事（Hofrat）の多数意見によって皇帝の名のもとに解決されると定められている。この規則は宮廷行政を整備し直したもので，顧問会議は皇帝の統治活動の諮問機関であった。

　その後，1527年に重要な政治問題を決定する枢密院が独立し，16世紀後半になると名称も「皇帝の」から「帝国の顧問会議（Reichshofrat）」に改められ，帝国の裁判所であることに力点が置かれるようになる。以下ではこの機関を帝国宮内法院と呼ぶことにするが，この裁判所の登場によって，「皇帝と帝国」の定式に対応した2つの帝国最高裁判所が存在することになった。

皇帝直属の裁判所　帝国宮内法院の特徴としてまず第一に挙げられるのは，皇帝直属の裁判所ということである。皇帝自身が最高の裁判官であり，帝国宮内法院長（Reichshofratpresident）がその代理を務めた。

　法院長は帝室裁判所の長官に相当する地位にあり，実質的な判決形成にあたったのは参事である。帝室裁判所とは異なり，裁判官である参事の任命権は皇帝一人にあり，参事は皇帝に対して忠誠義務を負った。その判決は皇帝の代理によるものであるから，不服の場合は本来の裁判官である皇帝に再審理を請求することができた。これは帝室裁判所のレヴィジオに相当するものだが，帝政期ローマにおける皇帝への嘆願を意味したスプリカティオと呼ばれた。

　重要な事件については，参事が無断で判決を下すことは禁じられていた。この場合，参事は「皇帝への親裁誓願」という判決の提案ができるだけであった。したがって，皇帝は自身の利害に関する重要な事件については自ら判決を下すことができ，勅裁裁判所としての側面も持っていた。

委員会　裁判は帝国宮内法院令に従って行われるが、1559年の法律は、同時期の1555年の帝室裁判所令と比較するときわめて簡単である。16世紀後半以降にこの裁判所が扱った事件は政治的な問題に関わるものが多い。それらの事件を処理できた要因の一つに委員会（Komission）の活用がある。

　帝国宮内法院は、事件が提訴されると、参事によって構成された委員会を事件発生地に派遣させ、その調査結果の報告を受けていち早く判決を下した。また、委員会自体が判断を下す場合もあった。これには委員会に対する影響力を保ちながら、非難が帝国宮内法院と皇帝に直接及ぶことを避けられるという利点があった。

　このような活動が可能であったのは、詳細な手続規則を置かなかったことによる。それゆえ、帝国等族は帝室裁判所令と同等の規則を設けることを要求したが、皇帝は「完全な裁判権（plenitudo iurisdictionis）」を侵害するものとして拒否し続けた。ウェストファリア条約が帝国宮内法院も帝室裁判所令を遵守するよう定めた後も、これに拘束されない手続にこだわった。それはこの裁判所が「終始もっぱら皇帝の官庁」（ハルトゥング）ともいわれるように、皇帝の統治・行政機関としての特徴を一貫して維持していたからである。

管　轄　帝国宮内法院の管轄は、土地管轄では帝国全体とイタリアにおける帝国レーエンを含み、事物管轄については17世紀後半の帝国宮内法院令ではありとあらゆる権益に及ぶものと規定され、帝室裁判所の管轄よりも広汎であった。両裁判所の管轄は多くの点で競合し、宗教改革特に反宗教改革の時代には争いが生じたが、ウェストファリア条約は最初に繋属する裁判所が優先するという原則を定めた。

歴史的評価　帝国宮内法院が帝国国制に果たした役割の評価は、かつては不当に低いものであった。その理由としては、①帝室裁判所が「ドイツ的自由」（＝「諸侯の自由」）の象徴とみなされ、それに対して帝国宮内法院はある面ではその自由を阻害する皇帝の道具であったこと、②そして17世紀後半以降の反ハプスブルク的帝国国法論が帝国の貴族政的要素を強調して帝国宮内法院を帝国国制に合致しない裁判所として酷評したこと（ヒッポリトゥス・ア・ラピデという偽名で皇帝を攻撃する書物を著したケムニッツがその代表者である。）、③そして大ドイツ主義に対する小ドイツ主義の勝利が歴史学に及ぼした影響などが挙げられる。

　しかし、現在では、①手続が柔軟かつ迅速であること、②また皇帝の権威に裏打ちされて判決執行の期待がより大きかった点、③そして帝室裁判所が活動を停止していたときには唯一の帝国裁判所であったということなどから、帝国宮内法院が多くの事件を扱ってきたことが確認されている。それゆえ、帝国の統一性を維持するという点ではまさっていたとも評価されている。

▶帝国裁判所の訳語
　ライヒスカンマーゲリヒトとライヒスホーフラートにはいくつかの訳語が用いられて

第13章　帝室裁判所と宗派対立

いる。前者については，ドイツ（国制）史の文献では「帝国最高法院」と訳されることが多いように思われる。その理由はこの裁判所の設立経緯や位置づけから十分に理解できるが，本書では法制史の分野で定着している「帝室裁判所」を採用することにした。

他方，後者の訳語は「帝国宮廷顧問会（議）」「ライヒ宮廷顧問会」「帝国宮内法院」「帝国宮廷法院」「帝室法院」「帝国法務院」など多様である。皇帝の統治を助ける諮問機関としての要素を重視するものと裁判所であることを前面に出すものとに二分できよう。本書は帝室裁判所との関係を中心にしているために帝国裁判所であることが明瞭になるように「帝国宮内法院」とした。しかし，本文で示されているように前身である「顧問会（議）」の特徴が維持されていたことには注意が必要である。　　　(M)

4　宗派対立の中の帝国裁判所

宗派対立の時代　以上のように帝室裁判所と帝国宮内法院はともに帝国最高裁判所として活動したが，帝国等族の影響下にある裁判所と皇帝直属の裁判所であるという基本的な性格の違いから，宗教改革期にはプロテスタント帝国等族とカトリック皇帝との間の激しい争いのなかに巻き込まれることになる。この問題に入る前に宗教改革後の宗教上の争いがどのようなかたちで訴訟となったのかを確認しておこう。

ルターが『95箇条の提題』を発表して宗教改革の口火を切ったとき，それは本来的には純粋に信仰上の問題のはずであった。しかし，その後の展開は世俗権力と深く関わり合うものとなる。宗教改革と連動して起こった，当時零落しつつあった騎士たちによる騎士戦争や領邦国家のなかで立場が悪化していた農民の大規模な一揆である農民戦争のような過激な方法ではなく，「寛容と忍耐」による改革を求めていたルターにとって，ローマ教会及びカトリック皇帝と対峙する反皇帝的な帝国諸侯の庇護が必要であった。

▶ドイツ農民戦争

ドイツ農民戦争は，地域によって差はあるが賦役義務や不自由身分から徐々に解放され，地位が向上していた農民に対して，領主階級や領邦君主が賦役復活や租税増大といった反動的な政策をとったことを主たる原因とするものであった。

ギュンター・フランツの研究によるならば，1524年から翌年にかけて生じた大農民一揆は単なる物質的な改革を要求するものではなく，その前史からの2つの大きな流れが合流したものであった。その一つは「古き法をめぐる戦い」である。領邦君主は支配強化のために学識法曹を登用し始めていた（第12章参照）。継受ローマ法は農民に必ずしも不利益な結果をもたらすものでなかったことが現在の研究では知られている。しかし，問題はこのような個別的なことではなく，農民にとって学識訴訟が旧来の法（権利）とそれに基づく紛争解決（第7章参照），すなわち村落自治を侵害するものととらえられたことであった。このことが農民の改革要求の綱領となった『十二箇条』（「すべての農民と小農の基本的で正統な主要箇条」）の第9条において，古くからの法と公平な裁判

の要求として現れるのである。

　もう一つの流れは「神の法をめぐる戦い」である。宗教改革思想が広まるなか，支配階級の特権と農民の人的支配による拘束は，すべての人間が救済されるとするキリスト教の教えと矛盾するものととらえられた。事実，『十二箇条』の欄外には聖書が引用されて諸々の要求に福音主義的な根拠が与えられ，また最後の箇条には，神の言葉にふさわしくない要求は廃棄すると述べられている。

　この戦争は農民側の敗北に終わった。その要因としては，当初は同情的であったルターが最終的には反乱の断固たる弾圧を諸侯に求めたこと，帝国都市が中立の立場を守り，この改革の動きに積極的に関与しなかったこと，反乱は広い地域に及んだが戦いは孤立したままであったことなどが挙げられる。ドイツ農民戦争は領邦国家形成の過程の中で生じ，その敗北は以後の宗教改革が民衆によるものではなく，政治権力すなわち領邦権力によって推し進められることを決定づけることになった。　　　　　(M)

教会所有財産の接収　他方，領邦君主にとって宗教改革は大きな富をもたらすものであった。教会・修道院が保有していた不動産を含む財産は相当なものであり，また下級裁判権や十分の一税の徴収権などは教会の諸制度と結びついていた。世俗貴族は以前からこの教会に関わる経済的利益ゆえに自らの子弟を聖職者の地位につけ，それがしばしば聖職者としての資質とは無関係であったがゆえに聖職者の腐敗をもたらして宗教改革の原因の一つとなっていた。しかし，宗教改革により世俗権力の宗教的任務が強調されるようになると，教会財産の接収は領邦君主にとっては領邦国家形成の大きな指標となったのである。

▶領邦教会制
　このようにしてドイツにおける教会は，フランスやスペインで見られる統一的な国民教会ではなく，領邦のなかで領邦君主の監督下に置かれることになった。一般に「領邦教会制」と呼ばれるこの体制を法的に承認したのがアウクスブルクの宗教平和令であった。領邦教会制はプロテスタントの領邦で成立したものだが，カトリックの領邦も宗教決定権に基づき，またカトリック改革・反宗教改革の動きと連動しながら領内の教会の監督を強化した点では同じような側面を持っていた。　　　　　(M)

シュパイヤー帝国議会　その後の宗教改革の展開において，一つの転機となったのが1529年のシュパイヤー帝国議会であった。1521年のヴォルムス帝国議会では，ルター及びその同調者に対して帝国アハト刑を宣告する勅令が出されたが，その後の帝国の政治事情から棚上げ状態であった。しかし，カトリック帝国等族は，シュパイヤー帝国議会においてこれを復活させたのである。

　宗教改革の支持者をプロテスタントと呼ぶようになったのは，この勅令の復活に対してルター派諸侯などが抗議したことに由来する。このようなカトリック勢力の巻き返し

を可能にしたのは，帝国等族におけるカトリックの数的優位であった。

法廷闘争の時代 1521年から帝室裁判所は帝国等族による帝国行政機関である帝国統治院の監督下にあったが，1527年にシュパイヤーに移転して独立を得ることになった。

しかし，これは帝室裁判所のありかたに変化をもたらすことになった。この裁判所の基礎となるものが，帝国改革時代の皇帝に対する帝国等族の共通利益ではなく，少数派のプロテスタント帝国等族に対する皇帝及び多数派のカトリック帝国等族の利益に変わったのである。

カトリック側からすれば，宗教改革の名の下での教会財産の接収はまさに簒奪されたのと同じことであった。そこで，カトリックの判決人に占められた帝室裁判所がプロテスタントに対する攻撃の場として利用されることになった。いわゆる「法廷闘争」といわれる時代である。これに対してプロテスタント帝国等族はシュマルカルデン同盟を結成するが，その目的の一つは帝室裁判所判決の執行を抑止することであった。

アウクスブルクの宗教平和令 シュマルカルデン戦争の後，旧教派とルター派の間の宗教平和を定める宗教平和令が1555年にアウクスブルクの帝国議会で発布された。宗教平和令は永久ラント平和令を宗教上の紛争にまで拡大したものにほかならず，その違反は永久ラント平和令と同様に扱われた。また，カトリックと同等の権利がプロテスタントに認められたことから，1555年以降，帝室裁判所にはカトリック・プロテスタント同数の判決人が置かれるように定められた。

宗教平和令は後に「各領域の宗教はその統治者の宗教に従う（cuius regio, eius religio）」と定式化される原則を定め，1552年での教会関係の財産及び権利に対する統治者の所有権を保護したが，カトリック等族は自分たちに有利な規定を取り込んだ。カトリック教会領の諸侯がルター派に改宗したときにはその世俗的地位を失い，その教会領はカトリック教会に留保される（いわゆる「聖職者に関する留保」）という規定である。

それにもかかわらず，反宗教改革によるカトリック側の反攻が開始されるまで，プロテスタントの勢力拡大は特にプロテスタント諸侯が多かった北ドイツでは着実に進んでいった。その方法はきわめて簡単であった。ルター派の貴族を新しい司教に選ぶことで多くの司教領と修道院を手中に収めていったのである。この場合，改宗ではないので「聖職者に関する留保」に直接には該当せず，また選出された貴族は「管理者（Administor）」の名目で世俗的権利も保持し続けたのである。

教会関係の財産・権利は多様かつ幾重にも重なっていることがあり，修道院に関しては教団の本部が領邦外に存在することもある。また，それらの権利が確定した時点も必ずしも明確とはいえない場合が多かった。したがって，カトリックとルター派の間の暫定的・妥協的な和平を定めるものでしかなかった宗教平和令のもとでは教会財産に関する争いはなおも続くことになった。

四修道院訴訟　このようななか修道院をめぐる4つの訴訟が発端となって、帝室裁判所は機能麻痺に陥ってしまう。それらの事件は原告が修道院である点だけが共通で、被告も争点も異なっていた。修道院の接収そのものが争われたのは1件だけで、他は世俗権力による修道院の管理への介入や財産の差押えなどであった。これらの訴訟に対して、世紀の末に出された判決は、いずれも原告に有利なものであった。これが先例としての効力を持ち、さらに多くの訴訟が提起されることを恐れたプロテスタント帝国等族は、まとめてレヴィジオを申し立てた（それゆえ「四修道院訴訟」と呼ばれる）。

農民戦争に加担した騎士ゲッツ・フォン・ベルリヒンゲン

帝室裁判所の機能麻痺　帝室裁判所の査察は、もともと特別代表者会議によって行われていたが、「聖職者の留保」に違反しているプロテスタント帝国等族の参加をめぐって両宗派間で紛糾し、1588年に閉鎖されてしまった。

そのため、司法の混乱を避けるための臨時的措置として、1594年以来、帝室裁判所の査察は常設の帝国代表者会議（帝国議会の負担軽減のため1555年に設置）によって行われていたが、この会議はその構成が11名のカトリック等族と8名のプロテスタント等族とで固定されていた。また、プロテスタントの判決人もそれぞれの判決は法的に納得できるものとしていたため、確定する公算が高かった。

そこで、プロテスタント帝国等族の一部はこの会議を退席し、会議を成立させなかった。レヴィジオは判決の確定を妨げる効力をもっていたので、帝国代表者会議の査察を停止させることは、帝国等族にとって判決の執行を回避する確実な手段であった。査察の停止によって帝室裁判所は十分に機能しなくなり、帝国宮内法院の活動強化につながった。

帝国都市ドナウヴェルトの事件　17世紀の初めにバイエルン公マクシミリアン1世はルター派の帝国都市ドナウヴェルトを強制的に改宗し、さらにバイエルンに併合した。この事件は反宗教改革時代の新旧両派の緊張感をさらに強め、そしてやがてはじまる三十年戦争の序幕となった。

反宗教改革　事の発端は、この都市に隣接する修道院が従来の慣行と異なる儀式（聖体行列）を行おうとするのを市参事会が制止したことにあった。反宗教改革の動きはすでに皇帝の宮廷にも及び、帝国宮内法院の参事のほとんどはイエズス会の影響を受けていた。したがって宮廷側は反宗教改革政策の一つとして対処したのである。

帝国宮内法院は市当局の行為がラント平和令・宗教平和令違反に相当すると判断し、

第13章　帝室裁判所と宗派対立　*183*

都市に対して儀式を妨害しないよう命じた。一連の手続において，帝国宮内法院は通常の訴訟と並行して，裁定訴訟（Mandatsprozeß）という手続を用いた。裁定訴訟は帝室裁判所と帝国宮内法院で発展した手続形式で，原告の申請に基づき，被告に対して係争対象に関する一定の行為を命ずるのだが，その命令の名宛人には命令が発せられる前の防御の機会が与えられず，命令に従わない場合には刑罰が科されるという，オーブリヒカイト（官憲）的なものであった。裁定訴訟は，帝国裁判所が管轄下にはない領邦臣民の権利を救済し，17世紀後半以降の領邦の絶対主義的国家形成を抑制するという役割を果す際の重要な手段ともなるのだが，この事件ではカトリック側を支援するための強力な手段として利用された。

　プロテスタント市民とカトリック信者との間で乱闘騒ぎが起こったのちに，これを命令違反と判断した帝国宮内法院は再度命令を出し，カトリック信者保護を理由に皇帝の全権代理としてバイエルン公マクシミリアンを派遣した。プロテスタント市民は反感を強め，皇帝を誹謗する演説を行った。1555年の帝国執行令によれば判決執行はこの都市が所属するシュヴァーベン・クライスの長官の任務であったはずだが，宗教改革政策を進めていたバイエルン公に帝国アハトの執行を委託し，その対価としてこの都市はバイエルンに併合されることになった。

三十年戦争の幕開け　これに対してプロテスタント帝国等族は抗議したが，バイエルンの強力な軍隊の前に阻止することはできなかった。1608年のレーゲンスブルク帝国議会は，ドナウヴェルトの解放を要求するプロテスタント帝国等族と奪われた教会財産の返還を要求するカトリック帝国等族との激突の場となり，何の決議もないままに解散となった。

　少なくとも裁判官の宗派的同権が定められていた帝室裁判所はすでに述べたようにプロテスタント帝国等族自らの手によって十分には機能しない状態に追い込まれていた。帝国等族の協議機関である帝国議会がこれら宗教上の問題についてまったく無力であったことは，この後の帝国の運命を決めることになった。プロテスタント諸侯はプファルツ選定侯を中心に「同盟」（ウニオーン）を，カトリック諸侯はバイエルン公のもとに「連盟」（リガ）を結成し，戦争へと突き進んでいくことになる。

　宗教問題についての帝国司法の回復は，ドイツに荒廃をもたらした三十年戦争の終結まで待たねばならなかった。

もっと学びたい人のために

① F. ハルトゥング著／成瀬治・坂井栄八郎訳『ドイツ国制史』岩波書店，1980年。
　＊その歴史観や叙述について現在では批判されている点もあるが，15世紀以降のドイツ国制を学ぶうえで必読ともいうべき文献。充実した訳注は，国制史に関する知識を広げるのにも有益である。

② 村上淳一『近代法の形成』岩波書店，1979年。
  ＊「概念史」研究の成果を利用し，法の近代化を論じている点に特徴がある。本章との関係でいえば，政治社会と国家という枠組みにおける帝国裁判所の役割，「旧き権利＝法」と既得権の関係などについて，構造史的把握に有益な文献である。
③ 山本文彦『近世ドイツ国制史研究——皇帝・帝国クライス・諸侯』北海道大学図書刊行会，1995年。
  ＊ドイツにおいて近代国家の形成はラントの枠組みで進んだが，帝国の役割を無視することはできない。本書は，渋谷聡『近世ドイツ帝国国制史研究——等族制集会と帝国クライス』（ミネルヴァ書房，2000年）とともに，帝国クライスを軸とした「連邦制的」把握によって帝国国制を考察しており，近時の近世ドイツ国制史研究の充実ぶりを示している。
④ 江村洋『中世最後の騎士——マクシミリアン1世伝』中央公論社，1987年。
  ＊ハプスブルク研究者による伝記。ハプスブルク大帝国の礎を築いただけでなく，中世的皇帝理念の体現者として，また学問・文芸の保護者として，庶民・人文主義者に人気のあったマクシミリアンの人となりを知るのに適した読物である。
⑤ 黒田忠史『西欧近世法の基礎構造』晃洋書房，1995年。
  ＊近世における帝国騎士や裁判手数料の問題を詳細に検討している。特に司法の観点から「西欧近世法」の解明をめざしている点で貴重である。

【参照文献】
上山安敏編著『近代ヨーロッパ法社会史』ミネルヴァ書房，1987年。
勝田有恒「帝室裁判所規則一四九五年」『西洋法制史料選Ⅲ』創文社，1979年所収。
村上淳一「『良き旧き法』と帝国国制」『法学協会雑誌』第90巻第10・11号・第91巻第1号，1973年。
ヨーロッパ中世史研究会編『西洋中世史料集』東京大学出版会，2000年。
W. ゼラート／和田卓朗訳「帝国宮廷顧問会と帝国カンマー裁判所——その意義と研究」『法学雑誌』（大阪市立大学）第46巻4号，2000年。
F. ハルトゥング／成瀬治・坂井栄八郎訳『ドイツ国制史』岩波書店，1980年。
成瀬治・山田欣吾・木村靖二編『世界歴史大系 ドイツ史1 先史—1648年』山川出版社，1997年。
G. フランツ／中村賢二郎他訳『ドイツ農民戦争』未來社，1989年。
Oswald v. Gschließer, *Der Reichshofrat*, Wien, 1942.
Dietrich Kratsch, 'Der Vierklosterstreit, Ursachen und Fogen einer Justizkrise um 1600,' in : *Vorträge zur Justizforschung*, Geschichte und Theorie Bd. 1 (Rechtsprechung, materialien und Studien, Bd. 4), Frankfurt/M, 1992.
Adolf Laufs, *Die Reichskammergerichtsordnung von 1555*, Köln, 1976.

Wolfgang Sellert, *Über die Zuständigkeitsabgrenzung von Reichshofrat und Reichskammergericht*, (Untersuchungen zur deutschen Staats- und Rechtsgeschichte. NF. Bd. 4), Aalen, 1965.

Rudolf Smend, *Das Reichskammergericht*, Weimar, 1911.

(村上　裕)

第14章

糾問訴訟と魔女裁判

―――――――――――――――――――――――――――――――

　学識法曹の社会的進出とそれによるローマ法継受の進行といった法制史的変遷は，必然的に法律実務のさまざまな面に影響を及ぼしていった。その変遷の中で刑事司法の場に現れた変革が，新しい訴訟制度である糾問訴訟の展開であった。本章では，1532年に神聖ローマ帝国において公布されたカロリーナ刑事法典と，17世紀を代表する刑事法学者であるカルプツォフの理論に焦点をあてて，糾問訴訟の歴史的背景や定義を明らかにする。

１　糾問訴訟とは何か

弾劾手続　　糾問訴訟は，私的救済を原則とする伝統的な刑事法観から公的な義務としての刑事訴追への流れのうちに理解される。古ゲルマン以来中世を通じて，犯罪は通常フェーデと復讐によって贖われるとされてきた。

　だが，中世後期になると，刑事訴追の権限を公的機関ないしは類似のものに少しずつ移行する試みが，ドイツ領邦国家において見られるようになる。例えば14世紀に現れた「弾劾手続（Rügeverfahren）」あるいは「風評訴訟（Leumundsverfahren）」と呼ばれるものがそれにあたる。これらは，ある一定の人々に犯罪を訴追する権限を与え，彼らの訴えがあれば，被害者の告訴を待たずしても裁判手続が開始できるとするものであった。

　訴追にあたるのは公的な機関とは限らない。むしろ領主権力から委任された土地の名士であることが多かった。また，たとえ公的な機関であった場合でも，近代以降のように裁判所から完全に独立した存在ではなかった。例えば有名なフェーメ裁判所において行われた弾劾手続の中では，訴追を行ったのは裁判手続において審理にあたる自由審判人その人であった。

　だが，被害者（もしくはその親族）の訴えが裁判手続開始の要件とされる親告訴訟に比べると，刑事司法のイニシアティヴを巡る公と私とのバランスが公権力側へと大きく振れ始めたのは確かである。

現行犯手続　　こうしたさまざまな試験的制度の源流は，私的刑法とフェーデあるいは復讐が支配的原理となっていた時代に例外的に行われていた，現行犯に

187

犯罪を犯して処刑された夫婦

対する手続に求められる。この時代，犯罪者が現行犯で捕らえられた場合には，捕らえた者は即座に彼を打ち殺すことも，裁判の場に連行することも許されていた。

　もっとも，即座に殺害した場合でも，彼の処置が正当であるという事後的な弁明は必要とされていたので，いずれにせよ裁判は開かれた。どの場合でも，犯人を捕らえた者はその場で叫喚を上げる。その叫び声を聞いて駆け付けてきた人々，いわゆるシュライマンネンもまた出廷し，殺害者とともに宣誓しなければならなかった。

　このシュライマンネンを伴う宣誓によって，犯人を捕らえた者の措置が正当化され，あるいは犯人に対して死刑宣告が下された。このシュライマンネンは後世，「叫喚を聞いた者」という本来の性格を失い，宣誓補助者（第3章参照）として機能することになる。

「七人による宣誓手続」　この現行犯手続をへて中世後期に現れたのが「風評訴訟」の中で行われる「七人による宣誓手続」であった。原告が宣誓補助者6人を従えて宣誓を行うことにより証明がなされるこの手続は，通常の司法手続というよりは「ラントにとって有害な人々」に対する特別法的なものだった。「ラントにとって有害な人々」とは，従来の私的刑事法では対応できない常習犯罪者のことであった。中世後期の治安の乱れと人々の流動化によって生じた血縁共同体的秩序の崩壊を前にして，解体した傭兵集団や没落した騎士たちはその戦闘能力を常習犯罪の遂行に向けるようになっていった。「七人による宣誓手続」のみならず，これらの「風評訴訟」あるいは「弾劾手続」といった新しい手続は，これらの「ラントにとって有害な人々」によって乱されつつあった治安を維持することを目的として形成されたものであった。

ドイツ的糾問訴訟　15世紀後半になると，ドイツの一部の領邦国家あるいは都市は，刑事司法史の泰斗エーベルハルト・シュミットが「ドイツ的糾問訴訟」と名づけたひとつの形式を発展させた。これは，公の起訴官庁を設置し，犯人逮

捕・犯罪の捜査を職権によって行おうとしたものである。

　このドイツ的糾問訴訟は，一定の間接的証拠（徴憑）が存在する場合に被疑者を職権により拘束し，訴えを提起した上で証拠調べを行い，それに基づいて審理を進めるというものであった。風評訴訟が宣誓というきわめて形式的な証明手続を脱しきれていなかったのに対して，明らかに公的・職権的要素を強めている。

　とりわけ重要なのは，被疑者の逮捕と起訴，証拠調べが職権によってなされているということである。このシステムをシュミットが「糾問訴訟」と呼んでいるのはそのためである。

制度の濫用　このドイツ的糾問手続をはじめとするこの時代の試験的な手続は，ほどなく大きな問題に直面した。

　この手続は，平穏の維持という合目的性を第一に掲げていた。その結果，犯罪訴追にあたる機関や，裁判所そのものに大きな裁量の余地を与えていた。しかし，これらの組織を構成していた人々は必ずしも法学的素養をもっていなかった。その中には，いわば素人ともいうべき告訴人や参審人が多く含まれていた。そのため，実際の制度運用は濫用に支配され，しばしば恣意的かつ不安定なものになる傾向を有していた。

　16世紀の帝国刑事法「カロリーナ刑事法典」には，「若干の地域において行なわれている濫用と悪しき，理不尽な慣習について」という題のもとに規定した最終条文（第218条）があるが，そこに次のような一文が記されている。

　「哀れにも，人が，司直によって，それに先立つ風評も，悪しき風聞も，その他の完全な徴憑もなくして，軽率にも捕らえられ，牢屋に送り込まれている」。

　これが，当時の司法の実態だった。

糾問訴訟の形成　「カロリーナ刑事法典」のような立法がなされた大きな目的の一つは，こうした慣習的な訴訟制度を廃し，法規によって規定された，信頼に足る刑事司法を確立することにあった。そこで選ばれたのが，ドイツ的糾問訴訟をベースに，ローマ法から継受されたいくつかの要素をミックスした狭義の「糾問訴訟」を形成する，というものであった。

　では，この糾問訴訟というシステムは，どのような特色をもち，どのような点がそれまでの試験的諸制度と異なっているのであろうか。

3つの原則　糾問訴訟の特異性は，当時刑事手続に対する抜本的な改革となった3つの手続原則を実現したことにある。前述した職権主義原則に加え，捜査原則そして実体的真実原則という3原則は，今日に至るまでドイツ刑事手続の根幹を成している。

職権主義原則　職権主義原則とは，ドイツ糾問手続においても見られたとおり，刑事訴追が，権利請求者の訴えによって開始される民事手続のように，ある違法行為についての訴えによって開始されるのではなく，権限をもつ機関が，非行の疑いを抱いた際に職権により開始される，というものである。

捜査原則 捜査原則とは，当局が「真実を明らかにするために」ある非行に関してあらゆる状況について知識を得なければならない，という原則である。刑事訴追にあたる機関はしたがって，被害者や被疑者など他の当事者の介入から独立していなければならない。彼らは独自に証明手段を提示することができる。

このことからもわかる通り，捜査原則は，今日のドイツのみならず日本においても捜査手続や主要手続を支配している原則である。

実体的真実原則 糾問訴訟においては，職権主義原則と捜査原則は結合して運用される。刑事手続において重要なのは，被疑者が「真に有責であるか無責であるか」を発見することだった。ここから必然的に実体的真実原則が導き出される。

この原則にあっては，復讐や賠償によって当事者に満足を与え，事態の収拾をはかる，という考え方は認められない。糾問訴訟は一般審問と特別審問という2つの過程に分けられ，前者において訴えが提起された犯罪行為それ自体の存否について審理を行い，しかるのちに特別審問において被疑者とされた人物の有責性が裁かれた。有責性をあくまで明らかにし，それを裁くことこそが大切だった。

ドイツ的糾問訴訟に欠けていたもの 「ドイツ的糾問訴訟」は，糾問訴訟を特徴づける以上の3つの原則を少なくとも形式的には満たしていた。だが，その2つの間にはやはり大きな違いがある。ドイツ的糾問訴訟には何が欠けているのであろうか。

シュミットによれば，それは「体系的・学術的思想によってのみ理解・解決され得るような深い問題について，不均質・未成熟・無防備にして不明瞭なまま」に制度が運用されていたことである。この運用は，拷問と結びついた。

「ドイツ的糾問訴訟」は，学問的素養のない，いわば素人の司法構成員によって運用されていた。それは，訴訟の過程における種々の制度の実現のみならず，既存の制度に対する優位性を体現したはずの「証拠」そのものにも影響を及ぼした。素人司法員には，徴憑の軽重を評価し，それに基づいて被疑者の有責・無責を決定するのは非常に困難だったからである。

司法は，そのため，証明は間接的証拠である徴憑ではなく，主に直接的証拠とも言える自白に頼ることとなった。それゆえ，自白を得るための拷問が通常の捜査手段として用いられるようになっていった。

ローマ法継受の影響 こうした状況に対して，新しい糾問訴訟は，継受されたローマ法と，それに基づいて発展したイタリア法学及び実務を導入して，その危険性を軽減することに努めた。たしかに，そこでも拷問の存在は否定されていないが，種々の条件を付加し，その危険性をやわらげようとしていた。

つまり，新しい糾問訴訟は，拷問を認めたが，実際に運用する上でそれにさまざまな制限を課し，前時代に見られた恣意の横行を防止しようと試みたのであった。

徴憑理論 糾問訴訟に導入された法学理論の典型とも呼べるのが，徴憑理論（Indizienlehre）と呼ばれる証明手続であった。

徴憑理論においては，刑事裁判において扱われる証拠は，まず主要事実と間接事実とに分類される。主要事実とは，被告人の有責性それ自体を証明するもので，当時のイタリア学説によれば，主要事実が被告本人の自白か，あるいは「二人かもしくはそれ以上の，よき証人」の証言によって証明された場合には，被告に対して有罪判決が下される。

これに対して間接事実とは，当該犯罪に関する被告の「疑わしさ」を現すもので，これが証明された場合，彼に対して拷問を科し，主要事実を証明する「自白」を聴取することが正当化された。

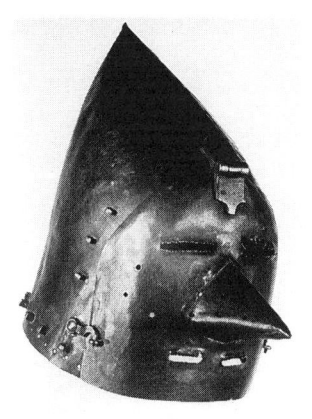

刑史のマスク

徴憑理論の真髄は，この間接事実に関する議論の深化にあった。そもそも「徴憑（Anzeigen）」という言葉は実は間接事実そのものを示している。これが証明されない限り拷問の適用が認められないとすると，徴憑として認められるための要件を厳しくすることによって，拷問の使用それ自体を制限できることになる。そのため当時の法学者たちは徴憑について，恣意や濫用を許さない程度にまで抽象的，一般的に規定することに腐心した。

このようにして当時の法学の大きな成果として生み出された徴憑理論が，糾問訴訟というかたちで実務においても導入された。しかし，どれほど優れた理論でも，それがそのまま実務において有益なものとなるとは限らない。特に，「ドイツ的糾問訴訟」の実効性を損なわせる大きな要因となった司法構成員の非学識性がそのまま放置されたならば，新しい糾問訴訟もまた画に描いた餅に終わったことであろう。しかし，そうはならなかった。

学識化の進展　画餅となる危険から糾問訴訟を救ったのが，1495年の帝室裁判所創設を始めとした，帝国及び各ラントにおける一連の司法組織の再編であった（第13章参照）。これにより各裁判所の裁判官・参審人など司法構成員の座が大学の法学部において法学を修めた者によって占められるようになり，司法の学識化が急速に進んだ。このことが，新しい糾問訴訟の発展を支える大きな礎となった。

こうした，制度面と人的資源面の両面で進行したローマ法継受の動きは，やがて神聖ローマ帝国初の統一的刑事法典へと収斂することになる。

② カロリーナ刑事法典

刑事法改革運動　「カロリーナ刑事法典（Constitutio Criminalis Carolina）」は，正式名を「至尊にして偉大，無比なるカール5世及び神聖ローマ帝国の，30年と32年，アウクスブルクとレーゲンスブルクにおける帝国議会で審議され確立

第14章　糾問訴訟と魔女裁判　*191*

され議決された刑事裁判令」という。

時の皇帝カール5世の名を冠して，1532年に神聖ローマ帝国全土に通用する統一的刑事法典として制定されたこの裁判令は，1495年の永久ラント平和令に端を発する，帝国レヴェルでの刑事法改革運動がもたらした最大の成果である。

刑事法改革運動は，恣意と濫用がまかり通っていた司法実務の実態を憂慮した皇帝マクシミリアン1世が帝国改造政策の一環として開始したものであった。1497年から1498年にかけて開催されたフライブルクの帝国議会においては「帝国における刑事手続のありかたに関する一般的改革と秩序を規定する」ための決議が行われ，1500年には，この年新設された帝国統治院にこの改革の実行が委託された。

しかし，この試みも，既得権益や慣習を擁護する保守的な領邦君主や帝国等族の反対にあい，間もなく暗礁に乗り上げることになった。創設されたばかりの帝国統治院が早々1502年に解散の憂き目を見ていることがそれを物語っている。

バンベルク刑事裁判令　だが，その一方で，マクシミリアンの蒔いた種はある領邦国家において大きな成果を実らせることとなった。1507年，バンベルク司教領において，宮廷長官兼高等裁判所長の地位にあった騎士ヨハン・フォン・シュヴァルツェンベルク男爵の手によって作られた「バンベルク刑事裁判令」，いわゆるバンベルゲンシスがそれである。

シュヴァルツェンベルクは後に帝国議会のメンバーとなり，「カロリーナ刑事法典」の制定に中心的な役割を果した人物である。そのため「カロリーナ刑事法典」の主要な規定はほとんどがこのバンベルゲンシスをもとにしているとさえ言われている。しかも，このシュヴァルツェンベルクこそ，カロリーナとローマ＝イタリア法学をつなぐ蝶番ともいうべき存在であった。

シュヴァルツェンベルク自身はラテン語を読めず，専門の法学的素養に欠けていたが，優秀なスタッフに恵まれ，法学の分野では当時もっとも進歩的であったイタリア法学に精通していた。彼のイタリア法学に対する理解と豊かな司法経験が結晶したのがバンベルゲンシスであり，そのバンベルゲンシスを基盤として制定されたのがカロリーナだった。

継受されたローマ＝イタリア法学がカロリーナに大きな影響を及ぼしている，と考えられるのはこのためである。

　　　　　　帝国における刑事法改革運動の空白時代は、カール5世が即位した後、
　制定過程
　　　　　　1521年のヴォルムスの帝国議会においてマクシミリアンの刑事法改革の
続行が決議されたことによって終わりを告げた。このウォルムスの帝国議会にはシュ
ヴァルツェンベルクが席を列ねており、彼の手になると思われる、ほとんどバンベルゲ
ンシスの焼き直しとも言える第一草案がこの議会の会期中に提出された。この草案は帝
国議会における諸侯会議の討議の結果、同年に再設された帝国統治院に改変を委ねられ
ることとなった。その後、この草案は4度にわたる改訂を経、途中シュヴァルツェンベ
ルクの左遷、あるいは死去という障害を乗り越え、永久ラント平和令発布から37年の歳
月を経て、帝国法としての効力を与えられるに至った。
　中央集権化に失敗し弱体化した帝国において、この法典が各領邦国家に対しどの程度
の実効性を貫徹し得たかについてはさまざまな議論がある。しかし、「カロリーナ刑事
法典」は18世紀に「テレージア刑法典」や「プロイセン一般ラント法」が成立するまで
ドイツの刑事司法のよりどころであった。また、少なくとも形式的には帝国が解体した
19世紀初頭まで帝国法としての通用力を保持し続けた。このことを考慮にいれるなら、
「カロリーナ刑事法典」の存在に大きな意義を認めねばならないのは明らかであろう。

　　　　　　「カロリーナ刑事法典」で作り上げられた刑事法の体系は、糾問訴訟と強く
　構　成
　　　　　　結びついていた。クラインハイヤーの分類によれば、その前文及び219に及
ぶ条文は、11の部分に大別できる。

　　　　　　そのうち糾問訴訟に直接関わる部分としては、まずは第1条から第5条
　裁判関係者
　　　　　　までの、裁判関係者に関する条文が挙げられる。
　ここでは、裁判に関与する者として裁判官、参審人あるいは判決発見人、裁判所書記
らの名が挙げられ、その権利と義務について、彼らがなすべき公務の宣誓というかたち
で記述されている。これは、かつて皇帝法（ローマ法）の素養をもたない人によって多
くの刑事裁判所が占められてきたという事態に対処するためにおかれた規定と考えられ
る。

　　　　　　次に「カロリーナ刑事法典」は、第6条から第15条にかけて、正当と認め
　訴訟形式
　　　　　　られ得る2つの訴訟形式について触れている。
　いずれの形式についてもその呼称は条文中には見出されないが、被疑者に対する勾留
を通じて職権により行われる手続は糾問訴訟を、他方の「原告人が裁判を求める」（第
11条）手続は親告手続を示していると考えることができる。これらの一連の規定に関し
て注意すべきことは、法規定の文言上の解釈からは、親告手続が原則、糾問訴訟が例外
的な形式であり、それゆえにその実行に際しては親告手続が参照されることが求められ
ていると理解できるという事実である。カロリーナの第8条は、「職権により行われる
手続」に関して、次のように定めている。
　「さらに、死刑に価する非行が明白となるとき、しからずとも、前に触れられたるご
とき、そのための確たる徴憑が発見せらるるときは、拷問、および、真実の確定に役

第14章　糾問訴訟と魔女裁判　*193*

立つすべての調査あるによりて，原告人によりて収牢せらるる者どもに関し明瞭にのちに記述せられ規定せられいるごとくに，行為者の自白に基づく有責判決もまた，許さるべし」(『ドイツ・フランス刑事法史』)。

こうした規定方式は，この刑事法典の立法者たちが，新しい糾問訴訟への全面的かつ急速な移行をめざしていたのではなく，あくまでも段階的に浸透していくことを求めていたことを推測させる。

また第6条では，糾問手続を開始させる，職権による勾留が許容される条件についての規定が定められている。ここでは，「一般の風聞，風評」「その他の信ずべき徴憑，嫌疑」によってある人物がある非行を犯したことが推定されること，がその条件とされている。

証明手続 続く第16条から第77条にかけては，徴憑理論に基づいた証明手続が定められている。そこでは，確実性の高い間接証拠すなわち徴憑が存在しない限りは拷問が科されてはならないことがまず第一に規定されている。さらに具体的な徴憑の例示と抽象的・一般的な規定が並び，第45条からは，拷問を行う前の威嚇による尋問手続（第46条），拷問に先立つ，被告による無罪証明の機会の付与（第47条），被拷問者に対する誘導尋問の禁止（第56条）などといった拷問そのものについての規定が置かれている。

これらの条文は，いずれも拷問が行われる際にはいかなる場合においても遵守されねばならないものとされた。さらにそのあとには拷問によってなされた自白の裏付け調査に関する法規が続いているが，これもまた拷問の使用に一定の歯止めをかけようとするものと理解すべきだろう。

歴史的意義 糾問訴訟に関するカロリーナ刑事法典の規定は，それが制定された当時の法学を集大成するものとして，刑事法史のみならず法制史全般においても高い価値を有している。

糾問訴訟は，カロリーナ以降のドイツにおいてなされた独自の法学発展の中でも主要な論点のひとつとして研究され続けた。またそこで生み出された成果はその多くが実務に利用された。カルプツォフが土台を作り，ブルンネマンやベーマーらドイツ刑法学者たちが発展させた帰責理論を始めとする刑法総論部の諸理論も，糾問訴訟を支える要素のひとつである徴憑理論を基盤とするものだった。さらに，職権主義原則・捜査原則・実体的真実原則といった糾問訴訟の根幹をなす諸原則は，現在もなお刑事手続の大前提でありつづけている。

こうした意味において，糾問訴訟には近代刑事法の母体の一つとしての意義を認めることができる。むろん，その一方で，糾問訴訟に対して，ある種のネガティヴなイメージが抱かれることも多い。その大きな要因は，17世紀を中心にヨーロッパを吹き荒れた魔女裁判とのつながりが連想されることである。

3 魔女裁判とカルプツォフの功罪

ヴォルテールの嫌悪　糾問訴訟という言葉を聞いて，拷問室と火刑場をすぐに思い浮かべる者は少なくないだろう。ヴォルテールが述べたように，この言葉は嫌悪感を喚起する。その理由はたやすく想像がつく。というのは，ドイツやヨーロッパの他の国において糾問訴訟が実際に行われていた時代には，拷問や，あるいは火刑などの恐ろしいさまざまな死刑は糾問訴訟に属するものだったからである。

異端・魔女への糾問　あるいはまた，「異端」や「魔女」といった言葉を連想する者もいるだろう。彼らに対して行われた審問の手続は，確かに「糾問」の概念と密接につながりを有しており，法史におけるもっとも重苦しい局面を構成している。

これらの手続は，多くの場合風評に基づく「異端者」あるいは「魔女」の逮捕によって開始される。逮捕された者は自白を引き出すべく拷問にかけられ，しかもその責め苦は目的が達成されるか，あるいは被疑者が死に至るまで止むことがない。苦痛に耐えかね自白した被疑者は多くの場合火刑に処せられる。埋葬されることも許されない。細かい点にこだわらなければ，こうした審理の過程は糾問訴訟のそれに等しいものであるように思える。

魔女裁判と糾問訴訟の相違点　しかし，この点についてはもう一度立ち返って考えてみる必要がある。まず第一に，拷問やさまざまな死刑は，たしかに1世紀にわたって糾問訴訟の構成要素として重要な意味をもっていた。しかし，それらは，概念的には「異端」や「魔女」との間に特別なつながりを有していたわけではない。そしてそれらによって構成された糾問訴訟もまた，特に「異端」や「魔女」に関する訴追にのみ利用されたわけではない。

第二に，「カロリーナ刑事法典」に規定されている糾問訴訟のありかたは，少なくとも理念的には上記したような魔女裁判のそれとは相容れない部分がある。糾問訴訟は，手続の各局面，特に拷問の使用に関してさまざまな法的制限を加え，裁判官の恣意や権限濫用の危険を排除することをその最大の目的として発展した。糾問訴訟と魔女あるいは異端に対する手続は本来，不整合である。

誤解の由来——教会の役割　それでは，糾問訴訟と魔女裁判との類似性は果してどこから来たものなのだろうか。

糾問訴訟は，ドイツにおいて独自に発展したさまざまな刑事手続をもとに，継受されたイタリア学風を取り入れることによって形成されたものであった。したがって，このイタリア学風の継受がなされる上で，教会は少なからぬ役割を果していた。

教会の内部では，ローマ法に基づいて独自の発展を遂げたローマ＝カノン法が通用力を有していた。このローマ＝カノン法は，イタリアにおけるユスティニアヌス法典の再

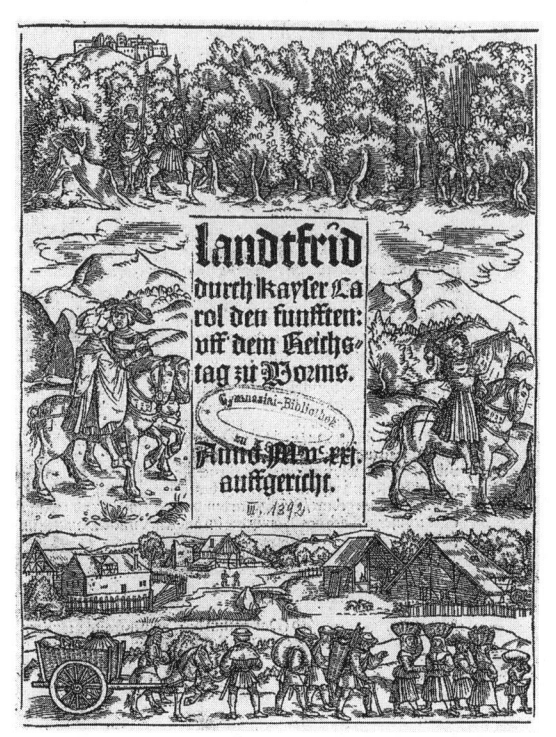

カール5世の「ラント平和令」

生とそれに基づいて隆盛したイタリア学風とは別のルートとして，ドイツにローマ法継受という結果をもたらした。そして，特に刑事手続の分野において，ローマ=カノン法は拷問の使用や一般糾問・特別糾問の区分，徴憑といった要素を含みこんだ独自の審問手続を発展させていた。

　この審問手続は，糾問訴訟が確立していく上でも当然ひとつの原型として参照され，模倣されたと思われる。その一方で，教会内部でもこの手続は引き続き運用され，改変を加えられ続けた。異端審問，あるいは魔女裁判の手続はこのようにして形成された。これらが糾問訴訟と相似た構造を有しているのはその源流を共にしているためである。

　「ドイツ刑法学の父」　　糾問訴訟と魔女裁判を概念的に分かちがたいものとしているもう一つの要素が，「ドイツ刑法学の父」と称せられる，ライプツィヒの参審人で法学者，ベネディクト・カルプツォフの存在である。

　その称号は，彼の法学理論が，「カロリーナ刑事法典」と裁判慣行，及び母国であるクールザクセンの基本法を法源としていたことに対して与えられたものである。また，研究内容に関しても，徴憑理論や正当防衛，共犯，未遂といった刑法総論上の概念に対

して彼が加えた考察と深化は，たしかにドイツ刑事法史における一大成果と言い得るものであった。

カルプツォフへの嫌疑　しかし，法学理論におけるこうした進歩性を評価される一方で，カルプツォフという人物は，その没後は魔女裁判にまつわる仄暗い評判とともに語られることが多い。早くも1675年ごろには，ヘント大学の教授とされるフィリップ・アンドレアス・オルデンブルガーという人物が，「カルプツォフは2万人の被告に対して，判決及び法鑑定を通じて死刑を宣告した」と主張し，この「事実」がカルプツォフの魔女裁判にかける特別な熱意を証明する，と断じている。

こうした見解はその過激さにもかかわらず，少なくともその当時は一定の説得力をもって受け止められた。1781～86年に出版された「普通法学叢書（Allgemeine Juristische Bibliothek）」の編集者ユリウス・フリードリヒ・マルブランクも，オルデンブルガーの主張を受け入れ，カルプツォフ批判を展開した一人である。しかし彼らの批判がその拠り所としていた「事実」は，後にライプツィヒの史料学者エルンスト・ベームらの丹念な調査によってまったく根拠のないことが明らかにされ，この点に関してはカルプツォフにかけられた嫌疑は晴らされている。

カルプツォフの責任　しかし，ここで明らかにされたのは，カルプツォフが，「万人単位の人々を魔女として火刑によって殺害した実行犯」ではないという事実に過ぎない。ヴェストホッフが指摘するように，「彼が1世紀の間ずっとさらされつづけてきた攻撃は，多くが不当なものである。とはいえ彼が魔女裁判において法的権威として演じた役割を考えれば」そうした批判にも「弁護の余地はある」からである。

カルプツォフは，カロリーナの第109条で火刑に処せられると規定された魔術犯罪を例外犯罪（crimen excepta）とみなした。他には大逆罪などが属するこの種の非行は立証が困難であり，それゆえ彼は，拷問を適用するための条件に関する規定を厳密に解釈すべきではないとした。また，カロリーナの第52条で厳密に規定された自白による証明についても，そこで定められた要件の代わりに推量を用いても構わないとした。「魔術犯罪は5倍の犯罪であり，3倍も過酷な拷問に値し，5倍も死刑に値する」から，というのがカルプツォフの説明である。

評価　もちろん，ここで注目されるべきは彼の思想の後進性ではなく，このような考え方の時代的背景であろう。しかし，カルプツォフに対する批判の当否はともかくとして，刑事法学の一大権威だったカルプツォフが，カロリーナ刑事法典と裁判慣行を法源として魔女裁判をこのように扱ったことが，糾問訴訟と魔女裁判とを同一視する傾向にさらに拍車をかけたことは想像に難くない。

糾問訴訟と魔女裁判のこうした近親関係は，ともすれば両者の区別を曖昧にし，糾問訴訟の歴史的意義を不当に看過することにつながる。糾問訴訟にネガティヴなイメージが抱かれることが多いのも，こうしたところにその原因があるように思われる。最近の

デルネブルクの魔女の迫害

研究の中にはようやくこうした足かせを外し、糾問訴訟を再評価しようとするものが少なからず現れつつある。これらの研究がもたらす成果には今後も注意を払う必要があるだろう。

> ▶魔女裁判の法的側面・社会史的評価
> 　魔女裁判という現象を理論的に支えた文献としては、教皇インノケンティウス8世の『魔女教書』(1484年) と、ドミニコ会修道士で異端審問官を務めていたインスティトリス／シュプレンガーが記した『魔女の鉄槌』(1487年) が挙げられる。特に後者は実際の魔女裁判あるいは魔女処罰の方法にも言及するなど「学問的」手引書として影響力を与えつづけた。こうした主張においてなされた魔女及び魔法犯罪に対する扱いについては、ジャン・ボダンなど当時の代表的知識人からも支持が示されることになるが、こうした状況がカロリーナ刑事法典に魔術犯罪の証明 (徴憑について：第21条　第44条、白白について：第52条) 及び刑罰 (第109条) についての規定が設けられた遠因となり、ひいては本文中において示したカルプツォフによる拡大的な解釈をもたらしたと考えら

れよう。
　一方で，この現象については社会史的研究のもとでさまざまな評価が与えられている。代表的なものとしては「伝統社会の解体に伴う社会不安の増大による集団ヒステリー」というクルト・バッシュビッツがもたらした見解があるが，そのほかにも宗教的見地から，キリスト教に内在する女性への畏怖の顕在化であるとか，ゲルマン的・ケルト的民間信仰に対する抑圧とする説，またジェンダー論的分析から，呪術使いは産婆を中心とした「賢女」と他者に損害を与える「悪女」とに区別されて認識されており，魔女狩りは主に後者を対象とするものであったという見解なども提示されている。また，上述のバッシュビッツは，宗教裁判で有罪とされた被告（ほぼ全員が該当するが）は全財産を没収されていたという事実から，財産的利益を目的とした魔女迫害がなされていた可能性についても触れている。
　もっとも，いずれの見解を採るにせよ，魔女裁判という現象が，単なる無知蒙昧で暴力的な庶民階級によって引き起こされた歴史的惨劇であるというわけではなく，むしろ当時のもっとも優れた部類に属する学識者たちによって支持され，学問的議論を通じて理性的かつ積極的に推進された事象であったということには十分な注意が払われなければなるまい。
　　　　　　　　　　　　　　　　　　　　　　　　　　　　　　　　　　（F）

もっと学びたい人のために

① 足立昌勝『近代刑法の実像』白順社，2000年。
　＊現代刑法が抱える種々の問題点に関し，近代刑法がその成立期にめざしていた方向性を解明することで解決の道筋を探求した作品。第1〜2章をはじめ随所で著者の刑事法史に対する鋭い言及と考察が示されている。近代を中心とした刑事法史を学ぶ上で意義深い作品。
② 若曽根健治『中世ドイツの刑事裁判』多賀出版，1998年。
　＊日本における中世刑事法研究の重鎮である筆者の代表作。難解な大著であるが，多数の一次史料に依拠しながら随所で斬新な解釈を示している。
③ H. リューピング／川端博・曽根威彦訳『ドイツ刑法史綱要』成文堂，1984年。
　＊ドイツを中心とするヨーロッパにおける刑事法史をパノラマ的に概観するのに最適。特に，本章で採り上げたカロリーナ刑事法典から普通法の時代にかけての刑事法に関しては日本語文献で読めるものが少ないことからも重要な一冊。
④ 上山安敏『魔女とキリスト教――ヨーロッパ学再考』講談社学術文庫，1998年。
　＊「魔女」という概念自体の歴史やキリスト教との関係について歴史学・民俗学・神話学・宗教学・心理学などの諸学から考察した良書。魔女裁判というよりも「魔女」そのものの研究書といえるかも知れない。
⑤ I. アーレント，シュルテ／野口芳子・小山真理子訳『魔女にされた女性たち――

近世初期ドイツにおける魔女裁判』勁草書房，2003年。
＊近世初期ドイツにおける魔女裁判の記録を丹念に調べ，ジェンダー論的な魔女裁判分析を展開している。最終章では，実際の魔女裁判の様子が事細かに紹介されており，刑事法史的な魔女裁判研究にも有用である。

【参照文献】

足立昌勝『近代刑法の実像』白順社，2000年。
塙浩「カルル五世刑事裁判令（カロリナ）」『ドイツ・フランス刑事法史』信山社，1992年。
牟田和男『魔女裁判——魔術と民衆のドイツ史』弘文館，2000年。
若曽根健治『中世ドイツの刑事裁判』多賀出版，1998年。
N. ゴンティエ／藤田朋久・藤田なち子訳『中世都市と暴力』白水社，1999年。
P. スタイン／屋敷二郎監訳／関良徳・藤本幸二訳『ローマ法とヨーロッパ』ミネルヴァ書房，2003年。
A. マッコール／鈴木利章・尾崎秀夫訳『中世の裏社会』人文書院，1993年。
H. ミッタイス，H. リーベリッヒ／世良晃志郎訳『ドイツ法制史概説』創文社，1971年。
Fr. Chr. Schroeder (hg.), *Die Carolina-die peinliche Gerichtsordnung Kaiser Karls V. von 1532*, Darmstadt, 1986.
Ursula Westhoff, *Über die Grundlagen des Strafprozesses mit besonderer Berücksichtigung des Beweisrechts*, Berlin, 1955.

（藤本幸二）

第15章

ローマ法の相対化
——人文主義法学とコンリング——

　人文主義法学はローマ法を再生した中世的な学問方法のもろもろの理念をさまざまな観点から批判したが，本章ではその核ともいうべき文献学的・歴史学的な方法を中心に検討し，『ゲルマン法の起源』におけるコンリングの歴史研究によって決定的となった，ローマ法の効力の相対化にいたる過程を辿ることにする。

1　人文主義法学

　ルネサンス　　人文主義法学とは一般に，ルネサンスの中心となった精神運動である人文主義の影響のもとに成立した法学を指す。ルネサンスが古代を再発見・再評価することによって中世のもろもろの束縛から人間活動を解放したように，この法学は中世法学のスコラ学的で権威崇拝的な法認識のありかた，その授業方法などを激しく批判し，これらに代わる諸要求は新しい時代の準備をしたものと評価されている。
　イタリア・ルネサンス研究の碩学クリステラーによるなら，「それ自身一つの哲学的傾向または体系ではなく，むしろ文化的・教育的課程」であった人文主義は文化の広汎な領域に影響を及ぼすことになるが，その根底にあるものは「人間と古典文学の価値に対する確信，および古代学問の復興にたいする確信」であった。古代の再発見は文献をとおして行われた。
　中世との相違　　中世の学問も古代の著作を利用したが，両者は次の点で異なっていた。まず第一に，中世では古代の著作を模範とするようなことはなかったのに対して，人文主義者たちは「よりよく読み，よく書くためには古代人を研究し模倣する必要がある，という強固な信念」を抱いていた。ルネサンスのモットーである「源泉に帰れ（redite ad fontes）」という言葉はこれをあらわすとともに，中世の学問が神学その他の権威的存在との統一を目的に古代の文献を読み解こうとしたのに対して，人文主義者は模範とすべき古代の著作に直接立ち帰ろうとしたことを示している。
　さらに，このことは古代についての歴史感覚の相違と関連する。すなわち，人文主義者は，模範とすべき古代はそれを蘇らせようとしている「現在」とは違っているという意味でのアナクロニズムの意識を持っていた。人文主義者がよりどころとした方法は文

献学と呼ばれるが，それは古典古代の文献を対象とした点で古典主義的な，よりよい表現を指向する点で言語学的（修辞学的）な，そして対象を「現在」とは隔絶された過去のものと認識していた点で歴史学的な要素を含んでいた。

中世ローマ法学批判　古典古代の著作たる「市民法大全」に基本的に依拠していた中世法学は，まずは言語の面から人文主義者の激しい批判を浴びることになる。

優れた文献学的研究を残したヴァラは，古典ラテン語のごまかしでしかない卑俗なラテン語を用いて古代ローマの叡智をごちゃ混ぜにしてしまった中世の法学者を激しく批判した。激烈な論争の人であったヴァラは中世ローマ法学の最大の権威であったバルトルスを罵倒し，その結果，修辞学の教授をつとめていたパヴィア大学を追われるほどであった。

また，イタリア・ルネサンスを代表する詩人でもあったポリツィアーノはピサ本と「流布本」とを比較し，「学説彙纂」の復元とその刊行を行った。これらの取り組みは古典古代の文芸の研究（studia humanitatis）に没頭する文人によるものであったが，やがて法学者のなかに人文主義的な改革を求めるものが現れるようになる。

三巨頭　以下では，「三巨頭（triumviri）」と呼ばれた3人の人文主義法学者，すなわち，イタリアのアルチャート，フランスのビュデ，ドイツのツァジウスを中心にして人文主義法学の概要について述べることにする。その理由は，人文主義法学は人文主義そのものがそうであったように多様な傾向を含むものであったが，その共通項である中世法学に対する批判精神がこの3人の人文主義者の活動にも見ることができ，そして，この3つの国の人文主義法学者を採り上げることでヨーロッパにおける人文主義法学の展開をある程度まで見渡せるからである。

イタリアにおける胎動
――アルチャート　人文主義法学の創始者ともいわれるアルチャートは，人文主義的な古典言語の知識と文献学的手法を学び，さらに，パヴィア，ボローニャの大学で法学を修得した。その後，弁護士を開業するかたわら，『勅法彙纂最後の3巻についての注記（Annotationes in tres posteriores Codicis Iustinianei, 1515)』をはじめとして多くの著作で人文主義と調和した新しい法律学の方法を提唱した。

源泉への回帰　アルチャートが，法律学の改革の中心においていたのはローマ法であった。なぜなら，彼と彼の時代にとってローマ法は永遠の偉大なる存在で，これを的確に説明することは法律家にとって最高の栄誉であったからである。

彼がローマ法の正しい理解のために要求したのは，屋上屋を架すかのような錯綜とした註釈や註解ではなく原典そのものに立ち帰ることであった。このような観点のもとで彼は，ローマ法の原典，特にギリシャ語の部分を含めた復元・註解の作業を行った。上に挙げた「勅法彙纂」の註解も，最初の9巻が中世において広く知られていたものであったのに対して，最後の3巻が主に公法を扱っていたためにしばしば無視されてきた

ので，その空白部分を埋めようとしたものであった。

弁護士としての経験もあるアルチャートは，常にローマ法の実用性を意識し，歴史研究に埋没することはなかった。また，非常に多くの助言（responsa）を著しており，「博士たちの共通見解」の重要性を認めてもいる。しかし，アルチャートは，アックルシウスやバルトルスが無視した法律学以外の学問，とりわけ歴史・言語・文学についての学問を駆使した総合的な理解が必要であるとしたのである。

イタリア学風の停滞 このような要求が生ずる背景には当時の法学の衰退状況があった。中世ローマ法学，とりわけ註解学派を実り多いものにした，イタリアの諸都市におけるポデスタ制とシンディカートゥス制のもとでの実務との結びつきは（第9章参照），15世紀となると法学の膠着を生み出すことになった。鑑定に争いがある場合，裁判官は法学者の一致した，あるいは多数見解を採用したため，鑑定者は「博士たちの共通見解」を参照して主張を補強せざるをえなかった。また，実務活動は教育よりも多くの収入を法学者にもたらしたために講義はなおざりにされ，法学者は支配的な学説を批判する態度及び方法を弟子たちに伝授することを怠り，講義は通説を教えるだけの場となってしまったのである。

しかし，人文主義の改革要求はこの法学の衰微に応えられなかった。なぜなら，衰退の理由は当時の法学者の教育及び実務における態度，すなわち批判的精神を伴った刷新を放棄し，権威崇拝を生み出したことにあり，「源泉への回帰」はこの点については直接的な効果を期待できなかったからである。実際，伝統的な法律学の陣営からは言語学的・歴史学的視点は無用であるとの主張がなされていた。こうしてアルチャートの提唱した人文主義的な法学はイタリアでは主流には成り得なかった。

フランス学風 註釈やバルトルスの権威に盲従するイタリア学風に対して，テクストそのものに立ち帰る人文主義的方法はフランスにおいて開花し発展したことからフランス学風（mos gallicus），また彼らの用いたラテン語が古典的なラテン語であったことから典雅法学（elegante Jurisprudenz）とも呼ばれる。フランスの人文主義法学は，アルチャートがブールジュに招かれたとき（1519年）をもって始まるといわれる。

しかし，そもそもアルチャートがフランスに赴いたのは，人文主義法学が開花する下地がすでに形成されていたからであり，フランス人文主義法学の先駆者ビュデの存在なくしては考えられない。

ビュデ ビュデは若い頃に法律学を学ぶが，突然に古典研究に魅いられ，また没頭した人文主義者であった。前編が1508年，後編が1526年に刊行された彼の主著『ユスティニアヌス学説彙纂24巻註解（Annotationes in quator et viginti Pandectarum libros）』は，文献学的手法と該博な歴史的知識を駆使した本格的なローマ法研究であり，「学説彙纂」をできる限り復元することを目的とするものであった。

その際に，ギリシア語に堪能であったビュデは中世においてほとんど読まれることの

なかったピサ本のギリシア語部分の復元を行い、「ギリシア語は読まれる（Graeca leguntur）」という、いわゆるギリシア・ビザンチンからの研究に先鞭をつけることになった。

中世法学の欠陥　『学説彙纂註解』において、ビュデは次のように中世ローマ法学の欠陥と人文主義的な新しい方法を提示した。まず、中世法学が用いた写本の多くは誤写などを含む不完全なものであったが、原典が正しく書き写されているところでも中世の註釈は意味を取り違えている。

一例を挙げると、前執政官（第2章参照）が所持できるファスケス（命令権を有する政務官の職標、権標）の数を定めた『学説彙纂』第1巻第1章第14法文について、アックルシウスはファスケスを暦の「月」を意味するものとし、独裁官の任期を定めた法文と整合性のある任期規定であると誤解してしまった。このようなことは中世法学が信頼できないことを意味する。なぜなら、中世の法学者は、原典は完全なものであるという観念のもと、テクスト内の矛盾は実は矛盾ではないことを証明しようとしたが、彼らの指摘する矛盾は上記の例のように誤解でしかなく、矛盾調和の作業も無意味なものだったからである。

ローマ法の歴史的相対化　このような誤謬を含むにもかかわらず、アックルシウスやバルトルスを権威と崇め、それに盲従する法律家をビュデは激しく非難した。しかし、彼はアックルシウスやバルトルスを全面的に否定したわけではない。むしろ、彼らの過ちは歴史的考察を欠いていた時代のやむを得ないものと見ていたビュデは『学説彙纂註解』で歴史を顧慮しながらローマの法制度を理解しようと努めた。その結果、学説彙纂がトリボニアヌスらによる歴史的相違を無視した恣意的な法文の集成であること、それゆえ「矛盾」が存在するのは当然であることを明らかにした。

『学説彙纂註解』に見られる特徴の一つに、ローマの制度と自国フランスの諸制度（例えばローマの元老院とパルルマン）との比較という視点がある。これは、フランス・ルネサンスの指導者としてのイタリアに対する対抗意識や、法服貴族の家に生まれて自ら宮廷等での政治経験を持ち、愛国的レジスト（法律家）でもあったビュデのフランスの現状及び歴史に対する関心の現れ、ともいわれるが、いずれにせよ比較的考察はローマの諸制度が決して普遍的なものではなく、歴史的にユニークな存在であることを明らかにすることになった。

科学的研究の隆盛　ビュデにとってローマ法はもはや完全かつ権威ある典拠ではなく、「歴史的モニュメント」であった。しかし、このローマ法の歴史的相対化はローマ法研究の意義・価値を減ずるものではなく、むしろ科学的研究の道を切り拓くことになる。

人文主義法学の文献学的研究方法はアルチャートを経て、言語学的・歴史学的方法によるローマ法文についての批判的検討を行ったキュジャスにおいて、またテクスト刊行の作業では『法学提要』・『学説彙纂』・『勅法彙纂』・『新勅法彙纂』をあわせて「カノン

法大全（Corpus iuris canonici）」と対置される「市民法大全」の名称を与え，その校訂本を出版したゴトフロワ（ゴトフレードゥス）と，現代でも通用するテオドシウス法典の校訂出版を行ったその息子において頂点を迎えることになった。

法の体系化　人文主義法学の特徴として文献学的方法とならんで指摘されるのが「体系化」の試みである。個別的な問題の解決を第一義とするカズイスティクと権威ある註釈に依拠する釈義的方法による中世の授業は，典拠が重なるほどに晦渋かつ時間を費やすものとなり，その修得には5年から7年を要するほどであった。

これに対して，人文主義法学者は原典に帰るだけではなく，明瞭かつ簡潔な授業に努め，やがて授業改革だけでなく法の体系化そのものを試みるようになる。フランスの人文主義法学における体系化作業の代表的な学者が，1589〜95年に刊行された主著『ローマ法註解（Commentarii juris civilis）』でローマ法の再構築を行ったドノーである。

これに刺激を与えたものとしては，ルネサンス期のプラトン哲学の再生とともに法の理念の探求が教育において重視されたこと，ルネサンス人文主義者が手本とした古代の著作家キケロがカズイスティクで帰納法的なローマの専門法律学を批判し，法の学問化を要求していたこと，また，フランスの人文主義者であり哲学者であったラメーが修辞学と結合した新たな論理学から提唱した分類方法の影響，などがあげられる。

オトマンのローマ法無用論　16世紀半ば以降，人文主義法学者のなかには，ローマ法の集成が恣意的であり，法制度自体も特殊ローマ的であることなどから，もはやローマ法に依拠することはできないとする者も現れた。例えば，オトマンは1567年の『トリボニアヌス駁論（Antitribonianus）』において，ユスティニアヌス法典の欠陥を指摘するだけでなく，16世紀フランスにローマ法は無用のものと断じている。

ドノーの反論　これに対してドノーは，多くの民族に受け入れられ，また自国の法が妨げない限り用いられてきたローマ法は内容の上では問題はなく，ただその構成に大きな欠点を抱えていると考えた。例えば，「人」についての一般的な定義はどこにも記述されておらず，自由人，奴隷，家父権などといった個別的なものが散在しているにすぎない。このような状態は，「学説彙纂」全体にも，そしてこれを構成する個々の章にも見られるものであった。

法文内容の不明確さの原因ともなったこの状態を克服するために，ドノーはローマ法の再構築に着手するのだが，その体系化の鍵は「法学提要」に求められた。法学提要は人の法，物の法，訴訟の法によって構成されているが，ドノーはこれを，第一に，人が享受する権利を教える部分とそれを確保するための方法について述べた部分に法を二分し，続いて，前者について生得的な権利と物との関係から生ずる権利とに二分する分類法によるものととらえた。

この方法を手がかりに法文を整理し，その意味の解析に努めるならば，完全な体系が生まれると考えたドノーは，原典の内容を変更することはなかった。これはローマ法を無用と主張する者たちに対する彼の姿勢を示すものでもあったが，『ローマ法註解』が

ローマ法を研究する多くの者に利用され，そこで示された「法学提要」を基にする体系は後のヨーロッパ諸国の立法にも影響を与えることになったのである。

フランス人文主義法学の終焉　以上，ローマ法に対する文献学的・歴史的研究と体系化について述べてきたが，人文主義法学者の主張には他の要素，例えばガリカニズム，絶対的王権主義，宗派対立などと結びついて多様なバリエーションがある。ただし，源泉への回帰と権威批判という点で人文主義は宗教改革と共鳴しあい，事実，人文主義者の多くはユグノーであった。

ユグノー戦争のなか1572年に勃発したサン・バルテルミの虐殺（1572年）では多くの人文主義者が犠牲となり，また難を逃れるために亡命しなければならなかった。これによって，フランスは人文主義的な法学研究の中心的地位を他に譲り渡すことになった。

とりわけ，ローマ法研究はオランダに受け継がれ，フランス学風によりながら実務の要請からローマ法を時代に適合したものに変えていくオランダ学派がやがて形成され，オランダの旧植民地（スリランカ，南アフリカ）において現在でも通用しているローマ＝オランダ法（Roman-Dutch Law）が作り出されることになる（第18章参照）。

ドイツの特殊事情　イタリアやフランスでは先行する中世法学と対立するかたちで人文主義とその影響を受けた法学が登場したが，ドイツの場合，人文主義の運動は「ローマ法の継受」とほぼ同一の時期に起こったため，その様相はかなり異なっている。

都市を中心に広まった人文主義的文化は，特に南ドイツの諸都市において継受を促進することになったし，人文主義的詩人でもあったブラントは，大衆向けの法学文献の刊行によって，継受ローマ法の普及に貢献した。しかし，伝統的な法律学に対する批判者としての人文主義がまったく実を結ばなかったわけではなく，人文主義的素養がありながらも中世的な法学の上に活動した優れた法律家を生み出すことになった。その典型がツァジウスである。

ツァジウス　ツァジウスが人文主義の強い洗礼を受けたのは，法学博士の学位を取得するためにフライブルク大学法学部に入り直した時期で，上部ライン地方やバーゼルの人文主義グループと親交を結んでいる。その影響のもと，法学に対する彼の当時の考え方には人文主義法学の一般的な特徴を見ることができる。すなわち，彼はアックルシウスの註釈は誤謬に満ち，バルトルスは無学で，彼らの註釈・註解は原典を汚す野蛮なものだと非難した。彼自身は原典に依拠しつつ簡潔な註解を心がけた。また，「学説彙纂」に収録されているポンポニウスの「法の起源」についての記述に註解を付して，アックルシウスの歴史感覚の欠如と歴史的解明の重要性を指摘している。

しかしながら，伝統的な法律学を学び，フライブルク大学教授であると同時に実務的法律家でもあったツァジウスは基本的にはイタリア学風の中に身を置いていた。彼が残した法学文献にはスコラ学的手法が認められる。例えば，後にパンデクテン法学に受け継がれ，ドイツ民法典（BGB）にも採用された「代替物（res fungibiles）」の概念は彼

の創出によるが,「類（genus）」に関するスコラ学的釈義・分析・綜合的論述とバルトルスの見解の延長線上に成り立っていることが指摘されている。

フライブルク改革都市法典 ツァジウスの業績として必ず採りあげられるのが, 都市裁判所書記として起草したフライブルク改革都市法典（1520年）である。

この都市法典は,「改革法典（Reformation）」と呼ばれる継受期に行われた都市法のローマ法的改訂のなかでも, もっとも優れたものといわれる。その主たる理由は, 構成が明快であり, 法政策的判断の熟慮のうえに, 継受ローマ法（普通法）・都市慣習法などの法素材を適切に使い分けたことにある。

ツァジウス

継受時代の法律家が実務において直面した大きな問題は普通法（ユス・コムーネ）と固有法（ius proprium）との間の緊張関係であった（第17章参照）。ツァジウスは鑑定活動などの実務においてもバルトルスの権威などに盲従することなく適切な判断を下した。これを可能ならしめたのは, ローマ法についての歴史的理解とビュデのアリストテレス研究を組み合わせて作り上げた衡平論であったという。

▶**改革法典**
　15世紀後半から17世紀にかけてドイツの領邦特に都市において成立した立法は改革法典と呼ばれる。固有法を継受ローマ法に適応させるための刷新を目的としたものであり, 啓蒙期における体系性をめざした法典（編纂）とは異なる。
　ローマ法化の程度はそれぞれの法典によって差があるが, 一般的には次のような傾向がある。まず, 都市法とラント法との関係では, 法を修得し人文主義的素養を持つ都市貴族の存在や上部イタリアとの経済的交流の影響から, 都市が先行する。都市法のうちでは, ケルン, ハンブルク, リューベックでもローマ法化を伴う立法が行われたが, 南ドイツの都市法典の方が学問的な配慮をよりよく施されたものであった。その先駆的存在がニュルンベルクの改革都市法典（1479年）であり, ローマ法を基礎としつつ条例理論にしたがって固有法の重要なものは維持された。改革都市法典の傑作といわれるのが, 本文でも述べたツァジウスの手になるフライブルク都市法である。他方, ラント法は局地的慣習法が共通なラント法の基礎を形成するためには無力であったため, ローマ法化の度合いは強い。このことは同じツァジウスによるバーデン・ラント法にもいえ,「ドイツ法はその分裂の度合いが強ければ強いほどかつその発展が少なければ少ないほど学者的法によりきわめてすみやかに屈服させられた, という法則」（ヴィーアッカー）を示すものでもある。
（M）

第15章　ローマ法の相対化　207

「隠れた」人文主義　　フランスの人文主義法学者と比較すると，ツァジウスにおける人文主義的要素は不徹底に見える。しかし，ヴィーアッカーの言葉を借りれば，これこそドイツの特殊事情，すなわち継受と人文主義の「両者が同時にしかもしばしば同一人物のうちに合流したという事情」を示すものであった。すなわち，ドイツにおける人文主義の影響は，ツァジウスのような人文主義的教養によって陶冶されたエリートのなかで「隠れた形において」現れたのである。

　ツァジウスは，ジッヒャルトやフィッヒャルトをはじめとして，次の世代を担う優秀な法律家を多く養成した。ローマ法の一面的な利用ではなく，固有法の存在にも配慮したという点で，ツァジウスとその弟子たちは継受ローマ法をドイツの実情に適合させて使用した「パンデクテンの現代的慣用」の先駆といえるかもしれない。

　とはいえ，ドイツの法生活においてより広い法素材を射程に入れた法学が展開されるには，普遍的効力を主張するローマ法の相対化が必要であった。それにはローマ法の権威を支えていた理念の克服が不可欠である。これを果したのがコンリングであった。

2　ヘルマン・コンリング

博学者　　コンリングはしばしば「博学者（Polyhistor）」という言葉で呼ばれるように多才な学者であった。医学，神学，政治学，古文書学をはじめ多方面に功績を残した。また，何人かの君侯に政治顧問として仕え，現実の政治に直面する経験も持った。

　法学に関しては，正規の法学教育を受けた法学者・法律家ではなかったにもかかわらず，ヨーロッパ法史とりわけドイツ法史に関する文献の多くで彼の名が挙げられる。それはひとえに1643年の著作『ゲルマン法の起源（De origine iuris germanici）』が継受ローマ法の正統性の根拠とされてきた「ロータル伝説」を実証的歴史学の方法によって否定し，これに代わって提示したローマ法継受の新たな認識が以後の法学に少なからぬ影響を与えたからである。

　そこで，『ゲルマン法の起源』に立ち入ることにしたい。しかし，その前に，この著作の内容及び意義の理解を深めるために，コンリングの歴史論証とはどういうものであったのか，またドイツ法史と同様に歴史論証が用いられた彼の帝国国制研究に触れておくことにしよう。

ネーデルラント後期人文主義　　コンリングが論証の道具として用いた歴史と出会ったのはオランダのレイデンであった。これに先立ち，コンリングはのちに教授となるヘルムシュテット大学にわずか14歳に入学し，もう一つの基礎となるアリストテレス哲学を身につけ，ギリシャ語，歴史学，神学を学んでいた。そして，おそらく神学の師であったカリクストゥスの影響を受けて，当時，最高の知的水準にあったレイデン大学に留学することになった（1626～31年）。

オランダの政治的・文化的風土はコンリングに多くの影響を与えた。彼は人文主義的で自由かつ寛容な精神に共鳴し，市民が統治の実権を掌握しているオランダの共和政にも強く魅かれている。彼は帝国国制を論ずる際に反皇帝的・親帝国等族的な見解をとるが，それは自由を愛するレイデンの風土のなかで芽生え培われたカトリック・ハプスブルク皇帝に対する敵意に端を発するものであった。

普遍史と蛮族史 レイデン大学はネーデルラント後期人文主義の中心地であり，コンリングはその創始者であるリプシウスの提唱した，中世的な普遍史から訣別した新しい歴史学の影響を受けることになる。ここでいう普遍史とは，「四帝国理論」と「支配権移転理論」によって強化された，キリスト教的普遍的歴史観である。

これに対して，人文主義的文献学者であったリプシウスは，古代の歴史家たち，とりわけタキトゥスの描くローマ帝国と現在のヨーロッパがともに暴力の渦巻く混乱の時代であるという類似性の点で，またローマの大軍に立ち向かうゲルマン諸部族の姿は強国スペインから独立しようとするネーデルラントを鼓舞する点で，有用なものととらえ，普遍史とは異なる国民的指向を持つ「蛮族史（Historia Barbara）」を提唱したのである。

▶**四帝国理論と支配権移転理論**

四帝国理論というのは，この世界を支配するのはアッシリア＝バビロニア帝国，メディア＝ペルシア帝国，ギリシャ＝マケドニア帝国，ローマ帝国しかなく，最後の帝国であるローマ帝国が崩壊するときこの世も滅びるという終末論的法則史観である。この史観は『旧約聖書』「ダニエル書」の預言の解釈から作り上げられた。

支配権移転理論（tarnslatio imperii）とは，この四帝国理論をもとに，時代も場所も異なる4つの帝国を連結するために案出された支配権（imperium）の概念を利用して，最後のローマ帝国の世界支配権は神聖ローマ帝国に移転されたとする歴史観である。アメリカ合衆国における「明白な運命（manifest destiny）」の観念への継承を念頭において「帝国の移転」とも訳される。

(M)

コンリングはレイデン滞在中に神学，医学，文献学，哲学，政治学，法律学の多くの文献を渉猟するとともにリプシウスの後継者たちと活発に交流しており，これらを通じてリプシウスの影響を受けたに違いない。実際，それを象徴するかのようにコンリングは1635年に自ら序文を付してタキトゥスの『ゲルマーニア』を出版し，混乱した時代のドイツ国家の性質とその諸制度を理解させることを意図したと述べている。

帝国国制研究 コンリングは『ゲルマン法の起源』とほぼ同時期に，帝国国制の重要な要素である，皇帝と帝国等族の関係，帝国の立法権と裁判権についていくつかの論攷を著しているが，そこには反皇帝的・親等族的な態度と歴史的論証の併用を共通項としてみることができる。

まず彼は，帝国の由来となるカール大帝の戴冠が教皇によるものでもローマ民族によるものでもなく，武力によって達成されたものであること，その後の帝国の形成もドイ

ツの事情に従ったものであることなどを根拠に，神聖ローマ帝国はローマ帝国とは無関係であることを次のように述べている。

「ドイツもイタリア王国もローマ帝国と呼ばれるものとは区別される国家であり，皇帝はドイツまたはランゴバルド王国を支配する限りにおいての皇帝であって，（ローマ）皇帝ではない。ここから次のことが結論される。新しいドイツをユスティニアヌス法から考慮し，あるいはドイツにおける皇帝にローマ帝国における古代の皇帝権力を与え，また（ローマ帝国という）名称からドイツをローマ帝国とし，皇帝はまさに（ローマ）皇帝としてドイツを統治するという馬鹿げたことが主張されてきた。しかし，これらはまったく誤っていることがいまや明らかとなった」（『ローマ・ゲルマンの皇帝について』）。

コンリング

契約的結合体　コンリングによれば，神聖ローマ帝国は，皇帝の権威のもと諸民族の国家から構成される「契約的結合体」つまり連邦的国家であり，ドイツはその一員にすぎない。

そして，そのドイツについても帝国等族の地位から連邦的把握が導き出される。彼は，アリストテレスによる「市民」の定義をもとに，帝国の重要な支配権力が帝国等族に帰属している現実，特に帝国等族が帝国議会における投票権を有していることから，そしてこの権限は古ゲルマンにおける民会に淵源を持ち今日に至っているものであることを示して，帝国等族こそが「帝国市民」であり，最高の法的地位にあることを主張した。

この考えによれば，ドイツ帝国は帝国等族がそれぞれ支配する国家的団体から構成される結合体であり，帝国の統治に与かるのは帝国市民としての帝国等族にほかならず，皇帝は帝国等族との契約的関係においてのみ帝国の支配者でしかない。

皇帝権力の制約　以上の帝国及び皇帝の位置付けからすると，皇帝権力は制約されたものとなる。したがって，同じ「ローマ」ということだけでローマ法に依拠して皇帝権力を強化し，とりわけ「学説彙纂」第1巻第3章第31法文「君主は法律に拘束されない（princeps legibus solutus est）」などの命題を利用して，皇帝の絶対的立法権力を正当化することはできないとした。

後に示すように，コンリングは『ゲルマン法の起源』においてローマ法の継受を認めているが，立法権はその成立以来帝国議会に帰属し，そこで制定された法が公法的諸関係における「普通法」であるということから，この法領域におけるローマ法継受を否定することで，ローマ法に基づく帝国国制の把握を拒否したのである。

コンリングの独自性　帝国国制に関するコンリングの考えは決して独自なものではない。帝国の国家形態を君主政と貴族政の混合と見るのも，帝国国法を固有な法（帝国決議その他の諸法律）から考察すべきであるとする主張も，先行者がおり，また当時の帝国国法学の枠組みを出るものではなかった。

　それでもなおコンリングが国制史研究において評価されるのは，彼が歴史的論証をこの分野に導入したからである。18世紀後半の帝国国法学発展の中心となったゲッティンゲン大学の代表的法学者ピュッターはコンリングの功績を次のように称えた。「彼はドイツ史研究を啓発し，わが国法の正しい研究方法に従事することによって，まったく新たな道を切り拓いたのである」と。この歴史的論証という武器が継受ローマ法の根拠とされたものに振り上げられたのが『ゲルマン法の起源』である。

『ゲルマン法の起源』　この著作の直接のきっかけとなったのは，いまや大学の同僚となったカリクストゥスが巻き込まれた論争であった。彼は神学に関する著書で，帝国におけるローマ法の効力根拠となった説，すなわち，ローマ法は皇帝ロータル2（3）世の命令によって帝国に継受されたとする見解を否定したのだが，これに対してカトリック改宗者からの反論を浴びることになった。そこで，かねてより担当していたドイツ法史の講義でこの説に否定的であったコンリングは，カリクストゥスを擁護するために講義録を基にした著作を刊行することになったのである。

　『ゲルマン法の起源』は全35章からなり，5世紀からコンリングの時代までのドイツ法史を時代順に豊富な史料を用いて実証的に叙述したものであるが，この著作でもっとも重要な意義があるのはその執筆の契機からも，また後世への影響からも，第20章以下のローマ法に関連する部分である。

「ロータル伝説」の否定　まず彼はイタリアにおけるローマ法の効力について論じはじめる。彼は12世紀イタリアでローマ法の通用力が増大することは認めるが，それが皇帝ロータルの命令によるものではないこと，またローマ法は排他的に利用されたのでもないことを論証した。

　前者の根拠としては，ロータルの命令によってローマ法が法学校に導入されたことを示す信頼できる史料がないこと，また中世ローマ法学の始祖ともいわれるイルネリウスがボローニャでローマ法研究を開始したのはロータルのイタリア遠征以前であったことなどを示し，後者については13世紀においてもランゴバルド法が適用されていた事実を挙げている。コンリングによれば，イタリアにおいてローマ法学は絶えることはなかったが，イルネリウスによってこの法の素晴らしさが広く知られるようになって，徐々にローマ法は実務で用いられるようになったのであり，皇帝の命令は必要ではなかった。

　ドイツにおけるこの問題を扱った第24章は，「ローマ法は皇帝ロータルによってドイツに導入されたのではない。ローマ法は13世紀にフランスとスペインに導入された」と題されている。そもそもこの時代のドイツでは不文法である慣習によって裁判は行われていたのであり，博士の称号を持つ法律家は存在せず，少なくとも15世紀以前において

ドイツにローマ法が継受されたことを示す記録や証拠は存在しない。皇帝ロータルがローマ法を帝国の法律と宣言したというのは「寓話」であるとコンリングは断言している。

メランヒトン犯人説　こうして，ローマ法の実定的根拠をロータルの命令に求める主張は以後「ロータル伝説」と呼ばれることになる。

コンリングはまた，この歴史的事実に基づかない「寓話」が何故信じられてきたのかという問題にも言及している。彼によれば，それは，ブランデンブルグの宮廷天文学者であったカリオンが1531年に著した『カリオン年代記』にこの伝説が書き込まれたためである。しかし，コンリングはこの記述がカリオン自身によるものではなく，ルターの弟子であった宗教改革者メランヒトンの叙述に負うことを明らかにした。

これは現代の研究でもほぼ確認されており，メランヒトンはカトリック教会機構の支えとなっていたカノン法に対抗する意味もあって，普遍的歴史観のもとに書かれていた『カリオン年代記』のなかでローマ法の全ヨーロッパ的（普遍的）効力を正当化する論拠を付け加えたものと想定されている。

コンリングもこの宗教改革者の権威によって，この伝説があたかも事実であるかのように錯覚されてしまったことを指摘している。

漸次的使用による継受　では，実際の継受とはいかなるものであったのか。この問題は第32章で「ローマ法及びランゴバルド封建法が15世紀にドイツの大学と裁判所に導入された」という章題のもとに検証され，法学識者が帝国及び領邦の行政・司法の場に進出し，また大学においてローマ法を講義するようになって，継受は促進されていったことが示された。すなわち，「ローマ法は15世紀以降に徐々にドイツに入り込んできた」のである。

継受の範囲　しかし，コンリングの関心は継受の事実を跡付けることよりも，継受の原因とそれに関連した継受の範囲の検討により強く向けられている。

第33章は「いかなる理由で，またいかなる範囲でローマ法とランゴバルド封建法はドイツの大学と裁判所に継受されたか」と題され，帝室裁判所の設立まで，皇帝がドイツの古い法を廃止してそれに代わる別の法の採用を命じたことはなく，帝室裁判所においても固有法の適用が排除されていないことを強調する。彼はその論拠を，帝国等族が臣民を自己の支配領域の「伝統と慣習」に基づいて裁判すること（第29条）と，帝室裁判所の裁判官は成文普通法と各領邦の「堅実にして適正かつ公正な慣習と条例」に依拠して裁判しなければならないこと（第3条）を定めた帝室裁判所令に求めている。

そして，コンリングは地方（領邦）においても継受は行われたが，ローマ法，帝国法，ラント法，条例・慣習などが並存し，それらはすべて実定法としての同等の効力を有していることを主張した。ここにおいて，彼はローマ法継受は皇帝の命令による「包括的」なものではなく，学識法律家によって「徐々に用いられた」ことを明らかにし，次のように結論している。

「確かに他国と同様にドイツ人もローマ法に拘束されることがある。しかし，ローマ帝国の威厳が今なおわれわれの上にそびえ立っているから，ローマ法と繋がりを持つのではない。ローマ法は自由な裁量の下に用いられることによって継受されたのであり，それがさまざまな訴訟において多くの利益を与えていることは見受けられる」。

「ドイツ法史の創始者」　　コンリングは「ドイツ法史の創始者」（シュトッベ）と呼ばれる。それは，この『ゲルマン法の起源』がまさに本格的なドイツ法史の研究であったからである。実証的研究の成果は，すでに述べたように「ロータル伝説」の否定とローマ法継受の歴史的理解に現れており，この著作の意義と影響も主にこの2点にある。

ローマ法の効力の実定的根拠とされてきた「ロータル伝説」への懐疑は，カリクストゥスがそうであったように，すでに先行者がいた。しかし，コンリングはこれが「寓話」であることを明らかにして，この論争に終止符を打った。「パンデクテンの現代的慣用」を代表する法学者シュトリュクは，「再びこの論争が始められることはないであろう」とコンリングの貢献を高く評価している。

ローマ法の相対化　　さらに，彼が論証した「漸次的使用による継受（usu sensim receptum）」は後の法学に大きな影響を与えることになった。当時の法学及び実務は完全にローマ法に支配されていたわけではないにせよ，固有法の適用を主張する場合にはその存在証明が要求され，ローマ法は優先的地位にあった。コンリングもローマ法の有用性を否定してはいない。継受を論じた後の章で，コンリングは，立法論に及んでローマ法の研究が続けられることは，より良い成果を生むだろうとさえ述べている。

しかし，ローマ法の効力根拠が「漸次的使用」に求められることにより，固有法のより大きな適用可能性が確認された。これは，ローマ法が包括的に継受されていない以上，ローマ法上の命題の適用に際してはその継受を証明しなければならないという，従来とは逆転した適用法の証明責任を生み出し，法源論の混乱をもたらすことになった。

このような状況の中で，シルターをはじめとする後の法学者たちは法政策的判断から，ローマ法に依拠する場合には「確たる根拠を有する」ものと推定する「有拠主張論」の立場をとっている（第17章参照）。したがって，法源論に対するコンリングの直接の影響を過大評価することはできない。しかし，彼らもまた継受の理解についてはコンリングに同調していることに注意しなければならない。

コンリングによって，ドイツの法学は「書かれた理性」という名の下に無前提にローマ法に依拠することはできなくなった。法の理性を自然法に求める時代が到来するまで，ドイツの法学はローマ法とドイツ固有法という複数の法源の存在に直面しなければならなかった。専門法律家ではなかったコンリングは法源論の問題に言及してはいないが，この現実的で困難な問題に対処した法学の時代，すなわち「パンデクテンの現代的慣用」の幕開けを告げる役割を果したのである。

もっと学びたい人のために

① J. ブルクハルト／柴田治三郎訳『イタリア・ルネサンスの文化』中公文庫，1974年。
　＊19世紀ドイツ歴史学界の碩学によるルネサンス論。中世と近代の断絶を強調し，転換点としてのルネサンスを「世界と人間の発見」と位置づける古典学説を完成させた。現代の研究によって古典学説自体は修正を迫られているが，本書はむしろ一個の芸術作品として味読してほしい。

② P. O. クリステラー／渡辺守道訳『ルネサンスの思想』東京大学出版会，1977年。
　＊クリステラーの人文主義理解の特徴は，ルネサンス期の特定の哲学などと結びつけるのではなく，中世以来の修辞学的伝統，教育的・文芸的概念として把握していることにあり，原典の正しい読み方・理解にとりわけ初期の人文主義法学者がこだわったことを理解する上で参考となる。

③ O. フラーケ／榎木真吉訳『フッテン——ドイツのフマニスト』みすず書房，1990年。
　＊ドイツの人文主義者で，ローマ法継受に対する痛烈な批判者として知られる「最初のドイツ国民主義者」ウルリヒ・フォン・フッテンの評伝。ルター，エラスムスなど宗教改革時代の群像や，市民層の台頭によって没落しつつある騎士身分の状況が描かれている。

④ 西村隆誉志『ヨーロッパ近代法学形成史の研究——16世紀フランス知識社会とドノーの法律学』敬文堂，1998年。
　＊ドノーの法学について，過失論・訴権論・損害論の角度から詳細に検討した高度な専門書。難解だが，単行書としては人文主義法学に関する唯一の邦語文献。

【参照文献】

大木雅夫「フランス人文主義の夜明け」北村一郎編『現代ヨーロッパ法の展望』東京大学出版会，1998年所収。

勝田有恒「ウールリッヒ・ツァジウスの「人文主義的」法律学について」『人文科学研究』（一橋大学）第15号。

勝田有恒「ドイツにおける中世的普通法理念の高揚と凋落」『法学研究』（一橋大学）第9号。

田中実「人文主義法学のローマ法文解釈と市場原理」加藤哲実編『市場の法文化』国際書院，2003年。

飛世昭裕・瀧澤栄治・田中実・林智良「ドネッルス『ローマ法注解第13巻第6章～第9章』試訳（1）（2）（3・完）」『帝塚山法学』5，6，7号，2001，2002，2003年。

西村隆誉志『ヨーロッパ近代法学形成史の研究——16世紀フランス知識社会とドノーの法律学』敬文堂，1998年。

村上裕「ドイツ人文主義と固有法意識の崩芽——ウルリッヒ・フォン・フッテンの法律観——」『一橋論叢』第99巻第1号，1988年。

山内進『新ストア主義の国家哲学——ユストゥス・リプシウスと初期近代ヨーロッパ』千倉書房，1985年。

山内進『十字軍の思想』ちくま新書，2003年。

F. ヴィーアッカー／鈴木禄弥訳『近世私法史』創文社，1961年。

P. O. クリステラー／渡辺守道訳『ルネサンスの思想』東京大学出版会，1977年。

M. シュトライス／佐々木有司・柳原正治訳『一七・一八世紀の国家思想家たち』木鐸社，1995年。

O. フラーケ／榎木真吉訳『フッテン——ドイツのフマニスト』みすず書房，1990年。

J. ブルクハルト／柴田治三郎訳『イタリア・ルネサンスの文化』中公文庫，1974年。

Julian H. Franklin, *Jean Bodin and the sixteenth-century revolution in the methodology of law and history*, New York, 1963.

Donald R. Kelley, *Foundation of Modern Historical Scholarship: Language, Law and History in the French Renaissance*, New York/London, 1970.

Conringii Opera, 6 Bde., Hg. v. J. W. Goebel, Braunschwieg, 1730.

Michael Stolleis (Hg), *Hermann Conring (1606-1681) Beiträge zu Leben und Werk*, Berlin, 1983.

Erik Wolf, *Große Rechtsdenker der deutschen Geistesgeschichte*, Tübingen, 1963.

（村上　裕）

III

ヨーロッパ近世の法と社会(2)

近代の胎動

ウェストファリア条約の締結

第16章

身分制議会と絶対主義国家

公権／私権を峻別しない旧ヨーロッパ世界では，家父たちが自律的な権力を保有し，君主たちも家産によって国家を運営した。ボダンの主権論は，こうした家産的・等族的国制を背景とする。他方，リプシウスの新ストア主義は，情念の抑圧と合理的な権力行使の結合によって主権的権力国家を構想した。こうした社会的紀律化の過程は，公共の福祉を旗印に内政全体を飲み込んでいったポリツァイをめぐる複雑な力学に特徴的に現れている。

1　旧ヨーロッパの身分制議会

旧ヨーロッパ　ドイツの国制史学者オットー・ブルンナーは，12～18世紀のヨーロッパを「旧ヨーロッパ（Alteuropa）」と名付けた。「全き家」を社会の基本的構成単位とし，フェーデによる自力救済が紛争解決の中心をなし，身分制議会を軸とする等族的国制が存在した「旧ヨーロッパ」世界は，近代ヨーロッパとは原理的に異質な時空であったとされる。ブルンナーの学説に対しては，中近世ヨーロッパの構造的な理解を優先するあまり，分析がやや静態的にすぎるとの批判がなされてきた。しかしながら，近代的概念によって中近世ヨーロッパを説明するという旧来の時代錯誤を鋭く批判し，同時代の概念によって内在的に理解しようとしたブルンナーの学問的成果は，これから「旧ヨーロッパ」世界について学ぶわれわれにとって，導きの星となるであろう。

> ▶オットー・ブルンナー (Otto Brunner, 1898～1971)
> 　ドイツの国制史学者で，1941年からウィーン大学教授。主著『ラントとヘルシャフト（Land und Herrschaft）』（1939年）によって，時代錯誤を排した「旧ヨーロッパ」研究の新機軸を切り開いた。また，共同編集に携わった『歴史基本概念辞典（Geschichtliche Grundbegriffe）』（1972～97年）は，概念史的アプローチを試みるすべての研究者にとって必携である。　　　　　　　　　　　　　　　　　　　　　　　　　（R）

家政学 　アリストテレスの学問体系によれば，広義の倫理学は，個人の学としての狭義の倫理学・家の学としての家政学・ポリスの学としての政治学から構成される。これらは，それぞれ衝動に対する理性の支配・家父の支配・為政者の支配を扱うものとされた。ここで問題となるのは，家父の支配を対象とする「家政学（oikonomica）」である。

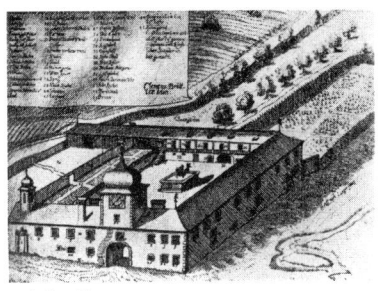

貴族の館

　旧ヨーロッパにおける家政学は，いわゆる「家父の書（Hausväterliteratur）」に見られるような広範な対象をもつ学問であった。例えば，その代表的著作とされるホーベルクの『篤農訓（Georgica curiosa）』（1682年）は，農場経営の概要に始まり，子弟の教育や僕婢の管理を含む家父の活動や，子女の教育や家庭医術を含む家母の役割，さらには果樹栽培・園芸・醸造・製粉・畜産及び獣医学・養蜂養蚕・水利・林業・狩猟といった多彩な内容を取り扱っている。ホーベルクによれば，家父とは次のようなものである。
　「家父は時計のようなもので，起床も作業につくのも食事も，すべてが家父に従って動く。時計の振子が重くも軽くもなく，きまった時間にねじが巻かれて，狂いがこなければ，すべてがうまくいく。家父が熱心さと思慮と忠告とによって家のものたちの長として良い実例を示し，適切なときに指図すれば，家の経営はすべてうまくいく。しかし，家父が熱心さと知識と真面目さに欠けるならば，奉公人たちは彼が理解力を持っていないからだと判断し，助言がまちがっていればすべてが混乱におちいる」。

「全き家」 　家政学の多彩な内容は，旧ヨーロッパの農場経営に必要とされた知識の多彩さに対応していた。農場経営者としての家父の家政は，妻子だけでなく僕婢の管理にも及んだ。このような生活様式は「全き家（das ganze Haus）」と呼ばれる。「全き家」は，血縁者の生活の場というよりも，むしろ生活・経営・労働のすべてを包括する一個の共同体であった。
　このような生活様式は農民身分にもっとも典型的にみられたが，騎士身分や市民身分の「家」においても従者・徒弟・丁稚といった住み込みの奉公人（famulus）がしばしば不可欠の構成要素をなしていた。その意味において，「全き家」は旧ヨーロッパ世界における家の典型であった。

家父権と自由 　「自己の家は城塞とみなされる」の法諺が示すように，「全き家」は，対外的には「家の平和」が支配する「自由圏（Freiung）」であり，官憲によっても容易に侵されることのない国制の基本的要素であった。
　しかしながら，旧ヨーロッパ世界は，フェーデが行われる場合（Fehdegang）は言うまでもなく，裁判による紛争解決が図られた場合（Rechtsgang）ですら判決の執行がしばしば当事者に委ねられたような，自力救済を基調とする社会であった。このような

第16章　身分制議会と絶対主義国家

実力社会において対外的に「家の平和」を主張するためには，強力な家父権が必須であった。こうして「全き家」の家父たちは，構成員に対する広範な懲戒権を保有するとともに，その実力を背景として，はじめて村落共同体や都市共同体における完全な政治的権利を要求しえたのである。

人的結合国家から制度的領域国家へ ドイツの歴史家テオドール・マイヤーの概念装置に即して言えば，13世紀における封建制国家から身分制国家への移行は，封主と封臣との人的な誠実関係に基づいた「人的結合国家（Personenverbandsstaat）」から固定的な領土を基礎とする「制度的領域国家（institutioneller Flächenstaat）」への重点の移動と考えることができる。ところで，自力救済を克服してラント平和を実現するためには制度的領域国家による恒常的な司法・行政組織が不可欠であり，このことは君主を中心とする中央権力機構の発達

エリザベス1世とその議会

を促すことになった。

しかしながら，君主が独力で全領土を支配できるようになるまでには，なお時間を要した。こうして，君主権力を補完すべき地方権力機構は，逆説的にも，自立的な中間的諸権力に委ねられた。領主階層や騎士身分を中心とするフェーデ権者たちや，教会，さらには都市が「等族（Stände）」として地方行政・司法を担ったのである。

等族的国制 等族は，地域と密接な結びつきを保ち，たとえ君主が代わっても固有の諸権利を主張し続けた。官職補任請求権（Indigenatsrecht）はその一例である。そもそも領主の支配権は領民の「家」に対する領主的諸特権の複合体にすぎなかったので，領主—領民関係はしばしばローカルな人的結合の性格を有していた。その結果，旧ヨーロッパ時代を通じてみられた戦争や継承による「制度的領域国家」の拡大のプロセスですら，等族の地域主義を背景とした各地方の固有性・歴史的伝統を払拭するには至らなかった。

「諸権利と諸自由」 ところで，等族の関心はもっぱら自己の自生的な特権を維持することにあった。君主はしばしば即位に際して，等族の「諸権利と諸自由（jura et libertates）」を確認し，その総体としての「ラント法」を遵守する旨の宣誓を余儀なくされた。これは「支配契約」として文書化されることもあった。どれほ

どの実効性があったかは疑問視されているが，少なくとも理論的には，君主が支配契約の条項に違反すれば，等族は抵抗権を行使することさえも許されると考えられた。

等族の「諸権利と諸自由」とは，彼らが自己の自由圏内で享受しているすべての個別具体的な権益のことであり，近代の抽象的・一般的な「自由」とは異なる「諸特権」の集合体であった。しかも，こうした諸特権は，従属者に「保護と庇護（Schutz und Schirm）」を与える双務的な支配権であった（第6章参照）。等族の諸特権が一方的な抑圧と感じられるようになったのは，ポリツァイ国家が臣民の保護を独占するようになってからのことである。

身分制議会　旧ヨーロッパの等族的国制に特徴的な機関として，通例，聖職者・貴族・都市（市民）の三身分で構成される身分制議会があげられる。フランスの全国・地方三部会，イングランドの議会，ドイツの帝国議会・ラント議会などが代表的であるが，スペイン，チェコ，ポーランドなど多くの国において類似の機関が知られており，旧ヨーロッパに普遍的な現象であったといえよう。

ところで，例えばフランスの「全国三身分会議（les États généraux）」の名称がいみじくも示しているように，身分（état）と身分制議会は不可分であった。身分は，部会のうちに実体化することで，君主と緊張関係を保ちながらその諸特権を行使し得ると考えられた。

ゲルマンの民会や封建制下の国王会議においては，君主と諸身分の共同行為が主であったが，おおむね14～15世紀に成立したとされる身分制議会では，両者の相互協議が中心となった。君主の活動はもともと直轄領から得られる収入によって賄われてきたのだが，公的任務への要請が高まるにつれて，君主権はその活動に見合った直轄領収入を確保できなくなった。そこで，君主は大きな担税力を有する都市（市民身分）を新たに加えた三身分の会議を編制し，課税の承認を求めるようになったのである。

「助言と助力」　こうして編制された身分制議会においては，君主が緊急の必要性を理由に軍役・租税の負担を求めた場合，諸身分は「助言と助力（consilium et auxilium）」を自発的に提供する義務を有するとされた。それゆえ軍役や租税を負担するかどうかは問題ではなく，身分制議会はむしろ緊急性の程度と助力の分量をめぐって協議が行われる場であった。

▶**高等法院**（パルルマン）

　フランス旧体制（アンシャン・レジーム）下の司法機関で，13世紀頃に「国王会議（curia regis）」の司法機能から分化した。同様の起源をもつイングランド議会（パーラメント）の上院が現在でも最高裁判所の機能を有しているのは，その名残である。

　高等法院においては，通常の判決活動のほか，地域慣習法の採録や王令登録権の行使など立法的な活動も行われた。王令が当該管轄区域で効力をもつには高等法院の登録が必要とされ，登録が拒否された場合には，王権はいわゆる親裁座（lit de justice）によって登録を強制することができた。

> 高等法院の司法官職は売官制の対象で，ブルジョワ出身の司法官たちは，世襲の「剣の貴族（Noblesse d'épée）」との対比で「法服貴族（Noblesse de robe）」と呼ばれた。
> 　高等法院は，フロンドの乱（1648〜53年）などしばしば王権への抵抗拠点となり，1787年には全国三部会の召集を要求して大革命の幕を開くことになる。　　　（R）

家産制　これまで見てきたように，旧ヨーロッパにおける君主の地位には，同輩中の第一人者（Primus inter pares）という性格が伴った。君主が自由に行使し得る財源は，君主自身の直轄地収入に限られたからである。すなわち，現代の用語法を用いるならば，私有財産（「家」の財産）によって公務（国政）を行ったわけである。むろん収入の面においても，国家の歳入と君主の収入とは明確に区別されなかった。これを家産制という。近代的な公権／私権の二分法は，ここでは意味をなさない。

家産的な権力構造は，君主権にとどまらず，旧ヨーロッパ社会の隅々まで広がっていた。自力救済の要素が重きを占める社会においては，自己の権利を自分で守れる者だけが共同体の正規の構成員でありえたし，それが不可能な者は他の自権者の「保護と庇護」を必要とした。その意味において，すべての自権者には，家父権の一環としての政治的権力が何らかの形で帰属したのである。

家父が保有し行使する所有権もまた，純粋に私的なものではありえなかった。分割所有権論にみられるように，旧ヨーロッパ世界においては，公的支配（インペリウム）と私的所有（ドミニウム）が渾然一体となっていた。このように等族の諸特権もまた，所有権であるとともに支配権でもあるような家産的権力であった。

絶対主義と家産制　家産制は，初期の絶対主義国家においてはむしろ強化された。中央集権化のプロセスで採用された売官制は，直接的な金銭収入が得られるだけでなく，官職補任請求権などの諸特権と結びついた等族的国制を克服する手段としても機能するはずであった。しかし，こうして官職を得た家産官僚たちは，君主権の体系に組み込まれながらも，官職を自己の財産として保有するという意味において遠心的・分散的な性格を発揮したのである。

このように，旧ヨーロッパにおける君主と等族との緊張関係は，公権と私権の対立にとどまらない，家産的諸権力の多元的な相互補完関係として理解すべきであろう。

2 近代国家の基礎理論——主権理論と新ストア主義

マキアヴェリ　近代政治学の誕生は，マキアヴェリが1513年に刊行した『君主論（Il Principe）』とともに語られる。この著作は，目的のためには手段を選ばない権謀術数主義（マキアヴェリズム）を説いたものとして知られるが，より厳密には，当時のイタリアの政治状況に即した現実主義的な君主の行動原理を説いたものと言うべきであろう。

とはいえ，徹底した現実主義者であったマキアヴェリの説く「現実」とは，あくまでも彼が生きた15〜16世紀イタリアの「現実」にすぎなかった。それゆえ，国家の規模や政治風土といった国制の異なる時空においては，マキアヴェリの助言はしばしば現実離れした，目的の達成をかえって阻害しかねないものにすらなりえた。こうして，イタリア以外の国々においては，国制に対応した新しい権力国家像が求められたのである。

この要請に応えた数々の国家思想家のうち，ここでは同時代にもっとも大きな影響を与えることになった2人の人物を取り上げることにしよう。すなわち，ジャン・ボダンとユストゥス・リプシウスである。

主権理論　ジャン・ボダンは，1576年に刊行された主著『国家論6巻（Les six livres de la république）』において，近代的国家主権の概念を確立したとされる。ボダンによれば，最高権力（summum imperium）ないし主権（souveraineté）とは，「国家の絶対的で永続的な権力」であり「法律の拘束を受けない権力」である。

この主権理論によって，フランス王権をはじめ中央集権化に邁進する君主権力は，絶対主義国家を建設するためのもっとも重要な理論的支柱を手にすることになった。とはいえ，中間団体の排除が国家の破滅につながると考え，神法・自然法とならんで（「サリカ法典」を基礎とする）王国基本法を主権の制約原理に掲げたことは，専制への強い批判的態度を崩さなかったボダンの主権理論の重要な特徴である。

私有財産の不可侵　ボダンが理想とする合法的君主政において，主権者は，主権者の命令としての市民法を自由に定めることができるが，神法ないし自然法には従わねばならない。この自然法の具体的内容とされたのが，私有財産の不可侵である。

ボダンは「国王はすべてのものをインペリウムによって所有し，個人はドミニウムによって所有する」というセネカの言葉を引用して，古代ローマにおける公的支配（インペリウム）と私的所有（ドミニウム）の区別を甦らせた。こうして，旧ヨーロッパにおける公私一体が理論的に解消され，国家主権にはすべての公的支配権が吸収されるとともに，支配権を奪われた等族はいずれも「臣民（sujet）」として純粋な私的所有の担い手とみなされることになった。

それゆえ私有財産の不可侵は，ボダンにとって，主権がまさに公的な支配権を包括した完全な国家主権であるための不可欠の条件であった。すなわち，しばしば指摘されるように，近代的国家主権概念と私的所有権概念はパラレルに成立したのである。

家産制の残滓　注目すべきことに，この公私二分論を背景として，ボダンは「課税権（droit de fisque）」を主権の内容から除外している。私有財産への侵犯に他ならない租税は，課税される当人の承諾，すなわち身分制議会の同意を得てはじめて可能とされた。

その意味において，ボダンの主権理論は旧ヨーロッパの等族的国制を反映したものであった。ボダンにとって「家」こそがすべての国家の源泉であり，市民（citoyen）と

は「他者の主権に従属する自由な臣民 (le franc sujet tenant de la souveraineté d'autruy)」と把握された「家父」に他ならない。それゆえ私有財産の不可侵もまた，まさに旧ヨーロッパ的な家産制の名残という側面を有したのである。

国民経済学 ところで，アリストテレスの学問体系においては「善き生活」のための「政治学（politica）」と単なる欲望の充足のための「家政学（oeconomica）」が峻別されたが，ボダンは両者に質的な相違を認めなかった。「家は国家の真の似姿」と考えるボダンは，「家の正しい統治は国家統治の真のモデルである」として，国家・中間団体・家を包括する統一理論を構築しようとしたのである。

こうして「家」の経済学が「国家」の経済学へと発展する道が開かれることになった。ボダンが近代的な主権理論とともに国民経済学も創始したと言われるのは，このためである。

リプシウス ユストゥス・リプシウスの名前は，ドイツの国制史学者ゲルハルト・エストライヒによる研究の後，ようやく現代に甦ることになった。しかし，この忘れられた思想家が同時代に及ぼした影響は，ボダンをも凌駕する程であった。リプシウスが1584年に発表した『恒心論（De Constantia）』は出版後150年間に80版以上を重ね，1589年の主著『政治学6巻（Politicorum libri sex）』もまた77版を重ねたとされる。

新ストア主義 レイデン大学の古典文献学教授として古代ストア哲学を近世に甦らせたリプシウスは，激しい宗教的対立の超克を求めた同時代の人々の熱狂的な支持を獲得し，まさにヨーロッパの精神世界に君臨した。リプシウスが創始した新ストア主義の国家哲学は，彼の知的サークルに属したグロティウスに端を発する近世自然法論とともに，ネーデルラント運動と総称される知的潮流をなすことになった（第15，18章参照）。

リプシウスは，権威・節度・恒心・紀律といった古代ローマの徳目を時代の中心的概念として蘇らせ，常備軍と官僚制を2本の支柱とする絶対主義的近代国家の制度と，それに相応しい心性を構想することによって，「時代の流れの単なる解釈者にとどまらず，またその強力な推進者」（山内進）となった。

合法的君主政 リプシウスのもとで学んだオラニエ公マウリッツは，『政治学』を自己の軍制改革の手引書として用いたとされる。「君主は法律に拘束されない」というローマ法の命題を支持したボダンとは異なって，リプシウスは君主もまた法律のもとにあると考えた。その背景にあるのは，「君主はもとより人民の上にあるが，同時に国家の下僕たらねばならない」という合法的君主政の理念であった。

ボダンにせよ，リプシウスにせよ，強力な主権的権力国家を探求したという点では，明らかにマキアヴェリの後継者であった。しかし，宗教改革後の激しい宗派対立や繰り返される宗教戦争を経て，道徳律から完全に解放された君主にすべてを委ねることは，もはや破局への近道でしかないことが明らかであった。

ボダンがここで旧ヨーロッパの等族的国制に立脚した絶対主義国家を構想したのに対して，リプシウスがめざしたのは，官僚制と常備軍という権力装置を柱としながらも，法律に拘束され，恒心・紀律といった倫理的基盤に基づいた「節度ある暴力（vis temperata）」としての権力国家による秩序形成であった。ヨーロッパの主権的権力国家は，情念の抑圧と合理的な権力行使・軍事行動を結合することによって誕生したのである。

③　絶対主義の時代——社会的紀律化とポリツァイ

帝国の解体　宗教改革によって，神聖ローマ帝国の機能不全はもはや誰の眼にも明らかになった。キリスト教正統信仰の擁護者を自任することで皇帝は旧教側の一当事者となってしまい，帝国議会も宗派対立を調停する場として機能しなかった。辛うじて機能し続けた帝室裁判所も，領邦君主が不移管・不上訴特権（第12章参照）を行使したり，公然と判決を無視したりする場合には，まるで無力であった。
　こうして，あいつぐ騒乱に帝国はなすすべもなく動揺し，30年戦争によって壊滅的な物質的・精神的打撃を被ることになった。17世紀中葉にドイツで魔女裁判が全盛を迎えたのは，おそらく偶然ではない。

絶対主義的主権国家の時代　1世代以上にわたって続いた戦争によって，人々の心性にはある種の地殻変動が生じていた。フェーデ，良き古き法，帝国，等族的国制，身分制議会といった旧ヨーロッパ世界のさまざまな標識が，三十年戦争を経ていずれも消失するか大幅な地盤沈下を蒙ることになり，いまや絶対主義的主権国家の時代が到来したのである。

ウェストファリア条約　神聖ローマ帝国の実質的な解体を決定づけたのは，1648年のいわゆるウェストファリア条約である。対フランスのミュンスター講和条約及び対スウェーデンのオスナブリュック講和条約を総称して，このように呼ぶ。
「最後の宗教戦争」と呼ばれる三十年戦争の講和条約として，この条約は，ラントの宗教的自決権を承認した領邦教会制を導入し，それによって中世的・普遍的なローマ教皇の権威に終止符を打った。また，皇帝の立法や条約締結に対する帝国議会の同意権が確認されたことは，旧ヨーロッパの等族的国制に由来する特権の再確認ではあったが，いまや皇帝権の失墜と帝国そのものの実質的な機能停止をもたらした。さらに，皇帝と帝国に敵対しないとの条件が付されたとはいえ，帝国等族（ラント君主）に同盟締結権が承認されたことによって，帝国を構成する諸ラントは事実上の独立国家となった。
　帝国はこうして，絶対主義的な権力国家の建設を進める領邦国家（ラント）のゆるやかな連合体へと変質した。

リプシウス全集（1637年）の扉絵（ルーベンス原画）

社会的紀律化

　帝国の解体は，主権国家体制の誕生にとって不可欠なマクロ的環境を整備することになった。しかし，主権国家体制の担い手となった絶対主義国家は，こうした外在的な環境整備だけで成立したわけではない。リプシウスの新ストア主義のように，騒乱の時代に「恒心」を保ち，官僚制と常備軍を備えた権力国家によって新たな秩序を形成しようとする人々の意思と行動が，絶対主義国家を創造したのである。ここではこうしたよりミクロな側面に着目して議論を進めることにしよう。そのキーワードは「社会的紀律化（Sozialdisziplinierung）」である。

　社会的紀律化とは，近代ヨーロッパの成立過程を「紀律（disciplina）」の深化と拡大という観点から描き出した概念である。類似の概念としてはマックス・ヴェーバーの「合理化」やノルベルト・エリアスの「文明化」があるが，これらは社会経済的諸関係の長期変動プロセスを外在的・社会学的に記述したものであった。

　これに対して，社会的紀律化の概念的特徴は，客観的要素にとどまらず同時代人の意思や行動といった主観的要素までも含めた形で，政治・経済・社会・文化のあらゆる局面で進行した秩序形成と自己抑制のプロセスを内在的・歴史的にとらえようとする点にある。その意味において，社会的紀律化の概念は，精神史・国制史・社会史を総合し，国家権力から中間的諸権力をこえて民衆の心性までも射程におさめた包括的な分析枠組といえる。

「絶対主義」概念への批判

　この概念を提唱したエストライヒは，15〜16世紀を「社会的規整（Sozialregulierung）」の時代と位置づけて，17〜18世紀の「社会的紀律化」の時代と区別したが，現在の国制史研究では両者を区別せず，社会的紀律化を中・近世ヨーロッパの根底的過程と考えるのが一般的である。もっとも，リプシウスの新ストア主義を範型（パラダイム）とするヨーロッパの権力国家形成が17世紀における帝国の（実質的な）解体によって加速し，社会的紀律化のプロセスに新しい段階をもたらしたことは間違いないだろう。

　いずれにせよ，現代の歴史学研究においては，いまや社会的紀律化の概念が「絶対主

義」の概念を駆逐しようとしている。「紀律」が同時代のキーワードであったのに対して，「絶対主義」が後世の歴史学による造語であり，しかも君主権の無制約な自己貫徹という誤ったイメージに基づいて構成された概念であることが，その主な理由である。

旧身分制的構造　現在の研究水準からすれば，絶対主義国家において君主権がさまざまな制約に服していたことは明白である。確かに，王権神授説が唱えたような「神の前での責任」は，現実には君主権の制約原理としてほとんど機能しなかった。しかしながら，理論的には無制約なはずの絶対主義国家は，現実の身分制社会によって制約されていた。

絶対主義国家を支えた2本の支柱である常備軍と官僚制をみれば，そのことは一目瞭然である。しだいに学識化と能力主義が浸透していくとはいえ，18世紀においてもなお官僚や将校の主たる供給源は貴族身分であった。また，三部会の招集がフランス革命の引き金を引いたように，絶対主義国家のもとで身分制議会は正式には廃止されず，等族的国制が依然として存続していた。

それゆえ，絶対主義国家の社会構造は，いわば「君主による特権によって保障され保護された，なお一貫して旧身分制的・階層的な構造」（エストライヒ）だった。

紀律化の3つのレベル　もっとも，社会的紀律化の概念を単に「上から」の服従要求とみなすならば，絶対主義概念に対するのと同様の批判があてはまることになるだろう。しかし，むしろ社会的紀律化は「旧ヨーロッパにおける社会構造，中間的諸権力と社団の特権的体系を否定したり打倒したのではなく，それらを倫理的力によって統御しようとした」（阪口修平）のである。

近世の国家形成について，エストライヒが国家・州・市町村の3つのレベルを区別するように主張したことは重要である。近世における中央集権化は，国家のレベルでは成功したものの，州のレベルでは部分的にしか貫徹できず，市町村のレベルまで到達したのは啓蒙絶対主義の時代になってからのことであった。

ところで，社会的紀律化を考える際には，秩序形成に対する「下から」の積極的な要求にも注目せねばならない。ここではポリツァイをめぐる複雑な力学について検討することにしよう。

ポリツァイとは何か　アリストテレスの『政治学（Politeia）』の影響のもとに成立した「ポリツァイ」は，近世ヨーロッパにおいて，都市や農村における善き公の秩序として理解され，そこから臣民の幸福を積極的に増進するような国家活動を意味するようになった。

したがって，前近代のポリツァイ概念は，危険の防止という近代的な「警察」概念よりもずっと広範なもので，公共の福祉（salus publica）を旗印に，国内行政の全体を視野におさめるものであった。ドイツの研究者は，この両者を区別するために，近代的警察を意味する「Polizei」と区別して「Policey」という旧綴を用いている。われわれもこれにならって，あえて「警察」とは訳さずに，「ポリツァイ」とカナ表記することに

しよう。

伝統的秩序の維持 そもそもポリツァイが近世ヨーロッパにおいて問題になった理由には，15～16世紀になって商品経済が急速に進展し，都市と農村の生活様式が大きく変容し始めたことがある。さらに，都市の労働力需要が急速に高まり，農村から多くの人々が都市に流入したため，都市では新しい秩序が必要になった。あいついで近世ヨーロッパを襲った戦争や疫病もまた，社会不安をかきたてた。

ポリツァイは，こうした社会秩序の動揺と社会不安の高まりに対して，社会防衛的な機能を果すべきものであった。

善きポリツァイ 15世紀末には，ヴュルツブルク（1476年），ニュルンベルク（1482，85年），マインツ（1488年）など諸都市において「ポリツァイと善き秩序」あるいは「善きポリツァイ」という表現を用いた条令が制定された。いまや社会統制機能を失いつつあった教会の裁判権に代わって，世俗の公的権力が台頭し，瀆神・性風俗・賭博・奢侈・暴飲・服飾などの問題を統制しはじめたのである。

帝国ポリツァイ条令 こうしたポリツァイ条令制定の動きは，やがて帝国のレベルにまで到達し，1530, 48, 77年の３度にわたる大規模なポリツァイ条令の制定をもたらした。ここで，1577年の帝国ポリツァイ条令から，服装に関する具体的な条文をみてみよう。

「第9章　服装の無秩序と贅沢について

各人は地位もしくは素性が何であれ，彼の身分，名誉及び財産に応じてそれぞれの身分において異なった識別が存在し得るように身にまとうことが，誠実であり，相当でありかつ正当であるので，そして，しかし，君主，騎士，貴族，市民及び農民の間における服装の贅沢が，それによって単に特別な人ばかりでなくすべてのラントの住民もまた彼らの食物を減らし節約したという程に広まったので，すなわち，人が服装の贅沢のために利用するところの金糸の織物，ビロード，絞織物，サテン，外国の織物，贅沢なつばなし帽，宝石類，小真珠，金製指輪，装身具及びウンツゴルトによって途方もない金が，ドイツ国民から運び去られ，また，羨望，憎悪及び不満は，キリスト教的愛の喪失を呼び起し，そして，かかる服装の贅沢は，侯と伯，伯と貴族，貴族と市民，市民と農民の間にいかなる差異も認識されることができない程に，まったく度をはずれて行われているので，そこで朕は，選帝侯，侯及び等族と以下に続く服装条令について一致し協定した。そして朕はまたこれをそれについて定められた処罰と刑罰のもとに是非とも完全に守りたい」。

社会変動の反映 この条文から分かるように，ポリツァイ条令においては，旧ヨーロッパの伝統的な身分制秩序を維持することが重視されていた。とはいえ，社会秩序の変動に対して，ポリツァイが単に復古的・伝統墨守的な姿勢を取り続けたと考えるのは誤りであろう。例えば，同じ帝国ポリツァイ条令の少し先の条文には，その出自にかかわらずいまや騎士身分と同格だとみなされるようになった，学識

法曹に代表される博士たちについて，次のような規定が置かれている。
「第12章　博士について
　同様に，博士と彼らの妻も，衣服，装飾品，鎖，金の指輪及びその他彼らの身分と自由に相応しいものを身につけているべきであり，身につけていることができる」。

「下から」の紀律化　ところで，これらの条令は決して「上から」押し付けられたものではなく，むしろ市民の「下から」の求めに応えたものであった。エストライヒが，絶対主義的なイメージのある社会的紀律化の概念とあえて区別して，都市の「善きポリツァイ」を社会的規整と呼んでいるのも，こうした草の根のゲノッセンシャフト（仲間団体）的な相互規制という側面を強調するためである。

このように，ポリツァイは，紀律と秩序ある生活のための訓育をめざした，上下双方からの社会刷新運動であった。

ポリツァイ国家　17世紀以降，帝国に代わってポリツァイ条令制定の主役となったのは，「主権」のもとに包括的な権力を掌中に収めつつあった初期近代国家であった。これらの国家は，産業構造の変化によって地位の低下した同職・同業組合（ギルド）に代わって度量衡や利息制限などの経済規制を行い，さらにプロテスタント地域では教会に代わって婚姻や教育・福祉事業までも管轄するようになった。

こうしてポリツァイは，秩序の維持・回復という保守的機能に加えて，「善き生活」の推進という福祉国家的目標を掲げることになった。いまや「子供は両親を『お父様』『お母様』と呼ぶべきこと」といった極端な後見的配慮までもが，国家の任務に数えられたのである。公・私生活の隅々にまで積極的な行政措置を及ぼす「ポリツァイ国家」は，このような時代の要請に応えるものであった。

ポリツァイと学問　ポリツァイ国家によって制定された条令の多くは，抵当条令・破産条令・農業条令・森林条令・鉱山条令・学校条令など，帝国の包括的条令に比して，より個別的な任務に即したものとなった。これらは，「善きポリツァイ」のようなゲノッセンシャフト的性格をほとんど持たなかった。さしあたり等族の諸特権はポリツァイによって侵犯されない「古き法」の領域に属したが，等族はもはやポリツァイ条令の共同作成者ではなくなった。

代わって登場したのが，合理性や機能性を重視する絶対主義国家の官僚たちである。彼らの基本的素養は，ユスティやゾンネンフェルスが確立した官房学（Kameralistik）やポリツァイ学（Polizeiwissenschaft）であった。

**政策手段と　　**合理的な学問体系の裏づけを得たポリツァイは，いまや伝統的な法観念
しての立法　を揺るがし，やがて政策手段としての立法という観念を普及させることになった。本来，ポリツァイ事項と司法事項との間には明確な境界線が存在し，ポリツァイは伝統的な「法」の領域には関与できないと考えられた。しかし，例えば暴利行為や詐欺を防止するためにポリツァイ条令が定められ，何らかの取引に際して「正当価格」が定められたり「莫大損害（laesio enormis）」が無効・取消原因に加えられたりす

れば，売買法は実質的に修正されたことになるだろう。

　こうしてポリツァイ事項と司法事項との境界線は曖昧になった。法学者たちは，伝統的な「法」の領域に固執するかぎり，もはや現実の法生活に対応できなくなった。ポリツァイ規制とローマ法との融合という困難な問題の解決は，ポリツァイ国家の発展に直面した「パンデクテンの現代的慣用」の手に委ねられたのである。

もっと学びたい人のために

① 飯塚信雄『男の家政学——なぜ〈女の家政〉になったか』朝日新聞社，1986年。
  ＊旧ヨーロッパ世界の「全き家」を論ずる際にいつも言及されるホーベルクの『篤農訓』を分かりやすく解き明かした，気軽に読める一冊。
② O. ブルンナー／石井紫郎他訳『ヨーロッパ——その歴史と精神』岩波書店，1974年。
  ＊「旧ヨーロッパ」研究を開拓したドイツの国制史学者の論文集。やや難解だが，読み終えた人は誰しも，主著『ラントとヘルシャフト』の邦訳がないことを残念に思うだろう。
③ G. エストライヒ／阪口修平・千葉徳夫・山内進訳『近代国家の覚醒——新ストア主義・身分制・ポリツァイ』創文社，1993年。
  ＊「社会的紀律化」研究を開拓したドイツの国制史学者の論文集。平易とはいえないが，3名の訳者がそれぞれ長文の解説を付しており，手にとって損のない一冊。
④ 山内進『新ストア主義の国家哲学——ユストゥス・リプシウスと初期近代ヨーロッパ』千倉書房，1985年。
  ＊リプシウスの国家哲学に関する，ほとんど唯一の本格的研究。いかにも地味な学術書といった表題と装丁だが，その第一印象に騙されてはいけない。ヨーロッパ近代権力国家の誕生に興味のある人には，この上なく刺激的な一冊。
⑤ F. ハルトゥング他／成瀬治他訳『伝統社会と近代国家』岩波書店，1982年。
  ＊初期近代ヨーロッパの国制に関する論文を精選・翻訳した論文集。古典的論文も多数あり，この時期の国制をめぐる基本的な研究成果を押さえておくには必読の書。

【参照文献】
飯塚信雄『男の家政学——なぜ〈女の家政〉になったか』朝日新聞社，1986年。(ホーベルクの引用は同書による)
阪口修平「社会的規律化と軍隊」二宮宏之編『シリーズ世界史への問い5　規範と統合』岩波書店，1990年所収。
佐々木毅『主権・抵抗権・寛容——ジャン・ボダンの国家哲学』岩波書店，1973年。
神寶秀夫「絶対主義時代の法形態と立法目的」石井三記・寺田浩明・西川洋一・水林彪編『近代法の再定位』創文社，2001年所収。

辻泰一郎「帝国ポリツァイ条令（一五七七年）」『久保正幡先生還暦記念　西洋法制史料選Ⅲ　近世・近代』創文社，1979年所収．（引用にあたって訳文を改めた）
成瀬治『絶対主義国家と身分制社会』山川出版社，1988年．
山内進『新ストア主義の国家哲学——ユストゥス・リプシウスと初期近代ヨーロッパ』千倉書房，1985年．
吉岡昭彦・成瀬治編『近代国家形成の諸問題』木鐸社，1979年．
G. エストライヒ／阪口修平・千葉徳夫・山内進訳『近代国家の覚醒——新ストア主義・身分制・ポリツァイ』創文社，1993年．
W. エーベル／西川洋一訳『ドイツ立法史』東京大学出版会，1985年．
K. クレッシェル／村上淳一訳「司法事項とポリツァイ事項」石川武監訳『ゲルマン法の理念と現実——ドイツ法史の新しい道』創文社，1989年所収．
M. シュトライス編／佐々木有司・柳原正治訳『一七・一八世紀の国家思想家たち——帝国公（国）法論・政治学・自然法論』木鐸社，1995年．
F. ハルトゥング他／成瀬治他訳『伝統社会と近代国家』岩波書店，1982年．
O. ヒンツェ／成瀬治訳『身分制議会の起源と発展』創文社歴史学叢書，1975年．
O. ブルンナー／石井紫郎他訳『ヨーロッパ——その歴史と精神』岩波書店，1974年．

（屋敷二郎）

第17章

パンデクテンの現代的慣用

ローマ法の継受によって神聖ローマ帝国の裁判所では普通法（ユス・コムーネ）が一般的に適用されるに至った。しかし，15～17世紀には，人文主義法学がローマ法を相対化する一方で，領邦国家や絶対主義国家が各地で成立し，固有法を重視する動きが強まった。このような状況のもとで，学識法学の方法に基づきつつ，ローマ法を具体的現実に適合させると同時に，地域固有法を整備，学識化し，裁判で適用しようとする動きが盛んになった。16世紀中葉から18世紀中葉まで続いたこの動きを「パンデクテンの現代的慣用」という。

1　ユス・コムーネとユス・プロプリウム

ローマ法の普遍的効力　すでに記したように（第12章），ヨーロッパ中世において，ローマ法は普遍的意味をもつと考えられていた。その第一の根拠は，ヨーロッパ中世における神学的イデオロギーとしての「政治的ローマ理念」だった。それによると，永遠の神聖ローマ帝国で適用さるべき法は，ローマ帝国の法すなわち皇帝法としてのローマ法でなければならない。

また，中世盛期の人々は，偉大な古代文明の遺産であるローマ法に無限の憧憬を抱いていた。彼らは，ローマ法は神聖ローマ帝国の根源的法秩序であって，宗教的権威に基づいた自然法，すなわち神聖法だと確信していた。このような「文化的ローマ理念」の結果，ローマ法は「書かれた理性」として尊重された。

しかし，これも第15章でみたように，コンリングが，領邦主義の立場からドイツ法史を研究し，その著書『ゲルマン法の起源』において，ローマ法を土着慣習法つまり地域固有法（ユス・プロプリウム）と同等の地位に置いた。ローマ法はその権威の根拠を失い，理論上も実務上も，ローマ法絶対優位の法源論に混乱を招く可能性が生まれた。

ドイツの法学　しかし，ローマ法の絶対的権威は揺らいだものの，相対的な優位性が損なわれることは決してなかった。ドイツでは，ローマ法をその地域と時代に適合させるために，部分利用，追加，変更等の変形，あるいは地域固有法との融合の試みが法学の分野で推進された。それは，実務で適用するための実践的法学であ

り，自立的な「ドイツの法学」だった。このドイツ法学の試みが「パンデクテンの現代的慣用」である。

改革法典 この試みは，主として15～16世紀にドイツの領邦国家や都市で編纂された一連の「改革法典」（第15章参照）に見ることができる。改革法典とは，新規の立法ではなく，慣習の学識的採録，慣習法の改革的編纂のことである。「ニュルンベルクの改革都市法典」（1479年，1564年），「ヴォルムス改革都市法典」（1499年），「フランクフルト改革都市法典」（1509年，1571年），「フライブルク改革都市法典」（1520年）や領邦の普通法として「バイエルンのラント法典」（1518年），ブランデンブルクの「ヨアヒミカ法典」（1527年），「ヴュルテンベルクのラント法典」（1555年）などがそれである。これらは，人文主義の影響による固有法の法典化であると同時に，学識法的知識による改革であった。

人文主義法学で著名なツァジウスが関わった「フライブルク改革都市法典」の序文には「皇帝ユスティニアヌス」に言及する個所があり，法典が法学識者による編纂であることが明らかに示されている。ツァジウスは，ローマ法からドイツの慣習に適合する有益なもののみを学び取ろうとする姿勢を示していた。

この時代には，普通法（ユス・コムーネ）の知識をもつ法学識者による法改革が求められていた。

パンデクテンの現代的慣用 この呼称は，ザムエル・シュトリュクの著書『パンデクテンの現代的慣用』に由来する。パンデクテンとは，「学説彙纂」の異称である。シュトリュクの著書が出版された17世紀末という時期を考えると，「パンデクテンの現代的慣用」は，「ローマ法の実務的継受」の最終段階の現象という側面を有したといえよう。

法学識と地域の具体的現実との係わり合いという動きが可能だったのは，普通法（ユス・コムーネ）そのものが抽象的，概念的であるだけでなく，部分的に実用的になっていたからである。中世イタリア法学の法創造的活動により，法文の註釈に始まり，ローマ法以外の法源の法学理論への包摂，さらに手形小切手法・条例理論・国際私法・保険法等の分野が開拓されていた。

これは，ローマ法の実用化，ドイツの法史学者コーイングのいう，広義の「現代的慣用」に該当する。

継受と「現代的慣用」 継受期の学識法曹は，固有慣習法を軽蔑の眼差しで見ていた。しかしながら，すでにイタリアの普通法学が，裁判所での地域特別法の優先的適用の理論を用意していたことに注目する必要がある。実はそれがローマ法継受の進展に大きな役割を果たしたからである。

固有法の無視に対するラント等族や農民からの反発が相当に強く，継受期の学識法曹は「悪しきキリスト」といわれて非難もされていたから，もし「現代的慣用」がなければ，継受や司法の合理化が停滞したことは十分に想定される。固有法や慣習法は，条例

理論によってその存在が証明されれば適用され得るということ，あるいは「パンデクテンの現代的慣用」によって土着法と普通法との融合が図られたということは，ドイツにおける独自の法学の樹立を通して，法の近代化を促進したと考えることができる。

ドイツにおける大学法学部の伝統もイタリア学風に親しんでいた。裁判所に対する大学の助言（訴訟記録送付）を通じて，ローマ法の実務への影響が強くなり，実務と教育の場で「パンデクテンの現代的慣用」が発展していった。皇帝や国王の政治的野心，訴訟当事者の要望，一般的普通法あるいは地域的な立法への強い要望，職業裁判官の裁判所の増大，法学部の活動などによって，ドイツでも共通法を求める声が高まっていたが，そうした要望にようやくドイツ独自の法学が応え始めたのである。

証明における公知性　この動きは，訴訟法の分野における大きな転換とも結びついていた。かつて，イタリアで「条例理論」に関連して発展した「証明理論」がここに適用されることになる。

本来，法廷で証明されるべきものは慣習などの「事実」だけで，法の証明は不必要だった。法とは皇帝法であるローマ法を意味し，それは法律家には自明だった。「法は裁判所の知るところ（Jura novit curia）」だからである。

しかし，自治都市側からの要請があって，法学者は都市条例を尊重せざるをえなくなり，都市が制定した条例を法のカテゴリーに含めるようになった。自治都市による裁治権を根拠に，自治都市も「法としての条例」を制定する権限をもつとされた。これによりかつては法学理論上「事実」とされた条例も自治都市の「法」となり，既存の証明論は意味をなさなくなった。

都市の条例や慣習は法科大学の講義対象ではない。しかしながら法圏のきわめて狭隘な条例を優先的に適用することが，条例優先理論の趣旨でありまた自治の本旨にも沿う。そこで条例や慣習などの地域固有法は，学識裁判官の知るところではないから，それを主張する当事者によって証明されて初めて，適用が可能となる。つまり「法」であっても，証明が必要な場合がここに生まれた。

さらに，この中世イタリア法学において，地域固有法（条例）相互間の衝突という新しい法律問題，すなわち今日の国際私法論が登場した。それに関連して自市と他市の条例や慣習との間に違いを認め，自市の条例については「公知」であるがゆえに，証明は不要であるとする理論（「公知性」の理論）がバルトルスによって提示された。ここに証明論は，「法か事実か」から「公知性」の問題へと転換することになった。

有拠主張論　ローマ法やカノン法は，普通法として全大学で講義され，その知識は学位取得の前提であり，ヨーロッパ大陸の法曹界を支配した。

ドイツではローマ法継受の進展に伴い，裁判所の学識化が進み，法学知識も素人向きの文献例えば『素人法鑑』を生み出すまでに普及していた。17世紀の末には，シルターによって「ローマ法に依拠して権利を主張する者には，確実な法的根拠が認められるべきである（fundatam intentionem habere）」という命題が提示され，学識裁判官すべて

にとって常識であるローマ法の「公知性」を根拠とする主張は，今やローマ法の効力論におけるローマ帝国の理念的要素を無用にする効果をもった。

ロータル伝説の否定によって，理論的にはドイツでもローマ法命題の継受事実の証明が必要となっていた。現にその主張者も現れていた。しかしながらシルターが提示した「有拠主張論」によって，もはやローマ法の理念的あるいは実定的根拠をあえて問う必要はなくなった。ローマ法継受の事実を検証するまでもなかった。公知性の理論のもとに，普通法（ユス・コムーネ）は従来通りその効力を認められ続けた。

2 パンデクテンの現代的慣用

法源論　プロイセンのハレの裁判官であり，イエナの教授であったシュトルーヴェは，17世紀後半のドイツ帝国においては，具体的事案の判断に際して，多くの重要な法源があることを指摘している。

すなわち「我が帝国において用いられている」第一の法源は，帝国の普通法（ユス・コムーネ）（iura Imperii communia）である。それは学識ローマ法及びカノン法であるが，「継受された限りでのユス・コムーネ」である。帝国議会議決（Recessus Imperii）と多くの慣習も，このカテゴリーに含まれている。継受期の初期には，普通法（ユス・コムーネ）としては帝国法すなわち皇帝法（ローマ法と中世皇帝立法）のみが認められていたのであるが，この時代には裁判所で公知性を有する慣習も加えられていた。

第二のカテゴリーとして，地域固有法（iura particularia）のグループが挙げられている。ザクセン法（iura Saxonica）と領邦国家の君主立法（Ordinationes Principum）及び条例制定の特権を持つ都市の条例である。

このように普通法（ユス・コムーネ）と地域固有法の２つの法圏が対置されている。これは15世紀末の帝室裁判所の適用法と条例優先理論の明文化を想起させるが，約１世紀半を経たいまや，固有法が普通法とまったく同等の位置に置かれていて，固有法についての，合理性の検証の必要は記されていない。また地域固有法の冒頭にザクセン法が置かれているのは，北ドイツにおけるザクセン法の意義を示すものであろう。

法解釈の基準　さらにシュトルーヴェは法源論に加えて，法適用理論も問題としている。特に普通法（ユス・コムーネ）以外の慣習や条例について，一般的に通用している慣習，普遍的慣行，古来の伝承を問題にしているが，その基礎には公知性があると考えられる。さらに条例については，ここでの条例は帝国において普遍的に効力があるものであって，その解釈は縮小，拡張いずれの場合でも，普通法（ユス・コムーネ）にしたがって解釈するべきであるとしている。

さらに，シュトルーヴェは，裁判規範の発見に際して，考慮すべき事項を次のように記している。

(1) いかなる範囲で，さまざまな考慮の対象となる法源が適用されたか。

(2) どのようにして裁判規範が発見されるのか。
(3) その際「確実な法的根拠」や，公知性，また慣習化のような規則や概念が，どのような役割を果したか。

　裁判官の知識とそれによる法適用義務は，一般的拘束義務的であり，普通法（ユス・コムーネ）に限定されていた。そして確実でない法や普通法でない法は，申請もなく，証明もされなければ，尊重されない。シュトルーヴェの理論は，「パンデクテンの現代的慣用」の一つの到達点を示している。

　ゲルマン的誠実　　当時，ドイツの法律家がローマ法に固有法を対置させたもっとも重要なドイツ的法原理は，タキトゥスが示したゲルマン人の「誠実（Treue; fides）」であった。ローマ法においては，賭博による負債は無効であり，賭博に基づく金銭給付については返還請求が認められた（C. 3.43; D. 11.5.）。しかし，まさにこの賭博についてタキトゥスが『ゲルマーニア』で述べたことが，あらゆる契約に拘束力を認めた「ゲルマン的誠実（germana fides）」の拠り所だった。

　「彼らは賭博，――まことに不可思議なことではあるが――彼らはこの賭博を，酔ってはいないときにも，あたかも真摯な仕事であるかのように行ない，しかもすべてを失なった場合，最終最後の一擲に，みずからの自由，みずからの身柄を賭けても争うほどの，勝負に対する無謀さである。負ければ，進んで他者の奴隷となり，たとえ自分が〔勝った者より〕より若く，より力強くても，身の束縛をうけ，売買に供されるのを耐え忍ぶ。蔑視すべき事柄における彼らの頑固さは，まさにかくのごとく，しかも彼らみずからは，これを「義」fides と呼ぶのである」（『ゲルマーニア』第24章）。

　この「誠実」原理に依拠して，ドイツの法実務では19世紀にいたるまで賭博を理由とする金銭給付が有効とされた。ゲルマン的「誠実」は，すべての契約の拘束力と正当化，つまりローマ法が原則的には訴権を認めなかった「裸の合意（pactum nudum）」の訴権化のためのキーワードとしての役割を果すことになった。

　ドイツ的法命題の発展　　また，中世的・ドイツ法的命題として著名な「手は手を守れ（Hand wahre Hand）」，「売買は賃貸借を破らず（Kauf bricht nicht Miete）」の法原則は，ローマ法の無制限所有物回収訴権及び「売買は賃貸借を破る（Kauf bricht Miete）」の原則と真っ向から対立する。

　すでに16世紀初期の都市リューベックでは，これら相対立する命題それぞれについての判決例が出ているが，メヴィウス以降，社会的な取引の安全と外観を信用した善意の第三者保護の観点から，ドイツ法の命題が支持されていった。その際には，自然法論的善意取得保護に加えて，ローマ法の取得時効論の論拠も考慮されたといわれている。

　他に「誠実」原理を用いた結果として，相続契約の許容性，夫婦財産共同制の契約による正当化，第三者のための契約，保険契約のような特別な「ゲルマン的」契約の許容，法人理論の嚆矢，譲渡理論などが挙げられる。「事情変更の法理（clausula rebus sic stantibus）」と「合意は守られるべし」の原則は，いずれもローマ法の原則ではないが，

この両者間の調整なども,「現代的慣用」の成果である。

こうした成果は, ドイツの実務や独自の法律学において, 社会的な機能を発揮し, また理論化されていくが, やがて近代法典編纂に際して, 立法のための素材を提供することになった。

近代法典編纂への寄与　近代法典編纂においては, 幾何学的体系を標榜する自然法論と理性の一元的支配を志向する啓蒙主義がクローズアップされるとともに,「パンデクテンの現代的慣用」が表面的には駆逐されていった。しかし, 多くの場合, 自然法論にせよ啓蒙主義にせよ法典の具体的な規定をゼロから生み出すことはできず, むしろ「パンデクテンの現代的慣用」が用意した豊穣な立法素材を取捨選択するにとどまったと言うべきであろう。

ザクセン　こうした事情を考慮すると, ザクセンで法典編纂が遅れたことは, 意外に思えるかもしれない。というのも, カルプツォフを産み出したザクセンこそ,「パンデクテンの現代的慣用」のメッカだったからである。

しかし, これは矛盾ではない。「ザクセンシュピーゲル」以来の法伝統によって, ドイツでは例外的なことに, ザクセンではローマ法継受が全面的, 包括的なものとならなかった。だからこそ, 普通ローマ法と地域慣習法の融合という「パンデクテンの現代的慣用」の成果において, ザクセン法は高度に発達し, ライプツィヒの上級裁判所を核として非常に安定的な法システムが機能していたのである。したがって, ザクセンにおいては,「パンデクテンの現代的慣用」がすでに時代的・社会的要請にそれなりに応えるものだったため, さしずめドラスティックな法改革が必要なかったといえよう。

バイエルン　いたるところで生じた近代法典編纂の動きのなかで, 最初に成果を生み出したのは, バイエルンであった。選帝侯マックス3世ヨーゼフのもとで, 枢密顧問官クライトマイアが1756年に完成させた「マクシミリアン・バイエルン民法典 (Codex Maximilianeus bavaricus civilis)」が, それである。

もっとも, この法典については, しばしばその過渡的な性格が指摘されている。バイエルン民法典は, 既存の条令やラント法を廃止して新しい法秩序をゼロから作り上げるのではなく, あくまでも従来の「改革法典」と同様の「現代化」の意味しか持たなかった。また, 神聖ローマ帝国の一部としての意識が強かったバイエルンでは, 普通法を完全に捨て去ることができず, 依然として普通法を補充的な法源として持ち続けた。

啓蒙的理性への志向がみられることから, ヴィーアッカーは「マクシミリアン・バイエルン民法典」を自然法的法典編纂の「前奏曲」に位置づけているが, その当否はともかく, この法典における自然法論の影響はさほど明確でない。むしろこの法典は,「法学提要」の枠組に依拠し, 契約をローマ法のパターンで分類するとともに, 非常に広い範囲において「パンデクテンの現代的慣用」の規則を踏襲した。

もちろん, 法典編纂の時代の本格的な幕開けは, やはり近代国家の成立をもたらした社会的紀律化の進展と, 啓蒙主義思潮の普及を待たねばならない（第19章参照）。とは

いえ，プロイセンやオーストリアで結実した新時代の法典編纂の素材を用意したのが，他ならぬ旧体制（アンシャン・レジーム）の所産である「パンデクテンの現代的慣用」であったことは，強調に値するであろう。

3 パンデクテンの現代的慣用の展開

2人の実務的開拓者　コンリングとほぼ同時期に，「パンデクテンの現代的慣用」を法実務的に開拓，推進した2人の法律家がいる。ベネディクト・カルプツォフとダーフィト・メヴィウスである。

カルプツォフ　カルプツォフはイエナ，ライプツィヒ，ヴィッテンベルクで法学を修め，ライプツィヒ高等裁判所の参審人及びドレスデン控訴裁判所顧問となり，裁判実務に深く関与した。その傍ら，ライプツィヒ大学において教職に就き，きわめて影響力の高い著作を発表し続けた。代表的な著作には1635年の『帝国ザクセン刑事新実務（Practica nova imperialis Saxonica Rerum Criminarlium）』及び1638年から刊行された『ローマ・ザクセン裁判法学（Jurisprudentia Forensis Romano-Saxonica）』がある（第14章参照）。

カルプツォフは特に刑事法の分野で偉大な足跡を残したが，民事法や訴訟法の分野でも活躍した。その判決は，「ザクセンシュピーゲル」に基礎をおく固有ザクセン法と継受ローマ法を巧みに織り交ぜ，「普通ザクセン法」を作り上げることに寄与した。

メヴィウス　メヴィウスは，グライフスヴァルトで法学を修め，グライフスヴァルト大学法学教授，スウェーデンのヴィスマール上級裁判所副所長の職務を果しつつ，メクレンブルクのラント法草案も起草した。ヴィスマール裁判所判例を公刊し，1642年には代表作『リューベック法註解（Commentarius in ius lubicense）』を著した。

メヴィウスは「ネーデルラント運動」の一翼を担っていた。彼は，リプシウスが教え，グロティウスやコンリングが学んだレイデン大学に留学している。リプシウスは，コンリング以前に，ロータル伝説の前提である4帝国理論を否定し，個別国家の歴史や地域の風土，慣習を尊重するように主張していた。1613年に西ゴート法典などの『古部族法典』を公刊したリンデンブロクもレイデンでスカルジェールに師事していたし，メヴィウス自身，リプシウスの『政治学』をグライフスヴァルトで教材としている。

訴訟法の分野で，メヴィウスは，ザクセン法やリューベック法に「確たる法的根拠」を認めている。メヴィウスは，「抗弁が提示される限り，地方法は普通法の如く適用される」と主張した。また，刑事法分野でも，魔女裁判に関して，原告側文書の閲覧権をはじめとする弁護人の権利を認める法鑑定を行ったことでその名を知られている。

地域固有法の優越性　カルプツォフ，あるいはメヴィウスといった，現代的慣用の法学者たちがはじめて，ザクセンやリューベックといった，それ

『帝国ザクセン刑事新実務』

それぞれが実務に携わっていた地域の固有法に，普通法（ユス・コムーネ）に対する優先性を認めた。これは画期的だった。

　彼らに共通していたのは，法学者でありながら，参審人あるいは裁判官といった実務に携わる職責に就いていたことである。カルプツォフやメヴィウスの法学は，あくまでも実務に密接したかたちで，個別具体的な事件に対する解決をもたらすという目的を念頭において展開された。

　そこでは，第一に考慮されるべき対象は「地域のユス・コムーネ」たる地方法であった。しかし，彼らの固有法の処理方法はあくまで学識的であった。それは，その意味でまさに「パンデクテンの現代的慣用」であった。

カルプツォフの実務的刑法理論　ドイツでは，刑事法学も17世紀半ばにいたるまで，外国，特にイタリアの法学に依存していた。神聖ローマ帝国にはすでに「カロリーナ刑事法典」という実効力を持つ制定法が存在していたが，それにもかかわらず，16世紀の法律家たちはこれを刑法学的研究の標準的な出発点とはしなかった。また，カロリーナに内在する法原則を解釈学的に導き出す作業に従事することもなかった。

　カルプツォフはこのようなありかたを一新した。彼の法的見解においては，依然として非常に多くの外国の法学者が引用され，また，ローマ＝イタリア法について詳細な考慮が加えられている。しかし，その一方で，ザクセンのラント法や裁判慣行についても，これら外国由来の要素と同等の考慮を払うべきものとしている。カルプツォフは，ザクセン基本法，「ザクセンシュピーゲル」，ザクセンの諸都市法，そしてザクセンの部族法を法的な権威として用いた。それに加え，彼は刑事法に関する法源として「カロリーナ刑事法典」に依拠すべきことを明示した。

　カルプツォフは，自らの法的見解を形成する上で，ライプツッヒ高等裁判所の参審人という職務において得られた実務経験を非常に重視していた。彼の見解は，第一に実務において必要とされるさまざまな法的判断に解決ないし解決の指針を与えることを念頭に置くものだった。

間接故意理論　カルプツォフのこうした特徴が明らかに見られるのが，刑法上の故意・過失に関する，いわゆる「間接故意」と呼ばれる理論である。特に故意殺人と過失殺人の区別に関して，彼は実務上の経験から次のような見解を見出した。

　「故意による殺人は2つの様式によって行なわれる。一つは，殺害に向けた意思voluntasおよび思慮animusがある場合，二つは，直接的に死がもたらされるような傷害および攻撃の意思をもって行なわれる場合である。殺害の思慮をもって攻撃を行う者は，常に故意をもって行為するものとされる。それに反して故意をもって行為するものが常に殺害の思慮を有しているわけではない。これらは取り違えられてはならず，それぞれ区別されるべきである。通常刑に値するような殺人については，常に故意的な思慮が必要とされる。殺害の思慮を持って他者を殺害した者と同様，殺害の思

慮はなくとも，故意によって通常なら死がもたらされるような攻撃および傷害を加えた者は故意的な思慮を持つ者と見なされる」（『帝国ザクセン刑事新実務』論題27第8節）。

カルプツォフは故意殺人と区別されるべき過失殺人，及び偶然の結果としての人の死という事例に関して，「カロリーナ刑事法典」の第146条において用いられている例示をそのまま用いて説明を行うことにより，この自らの見解が第一には「カロリーナ刑事法典」に依拠していることを明確なものとしている。その上で彼は，カロリーナに明記されていない「故意」の定義についての自らの見解を補強するものとして，註釈学派の理論とカノン法に関する理論，及び当時すでにヨーロッパの広い領域において権威として認められていたスペインの法学者コバルビアス（第18章参照）の見解を取り上げている。

カルプツォフの「間接故意」に関する理論は，あくまでも個別具体的な実務上の問題解決を念頭に置きながら，「カロリーナ刑事法典」に依拠しつつイタリア＝ローマ法学をはじめとする外国由来の諸理論を自己の見解の論拠として採用するという点において，「パンデクテンの現代的慣用」の典型的事例と考えることができるであろう。

ドイツ私法学の発展　私法学の面で創始者的役割を果したのはヨーハン・シルターであろう。ヨーハン・シルターは，ザクセン＝ヴァイマールの宮廷顧問官・宗務局評定官などを歴任した後，シュトラースブルク大学教授となった法学者である。

彼は，『ドイツの法廷におけるローマ法実務』（1675年）において，「現代のわれわれにとって，ローマ法の効力と精神のすべては，実務的使用によって現行法になったという合意が存することに由来する」という折衷的見解を提示し，「パンデクテンの現代的慣用」を推進した。その具体的成果である主著『パンデクテン考50巻（Exercitationes ad 50 libros pandectarum）』（1675～83年）は，「学説彙纂」の順序に従ってゲルマン固有法の規則を概説したもので，ドイツ私法学の先駆的業績とされている。

ドイツ固有法とローマ法の融合を試みた法学者としては，本章でもすでに言及したゲオルク・アダム・シュトルーヴェの名前を挙げることができる。彼は，イェーナ大学教授として活躍した後，ザクセン＝ヴァイマールの宮廷顧問官・宗務局長官などを歴任した人物で，「小シュトルーヴェ」と呼ばれた教科書『ローマ・ゲルマン実務法学（Iurisprudentia Romano-Germanica forensis）』（1690年）は，とりわけ法実務家の間で好評を博した。

「現代的慣用」の頂点　しかし，何といっても「パンデクテンの現代的慣用」を代表する法学者といえば，ザムエル・シュトリュク（1640～1710）であろう。すでに指摘したように，この標語そのものが，シュトリュクの主著のタイトル『パンデクテンの現代的慣用（Usus modernus pandectarum）』に由来する。同書は1690～92年に最初の3巻が刊行され，没後さらに弟子のユストゥス・ヘニング・ベーマーによって2巻が追加された。

ハレ大学の隆盛 シュトリュクは，フランクフルト（オーデル）大学でブルンネマンに法学を学んだ後，1666年から教壇に立ち，1682年には同大学主席正教授となった。1690年からヴィッテンベルク大学の法学部長を務めた後，92年には大学新設のためハレに移った。シュトリュクとともに，ドイツ法学の中心地はザクセン（ヴィッテンベルク大学）からブランデンブルク＝プロイセン（ハレ大学）へと移行したのである。

ハレ大学総長となったシュトリュクは，学生を熱心に指導したことでも知られ，多くの優れた弟子たちを育て上げた。こうしてトマージウス，ハイネクチウスを始め，ベーマー，グントリング，ルドウィーチ，ルーデヴィヒといった錚々たる教授陣（いずれもシュトリュクの弟子たち）を擁するにいたったハレ大学は，18世紀後半にピュッターを擁するゲッティンゲン大学が設立されるまで，ドイツの法学を指導した。

ライザー 指導的地位をプロイセンに奪われたとはいえ，その後もザクセンは「現代的慣用」の拠点であり続けた。アウグスティン・ライザーは，ヴィッテンベルクとハレで法学を学び，ヘルムシュテット大学法学正教授，ヴィッテンベルク大学教授を歴任した。11巻からなる彼の『パンデクテンの考察（Meditationes ad Pandectas libri XI）』(1717～48年) もまた，「現代的慣用」の代表的著作である。

シュトリュクの私法理論 シュトリュクが『パンデクテンの現代的慣用』において模索したのは，ドイツ法とローマ法との「中間の道（via media）」であった。コンリングの「漸次的使用による継受」理論に依拠する限り，「学説彙纂」の規定を援用するためにその都度ドイツに継受されたという事実を証明しなければならない。

実際，ネーデルラント学派のジーモン・フルーンヴェーゲン・ファン・デル・マーデは，実務において拒絶され無視された法文を綿密に記録し，『廃止され，ホラント及び隣接地域で使用されていないローマ法について（Tractatus de legibus abrogatis）』(1649年) を公刊した。しかし，シュトリュクはこの立場を取らず，ローマ法が1495年の帝室裁判所令といった諸々の帝国立法によって効力を有するに至ったと主張した。このことはシュトリュクの法源論において重要な意味をもつことになる。

シュトリュクが依拠した条例優先理論によれば，まず地域固有法（条例）が優先的に適用される。しかし，補充的適用とはいえローマ法は常に「確たる根拠を有する」。逆に地域固有法が適用されるには，その存在が証明され，かつ内容が理性に照らして妥当とされねばならず，それゆえ厳格に解釈されねばならない。こうした条例優先理論がドイツにおいてはローマ法継受に有利に働いたことは，すでに述べた通りである。

しかし，シュトリュクにとって，ローマ法の妥当根拠は近世の諸帝国立法に他ならないのだから，こうした帝国立法が優先的に適用されることは当然のことである。とすれば，例えば「ゲルマン的誠実」原理のように，全ドイツに共通するような慣習法（consuetudo universalis Germaniae）もまた，ローマ法に優先して適用されるし，厳格な解釈という制約にも服する必要はない。このようにシュトリュクは結論した。

こうしてシュトリュクは，ローマ法の規定が継受されたか否かという事実をいちいち探求する代わりに，むしろ質的に固有法とローマ法のどちらによる解決が望ましいのかを判断する可能性を開くことになった。まさにこの点において，シュトリュクの「現代的慣用」は画期的であった。

「現代的慣用」の終焉　パンデクテンの現代的慣用の時代は，シュトリュクの弟子ハイネクチウス（1681〜1714）の体系的法学の登場によって，終止符を打つことになった。『パンデクテンの現代的慣用』の第1巻の刊行から，わずか35年後のことである。

ハレ大学を主な活動の舞台としたハイネクチウスは，18世紀前半のドイツでおそらくもっとも著名な法学者であった。彼の代表作は1735〜36年に刊行された全2巻のドイツ私法概説書『ゲルマン法要綱（Elementa iuris Germanici）』であるが，同時代へのインパクトという点では，むしろ1725年の『法学提要によるローマ法要綱（Elementa iuris civilis secundum ordinem Institutionum）』に注目すべきだろう。この法学教科書は，近世自然法学にみられるような公理的方法をローマ＝普通法学に導入することによって，18世紀ドイツの法学を根底的に革新した。

もっとも，時代の支配的法学方法論としての地位を奪われたとはいえ，学説内容の持続的影響という見地からすれば，「現代的慣用」の影響は，自然法学と法典編纂の時代を超えて，遠く歴史法学派の時代にまで及んだことを忘れてはならない。

もっと学びたい人のために

① H. ミッタイス／世良晃志郎・廣中俊雄訳『ドイツ私法概説』創文社，1961年。
  ＊法史の方法を取ったドイツ私法の概説である。時代はゲルマンから近代にまで及ぶが，もっとも包括的で基本的なゲルマン＝ドイツ私法論として必読の書である。

② F. ヴィーアッカー／鈴木禄弥訳『近世私法史』創文社，1961年。
  ＊この分野の研究は手薄で，通史である本書のかなり詳しい叙述は大いに参考になる。

③ 吉野悟『近世私法史における時効』日本評論社，1989年。
  ＊時効を具体的素材としたヨーロッパ近世私法学説史である。「パンデクテンの現代的慣用」も詳細に論じられている。かなり難解だが，原典に正面から向きあい徹底して学説に肉薄する，上級者むきの大作である。

④ 河上倫逸編『ドイツ近代の意識と社会』ミネルヴァ書房，1987年所収。
  ＊勝田有恒「コンリングにおけるゲルマニスティクの成立」など，ドイツ近世・近代における観念的古層の諸問題を多角的に検討した論文集。優れた論文が多数収録されており，知的刺激に富んでいる。

【参照文献】

勝田有恒「コンリングにおけるゲルマニスティクの成立」河上倫逸編『ドイツ近代の意識と社会』ミネルヴァ書房，1987年所収．

三成美保「大学の貴族化と法学部——ゲッティンゲン大学の創設をめぐって」前川和也編『ステイタスと職業』ミネルヴァ書房，1997年．

山内進「パンデクテンの現代的慣用（Usus modernus pandectarum）とネーデルラント後期人文主義の創始ユストゥス・リプシウス（1）（2）」『成城法学』第11，12号．

吉野悟『近世私法史における時効』日本評論社，1989年．

F. ヴィーアッカー／鈴木禄弥訳『近世私法史——特にドイツにおける発展を顧慮して』創文社，1961年．

H. シュロッサー／大木雅夫訳『近世私法史要論』有信堂高文社，1993年．

P. スタイン／屋敷二郎監訳／関良徳・藤本幸二訳『ローマ法とヨーロッパ』ミネルヴァ書房，2003年．

タキトゥス／泉井久之助訳注『ゲルマニア』岩波文庫，1979年．

H. ミッタイス／世良晃志郎・廣中俊雄訳『ドイツ私法概説』創文社，1961年．

Alexander Ignor, *Geschichte des Strafprozesses in Deutschland 1532-1846*, Paderborn, 2002.

Paul Koshaker, *Europa und das römische Recht*, 3. Aufl. München, 1958.

Klaus Luig : Samuel Stryk (1640-1710) und der "Usus modernus pandectarum", in : ders., Römisches Recht, Naturrecht, nationales Recht, Goldbach 1998, S. 91-107.

（勝田有恒）

第18章

自然法論の展開

―――――――――――――――――――――――

　近世ヨーロッパ大陸における自然法論は，世俗的な人間理性を拠り所として普遍的な法体系の構築をめざし，近代国際法学の礎となった。国内法特に私法の分野では，現実の社会的要請に応えるために法実務（「パンデクテンの現代的慣用」）と結びつき，既存の多様な法規範の体系化に貢献した。他方，大陸では自然「法」が議論の中心にあったのに対して，イングランドでは自然「権」をめぐる議論が展開されることになった。

1　自然法論と人間理性

理性法論　近世の自然法論をそれ以前の時代と区別する最大の特徴は，人間理性をあらゆる法的判断の公準として用いたことにある。それゆえ，近世の自然法論は理性法論とも呼ばれる。

　近世以前の自然法論が前提とした理性は，例えば，自然界に内在する秩序としての理性や，神の摂理を垣間見るために神から分け与えられた理性にすぎなかった。その意味において，デカルトによって確立された近代的な人間理性は，これらとは質的に異なったものであった。このような新しい自然法論の背景には，しだいに自然を人間理性による操作の対象と位置づけるようになった近代科学の先駆者たちが生み出した，数学的・演繹的な世界像があった。

　もちろん，人間理性が神に由来するという観念は，近世の自然法論においても根強く維持されていた。しかし，こうした観念を維持しながらも，近世の世俗的自然法論者たちは，自律的な理性的存在として自然と対峙し，神から切り離された人間本性（human nature）だけに依拠した法理論を構築しようとした。このことは，次に引用するグロティウスの有名な言葉にもよく現れている。

　「われわれがいま述べていることは，神が存在しないとか，神は人事を顧慮しないといった，最大の冒瀆を犯さずには認めえないことをあえて容認したとしても，ある程度まで妥当するであろう」（『戦争と平和の法』プロレゴーメナ，第11節）。

　このような近世の世俗的自然法論の特徴をよく理解するために，ここで古代及び中世の自然法論をふりかえっておくことにしよう。

古代の自然法論　自然法論は，紀元前5世紀のギリシアにおいて，ソフィストたちの議論のなかで成立したといわれる。彼らは，都市国家（ポリス）における法の基礎を探求するなかで，立法者の命令ではなく自然（physei）によって存在する法規範があり，こうした規範は時空にとらわれず，永遠に，普遍的に，妥当するに違いない，と考えた。

こうした観念の背景には，現実のギリシア諸都市国家に共通する不文法（nomoi agraphoi）があったとされる。このような時空を超越した自然法が存在するという観念は，ストア派の哲学者・法律家たちによって，自然界と道徳とをともに支配する単一の世界法則という観念に結びつけられた。法（lex）を「自然に内在する最高の理性」とするキケロの言葉は，こうしたストア派の世界観によるものである。

キリスト教的自然法論　古代の自然法論においては，自然法が時空を超越するというとき，それが記述的な意味（実際にそうであること）なのか，それとも規範的な意味（そうあるべきこと）なのか必ずしも明確ではない。これに対して，ストア派の自然法論を受け継いだ中世スコラ神学の自然法論には，規範的な性格がはっきりと現れている。

自然法はいまや，神の理性（摂理）という意味において永久法（lex aeterna）だとされた。人間本性から自然法を導き出すという観念も維持されてはいたが，そこでいう人間本性とは，キリスト教的な人間像を前提としたものであった。例えば，13世紀の偉大なスコラ神学者トマス・アクィナスは，次のように述べている。

「しかるに他の諸々のものの間にあって，理性的なる被造物は自らも摂理の分担者 particeps となって自己ならびに他のもののために配慮（摂理）するかぎりにおいて，なんらかのより卓越した仕方で神の摂理に服している。したがって理性的被造物自体においても永遠なる理念が分有され，それによって正しい行為および目的への自然本性的なる傾向性を有するのであって，理性的被造物におけるかかる永遠法の分有が自然法と呼ばれるのである」（『神学大全』第2—1部第91問題第2項）。

人間の理性は，神の摂理のわずかな一片にすぎないが，まさにそのゆえに，神の摂理を理解するための道しるべでもある。キリスト教的自然法論の背景には，このような中世の世界観が存在した。

スペインの後期スコラ学派　近世の世俗的自然法論の先駆となったのは，16世紀のスペインで発達した後期スコラ学派（サラマンカ学派）である。代表的な人物として，フランシスコ・ビトリア，ドミンゴ・デ・ソト，フェルナンド・ヴァスケス，ディエゴ・デ・コバルビアス，フランシスコ・スアレスの名前が挙げられる。

彼らの多くは聖職者や神学者であったが，キリスト教徒であれ異教徒であれ，人間であるがゆえに普遍的な人類社会に帰属するのであり，普遍的な人類共通法（万民法）によって何人も基本的な権利を侵害されないと主張した。

新大陸の発見　後期スコラ学派に発展の契機を与えたのは，疑いなく新大陸の発見であった。征服者たちによるインディアス支配の開始は，キリスト教徒と異教徒（インディオ）が共存するための新たな法理論を必要としたのである。その先駆的形態は「北の十字軍」時代における異教徒スラヴ人の問題であった（第11章コラム参照）。

『神学的再考察』　ドミニコ会士でサラマンカ大学神学教授であったビトリアは，後に『神学的再考察（Relectio theologicae）』と題された書物に収められることになる一連の公開特別講義を行った。この講義録は非常に大きな影響力を持った。例えば，イングランドのヘンリー8世の離婚問題を契機とした1531年の「婚姻について（De matrimonio）」は，ヘンリーに離婚を断念させ，結果的に英国国教会の設立をもたらしたとされる。

この講義録には，いずれも1539年に行われた2つの講演，すなわち新大陸の先住民に関する万民法上の諸権利を論じた「インディオについて（De indis）」，及び「戦争の法について（De jure belli）」が収められている。ビトリアの万民法論はここで展開された。

バリアドリーの大論争　1550年，スペインの征服者による対インディオ戦争の正当性をめぐって，いわゆる「バリアドリーの大論争」が行われた。ソトを議長とする「14人審議委員会」において，インディアス征服を正当化したセプルベダに対して，『インディアスの破壊に関する簡潔な報告』（1552年）で情熱的な反論を加えたラス・カサスが依拠したのは，ビトリアの万民法論であった。

② ヨーロッパ大陸における自然法論の展開

ネーデルラント運動　ドイツの歴史家ゲルハルト・エストライヒは，「ネーデルラント運動」という概念のもとに，新ストア主義をその第一の波，自然法論をその第二の波として位置づけた。オランダの文献学者でレイデン大学教授のユストゥス・リプシウスに代表される新ストア主義は，近代国家の理論的骨格を提示するとともに，古代ストア派の自然法論を近世に甦らせることになった（第16章参照）。近世の世俗的自然法論が中世の神学ではなく古代のルネサンス的・人文主義的世界観を基礎としたことは，この新ストア主義という第一の波なくしては考えられないだろう。

レイデン大学　17世紀ヨーロッパ法学に画期をなした知的潮流が「ネーデルラント運動」と呼ばれるのは，同地に設立されたレイデン大学がその知的発信地となったためである。ネーデルラント北部プロテスタント地域で最初の大学がホラント州のレイデンに設立されたのは，スペインから独立する以前の1575年のことである。

設立後まもなく，「サン・バルテルミの虐殺」を逃れたドノー（第15章参照）の招聘に成功したレイデン大学は，やがてリプシウスやグロティウスに代表されるネーデルラント運動の知的発信地として，またオランダ固有法学のメッカとして，全ヨーロッパの

『戦争と平和の法』(1735年版)の扉絵

注目を浴びることになった。

新旧論争 ところで，近世の世俗的自然法論は，もともと人文主義的に理解された古代の復活という側面を強く持っていたが，やがて啓蒙主義的な意味での理性法論へと発展することになる。この過程でおそらく重要だったのは，17世紀のいわゆる新旧論争（Querelle des Anciens et Modernes）において近代派が勝利を収めたことであろう。

こうして問題の設定そのものがコペルニクス的な転回を遂げ，はじめに社会秩序があるのではなく，まず孤立した人間の本性について人間学的な考察が行われた後に，そうした人間が共存するためにはどのような社会が構成されねばならないのか，という形での議論がなされるようになったのである。

グロティウス 近世の自然法論の皮切りとなったのは，オランダの法学者グロティウス（1583〜1645）である。わずか11歳でレイデン大学法学部に入学した彼は，スペインによるヨーロッパ外での独占航行権の主張に反対して，自由な植民地貿易を説いた『海洋自由論（Mare Liberum 1609)』によって一躍その名を揚げた。また，彼の『オランダ法学入門（Inleidinge tot de hollandsche Rechtsgeleertheid, 1631)』は，固有法に関する初期のもっとも優れた叙述の一つであり，ローマ＝オランダ法の「権威的著作（book of authority）」として，現在でも南アフリカ共和国で法律に準ずる扱いを受けている。

とはいえ，彼の名を不滅のものに高めたのは，その主著『戦争と平和の法（De jure belli ac pacis, 1625)』である。

「近代自然法の父」 この偉大な作品によって，彼は「近代自然法の父」「国際法の父」**「国際法の父」** と称されることになった。たしかに，近世の自然法論の重要な要素である「世俗化」の点において，グロティウスの自然法論は依然として道徳神学に依存しており，ホッブズやプーフェンドルフに比して明らかに未成熟であった。また，国際法学の創始者という点では，スペインの後期スコラ学派やジェンティーリの方がより相応しいとの批判も根強くなされている。その意味において，これらの通称はいずれも学問的には不正確かもしれない。

しかし，逆の見方をすれば，完成度や独創性への疑問にもかかわらず，人々は彼を「近代自然法の父」「国際法の父」と呼び習わしてきたのである。『戦争と平和の法』の

与えた衝撃は，それほど強烈なものであった。

> ▶アルベリコ・ジェンティーリ（1552～1608）
> ペルージャで学び，オックスフォード大学でローマ法欽定講座教授を務めた。法実務のための法学教育という観点から，人文主義法学に対して註解学派の方法を強力に擁護したことで知られる。国際法のパイオニアとしては，万民法を自然法と同一視しつつも，自然法をすべての民族の同意にかからしめることで，神学からの解放に貢献した。
> 主著に『法解釈者をめぐる対話六篇（De iuris interpretibus dialogi sex, 1582）』，『外交使節論（De legationibus, 1585）』，『戦争法論三巻（De iure belli libri III, 1598）』がある。　　　　　　　　　　　　　　　　　　　　　　　　　　　　　　　（R）

　スウェーデン王グスタフ・アドルフが三十年戦争に際して戦場に携帯したという逸話にも示されているように，『戦争と平和の法』は，スウェーデンやプロイセンなどプロテスタント諸国を中心に熱狂的に受容された。

自己保存と社交性　この作品において，グロティウスは，戦時にも適用される普遍的なルールを設定しようとした。そのために彼は，個々の国家の制定法に左右されることのない，「理性を付与された人間本性」に依拠した。人間には「自己保存の欲求」とともに「社交性の欲求（appetitus societatis）」が生まれつき備わっている。この社交性のゆえに，契約を履行し，損害を回復し，他人の所有権を尊重することが「自然的」なのである。

「合意は守られるべし」　グロティウスは，自己の主張を例証するために，しばしば聖書や「市民法大全」の記述に依拠したが，それらの記述に盲従したわけではない。社交性の原理を背景に，グロティウスは，「裸の合意から訴権は生じない（ex nudo pacto actio non oritur）」というローマ法の原則を，かの有名な「合意は守られるべし（pacta sunt servanda）」の原則に転換したのである。

自然法論の世俗化・体系化　グロティウスとホッブズの影響のもと，自然法論の世俗化・体系化を完成させたのは，ドイツの自然法学者ザムエル・プーフェンドルフであった。彼によって，近世の自然法論は神学から完全に解放され，真に「世俗的」なものとなった。

　思想家・理論家として，プーフェンドルフが2人の先駆者に見劣りすることは否めないが，彼の同時代における影響力はまさに絶大であった。彼の主著『自然法と万民法（Jus naturae et gentium, 1660）』は，翌年にハイデルベルク大学で初代教授に就任した同名講座とともに「自然法と万民法」の概念枠組を普及させた。

　さらに，彼自身の手になる同書のダイジェスト版『人及び市民の義務について（De officio hominis et civis, 1673）』は，通読可能な分量と明解な叙述によって近世自然法論の普及に大いに貢献し，フランス人権宣言（「人及び市民の権利宣言」）の思想的背景の一つとなった。

自己愛と社交性 　プーフェンドルフもまた，自己愛と社交性という2つの人間本性に依拠した。自己愛は，人間の無力性（相互依存の必要性）と好意（相互交換による自己利益）に媒介されることで，社交性と調和することができる。

　それゆえ，自然状態は，ホッブズが想定したような戦争状態ではないが，法を保障する裁判官を欠いた不安定な状態である。国家が形成されるのは，この不安定を脱するためである。まず結合契約によって社会が形成され，続いて政体が選択され，最後に支配服従契約によって主権者が選ばれる（二重契約論）。

抵抗権の拒否 　契約によって生ずる義務は双務的で，主権者が公共善にのっとった統治を行わない場合，それを判定する権限は人民にある。しかし，自己防衛権を超える抵抗権の行使は，国家の破壊を帰結しかねないため認められない。すなわち，義務は手続的・制度的な保障なしに君主の良心だけを拘束するのである。抵抗権の不承認は，君主の自己教育と公共善の配慮へのユートピア的な信頼に依拠していた。

　その意味において，プーフェンドルフの叙述の中心をなしたのは制度ではなく，思慮と責任をもつ人間であった。

翻訳による普及 　グロティウスやプーフェンドルフの自然法論が全ヨーロッパに爆発的に普及するにあたっては，ジャン・バルベイラクによるフランス語への翻訳の意義をいくら強調しても足りないであろう。学識者の特権的言語であるラテン語で執筆されたグロティウスやプーフェンドルフの主要著作は，俗語であるフランス語に翻訳されることによって，より広範な階層にも手の届くものになった。

　もちろん，より広範な階層と言っても，近世ヨーロッパの識字率を考えれば，一般庶民にまで自然法思想が普及したとまで考えるのは早計である。しかし，バルベイラクの翻訳によって，自然法思想はごく少数の知的エリートによる独占から解放され，教養ある市民たちの共有財産となって，司法改革や法典編纂から革命にいたるまでの社会変革の思想的基礎を生み出すことになった。

自然法と法実務 　自然法論が発展するにつれて，新たな学問的成果を法実務に移植しようとする試みがなされるようになった。『リューベック法註解』の著者ダーフィト・メヴィウスはその一人である。メヴィウスは，普通ローマ法の権威に代えて自然法を新たな典拠にしようとした。

「現代的慣用」との相互作用 　17世紀の自然法論は，継受されたローマ法と地域固有法との同化，いわゆる「パンデクテンの現代的慣用」とも相互に影響を及ぼし合うことになった。その一つの中心的な場となったのが，1694年に設立されたハレ大学である。

　設立間もないハレ大学を率いたザムエル・シュトリュクは，現代的慣用の実務的法理論を展開するにあたって，自然法を引き合いに出した。同じ傾向の実務的法学者としては，シュトリュクの弟子でハレ大学教授のユストゥス・ヘニング・ベーマーがいる。

法と道徳の峻別 　他方，魔女裁判（第14章参照）との激しい闘争を展開し，プロイセンにおける魔女裁判廃止を実現した自然法学者クリスティアン・ト

マージウスもまた，このハレ大学の同僚であり，シュトリュクの弟子でもあった。初めてドイツ語で講義した法学者としても知られるトマージウスは，法と道徳を峻別し，道徳的義務としての自然法は啓蒙君主の立法によって初めて法になると主張した。

ドマの体系　フランスにおいては，慣習法学派が自然法の実務的適用を試みた。哲学者パスカルの友人ジャン・ドマもその一人である。68版以上を重ねたドマの主著『自然的秩序における市民法（Les lois civiles dans leur ordre naturel）』には，グロティウスの影響がみられる。「学説彙纂」から抽出した法の一般原理を叙述する際に，ドマは，「学説彙纂」の法文を脚注に追いやった。このようにして構築されたドマの体系は，フランスよりもむしろドイツで支持され，パンデクテン法学やドイツ民法典の先駆となった。

自然法論の完結　ヨーロッパ大陸における自然法論の発展を完結に導いたのは，ドイツの数学者・自然法学者クリスティアン・ヴォルフである。ヴォルフは1706年からハレ大学で数学を担当したが，当時の東洋趣味から自分の実践哲学が孔子の思想に通ずるとしたため，1723年に無神論者としてプロイセンから追放されてしまった。

しかし，その後も名声が衰えなかったため，後悔したフリードリヒ・ヴィルヘルム1世は国外追放を撤回し，再度の招聘を試みた。もっとも，慎重なヴォルフがハレ大学に復帰したのは，啓蒙君主フリードリヒ大王が即位した1740年のことである。

幾何学的方法　ハレ復帰後のヴォルフは，新たに担当した「自然法及び万民法」の分野で旺盛な著述活動を行い，1740～48年には「幾何学的方法（mos geometricus）」を駆使した大著『科学的方法による自然法（Jus naturae methodo scientifica pertractatum）』を完成させた。ライプニッツとヴォルフが生み出した「幾何学的方法」は，法学を法の「賢慮（prudentia）」から近代的な「科学（scientia）」へと導くことになった。

ヴォルフの福祉国家思想　ヴォルフ学説を内容的にみると，おおむね「パンデクテンの現代的慣用」の法素材を体系化したものにすぎない。とはいえ，ヴォルフの議論は，たとえその極端な網羅性が肝心の啓蒙君主（フリードリヒ大王）を辟易させてしまったにせよ，すべての臣民を幸福に導くべしという啓蒙絶対主義的な福祉国家思想を明確に示すものであった。

このようにして，ヴォルフの自然法論は，プロイセン一般ラント法・オーストリア一般民法典・フランス民法典という自然法的法典編纂の三大事業すべてに多大な影響を与えることになった。

絶対的自然法から相対的自然法へ　近世の世俗的自然法論は，自律的な人間理性にのみ依拠することによって，一方では神の摂理に由来する宗教的権威からの解放を，他方では「書かれた理性」であるローマ法の権威からの解放をもたらした。

哲学的人間学に基づいた「人間の本性とはどのようなものか」という問いかけから出

発することで，近世の世俗的自然法論は，時空を超越した普遍的妥当性を主張することができた。しかし，誰もが認めるような普遍的原理からの演繹的体系という自然法論の構想は，議論が具体的な法制度のありかたに及ぶようになるにつれて，現実の社会的要請に応えるために，近世ヨーロッパの時空に再び据え付けられることになった。

3 イングランドの自然権論

ius と right　以上のように，ヨーロッパ大陸の自然法論は，おおむね自然的「義務」に基づいた客観的な「法」を中心に展開されてきた。このような理論的特徴は，言語の構造に影響を受けたものと考えられる。

ラテン語の ius, フランス語の droit, ドイツ語の Recht などは，「法」と「権利」の双方の意味を持つ言葉である。こうした言語において「主観的権利」「客観的法」といった言い回しが用いられるのも，形容詞なしでは両者を区別できないからである。

これに対して，（明らかにドイツ語の Recht と同語源の）英語の right には，「法」の意味がない。このようにして，大陸型の自然「法」論とは異なった自然「権」論が，イングランドで発達することになった。

ホッブズの自然権論　トーマス・ホッブズは，「自己保存の欲求」を人間本性（human nature）に位置づけたグロティウスの立場をさらに推し進め，自然権の理論を構築した。ホッブズの主著『リヴァイアサン』（1651年）によれば，自然状態において人間を拘束する「自然法」は存在せず，「自然権」すなわち自己保存の権利を自由に行使することができる。

しかし，各人が無秩序に自己保存の権利を貫徹しようとすれば，いわゆる「万人の万人に対する闘争」の状態に陥り，かえって自己の生命を危険にさらすことになってしまう。このジレンマを脱する唯一の手段が，社会契約である。社会契約によって，絶対的な主権国家（リヴァイアサン）が創出され，刑罰の威嚇によって各人の自然権の主張を秩序の枠内に収めることが可能になる。しかし，この主権国家は，臣民の安全（自然権）を確実に保障するために何ものにも依存してはならない。

このような明解な論理によって，ホッブズは，政治的権威の宗教的権威（とりわけローマ・カトリック教会）からの独立を説くとともに，臣民の安全を保障できない主権者に対する抵抗権をも定式化したのである。

ロックの自然権論　ジョン・ロックは，ホッブズが構築した「自然権」の理論に依拠しながらも，大陸の自然法学者のように自然状態には「自然法」が存在するとした。『統治二論（Two Treatises of Government）』によれば，人間は他人の生命・財産・自由の尊重という自然法にしたがうので，自然状態は平和な状態である。

ここで重要なのは，ロックがその際に，人間は「労働」によって自然から得たものを

自己の所有物にできると主張したことである。こうして私有財産は自然権として定式化された。ロックは，政治社会の目的を，生命や自由にとどまらず私有財産の確実な保障に求めたのである。このようにして，自然権論は近代市民社会の要請に応えるものとなった。

ロックの思想は名誉革命に結実すると同時に，アメリカの独立と憲法思想に多大な影響を与えている。近代市民社会の憲法秩序を根底において支えているのは，ロックの思想である。

もっと学びたい人のために

① 松隈清『グロチュースとその時代——生誕400年を記念して』九州大学出版会，1985年。
  ＊しばしば「自然法の父」と称されるグロティウスの生涯を辿りながら，その法思想を手軽に学ぶことのできる入門書。類書に，柳原正治『グロティウス』（清水書院，2000年）がある。
② 大沼保昭編『戦争と平和の法——フーゴー・グロティウスにおける戦争・平和・正義（補正版）』東信堂，1995年。
  ＊こちらは同じくグロティウスの法思想に関する本格的な研究。最新の研究成果が織り込まれており，分厚いが格闘するだけの価値のある一冊。
③ 山内進『掠奪の法観念史——中・近世ヨーロッパの人・戦争・法』東京大学出版会，1993年。
  ＊「掠奪」をキーワードに中・近世ヨーロッパの法観念を探った，きわめて独創的な研究書。近世の世俗的自然法論がおかれていた歴史的文脈を知りたい人には，この上ない案内図となるだろう。
④ M. シュトライス編／佐々木有司・柳原正治訳『一七・一八世紀の国家思想家たち——帝国公（国）法論・政治学・自然法論』木鐸社，1995年。
  ＊17～18世紀を代表する国家思想家たちを，現代ドイツを代表する研究者たちが取り上げた，読み応えのある本格的な論文集。自然法論だけでなく，当時の学問状況の全体を鳥瞰することができる。

【参照文献】
石部雅亮・笹倉秀夫『法の歴史と思想——法文化の根柢にあるもの』放送大学教育振興会，1995年。
大沼保昭編『戦争と平和の法——フーゴー・グロティウスにおける戦争・平和・正義（補正版）』東信堂，1995年。
田中浩『ホッブズ研究序説——近代国家論の生誕（改訂増補版）』御茶の水書房，1994年。

松隈清『グロチュースとその時代——生誕400年を記念して』九州大学出版会，1985年。
松隈清『国際法史の群像——その人と思想を訪ねて』酒井書店，1992年，第2～6章。
森村進『ロック所有論の再生』有斐閣，1997年。
柳原正治『グロティウス』清水書院，2000年。
山内進『新ストア主義の国家哲学——ユストゥス・リプシウスと初期近代ヨーロッパ』千倉書房，1985年。
山内進『掠奪の法観念史——中・近世ヨーロッパの人・戦争・法』東京大学出版会，1993年。
山内進編『混沌のなかの所有（法文化叢書1）』国際書院，2002年。
和田小次郎『近代自然法学の発展』有斐閣，1951年。
佐々木有司（訳・解説）「グロティウス「戦争と平和の法」（プロレゴーメナ）邦訳」『日本法学』第51巻，1985年，119～145，309～335，440～458頁。
T. アクィナス／稲垣良典訳『神学大全 XIII』創文社，1977年。
F. ヴィーアッカー／鈴木禄弥訳『近世私法史——特にドイツにおける発展を顧慮して』創文社，1961年，第14～17章。
G. エストライヒ／阪口修平・千葉徳夫・山内進訳『近代国家の覚醒——新ストア主義・身分制・ポリツァイ』創文社，1993年。
H. グロティウス／一又正雄訳『戦争と平和の法（復刻版）』酒井書店，1989年，全3巻。
H. コーイング／河上倫逸訳「学問的対象としての自然法」上山安敏監訳『ヨーロッパ法文化の流れ』ミネルヴァ書房，1983年所収。
P. スタイン／屋敷二郎監訳／関良徳・藤本幸二訳『ローマ法とヨーロッパ』ミネルヴァ書房，2003年。
A. P. ダントレーヴ／久保正幡訳『自然法』岩波書店，1952年。
H. ティーメ「自然法論の発展にとってスペインの後期スコラ学が有した意義」久保正幡監訳『ヨーロッパ法の歴史と理念』岩波書店，1978年所収。
R. ドラテ／西嶋法友訳『ルソーとその時代の政治学』九州大学出版会，1986年。
M. シュトライス編／佐々木有司・柳原正治訳『一七・一八世紀の国家思想家たち——帝国公（国）法論・政治学・自然法論』木鐸社，1995年。

(屋敷二郎)

第19章

啓蒙主義と法典編纂

　啓蒙主義とは，人間理性に基づいた検証のプロセスである。それゆえ特定の改革目標を掲げたか否かは，啓蒙主義の本質とはまるで関わりのない，瑣末な問題にすぎない。啓蒙主義は，理性的法体系を追求する過程において自然法論と結びつき，合理的統治システムを追求する過程において社会的紀律化と結びついた。ヨーロッパ近代の幕開けを告げる大規模な自然法的法典編纂を可能にしたのは，こうした啓蒙主義のダイナミズムである。

1　啓蒙とは何か

「啓蒙とは何か」　ドイツの哲学者イマヌエル・カントは，自らの生きた18世紀という時代を「啓蒙の世紀」と位置づけた。カントによれば，勇気をもって自己の理性を行使しようとする心的態度（「敢えて賢かれ（Sapere aude）」）こそが「啓蒙」である。

　「啓蒙とは，人間が自分の未成年状態から抜け出ることである，ところでこの状態は，人間がみずから招いたものであるから，彼自身にその責めがある。未成年とは，他人の指導がなければ，自分自身の悟性を使用し得ない状態である。ところでかかる未成年状態にとどまっているのは彼自身に責めがある，というのは，この状態にある原因は，悟性が欠けているためではなくて，むしろ他人の指導がなくても自分自身の悟性を敢えて使用しようとする決意と勇気を欠くところにあるからである」（「啓蒙とは何か」）。

　啓蒙主義は，18世紀のヨーロッパを席捲した知的潮流であるが，そこには種々雑多な知的潮流が包含されており，決して一枚岩の運動と呼びうるようなものではない。ドイツの歴史家ルドルフ・フィーアハウスが述べているように，「個々の原理や教説，個々の思想家の哲学が「啓蒙」なのではなく，伝統や学問的権威，信仰内容や知識の在庫，法の合法性や制度の歴史性との知的対決の過程が「啓蒙」なのである」。

プロセスとしての啓蒙主義　啓蒙主義運動は，実践理性に基づいた行動の哲学であり，政治・経済・社会・文化・日常生活のあらゆる領域において理性による検討

255

を加え，そこに存在するあらゆる事象を説明するか，それが不可能な場合には「説明可能なもの」に変革しようとした。現代のわれわれはしばしば誤解しがちなのだが，どのような改革案が提示されたのか，どの程度そうした計画が実現されたのか，といった問題は，現実の啓蒙主義運動にとって瑣末なことにすぎなかった。重要なのは理性による検証の「プロセス」であり，そのような検証をすすんで行おうとする「心的態度」そのものだった。

「恥ずべきものを打ち壊せ（écrasez l'infâme）」これは，もっとも代表的な啓蒙主義者ヴォルテールが掲げたキャッチフレーズである。この言葉に象徴されるような恐れを知らぬ大胆な批判精神が広がるにつれて，既存の宗教的・学問的・政治的体制は，自己の存在基盤を即自的（an sich）な権威や伝統ではなく，「理性」によって対自的（für sich）に説明せざるをえなくなった。このようにして，既存の体制秩序の側もまた，「啓蒙」の論理に取り込まれていった。

そのような意味において，18世紀ヨーロッパの至るところに出現したサロンやクラブ，全ヨーロッパのフィロゾーフ（啓蒙主義者）をくまなく覆い尽くした往復書簡のネットワーク，あるいはフリーメイソンをはじめとする諸々の結社，これら多種多様な公共的言説の場こそが啓蒙主義運動の舞台であった。

紀律と啓蒙　フランスの哲学者ミシェル・フーコーは「自由を発見した『啓蒙時代』は，紀律をも考案した」と述べている。この言葉が示唆するように，啓蒙主義と社会的紀律化はごく近い関係にある。既存のあらゆる体制に理性的な説明を要求した啓蒙主義は，やがて社会生活における人間のあらゆる行為にまで合理性を求めるようになった。

ところで，啓蒙的理性を社会の末端までより実効的に普及させるためには，どのような統治システムがもっとも効率的であろうか。ヴォルテールとフリードリヒ2世（大王），ディドロとエカテリーナ2世の知的交流が示すように，多くのフィロゾーフは，啓蒙絶対主義こそがその答えだと考えた。

祖国愛と法典編纂　19世紀のナショナリズムを先取りするかのように，啓蒙主義の時代には「祖国愛」が盛んに論じられたが，祖国愛は人民の主体的な貢献を求める根拠であるとともに，君主権の行使を制約する根拠でもあった。

それゆえ君主を「人民の第一の下僕」と位置づけるフリードリヒ大王の啓蒙絶対主義は，いわば時代精神の申し子であった。啓蒙主義時代を総括するかのように登場した代表的な自然法的法典が，いずれも市民社会の行為規範になることを目標として，啓蒙絶対君主（及びナポレオン）の強力なイニシアティヴのもとで成立したことは偶然ではない。

批判精神の普及　とはいえ，啓蒙主義と社会的紀律化の関係は，矛盾を孕んだものであった。啓蒙主義は，社会的紀律化をいっそう合理化するために，単純な命令服従の外面的紀律よりも強力で経済的な内面的紀律（自己馴致・自己啓蒙）

を重視した。このこと自体はむしろ紀律化を強化するものであったが，内面的紀律の不可欠の前提となる判断力の養成や主体性の形成は，権威への盲目的な服従を拒絶する精神風土をもたらした。このようにして，近代民主主義の基礎となるべき批判精神がしだいに広範な社会層にまで浸透した。

　　「全き家」の解体　近世の自然法論は，絶対主義的な近代国家の権力を制約して個人の基本的権利を確保するために，しばしば伝統的な「家の平和」に依拠した。しかしながら，啓蒙絶対主義の時代において，家父ではなく個人としての市民が法生活の中心に位置づけられるとともに，家父権に対して国家権力が理性の名のもとに重大な制約を加えるにいたった。「家」は旧ヨーロッパ社会の基本単位としての「全き家」の性格を失った。

　代わって台頭したのが「近代家族」だった。それは，愛情に基づく生殖・教育・消費（家計）の単位として，公権力の干渉をほとんど受けない代わりに公権力に参与することもない「私生活」の場となった。市民社会の行為規範として構想された諸々の自然法的法典は，いわば基本的権利と国家権力をともに拡大するために「全き家」を解体し，そのことによって旧ヨーロッパ社会に終止符を打ったのである。

② 刑事司法における啓蒙主義

　　フリードリヒ大王の刑事司法改革　フリードリヒ大王がプロイセン国王に即位したのは，1740年のことである。当時まだ28歳であった若き国王が即位のわずか数日後に拷問を廃止したことは，啓蒙主義の偉大な勝利として受けとめられた。モンテスキューの『法の精神』が出版されたのが1748年，ベッカリーアの『犯罪と刑罰』が1764年ということを考えれば，フリードリヒの改革事業がいかに先駆的だったかが分かるだろう。

　プロイセンが強固な絶対主義国家だったことは，刑事司法の啓蒙主義的改革にとって，むしろ好都合であった。立法・行政・司法すべての最高権力者として，フリードリヒは，啓蒙主義的な立法・判決活動をじかに実践できたからである。

　　大権判決の廃止　民事訴訟については，「大権判決（Machtspruch）」（国王大権に基づく親裁）が行われていたが，おそらくモンテスキューの権力分立論の影響のもとで，フリードリヒはこれを1752年に廃止した。1768年の『政治遺訓（Testament politique）』に記された「財産の保全，所有の安全，そこにあらゆる社会並びにあらゆる良き統治の基礎がある」という言葉にみられるような，法的安定性に重きを置く法観念がその背景にあった。

　　裁可権による人道化　他方で，刑事訴訟については，具体的妥当性を重視する立場から，フリードリヒは最上級裁判官としての「裁可権（Bestätigungsrecht）」を放棄せず，すべての重大事件の判決を自ら確認することに固執した。

この裁可権の行使によって、プロイセンにおける刑事司法の人道化はおおいに進展した。

刑事司法の人道化は、啓蒙主義的な合理性に基づいていた。それは、その意味において国家の権力基盤の強化にも結びついた。フリードリヒ治下のプロイセンでは、裁可権によってしばしば懲治刑や城塞禁固刑に減軽されたために死刑の適用が年間15件程にまで減少したが、このことの背景には、国力の源となる貴重な人口を死刑で失うのは好ましくない、という重農主義的な思想があった。

こうして財産犯罪は、1743年には、強盗殺人などの場合を除いて基本的に死刑の対象から外されることになった。また、火炙りなどの加重刑は、1749年以降、伝統的な薪の山の上ではなく、藁葺き小屋ごと燃やすという方式に改められた。これは、死刑囚を火炙りの前にひそかに絞首するためであった。啓蒙的合理性の見地からすれば、死刑見物に来た群衆への一般予防的威嚇は必要であっても、どのみち処刑される死刑囚本人には苦痛を与えても仕方がないからである。

嬰児殺 死刑囚の大部分は嬰児殺を犯した娘たちで、残りは殺人犯や追剝であった。とはいえ、フリードリヒは嬰児殺の処罰よりも、むしろ予防のために積極的に行動した。嬰児殺を厳格に処罰すれば一度に2人の臣民が失われることになるからである。彼は1740年に即位すると、すぐに袋刑(Säcken)を廃止した。この残酷な刑罰は、嬰児殺を犯した母親を自分で縫わせた皮袋に入れて溺殺するというもので、およそ啓蒙の世紀に相応しからぬものであった。

また、私生児を産んだ娘への不名誉刑である教会懺悔 (Kirchenbuße) は、1746年に廃止された。私生児の分娩扶育のための施設も、各地に設けられた。1765年には、未婚で懐妊した者に科せられる姦淫者の処罰 (Huren-Strafen) も撤廃した。この刑罰は、しばしば堕胎や嬰児殺の原因となっていたからである。私生児の母親に対する年金制度や、私生児の母親と婚姻する者に対する不名誉の撤廃も、フリードリヒの検討課題に上っていた。

贖罪思想から社会工学へ これらの施策は、国家理性と結合した啓蒙主義が、私生児への偏見という民衆心性の奥深くまで浸透していたキリスト教倫理に対して展開した闘争であった。この闘争を通じて、刑事政策は伝統的な贖罪思想を脱却し、社会工学へと生まれ変わることになる。

罪刑の均衡 モンテスキューが『法の精神』において展開した独特の政体論によると、政体は統治者の人数によって民主政・貴族政・君主政に分類され、それぞれが徳・名誉といった固有の原理を有する。専制政は、アリストテレスの古典的な政体論では君主政の堕落形態とされていたが、モンテスキューはこれをあらゆる政体の堕落形態として再定義し、その原理は恐怖であるとした。それゆえ、恐怖をかきたてる苛酷な刑罰は、専制政にのみ適合的であり、どの合法的政体にも相応しくない。このようにして、モンテスキューは罪刑均衡の原理を打ち立てた。

啓蒙主義的な文明史観もまた、この罪刑均衡の原理を支持した。多くのフィロゾーフ

は，モンテーニュやラ・ロシュフコーといった16〜17世紀のモラリストの人間観察を受け継いで，人間を万事に慣れがちな習慣の動物だと考えた。そうだとすれば，野蛮な刑罰が繰り返されることで，市民の心性もまた野蛮になり，ひいては文明そのものが衰退しかねないことになる。

野蛮な刑罰は野蛮な時代にこそ相応しい。文明化された時代には穏健な刑罰こそが相応しいのである。

刑罰の減軽化・世俗化 このようにして，苦痛刑や死刑が適用されるべき犯罪類型は大幅に縮小されることになった。財産犯罪については，死刑ではなくまさに財産刑が適当だった。この啓蒙主義的なタリオ（同害報復）の観念は，例えば，貨幣偽造犯には造幣局での強制労働刑を科すべきだというヴォルテールの主張に典型的に表現されている。死刑を適用してよいのは，市民の安全そのものを侵害するような犯罪だけである。

自殺処罰の廃止 とりわけ啓蒙主義者が敵視したのは，諸々の宗教犯罪である。その多くが理神論者であったフィロゾーフたちは，そもそも宗教犯罪には国家の刑罰権を発動するだけの「世俗的な」根拠がない，と考えた。重大な瀆神とみなされてきた自殺者の処罰についても，罪なき肉親を苦しめるだけで意味がないと考えられるようになった。

こうしてプロイセンでは，1747年及び1752年の官房令によって，自殺者の処罰が廃止された。このようにして，自然法論が着手した刑法の世俗化は，啓蒙主義によって完成されることになった。

> ▶カラス事件（L'affaire Calas）
> アンシャン・レジーム（旧体制）の宗教的迫害に対する啓蒙主義の闘争の象徴となった事件。1762年，新教徒ジャン・カラスが旧教に改宗しようとした長男を殺害したとの嫌疑で処刑されたことに対し，ヴォルテールは『寛容論（Traité sur la tolérance）』（1763年）を著してカラスの無罪を訴えた。この運動の結果，1764年に国王顧問会議は原判決を破棄し，翌年には名誉回復がなされた。　　　　　　　　　　　　　（R）

ベッカリーア 刑事司法における啓蒙主義的改革思想をコンパクトにまとめあげ，全ヨーロッパの精神的共有財としたのは，チェザーレ・ベッカリーアの業績である。1764年の著書『犯罪と刑罰（Dei delitti e delle pene）』は，さまざまな言語に翻訳されて繰り返し出版された。

ベッカリーアは，社会契約論によって国家の刑罰権を基礎づけるとともに，その範囲を画定した。刑罰権に服するのは，社会契約に際して全体に委ねられた自由の一定部分だけである。しかし，生命はこの委託された部分には含まれないので，死刑は許されない，と。

合理主義的見地から，ベッカリーアは，刑罰の確実な適用が保障されているならば，

刑罰による不利益が犯罪による利益を超えるだけで足りると主張した。彼はまた，被告人を恣意的な裁判手続から救い出すために，糾問訴訟とりわけ拷問の危険性を指摘し，刑事手続の改革を強く訴えた。このようにして，刑事司法のシステムはしだいに中世以来の伝統的な色彩を薄めていった。

監獄改革 徹底した説明可能性を要求する啓蒙主義の矛先は，残酷な刑罰や拷問などの非合理性に向けられた。そのため，しばしば人道主義的な要求が結果的に満たされることになった。しかし，実はそれはあくまでも結果論であって，啓蒙主義による刑事司法批判を人道主義的批判と同一視することはできない。

死刑は「非経済的」だというヴォルテールの批判はその典型的な例である。ところで，死刑が「非経済的」だというならば，それに代わるべき自由刑は「経済的」なものでなければならない。ジョン・ハワードの『監獄事情（The state of the prisons）』を端緒とする18世紀ヨーロッパの監獄改革は，このような文脈の中におかれていた。

改革の挫折 しかしながら，この監獄改革運動は，受刑者の再社会化という目標をさしあたり達成できなかった。ドイツの刑法学者エーベルハルト・シュミットが指摘するように，「しばしば請負制度が行われ，囚人の適切な区分けが欠如し，官僚的に倹約が重視された」ために，監獄はかえって「犯罪の学校」になってしまったからである。とはいえ，受刑者の再社会化によって（死刑に比べて）2人の有為な市民を獲得する，という啓蒙主義の計画を妨げたのは，資金不足の現実だけではなかった。

啓蒙主義の批判精神によって税金の合理的使用への要請が高まるとともに，勤勉の成果である税金を犯罪者の更生に用いることは果たして妥当なのだろうか，という根本的な疑問が浮上してきた。それゆえ，啓蒙主義時代の監獄がしばしば「自給自足」的な経営を余儀なくされ，結果的に再社会化の目標を達成できなかったのは，いわば必然的な帰結であった。

死刑・苦痛刑から自由刑へ 監獄改革運動そのものは不十分な成果しか残せなかったが，死刑及び苦痛刑から自由刑への流れはもはや決定的であった。啓蒙主義的な理念に基づいた自由刑は，市民社会の構成員としての規格に外れた人間をひとまず隔離するとともに，受刑者に紀律と勤労の習慣を体得させ，市民社会の「正常な」構成員を再生産するべきものとして，いまや刑罰体系の主役に位置づけられることになった。

③ 法典編纂の時代

法典編纂の理論 「最大多数の最大幸福」の標語で知られるイングランドの法理論家ジェレミー・ベンタムは，功利主義の法思想を展開した。

「自然は人類を2人の絶対的主人，すなわち苦痛と快楽の支配下においた。この2人の主人だけが，われわれが何をなすべきか決定し，何をなさねばならないかを命ずるのである。その王冠の一方には善悪の基準が，他方には因果の鎖が結びついている」。

彼が『道徳と立法の原理序論』(1789年) において紀律化の象徴とも言うべきパノプティコン (一望監視式監獄) を設計するとともに, 『法典概観』(1786年) において「法典編纂」という言葉を造語したことは, 意味深長である。監獄改革と法典編纂という啓蒙主義の重要課題は, いずれも功利主義の法思想と深く結びついていたのである。

「自然法的」法典編纂　18世紀末から本格化した法典編纂事業は,「自然法的」法典編纂と総称されるのが一般的である。というのも, これらの法典の骨格をなしたのは, 哲学的人間学から出発して「幾何学的方法」による体系化を推進した, 近世の世俗的自然法論だったからである。もっとも個々の規定の内容は, むしろ「パンデクテンの現代的慣用」の学問的成果によって満たされたと言うべきであろう。

また, 法典編纂事業が本格化した時期には, すでに自然法論がピークを過ぎていたことも事実である。法典編纂を実現したのは, むしろ啓蒙主義的な見地から理性に基づく一元的・体系的な統治を志向した啓蒙絶対君主 (フリードリヒ大王, レオポルト 2 世) や, 革命の理念を同じく一元的・体系的に定着させようとした皇帝ナポレオンであった。実のところ, 人間理性に基づいた近世自然法論の幾何学的体系は, 啓蒙的理性に基づく一元的支配ときわめて親和的だった。

市民社会の行為規範　自然法的法典編纂は, それゆえ紀律と啓蒙の産物であった。モンテスキューが『法の精神』で「法律は決して精妙をきわめてはならない。それは中くらいの理解力をもつ人々のためにつくられている。それは論理の技術ではなく, 家父の平易な条理である」と述べたように, 啓蒙主義時代における法典編纂は, 複雑化した法を体系的に整理するだけのものではありえなかった。

むしろ, 編纂者たちが自己の課題としたのは, 法典を市民社会の行為規範として確立し, 市民生活を法典によって啓蒙し, 紀律化することであった。その必須条件として掲げられたのは, ①法典が公布されること, ②ラテン語ではなく母国語で記されること, ③一読して理解できるように単純明快に記されることであった。

しかし, これとならんで, ④法典の内容を理解できる程度の教養を市民が有することもまた不可欠とされた。このようにして, 普通教育による識字率の向上や, 国内全域で通用する標準語の確立までもが, 法典編纂に付随する課題となった。

法典の名宛人　自然法的法典編纂の名宛人が誰なのか, プロイセン一般ラント法の起草者スヴァーレツは,『プロイセン国民の法律教育』(1793年) の序文で, 次のように述べている。

「この抜粋が念頭においているのは, 本来の学識教育を受けずとも, 通常の良き学校教育によってある程度は思索の用意があり, その精神力が家庭的・市民的生活の動物的諸機能における使用によるだけでなく, むしろ若干の読書によってもすでに幾分かは陶冶されており, したがって一般的な真実や原則を, それが日常の容易な言語で学問的装いなしに提示されるならば, 理解し洞察することができる公民の階層である」。

アルノルト訴訟を裁くフリードリヒ大王

プロイセン一般ラント法（ALR）の編纂 　プロイセンにおける法典編纂の第一段階は，大王の父フリードリヒ・ヴィルヘルム１世（軍人王）の治世に始まった。
　1713年及び14年の官房令において，軍人王は，恣意的な裁判の防止という伝統的な綱領とならんで，「健全な理性」と「ラントの事情」という基準を掲げた。これらの基準は，後の啓蒙絶対主義における改革綱領を先取りするものであったが，軍人王の計画そのものは，編纂を委託されたトマージウスの消極的姿勢もあって，何の成果もなく頓挫してしまった。

コクツェーイの司法改革 　第二段階は，フリードリヒ大王の啓蒙絶対主義綱領のもとで行われた。法典編纂を担当した司法大臣ザムエル・コクツェーイは，「パンデクテンの現代的慣用」の徒であったが，『明解グロティウス』の著者である父ハインリヒと同様に，自然法学者でもあった。コクツェーイは，1747年に，訴訟遅延を解消するために６名の有能な法律家を指揮し，わずか５カ月のうちに2300件もの事件を処理することに成功した。大王はこの功績に対して，コクツェーイに「大法官」の称号を授けた。
　大法官となったコクツェーイは，翌年に統一民事訴訟法（Codex Fridericianus）を完成させ，さらに「フリードリヒ法典（Projekt des corporis juris Fridericiani）」の編纂に着手した。この実体私法典の目標は，その副題に記されたように，理性とラントの国制に基づいて「ローマ法をその３つの法的対象にしたがって自然的秩序と正しい体系」にまとめあげた「一つの確たる普遍的な法（ein jus certum und universale）」を確立することであった。

コクツェーイは第一部（総論・人法）を1749年に，第二部（物法）を1751年に完成させた。しかし，第三部（債務法・刑法）は未完に終わった。

プロイセン法の精神　その間にフリードリヒ大王は，いわば中間報告として『立法論（Dissertation sur les raisons d'établir ou d'abroger les lois）』（1749年）を著し，モンテスキューの影響のもとで，自己の司法改革及び立法事業の意図・経験・成果をヨーロッパ法の時空に位置づけようとした。この論文はベルリン科学文学アカデミーにおいて朗読され，いわば「プロイセン法の精神」として以後の改革を方向づけることになった。

しかしながら，コクツェーイの法典は，大王の高い評価にもかかわらず，ラテン語の専門用語を多く残しており，法知識の普及によって紛争を予防するには不十分であった。こうしてプロイセンの法典編纂事業は，水車粉屋アルノルト訴訟を契機として第三の段階に進むことになる。

▶**水車粉屋アルノルト訴訟**（Müller Arnold Prozesse）
　水車所有者アルノルトが，隣人が養鯉池を設置したため水車利用に支障をきたしたとして領主に地代の減免を求めた事件。敗訴によって水車を競売されたアルノルトの直訴を受けて，フリードリヒ大王は原判決を破棄し，大法官フルスト及び担当裁判官を罷免した（1779〜80年）。
　この事件を契機に，プロイセンにおける司法権の独立と一般ラント法編纂の機運が急速に高まった。権力分立に基づく法治国家の思想が普及した19世紀以降，アルノルトを訴訟狂とし，大王の介入を不当とする見解が流布したが，ドイツの法史学者ディーセルホルストの実証研究によって，今日ではアルノルトの請求及び大王の取った措置が同時代の通説的見解に照らして妥当であったことが確認されている。　　　　　　　（R）

一般法典草案　罷免されたフルストに代わって新たに大法官となったカルマーは，スヴァーレツ及びクラインという優れた協力者を得て，抵当権法（1783年）及び一般裁判所法（1793年）を完成させた。1786年にはプロイセン一般法典の草案を提出したが，これに対して，フリードリヒ大王は「実に宜しいが，あまりにこれは浩瀚である。法律は簡潔でなければならず，冗漫であってはならない」という有名なコメントを付した。

こうして書き直された草案は，1786年に全ヨーロッパに向けて公開された。ピュッターやシュロッサーを始めとする多くの人々からの意見書を吟味した後，法典の最終草案が準備された。クラインが刑法，ゴスラーが商法，ビュッシュが海法を担当し，スヴァーレツが残り全体を担当した。

ALRの特徴　こうして完成した草案は，大王が1786年に没したために保守勢力との妥協を余儀なくされたが，ようやく1794年に「プロイセン一般ラント法（Allgemeines Landrecht für die Preußischen Staaten）」として施行にこぎつけた。

「プロイセン一般ラント法」の特徴は，プーフェンドルフに由来する自然法的体系に基づいて，公法・私法を分離することなく，1万9000条にも及ぶ膨大な規定によって啓蒙絶対主義の社会像や国家像をあますところなく描写した点にある。ヴィーアッカーが述べたように「この法典は，人間の社会機構を原理的に理解することから出発して，国家構造の広大なプランをあます所なく描写したものとして，ヨーロッパの立法史中の最初にして最後のものだった」。

　一般ラント法の具体的で分かりやすい庶民的な規定は同時代人から絶賛されたが，まさにその具体性が以後の発展を阻害してしまったのは実に皮肉な結果である。実際，公法とりわけ身分関係の規定は，シュタイン＝ハルデンベルクの改革 (1809～11年) によって早くも効力を失ってしまった。とはいえ，私法規定に関しては，サヴィニーを始めとする歴史法学派の冷遇にもかかわらず，デルンブルクなど優れた法学者を輩出するにいたって，ドイツ民法典が成立するまで命脈を保ったのである。

オーストリア一般民法典（ABGB）の編纂　オーストリアにおける法典編纂は，1753年にマリア・テレージアが一般民法典編纂のための委員会を設置したことに始まる。オーストリアの領邦君主（ハプスブルク家）は代々神聖ローマ帝国の皇帝の位を兼ねたため，民事法・刑事法・行政法を包括するような統一法典の編纂は不可能だった。絶対主義的統一国家は，等族の自由（特権）の体系としての帝国とは相容れないからである。

マリア・テレージアの立法事業　刑事法の領域では，旧態依然とした内容であるにせよ，「テレージア刑法典（Constitutio Criminalis Theresiana）」が1768年に施行された。これに対して，民事法の領域では，1754年の第一草案は良き古き法を破るものとして，1766年の第二草案は地域固有法及び普通ローマ法の影響が強すぎるとして，ともにテレージアの裁許が得られなかった。こうしてテレージア民法典（Codex Theresianus juris civilis）の計画は失敗に終わった。

マルティーニとツァイラー　法典編纂の次の段階は，ヨーゼフ2世及びレオポルト2世の啓蒙絶対主義のもとで行われた。新たに法典の指導原理となったのは，ウィーン大学教授マルティーニの自然法論である。マルティーニの草案は，レオポルトのもとで1797年に西ガリーツィエン（ガリシア）民法典として施行された。

　全オーストリアのための一般民法典の編纂を担当したのは，マルティーニの弟子ツァイラーである。「汝の意志の自由な行使が普遍的法則に従って何びとの自由とも両立しうるような仕方で外的に行為せよ」（『人倫の形而上学』法論）という命題にまで法を抽象化したカントの影響を受けて，ツァイラーは1802年の主著『自然私法（Das natürliche Privatrecht）』で国家・私法の二元論を展開した。同じくレオポルトのもとで行われたゾンネンフェルスの公法典編纂が等族の抵抗によって挫折したことからも分かるように，政治性を排した抽象的な「私法典」の構想こそが，オーストリア一般民法典（Allgemeines Bürgerliches Gesetzbuch）を現実のものとしたのである。

ABGB の特徴 　1811年に施行された一般民法典は，法学提要式の編別に基づいた1502条からなる高度に抽象的な私法体系である。政治性を排除したとはいえ，人と物の峻別を徹底し，権利能力を一般化した結果，夫婦別産制の採用など自由・平等の観点においても先進性をもつことになった。ツァイラーの一般民法典は，修正を経ながらもオーストリアの現行法として通用している。

フランス民法典（コード・シヴィル）の編纂 　アンシャン・レジーム（旧体制）のフランスは，ボルドーとジュネーヴを結ぶ線を境に北部（Nord）の慣習法地方（pays des coutumes）と南部（Midi）の成文法地方（pays du droit écrit）に分裂していた。これらの法圏は13世紀頃に成立したもので，南部ではローマ法に基づいた慣習法が統一的に適用されたのに対して，北部ではフランクの慣習法を基礎とする諸々の慣習法が存在した。

共通慣習法 　北部の慣習法は，シャルル7世の王令（1454年）によって推進された採録事業を経て，しだいに成文化されていった。とりわけ1510年に完成したパリ慣習法（Coutume de Paris）は，ローマ法学者デュムランの学問的註釈やド・トゥーによる改訂を経て，北部共通の慣習法（droit commun coutumier）を形成するにいたった。

ポティエ 　この共通慣習法を「フランス法」にまで高めたのが，実証主義的な学風で知られる自然法・慣習法・ローマ法学の巨匠ポティエである。彼はドマの自然法体系をさらに発展させ，「学説彙纂」をより合理的な体系に再編（1748～52年）するとともに，1761年の『債権論（Traité des Obligations）』などの個別論文を執筆した。ポティエの業績によって，フランスでは革命以前に法典編纂の準備作業がほぼ完了していたといっても過言ではない。実際，ポティエの解説はしばしば債務法の条文にそのまま採用されたので，彼は後に「民法典の父」と呼ばれることになった。

革命期の構想 　とはいえ，フランスにおける法典編纂の機運は，やはりフランス革命による国民的な統一感を背景とするものであった。法典編纂は，国民的な法生活の基盤として，「人及び市民の権利宣言」のプログラムを実生活において具体化するものとして，また旧体制下における裁判官や学者への不信感の表明として，構想されたのである。

　立法議会は1790年に法典編纂を決定し，1793年にはカンバセレスを委員長とする委員会が国民公会によって設置された。カンバセレスは，わずか1カ月で準備した第一草案も含めて，合計3つの草案を作成したが，法典の完成はナポレオンの登場を待つことになった。

ナポレオンの立法事業 　ナポレオンは第一統領の地位に就くと，第二執政官となったカンバセレスとともに，法典編纂の事業に着手した。1800年にナポレオンが設置した委員会では，2つの法伝統の調和を図るために，慣習法地方と成文法地方からそれぞれ2名ずつの実務法曹が選ばれた。この委員会の中心人物となったポルタリスは，草案

第19章　啓蒙主義と法典編纂　265

全体の説明のために作成した『民法典序論（Discours préliminaire）』からも窺えるように，革命以前の伝統を重んじる現実主義的な法律家であった。

　4カ月後に提出された草案にはかなりの変更が加えられたが，ついにフランス民法典（Code civil）は完成し，1804年に施行された。編纂に際しては協議離婚の規定を始めとしてナポレオンの強力な指導力が発揮されたため，ナポレオン法典（Code Napoléon）とも呼ばれる。ナポレオンの立法意欲はこれで衰えることなく，1806年には民事訴訟法典（Code de procédure civile），1807年には商法典（Code de commerce），1808年には治罪法典（Code d'instruction criminelle），1810年には刑法典（Code pénal）が相次いで完成した。

コード・シヴィルの特徴　フランス民法典の特徴は，何よりもまずスタンダールが絶賛したと伝えられる模範的な文体である。

法学提要式の編別にも現れた自由及び平等（第1編：人）・所有権の絶対性（第2編：物）・契約の自由（第3編：物の取得）という，フランス革命によって神格化された新時代の理念は，2281条の簡潔にして明晰な規定によって，たやすく市民生活に浸透することができた。しかし，早々に出現した註釈書を眼にしたナポレオンの言葉（「わが法典は失われたり」）が示すように，理性的法典による内面的紀律の完成という啓蒙主義の夢想は，うたかたの夢に終わった。

フランス民法典は，フランス革命の理念とともに世界各国に輸出され，ボワソナードの手になる日本の旧民法のモデルにもなった。「この法典は永遠に生き続けるであろう」というナポレオンの言葉どおり，フランス民法典は，かなりの修正を経ながらも，200年の時を超えて現行法として通用し続けている。

▶**フランス人権宣言と近代市民法原理**

　自由・平等・友愛の理念を掲げたフランス革命や，所有権絶対・契約自由・過失責任主義を3つの柱とする近代市民法原理について，ここで少し考えることにしよう。「人及び市民の権利宣言（Déclaration des droits de l'homme et du citoyen）」の掲げた"homme"と"citoyen"は，多くのヨーロッパ言語の特徴として，抽象的に「人」「市民」を意味することもあれば，「男性」「男性市民」だけを指すこともある。革命のさなか，グージュ（Olympe de Gouges）が1791年のパンフレット「女性及び女性市民の権利宣言（Déclaration des droits de la *femme* et de la *citoyenne*）」で告発したように，人権宣言で「生まれながらにして自由であり平等である」と宣言された"homme"とは，「人」ではなく「男性」の意味ではなかったか。

　実際，フランスで女性が参政権を得るのは第二次世界大戦末期のことである。また，革命の理念を体現したとされるフランス民法典には，家父長制的な家族制度を保護するための規定が設けられたが，その一例である悪名高い規定「父の捜索は許さず（La recherche de la paternité est interdite）」（旧340条）が廃止され，父子関係について自然子の強制認知が認められたのは，ようやく1912年のことであった。

「人」や「市民」から排除されたのは，何も女性だけではない。「財産と教養」ある市民でなければ，男性であっても参政権から除外された。フランスで普通選挙が（短期間の実施ではなく）真に定着するのは，第3共和政のもと1876年以降のことである。それどころか，フランス革命は奴隷制をいったん1794年に廃止したものの，1802年には復活させている。フランスが奴隷制を完全に廃止したのは革命から半世紀を経た1848年のことであり，しかも奴隷制廃止は「野蛮の文明化」という植民地支配のロジックと一体であった。

とはいえ，やはり人権宣言の"homme"は「人」であり，"citoyen"は「市民」だったのだろう。フランス人権宣言やフランス民法典の起草者にとって，女性や無産市民や奴隷が市民社会の積極的・主体的な構成員でないことは余りにも自明であり，だからこそ抽象的な表現形式がなされたと思われるからである。他方で，「人」「市民」という抽象的な表現形式が取られたために，かえって女性や無産市民や奴隷の側からの権利主張の拠り所として人権宣言が機能しえたのも，以後の歴史が示してきた事実である。このことは，市民社会構成員の多様性を考慮したがために，抽象的な形式を取りえなかった「プロイセン一般ラント法」と実に対照的といえるだろう。　　　　　　　　　　　　　　（R）

もっと学びたい人のために

① I. カント／篠田英雄訳『啓蒙とは何か　他四篇』岩波文庫，1974年。
　＊啓蒙主義を論ずる際に必ず言及される作品。小品であるが，じっくり味読して欲しい一冊。
② 屋敷二郎『紀律と啓蒙——フリードリヒ大王の啓蒙絶対主義』ミネルヴァ書房，1997年。
　＊「紀律」と「啓蒙」をキーワードにフリードリヒ大王の著作を徹底的に分析し，啓蒙絶対主義の思想構造を解明した本格的研究。近代国家に生き近代法を用いる「近代人」の心性はいかにして生み出されたのか，を考える人に薦めたい。
③ 村上淳一『近代法の形成』岩波書店，1979年。
　＊やや刊行年が古いが，古さを感じさせない名著。近代法の形成過程について多面的な検討が繰り広げられており，法典編纂の時代にも多くの叙述が割かれている。
④ 石井三記・寺田浩明・西川洋一・水林彪編『近代法の再定位』創文社，2001年。
　＊法制史学会創立50周年シンポジウムの記録。法典編纂の時代を経て誕生した近代法システムとは何か，いま改めて問い直そうとする人に薦めたい。

【参照文献】
石井三記『18世紀フランスの法と正義』名古屋大学出版会，1999年。
石井三記・寺田浩明・西川洋一・水林彪編『近代法の再定位』創文社，2001年。

石部雅亮『啓蒙的絶対主義の法構造――プロイセン一般ラント法の成立』有斐閣，1969年。
小室輝久「イングランド法と罪刑法定主義の淵源」『現代刑事法』第 3 巻11号，立花書房，2001年。
平野千果子『フランス植民地主義の歴史――奴隷制廃止から植民地帝国の崩壊まで』人文書院，2002年。
法制史学会編『法典編纂史の基本的諸問題・近代』（法制史研究第14号別冊），創文社，1964年。
村上淳一『近代法の形成』岩波書店，1979年。
屋敷二郎『紀律と啓蒙――フリードリヒ大王の啓蒙絶対主義』ミネルヴァ書房，1997年。
J. アンベール／三井哲夫・菅野一彦訳『フランス法制史』白水社，1974年。
U. イム・ホーフ／成瀬治訳『啓蒙のヨーロッパ』平凡社，1998年。
F. ヴィーアッカー／鈴木禄弥訳『近世私法史――特にドイツにおける発展を顧慮して』創文社，1961年，第17～18章。
F. ヴェントゥーリ／加藤喜代志・水田洋訳『啓蒙のユートピアと改革』みすず書房，1981年。
I. カント／篠田英雄訳『啓蒙とは何か 他四篇』岩波文庫，1974年。
I. カント／加藤新平・三島淑臣訳「人倫の形而上学（法論）」野田又夫編『世界の名著32 カント』中央公論社，1972年所収。
H. コーイング「法典編纂の理論」佐々木有司編訳『ヨーロッパ法史論』創文社，1980年所収。
M. シュトライス編／佐々木有司・柳原正治訳『一七・一八世紀の国家思想家たち――帝国公（国）法論・政治学・自然法論』木鐸社，1995年。
E. シュミット／山内進・屋敷二郎訳『ドイツ刑事司法史』第 3 部第 1 編「啓蒙主義」，『ユリスプルデンティア』第 4 号，1995年。
P. スタイン／屋敷二郎監訳／関良徳・藤本幸二訳『ローマ法とヨーロッパ』ミネルヴァ書房，2003年。
M. フーコー／田村俶訳『監獄の誕生――監視と処罰』新潮社，1977年。
O. ブルンナー／石井紫郎・石川武・小倉欣一・成瀬治・平城照介・村上淳一・山田欣吾訳『ヨーロッパ――その歴史と精神』岩波書店，1974年。
Carl Gottlieb Svarez, *Unterricht für das Volk über die Gesetze 1793*, hrsg. v. Erik Wolf, Deutsches Rechtsdenken Heft 5, Frankfurt am Main, 1948.
Rudolf Vierhaus, *Was war Aufklärung ?*, Göttingen, 1995.

（屋敷二郎）

IV

ヨーロッパ近・現代の法と社会

ウィーンの裁判所

Ⅳ　ヨーロッパ近・現代の法と社会：総説

◇　**全体像**

　第Ⅳ部では，ヨーロッパ近・現代の法と社会にスポットをあてる。フランス革命後のヨーロッパに浸透した法原理や法システムは，日本では一般に「近代法原理」や「近代法システム」と呼ばれている。各章では主に近代法システム成立の背景，近代法学の誕生と展開，そして近代法体系の完成とゆらぎ・修正をめぐる考察がなされている。

　しかし，そもそも「近代法」とは何か。実はこの言葉が表しているのは歴史的実体ではなく，一定のイメージにすぎない。通常は，西洋近代に生まれ，非ヨーロッパ諸国にも継受された一定の傾向が「近代法原理」「近代法システム」と呼ばれている。だが，西洋に限らない抽象的な意味での「近代」の法として用いられる場合もあるし，西洋法に限っても，法文化圏や文脈により，「近代法」理解には微妙な差がある。そこで，各章に入る前に，第Ⅳ部で用いる「近代法」の意味を確認しておかねばならない。

◇　**近代法原理**

　まず，比較的輪郭のはっきりしている「近代法原理」から見てみよう。最初の近代市民法典といわれるフランス民法典（1804年）は，すべての人間が自由な権利主体であるという建前のうえにおかれている。こうした前提は，身分や団体ごとに異なる具体的・個別的権利の集積としての前近代法と区別して，近代法原理と呼ばれる。

　近代法原理に現れる個人主義・自由主義は，近代私法の三大原則といわれる「人格の自由・所有の自由（所有権の絶対）・契約の自由」の理念的基盤となっている。この原理が市場経済とともに現代世界のスタンダードであることは言うまでもない。

　ちなみに，こうした理念は身分制社会の解体と市民社会の成立を前提としているので，19世紀ヨーロッパの法は理念的に「市民法」とも呼ばれる。これに対し，19世紀末頃から個人主義の欠陥を補う形で，「社会法」という新しい法分野が現れた。この社会法を包括する法体系は，近代市民法と区別して「現代法」と呼ばれる。

◇　**近代法システム**

　近代法システムと呼ばれるものの特徴としては，まず法概念の抽象性・普遍性があげられる。すべての人間が自由な権利主体であるという近代法原理に基づく近代法典では，原則としてすべての人間が法の名宛人である。したがって近代法は，具体性・個別性をもつ前近代法とは異なり，「人」「物」「契約」に代表される抽象的・普遍的概念を中心に構築されていく。

　例えば，「プロイセン一般ラント法」（1794年）とフランス民法典（1804年）はどちらも自然法思想の影響を受けた法典であるが，身分制社会のなかで作られた前者が2万条弱の膨大な個別条文を抱えているのに比べて，革命後に生まれたフランス民法典は約2

Ⅳ ヨーロッパ近・現代の法と社会：総説

千条におさまっている。「プロイセン一般ラント法」の膨大さは，諸身分に対してそれぞれ規定を設ける煩雑さに大きく負っていたといわれる。それに対して，近代法典は細かく区別された近世の具体的な身分概念を知らない。もちろん，古代ローマ法の奴隷概念も知らない。

◨ **体系性**

さて，抽象性・普遍性の高い法概念を組み合わせると，体系性の高い法典が出来上がる。近代法の構造的な特徴としてあげられるのが，この体系性である。ローマ法が全50巻にわたる「学説彙纂」を残して以来，ヨーロッパのさまざまな法文化がケース・バイ・ケース（例解主義・カズイスティク）の法規範を集積してきた。これに対し，近代法典は簡潔で体系的な法典をめざした。また国の法律すべてが，①憲法，②民法・商法・刑法・訴訟法といった一般法，③さまざまな下位の特別法へと階層序列化された法典体系に組み込まれていった。こうした体系志向を理論的・技術的に支えたのが，近代法学である。

近代科学の演繹的・体系的思考にインパクトを受け，法についての「術」から「学」へと転進しようとした近代法学は，法概念を整理するのみならず，公法・私法の二元体系という近代法体系に特有の法構造をも生み出した。こうした近代法の体系性は，一方で17～18世紀の世俗的自然法思想によって準備され，他方で19世紀の近代主権国家誕生によってその現実的基盤を得たのである。

◨ **時間的限定**

ではその「近代法」はいつの法か。もちろん「近代」の法であるが，その「近代」がいつから始まるかが問題である。実は「近代」という時代区分について，必ずしも決まった考えがあるわけではない。

近代が1500年頃始まったと考える歴史家は少なくない。彼らはルネサンスや宗教改革を中世の終焉とし，その後に続く時代を「近代」とする。そこから1800年頃までの時代は，一般に「初期近代」と呼ばれる（日本では「近世」と訳されることが多い）。一方で1800年頃の，フランス革命による社会変革をもっとも重視する歴史家も多い。1500年を区切りとする考え方が宗教・芸術・思想に注目するのに対して，1800年という区切りは身分制社会の終焉という社会構造の変換に注目している。前者が人間の内面や文化面に重点をおいた考え方を出発点としているのに対し，後者は人間の社会的集団生活（政治社会）に光を当てている。「近代」のもたらしたものは，前者の考え方からすれば合理的・世俗的思考，人間中心・個人主義的志向であり，啓蒙主義や世俗的自然法論であるが，後者からすればそれは人権宣言であり，三権分立や普通選挙や政党政治である。

Ⅳ　ヨーロッパ近・現代の法と社会：総説

　さて，「法」の近代化についても同じ区分があてはまる。「近代法原理」を形作る思想は，すでに17世紀のホッブズやロックの自然法論に表れている。一方で実際の法制度の変換は，フランス革命を待たなければならない。
　本書は，「近代法システム」というときの「近代法」とはフランス革命以降の法をさす，という立場をとっている。「法と社会」を主題とする第Ⅳ部で実際に扱うのは，このフランス革命以降の法である。

◘ 空間的限定

　最後に，どこの「近代法」を扱うかを明らかにしておこう。第Ⅳ部に登場する「近代法」は，主にヨーロッパ大陸で成立したものである。つまり，英米法ではなく大陸法における近代化がここでの主題となる。その理由は，上述の「近代」の時代区分に関わってくる。1800年に急激な社会変革を体験したのは，フランスとその周辺国であった。今日のドイツとオーストリアにあたる神聖ローマ帝国が解体（1806年）したほか，スペイン，イタリアをはじめ多くのヨーロッパ諸国が国家体制の転覆を余儀なくされた。
　一方，海を隔てたイギリスはフランス革命の影響を直接にこうむることはなかった。すでに17世紀の名誉革命を経て緩やかな近代化を始めていたイギリスは，フランスのようなラディカルな構造変換を免れていた。王制廃止や成文憲法の制定は，イギリスでは起こらなかった。身分制が根絶やしにされることもなかった。その法的帰結として，「近代法システム」の特徴として上に挙げた法概念の抽象性・普遍性や法の体系性が英米法の特徴となることもなかった。
　これは，同じく革命を体験しなかったドイツで，抽象性の高い法律概念により技巧的に法関係が規定される傾向が強かったのとは対照的である。大陸法における公法・私法の峻別や，土地に対する絶対的所有権の概念といった，「近代法」の特徴と言われる要素も英米法には見られない。
　もちろん，英米法圏にも独自の社会的変革があり，独自の近代化があるが，日本の近代法史学はこれについて大陸法に対するほどには大きな関心を払ってこなかった。これは今後の課題であろう。

（松本尚子）

第20章

歴史法学派

　歴史法学は19世紀ヨーロッパを席捲した一大法思想である。これは，特にドイツとイギリスで大きな潮流となり，近代法学の形成に決定的ともいえる影響を及ぼした。ここでは，まずもっとも強い運動となったドイツの歴史法学派について概観し，最後に英米法圏の歴史法学と比較してみよう。

1　1814年の法典論争

ティボーの提案　ナポレオンが失脚した1814年，ドイツでは法典論争と呼ばれる出来事が起こった。大きなきっかけは，ハイデルベルク大学の法学教授ティボーが書いた小冊子『ドイツにおける一般民法典の必要性について』である。この著でティボーは，ドイツ全体に通用する一般法典の編纂を提唱した。

> ▶ティボー（Anton Friedrich Justus Thibaut, 1772～1840）
> 　ハーメルンに生まれ，ゲッティンゲン，ケーニヒスベルク，キールの各大学で法学を学んだ。キールで法学教授になり，イェーナ（1802）を経て1806年ハイデルベルクへ移る。ケーニヒスベルクでカントの講義を聴き，イェーナではヘーゲルと交流をもった。法典論争で知名度が高いティボーだが，実際にはむしろ法学の「体系化」に挑んだ最初の世代としての役割が重要である。
> 　主著『パンデクテン法体系』（1803年）では，原典の章立てにとらわれず，独自の体系に則って「学説彙纂（パンデクテン）」を解説した。これはドイツ最初のパンデクテン教科書の一つであり，19世紀を通じてロングセラーとなった。音楽愛好家としても有名で，自宅で開いた音楽サロンには若き日のシューマンも出入りしていた。彼の筆による『音響芸術の純粋性』もまた第7版まで重版されるロングセラーとなった。　（N）

法的分裂の克服　確かに，当時のドイツは統一法に欠けていた。1806年に神聖ローマ帝国が解体し，曲がりなりにもドイツ全土に通用していた帝国法はすべて無効になっていた。旧帝国の領土には約40の主権国家が成立し，普通法（継受ローマ法），「プロイセン一般ラント法」，ザクセン法，継受フランス法のほか無数の地

域慣習法が雑居する混沌状態にあった。
　一方，1814年の対ナポレオン戦争での勝利から，ドイツ語圏ではかつてなく「ドイツ人」としての一体感が高まっていた。同年結成されたドイツ同盟でも，憲法，民法，刑事訴訟法などの統一法典を作ることが検討されている。ティボーの提案は，このような時流にあって大きな反響を呼んだ。

法典編纂の提唱　法統一をひとつの柱とすれば，ティボーの提案のもうひとつの柱は法典編纂であった。過去20年の間にプロイセン，フランス，オーストリアが次々と法典編纂を成し遂げ，法典編纂は時代のトレンドとなっていた。統一が政治問題であったのに対し，法典編纂は法思想上の問題でもあった。というのは，当時の法典編纂運動は自然法論を思想的土台にし，理性の法による完全無欠の法典づくりという理想を掲げていたからである。
　ティボーもまた，国民の法生活に必要な法規範を余すところなく整理した，明解で合理的な体系的法典の必要性を説いた。その目的は，一般市民にとって身近な法典である。この点でティボーは，フランス革命によって実現された数々の合理的側面（個人単位・自由本意の法体系：人格の自由・所有の自由・契約の自由）を採り入れたフランス民法典を評価した。
　逆に，自ら著名なローマ法学者であったティボーが批判の矛先を向けたのが，普通法である。数万の項目からなる「市民法大全」も，これを当世の事情に合わせて適用する普通法学も，一般市民には遥か遠い存在であった。ティボーはこうした現状に対し，簡潔にまとめられた法典こそが，学問と実務の結びつきを回復する鍵になると考えた。

サヴィニーの反論　ところが，ティボーのこうした提案に対し，直ちに反論した若き法学者がいた。『立法と法学に対する現代の使命』（1814年）を発表したベルリン大学教授フリードリヒ・カール・フォン・サヴィニーである。サヴィニーは法統一には賛成したが，その手段として法典編纂を選択することには強く反対した。その主張の根底には，サヴィニーの独特な法観念があった。

▶サヴィニー（Friedrich Carl von Savigny, 1779〜1861）
　裕福な帝国騎士の家柄に生まれる。16歳でマールブルク大学に学び，弱冠24歳にして上梓した『占有権論』（1803年）でローマ法学者としての名声を得た。当時の貴族に一般的な宮廷出世コースを捨て，学究の道を選ぶ。ナポレオン全盛期の1804年からドイツ各地とパリで研究旅行を続け，1808年にランヅフート大学教授（バイエルン）に着任。しかしバイエルンには長く滞在せず，1810年新設のベルリン大学に創設メンバーとして移り，以後プロイセンの学術政策に深く関わっていく。
　主著は『中世ローマ法史』（1815〜31年）と『現代ローマ法体系』（1840〜49年）である。1842年から48年までプロイセンの立法担当大臣を務めた。ロマン派詩人ブレンターノと義兄弟であり，またグリムとの親交により，ロマン派の文芸人たちとの密接な交流があった。

> サヴィニーには早熟の天才，漸進的改良主義者といった定評があるが，より深遠なサヴィニー像をめぐっては見解の相違もある。最近では，サヴィニーの著作に一貫してシェリングなどの観念論哲学の影響を認めるリュッケルト，これに対し，むしろ1800年頃の哲学からの訣別が歴史法学の思考を育てたとするヤーコプスなどの見解がある。初期サヴィニー像の解明は歴史法学誕生を理解する鍵となるだけに，さらなる研究の進展が期待される。　　　　　　　　　　　　　　　　　　　　　　　　　　（N）

法の歴史性　サヴィニーにとって法とは，言語や習俗と同様に，民族とともに生成発展するものである。法はまず習俗そして「民族の共通の確信」によって生まれ，いわば慣習法として存在するが，次第に法学によって洗練されていく。したがって，法は「内なる暗黙の力」により生ずるのであり，決して立法者の恣意によって生ずるのではない。

こうしたサヴィニーの法生成論は，普遍的な理性の法を前提とする自然法論に真っ向から衝突した。そして彼の批判は，自然法論を土台とした法典編纂への批判につながっていく。『使命』によると，法典編纂とは，民族とともに生成した法をそのまま採録することである。とすれば，「普遍的な理性法」を看板に，既存の法を顧慮することなく法典の内容を定めることは，正しい法典編纂のありかたとは言えない。そもそも，法は歴史とともに常に変化するのであるから，完全無欠の法典を期待するほうがおかしい。成文法に頼ってすべての法的紛争が解決するわけでもない。むしろ，法学が成熟していないときに法典を導入することは，実務家の混乱を招いてかえって危険である。

このように法の歴史性を鮮烈に描いた『使命』は，後に歴史法学派の綱領宣言とみなされるようになった。歴史法学派誕生の年となった1814年，サヴィニーはようやく35歳であった。

法典論争の背景　基本的には自然法論に対する歴史法学派の挑戦という形をとった法典論争であるが，最近の研究では，論争の背景としてフランス民法典の存在が強調されている。

ライン同盟　まず，1970年代から飛躍的に進展したライン同盟研究で，この時代におけるフランス法の絶大な影響が明らかにされた。

ライン同盟は1806年，プロイセンとオーストリアぬきの西南ドイツ諸国のみで結成された政治同盟である。同盟では，まずナポレオンの弟を王にした新生ヴェストファーレン王国でいち早くフランス民法典が導入され，既存の領邦国家ではバーデンが修正フランス民法典を公布した。その他，改革に熱心な同盟諸国でフランス民法典の導入が検討され，さまざまな雑誌で導入問題をめぐる議論が白熱した。フランス民法典に関する学術書は出版ラッシュを迎え，各地の大学で軒並みフランス法の授業が始まった。ティボーもまた，ハイデルベルク大学でフランス法を教えていた。

フランス民法典研究

次いで1980年代には，サヴィニーの未公刊資料公開をきっかけに実証研究が進み，法典論争にも再検討が迫られるようになった。とりわけ注目されたのは，ライン同盟初期に著されたサヴィニーの遺稿である。というのは，そこに『使命』の端緒を示す講義原稿や，フランス民法典の詳細な研究ノートが見つかったからである。

また，公開された史料のなかには，著名な刑法学者フォイエルバハのサヴィニー宛書簡も含まれており，そこでサヴィニーは，フランス民法典をモデルにしたバイエルン民法典編纂に加わるよう要請されている。サヴィニーは当時バイエルンのランヅフート大学に招聘されていたが，ライン同盟の有力国バイエルンの政府は改革に積極的であった。サヴィニーはこのフォイエルバハの要請には応じなかったが，他方で，独自にフランス民法典研究を進めていたにもかかわらず，フランス法導入をめぐる議論にも参加しなかった。

沈黙を守るサヴィニーに対し，「なぜあなたの研究をもって立ち上がらないのですか」と鼓舞する弟子グリムの手紙が残っている。フランス民法典研究ノートを暗示する一節である。この手紙からはまた，サヴィニーが意見を控えるのはバイエルン政府の不興を恐れるからではないのか，というグリムの懸念が窺える。一方，1808年冬学期の講義原稿からは，サヴィニーが授業でフランス民法典の意義に疑問を呈し，法典編纂よりも法学研究の価値を説いていたことが分かる。そこでは，「本来の法は作られるものではなく，おのずから生ずるものである」という，『使命』のテーゼさえすでに語られていた。

こうした一連の史実から浮き彫りになるのは，ライン同盟時代のサヴィニーにとって，フランス民法典がいかに大きなテーマであったか，ということである。少なくとも『使命』に見られるサヴィニーのフランス民法典批判は，彼のライン同盟時代の緻密な研究を土台にしたものであり，決してその場しのぎの批判ではないことは明らかとなった。こうした『使命』執筆の背景について以前から憶測はあったが，実証研究の進展によりこれが確実性を持ち，鮮明になったといえよう。

法学による社会革新

そもそも，ティボーにしてもサヴィニーにしても，多感な少年期にフランス革命を同時代体験した世代であり，法学者としてはフランス民法典の存在を無視できない世代であった。革新派ティボーと保守派サヴィニーとで導き出した結論は異なるものの，法典論争の共通の前提としては，彼ら同時代人のこうした強烈なフランス体験があったのである。

さらに付け加えれば，ドイツではフランス革命とほぼ並行してカントの哲学革命が起こっている。サヴィニーの目的は，いわばカントとフランス革命に底流として流れる社会革新への動きを，立法ではなく法学によって実現することにあった，ということもできる。いずれにせよ，歴史法学の誕生が自然法思想への挑戦という枠組みだけではとらえきれないことは明らかとなった。これが最近30年の研究で浮き彫りにされてきたことである。

法典論争の　さて，現実には法典編纂は実現し
歴史的意義　なかったが，これは法典論争の影
響というよりは，むしろ当時の政治状況から頓挫
したといったほうが正しい。ドイツ同盟の無力さ
もあったが，そもそも当時のドイツで統一といえ
ば自由主義の立場であり，むしろ復古主義のメッ
テルニヒ体制は，法典編纂に消極的だった。

　法典論争の歴史的意義は，したがって現実政治
への影響ではなく，歴史法学派という19世紀最大
の法学派を生み出した点にある。今日の目から
ティボーとサヴィニー両者の論点を見ると，一方
でティボーの法典編纂への信望は，完全な法典が
学問と実務との橋渡しをするという，啓蒙的自然
法論の過信に基づいたものであり，楽観主義にす
ぎた点は否めない。

サヴィニー

　これに対し，「法は立法者の恣意により生ずるものではない」というサヴィニーの反発は，近代国家万能主義に対する警鐘と理解することもできる。他方で，サヴィニーが法の発展を法学に託すことにより，表向きは民族の法と言いながら，結局はエリート層の法独占を促進したという批判がある。ちなみに，徹底して対立したように見えるティボーとサヴィニーだが，最終的にドイツの法統一を視野に入れていた点では共通していた。この点では，むしろ各国別の法典で足れりとするゲンナーなどの主張との相違に注目する見方もある。

2　ドイツ歴史法学派の活動

歴史法学派の誕生　法典論争の翌年，サヴィニーはゲルマニストのアイヒホルンらとともに『歴史法学雑誌（Zeitschrift für die geschichtliche Rechtswissenschaft)』を創刊した。創刊号の巻頭にサヴィニーが改めて歴史法学派の綱領を寄せ，歴史法学派の実質的な旗揚げとなった。歴史法学派はこれ以降，サヴィニーのベルリン大学を居城に19世紀ドイツ法学界に君臨することになる。

方法論上の特徴　歴史法学派には，歴史的方法と体系的方法の結合という特徴がある。歴史的方法は，上述の法生成論から導き出されるドイツ歴史法学派の表看板である。サヴィニーは『使命』で，新たな法典編纂に頼らずに既存の法（普通法やラント法）を有用なものにするための手段として，「法学の厳格に歴史的な方法」を提示している。

　「その方法の特色は，ローマ法だけを推賞したり，既存の法素材を何が何でも維持せ

第20章　歴史法学派　277

よと要求したりすることにあるのではない……。それが目指すのはむしろ，あらゆる既存の法素材を根源まで追求し，そうして有機的原理を発見することである。この有機的原理によって，今なお生気をもつものが，すでに死滅し歴史に属しているだけのものから，おのずと分け隔てられることになるのである」。

こうしたサヴィニーの論説は，法生成論に基づく歴史法学の具体的な方法論を示唆するものである。「有機的原理」という言葉遣いには，18世紀の理性重視や合理主義に対して直感・感情・個性及び生命の実感を強調し，ドイツで大きな思想的潮流となったロマン主義へのつながりを推測させる。

ロマン主義との関係 民族による法の歴史的発展を強調するサヴィニーの論調が，法に普遍性を求める18世紀の自然法論に対する挑戦であることはすでに述べた。が，サヴィニーとロマン主義を直結させる見解には，今日では異論が多い。サヴィニーは後に「民族精神（Volksgeist）」というロマン主義的な言葉を使ったが，実際には，民族精神を文化と歴史との本源として再発見するというようなロマン主義の基本的姿勢には疎遠であったといわれる。

戦後を代表する法史家ヴィーアッカーは，すでに18世紀に法学界に広まっていた擬古典主義の影響をむしろ強調し，ロマニステン（後述）は遅れてきた人文主義法学にすぎないとさえ言う。

ただし歴史法学派のなかにはロマン主義との親和性をもつ人もおり，歴史法学全体についてロマン主義とのつながりを否定するわけにはいかない。

指導原則 一方，歴史法学のもう一つの支柱となる体系的方法は，この学派の実質的な業績を支えることになる。サヴィニーが『使命』で，完全な法典など絵空事であると批判したことはすでに述べた。では，法の真の完全性のために必要なことは何か。サヴィニーによれば，それは法のなかに一定の指導原則を見つけ出すことである。この指導原則を，サヴィニーは有名な三角形の定義を例にして説明している。

「どの三角形にも一定のルールがあり，それらのルールをつなぎ合わせると必然的に残りのすべてのルールが導き出される。すなわちこのルールにより，例えば2つの辺と狭角により三角形が与えられる。それと同じように，我々の法のどの部分にもそのようなルールが幾つかあり，それらによって残りのルールが与えられる。これらのルールを指導原則と呼ぶことができる。この指導原則を感じとり，そこから出発して，あらゆる法学の概念や命題の内的関連と類縁性のあり方を認識すること，これがまさに我々の学問の最も困難な課題であり，それどころか，そもそも我々の仕事に学問的性格を与えるものなのである」。

サヴィニーの目的は，幾つかの「指導原則」を基点として，法概念及び法命題の精巧な体系を作り上げることにあった。原則から何かを認識するやり方は，演繹的である。とすると，表看板の法生成論では自然法論に挑んだ歴史法学も，法学に演繹的・体系的思考を追求する点では，自然法論と何ら変わるところはなかったといえる。

両者は要するに，どちらもデカルトに始まる合理主義的近代科学の影響下にあった。現に，法学の課題を数学の公理発見になぞらえる姿勢には，中世的註釈学に飽き足らず科学的な方法を求めるサヴィニーの意欲が窺える。こうした点では，歴史法学もまた近代の落し子であった。

ロマニステンとゲルマニステン 19世紀の歴史法学派は，研究対象によってロマニステンとゲルマニステンという2つの潮流に分かれていた。ごく大雑把に言えば，ロマニステンはローマ法の研究をする人々，ゲルマニステンはゲルマン法（ドイツ固有法）を研究する人々である。もともとこの2つの言葉はロマニスト，ゲルマニストという言葉の複数形にすぎず，したがって特定のグループや派閥を表すものではなかった。

しかし，19世紀を下るにつれ，後述のようなドイツ特有の事情を反映して，両者は政治信条や法学への取り組みについて相違を際立たせるようになっていく。その結果，両者はそれぞれ別個の主義主張を持ったグループとして扱われることが多くなった。彼らを最初に紹介した日本の学者たちが，例えばゲルマニステンを「ゲルマニストたち」あるいは「ゲルマン法学者たち」と訳さなかったのは，両概念のこの歴史的固有性・特殊性を強調しようとしたためと思われる。

ロマニステン 代表的なロマニステンには，サヴィニー自身とその後任者プフタ，19世紀後半ではイェーリング，ヴィントシャイトなどがいる（第21章参照）。ドイツ人がローマ法を研究する理由としては，ローマ理念をもとに神聖ローマ帝国をローマの直接の後継者と見る，今日ではかなり苦しい解釈と，継受ローマ法がドイツで「普通法」になったという歴史的事実が挙げられた。

ロマニステンは，ローマ法自身に「普通法」の地位を築くだけの内容的普遍性があると考えた。古代ローマと近代ドイツでは当然ながら社会も倫理感も異なるが，中核部分の「ローマ法の精神」とりわけ個人の自由意思は，近代にも充分通用すると考えたのである。

したがってロマニステンの作業は，まずこの「精神」を把握し，そこから現代にも通用する法原則を抽出することにあった。実際的な仕事としては，ある法律問題を「市民法大全」がどのように解決しているか調べ，その問題解決法が今日なお妥当であるか，あるいは奴隷制のように現存しない制度を前提とした解決法ならば，それを今日においてどのように扱うか判断する。

こうしたロマニステンの実際の作業はドグマ的であり，歴史の検証からは疎遠であった。それでもロマニステンは法学の主流になった。これは，19世紀ドイツの市民社会が必要とした市場経済に，ローマ法の自由本位の体系が適していたことが大きい。ロマニステンの体系的方法への傾倒は，後にパンデクテン法学へと展開していく前提となった。

ゲルマニステン 一方のゲルマニステンは，18世紀にすでに定着していたドイツ固有法史研究を母体とする。ロマン主義を学問的に支えたドイツ学の諸分野（文献学・歴史学・言語学）と新たに連動したゲルマニステンは，体系的方法に傾

斜していくロマニステンとは対照的に、歴史研究に秀でていた。

政治的には、三月革命前夜の1830～40年代に自由主義運動と深く関わっている。1848年の三月革命でも重要な役割を果し、革命後開催されたフランクフルト国民議会では、ベーゼラー、ミッターマイアー、グリムら代表的ゲルマニステンが議員として活躍した。この国民議会で採択された1849年憲法は、施行には至らなかったが、人身の自由・言論の自由などの基本的人権が盛りこまれた。そこには旧制復古体制の中で弾圧を受けたゲルマニストたちの体験も生かされていた。例えばグリムはハノーファー国王の反動政策を批判して1837年国外追放にあった「ゲッティンゲンの7教授」の一人であった。

> ▶グリム（Jacob Grimm, 1785～1863）
> 『グリム童話』でおなじみのグリム兄弟のうち、兄のヤーコプ・グリムはサヴィニーの一番弟子でもあった。師とは異なりゲルマニストとなったヤーコプは、法理論よりはむしろ、ドイツの古事や判告集などの収集に情熱を燃やした。弟ヴィルヘルムと共同で開始した『ドイツ語辞典』全16巻は20世紀半ばに完了した一大事業である。
> 政治的にはリベラルで、1837年ハノーファー国王の反動政策に抗議した有名な「ゲッティンゲンの7教授」の一人であった。この事件で彼はハノーファー王国を追放され、「政治的教授」と呼ばれた三月革命前夜の自由主義学者の代表的存在となる。1847年のゲルマニステン集会でグリムは議長を務めたが、この集会が翌年のフランクフルト国民議会の布石となったことは有名である。　　　　　　　　　　　　　　　　（N）

このように反体制派をも辞さないゲルマニステンに対し、ロマニステンのなかには、プロイセン立法担当大臣となったサヴィニーに象徴されるように、体制内で高級官僚として活躍する者も少なくなかった。

こうして、この頃の両派については「法曹法による上からの近代化を進める官僚主義者ロマニステン」と「民衆法による下からの変革を求める自由主義者ゲルマニステン」という対照的なイメージができあがった。ただしこれは三月革命前夜までの特徴であって、革命の失敗以降はゲルマニステンも保守化していく。

学問的反目　このように、三月革命前夜までは自由主義的政治信条において際立っていたゲルマニステンであるが、19世紀半ばからはむしろナショナリスティックな傾向が強まり、ロマニステンに対する学問上の反目を強めていった。

ローマ法継受を「国民的不幸」と呼んだベーゼラーの発言は有名である。このような流れに沿うように、ゲルマニステンの間ではローマ法継受以前の「純粋な」ゲルマン法が関心の的となり、古ゲルマン社会や中世法の研究が盛んになった。

ロマニステンの研究において市民、都市、貨幣経済が中心をなすのに対し、ゲルマニステンの世界では、農民、村落、交換といったキーワードが際立つようになる。さらに、ローマ法の個人主義体系に対するゲルマン法の団体法的性格、前者の法曹法に対する後者の民衆法という図式化も確立されてくる。しかし、これらの特徴づけは、ゲルマニス

テンの自己演出に負うところも大きかった。

　後世の法史家は19世紀のゲルマニステンに対し，19世紀自由主義の価値観を古ゲルマン社会に無理やり当てはめ，また専制的な帝政ローマとのコントラストを強調するあまり，古ゲルマン社会を仲間社会または民主的な社会として美化したと批判した。とはいえ，19世紀末には，ゲルマニステンの立場から民法典編纂に重要な政策提言をしたギールケのような貢献もあった（第23章参照）。

ロマニステン優位の構図　このように，ロマニステンとゲルマニステンはそれぞれ異なる独自の道を切り開いたのだが，それにしても，法を「民族精神の発露」とするドイツ歴史法学派において，なぜドイツ固有法でなくローマ法の研究が主流になったのか。この点がやはりどうも腑に落ちないかも知れない。

　そこで，改めてロマニステン主流の要因をまとめてみよう。第一に，個人単位・自由本位の体系をもつローマ法は，19世紀の近代法原理と市民社会感覚に合っているとされた。何よりも，自由競争を前提とした資本主義経済の発展に適していた。

　第二に，ゲルマニステンは，体系化に適する法源に乏しかった。ロマニステンにおける「市民法大全」のような確たる典拠がなかった。

　第三に，ドイツで法学と言えば，歴史的には常に普通法（ユス・コムーネ）を指した。そもそもローマ法やカノン法継受以前のドイツには，法に関する「学問」は存在していなかった。17世紀以降はドイツ固有法の研究も発展してきたが，法学の主流は継受以来常に普通法学にあった。これは例えば，明治以降の日本で現行法学者が西洋法を学び，中近世日本法を学ばないのと事情は同じである。

③　英米法圏の歴史法学

イギリス　イギリスの歴史法学は，ドイツより少し後れて19世紀半ばに台頭した。もともと実務指向の強いイギリス法の伝統を破り，分析法学とともに19世紀イギリスを代表する二大法学理論となった。

メイン『古代法』　イギリス歴史法学の開祖は，ケンブリッジのローマ法学者メインである。メインは主著『古代法』（1861年）でローマ法やヒンズー法の歴史を比較し，原始社会から成熟社会へと至る法の発展過程を貫く一般法則を見出そうとした。

　彼が法の進化の一般原則として挙げたのは，「身分から契約へ」というテーゼであった。それによると，原始社会は社会的身分を土台とする法秩序のため停滞した社会であるが，成熟した社会では個人の自由な契約により法秩序が形成され，動態的な社会へと発展するという。メインは，その後の7年にわたるインド滞在を生かしてインドの法律や慣習法を研究し，後の比較法学や法人類学への道をも開いた。

　メインの法進化論には，ドイツの歴史法学派のような民族主義的な傾向やロマン主義

的装飾はない。メインはあくまで比較実証研究による普遍原則の発見を目標としている。そこには，経験に基づく法則発見という自然科学的方法の影響がみてとれる。具体的には，メインは当時の地質学に影響を受けたと言われる。地質学の新理論は，過去の地表の変化を天変地異で説明する従来の考え方——当時は，ユダヤ・キリスト教の教えである「創世記」や「ノアの箱船」が史実として信じられていた——を斥け，地層調査をてがかりに，変化は長い時間をかけて緩慢に起こるものと主張していた。

こうした考え方は，法は急激にではなく，徐々に，しかし着実に変化するものと考える，メインの法発展のイメージに合っていた。他方でこれは，社会の変化を「社会契約」というドラマティックな事件によって説明する自然法論や革命理論の拒絶をも意味していた。

ダーウィンとの関係 実際，メインは『古代法』のなかで，歴史上の法概念を研究する法史家の仕事を，古い地層を読み解く地質学者の仕事に譬えている。ちなみに，ダーウィン『種の起源』（1859年）がメインに影響を及ぼしたという見解もあるが，最近の研究はメインの原稿執筆時期を根拠に，この可能性を否定している。

むしろ逆に，メインが影響を受けた地質学者ライエルに，ダーウィンもまた大きな示唆を得ていたことが，ダーウィンの自伝などから分かる。若きダーウィンは，有名なビーグル号の航海にライエルの『地質学原理』を携行していた。彼は航海中に立ち寄ったガラパゴス群島での動物観察と，『地質学原理』で得た知的刺激を重ね合わせながら，帰国後長い時間をかけて徐々に進化論を完成させていったのである。ダーウィンの進化論が聖書の「創世紀」に対する挑戦という意味で世間へ波紋を投げかけたことは有名であるが，こうした要素はすでに地質学に見られていた。

両者は自然科学の世俗化というこの時代の大きな思想潮流のなかにあり，メインの法進化論はこの大きな潮流のなかで生まれたのものであった。

メインへの批判 他方で，歴史に普遍原則を見出そうとするメインの姿勢が，19世紀特有の進歩史観に縛られていたことは否めない。そこには，歴史を進歩か停滞かという基準でのみ測り，しかもその基準の尺度が一面的であるという欠点があった。「身分から契約へ」という有名なテーゼも，19世紀の経済的自由主義の下では妥当に見えたが，社会法の発達した現代では，にわかに通用しがたくなっている。

さらに，メインの実証的研究への提唱に対しては，後世の研究者から彼の研究の実証性そのものが問われた。イングランド法制史の大家メイトランドはすでに19世紀末，メインの理論がしばしば実証性に欠くことを，史料を駆使して論難している。20世紀に入ってからは，日本でも『法における常識』の著者として有名なヴィノグラドフがメイトランドの批判を受け止めつつ，両者の立場の調和を試みている。

アメリカ 同じころアメリカでも歴史法学が台頭したが，それは理論よりもむしろ実践的意義をもっていた。19世紀中葉にアメリカでも法典編纂運動が起こり，

これに反対する立場に歴史法学が一役買ったからである。実際に法典編纂に断固反対したのは判例法主義の伝統にたつ法曹であったが，その理論的基盤となったのが，法は「作る」ものではなく「成る」ものである，という歴史法学の主張であった。

ちなみに日本でも19世紀末の民法典編纂のおり，イギリス学派が歴史学派の立場から外国法の性急な直輸入がもたらす害を訴え，法典論争に端緒を与えた。

各国歴史法学の比較 このように各国の歴史法学派は，それぞれの国で起こった法典編纂運動において，しばしば慎重派に回った。サヴィニーの「指導原則」やメインにおける法の進化の一般法則に見られるように，近代科学の方法に示唆を得た点でも似ている。個人主義と契約の自由を法の土台におき，初期自由主義を体現していることも共通している。

しかし一方で，相違点もあった。ドイツの歴史法学が法を「民族精神の発露」と理解するのに対し，イギリスでは，普遍的な発展法則の発見（進化論）がめざされた。ところが実際の研究活動となると，むしろドイツは体系指向，イギリスは比較文化研究の色彩が濃い。こうした実践上の相違は，奇しくもドイツとイギリスそれぞれの近代の発展方向を象徴しているように見える。

もっと学びたい人のために

① 磯村保他編『民法学の課題と展望（石田喜久夫先生古稀記念）』成文堂，2000年。
　＊本書冒頭の赤松論文は，1980年代から閲覧できるようになった新史料を用い，サヴィニーが『使命』を執筆した背景を再考する。臨場感あふれる論文である。
② 石部雅亮編『ドイツ民法典の編纂と法学』九州大学出版会，1999年。
　＊ドイツ民法典100周年を記念して，サヴィニー以降の民法典編纂や法学の歩み，またそこにみられるサヴィニーの影響を丹念に検証した一冊。
③ 村上淳一編『法律家の歴史的素養』東京大学出版会，2003年。
　＊法律家が歴史を学ぶと何がみえてくるのか。なぜ歴史的素養が必要なのか。主にサヴィニーの歴史法学を素材として考えた一冊。方法論に興味のない人も，具体的な事例を扱った補説「貴族サヴィニーの民事訴訟」を読んでイメージをつかんでほしい。
④ P. スタイン／今野勉他訳『法進化のメタヒストリー』文眞堂，1989年。
　＊メインの歴史法学に代表される法進化論の盛衰を，19世紀イギリスにおける学問史のダイナミックな潮流を視野に入れながら追跡している。

【参照文献】
碧海純一・伊藤正巳・村上淳一編『法学史』東京大学出版会，1976年。
赤松秀岳『十九世紀ドイツ私法学の実像』成文堂，1995年。
赤松秀岳「歴史法学派から法典編纂へ」石部雅亮編『ドイツ民法典の編纂と法学』九州大学

出版会，1999年所収。

赤松秀岳「サヴィニーとフランス民法典——実証化するサヴィニー研究」『民法学の課題と展望（石田喜久夫先生古稀記念）』成文堂，2000年所収。

石部雅亮・笹倉秀夫『法の歴史と思想——法文化の根柢にあるもの』放送大学教育振興会，1995年。

石部雅亮「いわゆる「法典論争」の再検討——「サヴィニーと歴史法学」研究その一」『法学雑誌』（大阪市立大学）第39巻第3・4号，1993年。

岩村等・三成賢次・三成美保『法制史入門』ナカニシヤ出版，1996年。

岡嵜修「法の自然史——ヘンリー・メインの歴史法学」『思想』780号，1989年。

堅田剛『法の詩学——グリムの世界』新曜社，1985年。

堅田剛『歴史法学研究』日本評論社，1992年。

河上倫逸「解説（サヴィニー）」『西洋法制史料選 III』創文社，1979年所収。

田中成明・竹下賢・深田三徳・亀本洋・平野仁彦『法思想史 第2版』有斐閣，1988年。

谷口幸男他『現代に生きるグリム』岩波書店，1985年。

耳野健二『サヴィニーの法思考——ドイツ近代法学における体系の概念』未來社，1998年。

村上淳一編『法律家の歴史的素養』東京大学出版会，2003年。

F. ヴィーアッカー／鈴木禄弥訳『近世私法史』創文社，1961年。

P. G. ヴィノグラドフ／末延三次・伊藤正巳訳『法における常識』岩波文庫，1972年。

G. クラインハイヤー，J. シュレーダー編／小林孝輔監訳『ドイツ法学者事典』学陽書房，1983年。

P. スタイン／今野勉他訳『法進化のメタヒストリー』文眞堂，1989年。

N. バーロウ編／八杉龍一・江上生子訳『ダーウィン自伝』筑摩書房，1972年。

P. J. ボウラー／横山輝雄訳『チャールズ・ダーウィン——生涯・学説・その影響』朝日選書，1997年。

（松本尚子）

第21章

パンデクテン法学と私法実証主義

法実証主義者と呼ばれる人々の中には，19世紀ドイツにおいて，解釈理論の面で法学独自の方法を構築しようとした人々も含まれる。その筆頭に挙げられるのは，公法分野ではラーバント，私法分野ではヴィントシャイトであろう。ヴィントシャイトに代表されるパンデクテン法学は，ドイツ内外の法実務に，民法典編纂へと影響を与えた反面，多数の批判者たちから方法論上の挑戦をも招いた。これらの挑戦者たちが主張した問題提起や方法論が学際的に共鳴を多く得たのに対して，ともすれば今日では，パンデクテン法学の否定的な側面や限界だけが強調されがちである。しかし，ドイツ民法典編纂に採用されたこの学問体系が，19世紀後半における法律家の時代精神であったと同時に，依然として今日の大陸法系諸国における民法学一般の根幹であることもまた事実である。

1　パンデクテン法学

名称の由来　パンデクテンとは，もともとギリシア語 pandectae「すべてを包括するもの」のドイツ語形であり，「市民法大全」の一部をなす「学説彙纂」(Digesta) のギリシア語読みであるパンデクタエ (Pandectae) に由来している。したがって，広い意味でいえば，ドイツがローマ法を継受した後，17世紀における「パンデクテンの現代的慣用」を通じて成立したドイツ普通法学もパンデクテン法学に含めることができる。

とはいえ，通例「パンデクテン法学」といえば，サヴィニー率いるロマニステンの私法学によって，主としてパンデクテンの法文の解釈を通して進められた私法学の総称を意味する。その代表的な著述形式が『パンデクテン法教科書』だったことから，この呼称が用いられることとなった。

『パンデクテン法教科書』　すでに，プロイセンには「一般ラント法」，バーデンにはフランス民法典にならった1809年の民法典，ザクセンには1863年の独自の民法典があったが，これら少数の例外を除いて，パンデクテン法教科書は，諸裁判所において法律と同じように用いられた。

法学教科書が実務の拠り所になったのは，特殊な事情による。法典不在のために註釈

書がなく，かつドイツ連邦には最上級民事裁判所が欠けていたため，最上級裁判所による判例が，そもそもまだ成立していなかったためである。パンデクテン法教科書は，法律，最上級裁判所の判例，実務のための大コンメンタール及び教科書という4つの役割を兼ね備えた，「網羅的に完全かつ調和的な理論体系」（ヴィーアッカー）であった。

　その最たるものとして，数ある教科書のなかでも支配的地位を占めたのがヴィントシャイトの主著『パンデクテン法教科書』である。1862年初版から1891年まで，新たに出版された文献を理解し，摂取しながら自らの手で成した改訂は7回にわたる。その中で，ローマ法の歴史的処理は完全に放棄され，実務の需要に対応し得るような秩序が精選されていった。1896年のドイツ民法典とりわけその第一草案は，「法条の形を取ったヴィントシャイトのパンデクテン法教科書」とすら称された（第23章参照）。

影響力の拡大　パンデクテン法学は，やがてドイツの国境を越えてドイツ語圏であるスイス，オーストリアに及び，イタリアやフランスも方法論として影響を受けた。比較的若い法学的伝統しかもたない国々，とりわけ東南欧諸国，北欧やロシアに対しては，学問生活及び立法作業の上で，支配的な影響力を持った。さらには，判例法の国であるイングランドでさえ，まったく無縁でいられることはなかったという。

学問的特徴　パンデクテン法学における最大の特徴は，概念化，体系化が進んだことである。実定法一元化をめざす法実証主義からみれば皮肉なことではあるが，これは自然法論の影響であった（第18章参照）。

構成法学　体系の構築には，所与の実定法素材を加工するという方法が取られたが，その素材となったのは，いうまでもなくローマ法である。では，そのローマ法はどのように扱われたのだろうか。ヴィントシャイトは，ローマ法の意義の一つとして，「形式的完成」による「法的思考と法的創造の模範」という要素を挙げている。

　問題の事案に適合する準則をローマ法文中に見出せない場合でも，そこから抽出した概念を用いた構成により，新たな準則を生み出そうとする方法である（構成法学）。

請求権概念　ローマの史料はしたがって，極力変化の激しい19世紀の社会の理解と需要に合うように解釈されようとした。例えば，占有者に対して所有権者が有する物の返還請求権のごとく，実体的権利を貫徹するための請求権概念は，ローマ法上の訴権形式であるアクチオ（actio）の解釈から生み出された。請求権概念は，ヴィントシャイト以降，現代民法学の中心概念となったばかりでなく，訴権理論や訴訟法の権利保護請求権論へと影響を与えた。

　このローマ法を素材として，パンデクテン法学者たちがめざした精緻な一般的・抽象

的法命題の体系は，次のような特徴を備えたものでなければならなかった。まず，将来起こりうる法的事件一切に対する解決基準を含むことである。そのため，法解釈においては形式論理，概念，体系が至上のものとされた。

したがって，パンデクテン法学でいう「法の創造的機能」とは，既存の法規から抽象化された概念体系を用いて，新たな事案が生じた場合に法律構成できることを意味した。

中立性　次に，形式論理的思考からも演繹されることではあるが，倫理的，政治的，経済的考慮を放逐した「中立」を保つことである。一見矛盾するようにみえるが，社会的影響から私法を切り離そうとするこの姿勢こそが，すぐれて市民社会的生産物であって，近代市民社会（初期資本主義社会）の法的安定性に対応した体系を構築したことになる。

なぜなら，道徳的・政治的な考慮などの非法的な要素を法律学から排除した上で，実定法を論理的に体系化し完全化し，そのようにして確定化された法命題に裁判官を拘束すれば，法の予測可能性と安定がもたらされると考えられたからである。パンデクテン法学者がこのような法律学の構築に苦心したのは，「自由な」個々人が自らの所有権に基づき経済的自由を確保できるためにほかならなかった。

こうした法の体系の構築からは，現実の生活は確かに等閑視され，裁判官の任務は，法規に事実を包摂することに尽き，いきおい「自動包摂機械」に過ぎないものと観念される傾向が生まれた。

パンデクテン法学の限界　パンデクテン法学によってだけでは，1870年代以降の経済発展や社会の深刻化に機敏に対応することができなかったのは事実である。業として商取引を行い，会社を設立・経営する商人の活動の特殊性は予定されていなかったし，工場労働者という新しい階級の諸要求が度外視されていたことも深刻であった。

例えば，労働関係に関する法的処理について，既存の法体系に基づく法律構成からは，どうしても導きだせなかった挙句，馬の賃貸借と異ならない「雇傭賃貸借」というローマ法的枠組みでのみ把握し，労働者にとって著しく不利な契約関係を強いることになってしまったのである。

新たな立法を体系に取りこまず，法実務と乖離したローマ法中心の法曹教育を行い続けたことも，パンデクテン法学の限界を示していた。

ここで注意しておかなければならないことは，パンデクテン法学者たちが皆，経済や社会の変化から乖離して，いたずらに法解釈理論に専心していたわけでは決してないということである。例えば，ヴィントシャイトはこう述べている。

「……わたしがとくに関心をもって言明したいことは，立法に対して法律学に割りあてられた地位を法律学が過大評価してはならない，ということである。……立法はもっと高い見地の上に立っている。それは，たいていの場合倫理的，政治的，国民経済的考慮や，これらの考慮の取り合わせに基づくのであって，このような考慮は，法律家自身の仕事ではない」（「パンデクテン法教科書」）。

したがって，限界というのは，彼らが試みた立法と解釈の峻別という対処以上の対応が法律家に要求されることとなったこと，すなわち法律家が自己の選択した法律論を自己の責任において正当化するために積極的に関与することが求められたのに，それに十分に対応しなかったと言い換えた方が妥当であろう。

新しい経済・社会状況に対応するための法的問題は，商法特に会社法，あるいは労働法をはじめとする社会法と呼ばれる分野で立法のみならず解釈ないし実務一般によって対処されることとなる。こうした数々の問題に貢献したのは，幾多の批判者たちであった。

2 パンデクテン法学への批判者たち

「概念法学」批判　批判者たちは，パンデクテン法学者たちを「概念法学」という蔑称で呼んだ。現実と無関係に抽象的概念を弄び，概念を現実に優先させる法律学という意味である。法学の概念化は，事案との関連性が方法論上副次的とならざるをえないため，このような批判が生ずるのは自然な成り行きであった。「概念法学」の代表者とされるプフタは，「概念ピラミッド」からの論理的演繹のみによってあらゆる法的問題に解答を与えようとする者として非難の的となった。

公法分野と共通した批判として，法実証主義からは「悪法も法なり」という帰結が生じ，結局は先行する支配権力側の判断や関心に従属せざるをえないという主張があった。この点について，20世紀にはいってからは，ナチスの立法に対する法実証主義の無抵抗ないしは無力さの証明として，繰り返し反省の対象とされるようになった（第24章参照）。

ここでは私法分野に焦点をあてた場合の批判内容を挙げておこう。

社会的事実への関心　批判の主流は，まず現実の事案に注目する法実務家からの反動として起こった。ドイツやフランスでは自由法論あるいは自由法運動，利益法学，アメリカでは20世紀に入ってリアリズム法学が社会的事実を注意するよう喚起した。なお，これに類する動きとして社会法の構想，法曹社会主義からの批判も認められる（第23章参照）。

ドイツを中心とする地域に関してみると，ヴィントシャイトの友人でもあったイェーリングがパンデクテン法学批判者として登場する。後に登場するエールリッヒもまた，いかに抽象的に見える概念であっても必ず現実との対応関係を持っていることを強調している。

キルヒマン　自由法論者として，より過激な論調で批判の口火を切ったのは検事キルヒマン (1802-84) である。彼の『学問としての法律学の無価値性』と題した講演は，当時の法学界に大センセーションを巻き起こした。

この講演の中で語られた「立法者が訂正のための三言を口にすれば，法律学の全文庫

は瓦礫と化する」という言葉は，一方で多くの反対者を生んだが，学問の過度な優越に対して，増大しつつあった現実主義的な実務家の反抗を代表し，人口に膾炙した。

カントロヴィッツ　カントロヴィッツも『法学のための戦い』(1906年)において，形式論理的な解釈や類推や拡張，擬制といった解釈手段が，実は解釈者の意のままになること，したがって裁判の客観性や予見可能性も，実は信奉するに値しない理想であることを，辛辣な論調で批判した。

イェーリング　ヘルマン・コンリングの昆孫（曾孫の曾孫）にあたるイェーリングは，いわば名門法律家の出自であった。1843年ベルリンで教授資格の学位を取得した後，バーゼル，ロストック，キール，ギーセン大学教授を歴任し，1868年にはウィーン大学に迎えられている。彼の有名な講演『権利のための闘争』もここで行われた。1872年にゲッティンゲン大学の教授となり，以後，1892年に没するまで同地に留まった。

初期の業績　もともとプフタの門下生であり，ヴィントシャイトを友としたイェーリングは，卓越したパンデクテン法学者として出発した。契約上の責任を契約前の段階へと拡張させる「契約締結上の過失（culpa in contrahendo）」理論によって法解釈学にきわめて大きく貢献したのは，その一例である。

さらに，『ローマ法の精神』第1部(1852年)や第2部第2分冊(1858年)において，イェーリングは法律を適用するための法的技術として，法的構成の重要性について詳細に論じている。

目的法学　ところが，『ローマ法の精神』第3部(1865年)になると，イェーリングは生活が概念のためにあるのではなく，「生活のゆえに」概念があることを強調し，さらに権利を「保護された利益」と定義する。『ローマ法の精神』を未完に終えたまま，彼は法がいかなる目的のために存在するのかを詳論するために『法における目的』を著し，それが時代や状況によって変化する相対的なものであることを強調するに至る。

こうして，イェーリングは法の社会的機能を最初に専門学問内で研究した人物として高く評価されることとなった。もっとも，ヴィーアッカーが指摘するように，ここで強調された法の目的の相対性から，ヨーロッパの法文化が，法の目的を個人から社会の「効用」へと重心を移し，やがては「強者の勝利」へと規定されるに至ってしまう危険性がそこに孕まれていた。

イェーリングの「転向」　しかし，「イェーリングは1850年代から60年代にはいると「転向」した」，とのみ言いきってしまうことについては，以下のような指摘にも耳を傾ける必要があろう。例えば，後日『法律学における冗談と真面目』にまとめられる匿名の「手紙」を発表して，「法的構成」にこだわる「講壇法学」を茶化してのけているのは1850年代のことである。

また，上述の「契約締結上の過失」論文は1861年に発表されている。イェーリングが批判しているのは，社会的現実と乖離した法学者そのものであって，「法的構成」の技

術が不要になったとは言っていない点にも注目すべきである。イェーリングの方法論には多様な要素が渾然一体となっており,「一筋縄ではいかない」(村上淳一)難しさがある。このことを認めながら,彼の方法論上の「転向」と「連続性」の双方の側面を併せて理解する態度が求められるであろう。

したがって,イェーリングについては,単純に自由法論者の代表であるとか,概念法学から社会法学へと思想を転換させたと断じるのでなく,パンデクテン法学と自由法論,利益法学,法社会学の橋渡し役として,独特の位置を与えるのが適当であろう。

自由法論　自由法論の主唱者はエールリッヒをはじめ,カントロヴィッツやフックス,フランスではジェニーやサレイユであった。

イェーリング

「自由法」という用語は,カントロヴィッツの論文『法学のための戦い』で用いられた言葉であり,教義に縛られた教会宗教に対抗する自由宗教の運動になぞらえられている。カントロヴィッツによれば,国家制定法とは別に,個人や共同体の確信に基づいて承認された法の総称である。自由法はまた,「自然法の,形を変えた復活」であるとも言われるが,17～18世紀の自然法とは異なり,実定的で歴史的に変化しながら,制定法の欠缺を補充するための法であった。そして,その発見に努めるのが裁判官である。

第一次世界大戦まで続いた自由法運動は,「自由法論」あるいは「自由法学」という呼び方をされることはあるが,パンデクテン法学が強力な指導者(プフタ,ヴィントシャイト),明確な綱領(ローマ法との関連づけ),教科書(パンデクテン教科書)を備えた学派であったのに対して,これに対抗できるような強力な共通理論が構築されたわけではない。しかし,その運動の提唱者が実務上の経験に基づいていたこと,急速な工業化と社会内の階級的分裂といった,国家制定法の規範体系ではもはや対応できない事態に対処する処方箋を用意できたことから,やがては整然とした体系をうちやぶる勢いに発展する強力な運動であった。

▶エールリッヒと法社会学

　オイゲン・エールリッヒが,いちはやく法と社会との不可分な結びつきを目の当たりにし,法社会学という分野を開拓するにいたった道程については,その生い立ちと結びつけて語られることが多い。エールリッヒが生まれたチェルノヴィッツは,当時のオーストリア＝ハンガリー帝国内でも識字率の低いこと,その意味で後進的なことで知られるブコヴィナ州に位置する。ウィーン大学で法律学を修めたあと,チェルノヴィッツ大学でローマ法を講じ始めたエールリッヒには一歩出れば理論と実務の乖離が痛切に感じ

られた，と想像するに難くない。もっとも，法学教育という点だけからみると，バルト海沿岸地域までローマ法の継受圏に属しており，チェルノヴィッツは決して異なる法文化圏との境界地ではなかった。

　当時の時代思潮でもあった自然科学的実証主義がエールリッヒに与えた影響の大きさもまた，見落とされてはならない。主著の一つ『法律的論理』では，国家の実定法体系には実際には欠缺が存在し，その場合には裁判官による補充が行われていたことをローマ法以来にわたって解き明かされている。その実態はパンデクテン法学においても変わらず，ただ法律構成によって，既存の実定法規範から機械的に結論が引き出されたかのような外観が与えられるに過ぎない。エールリッヒは，このような外観が裁判官の恣意的決定に対する隠れみのとなってしまう危険性を指摘した。

　これに対してエールリッヒは，裁判官の創造的役割と，社会的な事実や規範にも法源としての地位を正面から認めようとする。したがって，彼によれば「法」とは単に成文法を意味するのではなく，団体組織から発生した「行為規範」にほかならない。それぞれの存在形式は，「生ける法」，「裁判規範」，「法命題」の3つに要約される。

　では，道徳や礼儀といった他の社会的行為規範と「生ける法」はどのように区別されるのか。これについてエールリッヒは，強制力の契機を否定し，「特に重要な」規範であるとする集団内部の一般的な承認によって区別される，といういささか不安定な解答を与えている。実際には，「法」が社会で承認されていく過程には法曹が介在するため，エールリッヒの想定する法は，国家が独自に創造するものや，社会団体の内部秩序に関するものを除き，いきおい法曹法が中心となっていた。

　あるいは戦争で故郷を追われたため，あるいは資料収集旅行のため，17～18カ国語に及ぶ言語を習得しながらヨーロッパ各地を転々としたこと，法実証主義との関連では，1915～17年にわたるケルゼンとの論争，アメリカ合衆国や日本人研究者との交流など，学問領域や国境を越えて交流を深め，影響を与えた人物として，エールリッヒはいまなお多くの研究者を魅了してやまない存在である。
　　　　　　　　　　　　　　　　　　　　　　　　　　　　　　　　　　　(U)

利益法学　「概念法学」の無欠缺の概念体系から法を演繹するという点に対抗し，自由法論に対しては，法の欠缺や裁判官の広範な法創造を主張する点で反対し，両者とも差別化を図ったのが，ヘック（1858～1943）を主唱者とする利益法学派であった。

　ヘックによれば，法規範は社会の利益対立の決定である。ここにいう利益とは，法共同体内にある物質的・観念的欲求ないし欲求傾向である。裁判官による個別事件の解決も，実用法学の目標も，そうした利益の充足にある。立法者は，社会の利益状況・利害対立を前提に利益衡量を行い，これを言葉で表現して形式を与え，命令すなわち法律を発する。その行為を遡るのが法律の解釈である。

　このように，立法者意思ないし沿革を重視することによって，裁判官自身の価値判断を，適当な法律が無い場合だけにとどめようとするねらいがあった。ヘックは「法律への服従」を主張したが，あくまで利益状況の変化にも対応する「考える服従」であった。

ライプツィヒ大学で数学を学んでいたヘックが法学に転向したのは，イェーリングの『ローマ法の精神』第2巻第2部を読んだのがきっかけであり，そこで論じられていた「法概念」と「利益」の対立に示唆を受けて，利益法学を構築するにいたったという。

ヘックの概念法学に対する批判は，その概念が分類のためのものであり，認識の手段ではないことが理解されていない，として新たな角度から方法論の誤りを指摘した点でも注目に値する。

③ パンデクテン法学研究の新たな展開

二項対立の問題 19世紀ドイツ民法学の像は，長きにわたり「概念法学」という否定的なイメージで語られてきており，今日もそのイメージには根強いものがある。

ここで注意しておかなければならないのは，サヴィニー及びヴィントシャイトは概念法学の創始者，ヘックやエールリッヒはその克服者，という安易な二項対立の図式だけを取りこんでしまっては，一見して批判者側の主張だけに即したようでいて，実は批判者自身をさえ理解していないことになる，ということである。

そもそも，パンデクテン法学に自由法学やリアリズム法学側からのバイアスがかけられてしまったのは，それほど批判者側にインパクトと説得力があったためである。したがって，しばらく時間が経つにつれて，批判だけが独り歩きしていた嫌いはなかったか，再度吟味する作業が始まることになった。このことは，大局的に見れば自然な成り行きであった。

特に1980年代以降，開祖ともいうべきサヴィニー法学とヴィントシャイトの方法論に対して，見直しあるいは新局面を切り開く諸成果が見受けられることに言及しておきたい。

実証研究の進展 これらの諸成果を直接導く契機の筆頭に挙げられるのは，1977年におけるマールブルク大学図書館による「サヴィニー遺稿」の購入も含め，サヴィニーやヴィントシャイト，民法典編纂に関する未公刊資料研究が進展していることである。実証史学研究者にとってはさして珍しくない手法ではあるが，方法論的な歩みよりが，逆に法学を活性化するのは，いかにも興味深い。

また，パンデクテン法教科書の具体的記述を素直に読むという地道な作業から明らかになってきたのは，従来の「概念法学」像が自由法論・利益法学が作り出した「敵としてのイメージ」に必ずしもそぐわない，ということである。

さらに，法実証主義がナチズムと安易に結びつくという従来の定式に対しても，見直しが図られている。法実証主義の批判者たちの掲げる諸法学もまた，既存の社会を拠り所とする以上，ナチズムに抵抗できる性格ではなかったからである。こうした予断から解放されるにつけ，ヴィントシャイトの実証主義にも研究関心が向けられるようになっ

てきている。

　その他に，より根本的な疑問もある。例えば，理論の構築というより，実務に追われ，その限りでパンデクテン法教科書を逐次ひもといていた当時の法実務家たちに，果して「概念法学」のイメージに囚われるゆとりがあったのだろうか。

　このように，19世紀ドイツ民法学をめぐる議論からは，いまなお新鮮な数々の問題提起や解釈が生まれ続けている。

もっと学びたい人のために

① 　村上淳一『「権利のための闘争」を読む』岩波書店，1983年。
　＊イェーリングの名を一躍有名にした『権利のための闘争』を解説する講義録。平易な口調ながら，パンデクテン法学から自由法学へイェーリングは「転向」したといえるのかという問いをはじめ，高度に学術的な内容の検討をも怠らない。

② 　原島重義『法的判断とは何か――民法の基礎理論』創文社，2002年。
　＊ドイツ近代私法学の出発点に位置するサヴィニーが法的判断をどう考えたかをカント，ヘーゲルという哲学的背景から解き明かし，日本も含めたその後の私法学の展開を語る。広範囲にわたる奥深い内容が，講義で語りかける口調を残したまま語られている。さらに，本書自体が法学や哲学分野について格好の読書案内ともなっている。

③ 　耳野健二『サヴィニーの法思考――ドイツ近代法学における体系の概念』未來社，1998年。
　＊気鋭のサヴィニー研究者による『現代ローマ法体系』のテキスト解釈を中心としながら法思想の広がりを問うた著作。

④ 　赤松秀岳『十九世紀ドイツ私法学の実像』成文堂，1995年。
　＊ドイツ本国における最近のパンデクテン法学研究動向が紹介されているとともに，日本民法学の立場からのアプローチも興味深い。すなわち，「国際化の中で法的コミュニケイションの重要性が増大し，社会の脱伝統化の進行により社会統合のメディアとしての法の役割に期待される今日」においては，法的「議論」を充実させるべく，利益考量論に偏重した従来の法学教育や法解釈論のありかたが反省され，パンデクテン法学の再検討に新たな思考の枠組みが問われている。

【参照文献】
碧海純一・伊藤正己・村上淳一編『法学史』東京大学出版会，1976年。
赤松秀岳『十九世紀ドイツ私法学の実像』成文堂，1995年。
石部雅亮・笹倉秀夫『法の歴史と思想』放送大学教育振興会，1995年。
石部雅亮編『ドイツ民法典の編纂と法学』九州大学出版会，1999年。
岩村等・三成賢次・三成美保『法制史入門』ナカニシヤ出版，1996年。

海老原明夫「マックス・ヴェーバーと普通法学の伝統——ヴェーバーとエールリッヒ再論」
　　比較法史研究所『歴史のなかの普遍法』未來社，2001年所収。
笹倉秀夫『近代ドイツの国家と法学』東京大学出版会，1979年。
田中成明・竹下賢・深田三徳他著『法思想史』有斐閣，1988年。
西村重雄・児玉寛編『日本民法典と西欧法伝統』九州大学出版会，2000年。
西村稔「概念法学」「パンデクテン法学」『現代法律百科大辞典』ぎょうせい，2000年。
服部高宏「法実証主義」『現代法律百科大辞典』ぎょうせい，2000年。
原島重義著『法的判断とは何か——民法の基礎理論』創文社，2002年。
原島重義編『近代私法学の形成と現代法理論』九州大学出版会，1988年。
村上淳一『「権利のための闘争」を読む』岩波書店，1983年。
村上淳一『〈法〉の歴史』東京大学出版会，1997年。
六本佳平『法社会学』有斐閣，1986年。
田村五郎訳『キルヒマン／ラードブルッフ／カントロヴィチ　概念法学への挑戦』有信堂，1958年。
R. v. イェーリング／大塚滋・高須則行訳「法学者の概念天国にて——白昼夢」（上）（中）（下）『東海法学』15～17号，1995～97年。
R. v. イェーリング／原田慶吉監修訳『ローマ法の精神』有斐閣，1950年。
R. v. イェーリング／山口廸彦編訳『法における目的』信山社，1997年。
F. ヴィーアッカー／鈴木禄弥訳『近世私法史——特にドイツにおける発展を顧慮して』創文社，1961年。
E. エールリッヒ／河上倫逸・M. フーブリヒト訳『法社会学の基礎理論』みすず書房，1984年。
E. エールリッヒ／河上倫逸・M. フーブリヒト訳『法律的倫理』みすず書房，1987年。
G. クラインハイヤー，J. シュレーダー編／小林孝輔訳『ドイツ法学者事典』学陽書房，1983年。
H. シュロッサー／大木雅夫訳『近世私法史要論』有信堂，1993年。
K. ラーレンツ／米山隆訳『法学方法論』勁草書房，1991年。

　　　　　　　　　　　　　　　　　　　　　　　　　　　　　（上田理恵子）

第22章

近代公法学の誕生

　近代公法学は，19世紀のヨーロッパ大陸法圏に誕生した新しい法学分野であり，具体的には憲法学と行政法学を指す。どちらも，前近代ヨーロッパには存在しなかった学科である。この章では，近代公法学の誕生した要因と背景を探り，それがどのような条件下でどのように発展していったかを探求することにしよう。

1　近代公法学とは何か

近代法成立以前の公法　近代公法学は，公法・私法の二元体系のうえに誕生した。国家と公民の法的関係を定める公法，私人と私人の法的関係を定める私法，というように，法秩序全体を大きく2つに分けることは，比較的新しい思考法である。

ローマの公法　もちろん，近代法成立以前にも「公法」という言葉はあった。しかし，前近代における「公法」の意味内容は，近代公法とはかなり異なっていた。例えば，「学説彙纂」第1巻第1章第1法文第2節は，古典期の代表的法学者ウルピアヌスのものとされる公法・私法の定義を記したものだが，それによれば，公法 (ius publicum) はローマ国制に関する法，私法 (ius privatum) は個人の利益に関する法である。一見すると現代と同じ内容に思えるが，続く説明では，公法は「祭式，神官，そして政務官を規定する」ものとされる。古代ローマの祭祀国家としての性質を度外視しても，そこには，現代の公務員法のようなものはあっても，国家と公民の法的関係を包括的にカバーするものはない。

　私法にいたっては，「自然法と万民法と市民法の規定」という3つの部分からなるものとされ，近代私法とは次元の異なる広大な守備範囲が与えられている。ローマ法学は，圧倒的にこの「私法」の比重が大きい学問だった。したがって，ローマ法が私法中心の体系だという記述を，近代のイメージそのままでとらえてしまうと誤りになる。ともあれ，ヨーロッパの法学史が，このローマ法の圧倒的な影響下にあったことは言うまでもない。

帝国公法論　一方，時代下って近世の神聖ローマ帝国では，17世紀に帝国公法論 (Reichspublizistik) なる学問が成立している。もともとはウェスト

ファリア条約や帝国最終決定，歴代皇帝の選挙協約など帝国固有の法源を素材とする学問で，継受ローマ法を素材とする普通法学が法学の主流を占めるなかで，独自の法学分野として徐々に確立していった。18世紀には「ドイツ公法（ius publicum Germanorum）」の教科書も出版され，帝国の政治的重要性が薄れていくのとは奇妙な対照をなして発展した。

さらに帝国の訴訟実務では，帝国臣民が権利を侵害されたと感ずるときは，たとえそれが領邦君主の統治事項（ポリツァイ事項）であっても帝室裁判所に提訴できるという理論が成立し，これも18世紀の帝国公法論に取入れられている。これは，権利救済に論点を絞れば，今日の行政訴訟につながる理論である。

このように，近世末期にはすでに，部分的には近代公法学に通じる内容が発達していた。だが，公法の輪郭は，なお近代のそれとは異なっていた。なぜか。そもそも「公」の輪郭が近代とは異なっていたからである。

公私の未分離　近世においては，まだ公的なものと私的なものの分離，政治的なものと非政治的なものの分離（あるいは国家と社会の対置）という意識が発達していなかった。中・近世の法体系の重要部分をなすカノン法やレーエン法は，今日の感覚でいえば公権力の行使にあたる要素を多くもつが，当時の法学の分類では私法とみなされていた。また，自由の観念は，近代私法における「個人の自由」ではなく，身分団体に与えられた「特許状」として用いられていた。要するに，私的権益と公権力との当時の法的境界線は，今日とは違うところに置かれていたのである（第16章参照）。

こうした中・近世の法秩序や法観念をなぎ倒したのが，近代法であった。

近代公法学の制度的前提　多くの歴史家が近代の出発点をフランス革命においているように，近代公法学の出発点もまたフランス革命にあった。革命がもたらしたラディカルな社会変動と制度的変革が近代公法を産み，そして近代公法学を産んだ。

現に，ある程度近代的な国家体制がすでにあり，国制上フランス革命の影響がほとんどみられなかったイギリスでは，公法・私法の区別は生まれなかったし，行政法という新しい法分野もさしあたりは発達しなかった。逆に，フランス革命の影響を強く受けたドイツでは，近代公法学が生まれている。このように，近代公法学は，例えば幾何学が論理の蓄積によりいわば自然に生成したのとは異なり，制度変革という外的要因があって初めて成立した学問であった。

近代主権国家　近代公法学成立の第一の，そして最大の制度的要素は，近代主権国家の成立であった。フランス革命は封建制と教会体制を破壊したが，この2つの大変革は，国家への権力一極集中という帰結をもたらした。多くの聖俗領が国家に収用された結果として，従来は貴族や教会や都市や職能団体といった諸身分がもっていたさまざまな立法・行政・司法的権能が，国家の独占事項となったからである。

これに伴い，国と人の法的関係も変わった。アンシャン・レジームの法的関係は身分単位の契約関係が基盤であり，契約により得られた特権もしくは既得権として固定化し

た身分的法関係の重層する法秩序であった。

　近代公法は，この複雑な法的関係の束をまず一掃し，そのうえで国家（全体）に対する公民（個）というシンプルな関係を再構築した。このように国家の下で一元化された法的関係は「公」の性質をもつとみなされ，公法として輪郭をなしていく。

成文憲法　近代公法学成立の第二の要素は，成文憲法の誕生である。19世紀ヨーロッパ諸国の大半は君主政にとどまったが，君主の統治権はこの成文憲法という新しい制限のもとにおかれるようになった。立憲主義による権力分立思想の実現である。

　もちろん，前近代においても，君主の支配権は身分制議会の決定などさまざまな形で制限されていた。だが，「人権」と選挙制議会制度を盛り込んだ最高法規による統制という発想は，それ以前はなかった。公法学にとって重要なのは，成文憲法の成立により，従来は政治学の領域にあった国家学が分裂し，その一部が憲法学（国法学）として独立したことである。

　人権宣言は，従来のような身分ごとの個別権利ではなく，「人」としての権利一般を定めることにより，国と公民の一元的な法的関係の土台となった（第19章コラム参照）。

行政裁判所　第三の，そして近代の大陸法圏に独特な制度的要素が，行政裁判所である。大陸型の権力分立モデルは，完全な三権分立ではなかった。つまり，司法権が裁判権を独占する英米型の司法国家モデルは育たず，そのかわりに，行政権に属する行政機関でありながら，活動行政から独立した行政裁判所という独特の制度が確立していった。

　ちなみにフランスやドイツでは，戦後まで違憲立法審査権をもつ裁判所が設立されなかったので，戦前の行政裁判所は公法裁判所の要でもあった。行政法学の発展に，この行政裁判所の訴訟実務が果した役割は大きい。

　ところで，同じ大陸法圏でも，国によって新しい公法学の様相は微妙に異なっていた。以下では，近代公法学が具体的にどのような成立と展開をたどったのかを，フランスとドイツそれぞれの例でみてみよう。

② フランスの公法学

自由の精神　フランス革命の原産地は，近代公法学の誕生にも先駆的な役割を果した。革命が掲げた「自由・平等・友愛」の精神のうち，近代公法学に根づいたのは，もっぱら自由の精神である。三権分立（君主権の制限）や人権保護（国家からの自由），行政処分に対する個人の権利保護（所有権の自由），租税法定主義といった近代公法学の主要理論は，自由主義思想が具体化した理論であった。

制度的前提　フランス公法学のもう一つの重要な特徴は，この学問を支えた2つの制度の確立にある。一つは行政訴訟に携わるコンセイユ・デタ（国務院）

であり，もう一つは大学に新設された「公法」講座である。19世紀フランスが帝政・王政・共和政の間をめまぐるしく変遷したにもかかわらず，この2つの制度は体制転換を乗り越えて力強く生き延びた。

自由主義が19世紀の近代公法理論一般にみられる現象であるのに対し，これらの制度的特徴はフランス独自のものであった。近代公法には，憲法を除けば私法におけるような体系的法典が存在しなかったので，コンセイユ・デタの判決と公法講座で培われた学説がもっぱらフランス公法理論形成の牽引役となった。

「公法」講座　1819年に初めてパリ大学に設置された「公法」講座は，憲法と行政法の両方を内容としており，しかもそのうち主要学科はむしろ行政法学であった。

1834年に初めて，文部大臣ギゾーの案によりパリ大学に「憲法講座」が設立されたが，この講座は20年ほどで幕を閉じてしまった。そもそもフランスでは「憲法」という言葉が定着せず，1871年の第三共和政まで「政治法」という名前のほうが好んで使われていた。論客も法学者というよりは政治家のほうが多かったという。内容的にも，アリストテレス以来の伝統的な政治学（政体論）や，モンテスキューの流れを汲む比較国制研究が行われ，解釈学や憲法上の概念の体系化にはあまり関心が払われなかった。

行政法学　これに対して，行政法学の歩みはより法学的・実務的色彩を帯びており，また外国に与えた影響も強かった。先のパリ大学公法講座新設を定めた1819年王令によると，講座開設の理由は，「議会制・代表政治の下で，土地所有者や事業者である市民が租税・行政警察・土地収用・公土木などに関する行政法規を知る必要が高まり，行政法教育が市民的教養に関わるようになった」（兼子仁）ためという。

講座は，1837年にはフランス全土の国立大学法学部に普及し，官のお墨付きを得た学科として確立した。

パリ学派　公法講座の普及に伴い，フランス行政法学には2つの主要学派が生まれた。パリ学派とポワティエ学派である。

パリ学派では，「行政」を包括的にとらえ，作用の面から区分して体系的把握をめざす傾向が見られた。世界最古の行政法学書と言われるジェランドー『フランス行政法提要』（全4巻，1829～30年）は，行政を社会の一般的需要を満たそうとする諸役務（services）の総体として，行政法を行政による公益追求にかかわる法としてとらえた。その結果，行政法制は「行政警察」（人に関する行政）と「諸公役務」（物に関する行政）の2つに大別された。

ついでF. ラフェリエール『公法・行政法講義』（1839年）は，ジェランドーの論を一歩進め，行政作用を基盤的な社会維持と積極的な社会形成という2つの目的別に整理しようと試みた。また，『公法・行政法の理論的・実際的研究』（全7巻，1861～68年）の著者バトビイは，行政は個人の行為を補完し，代替する積極的な作用であるべきだと考え，その意味での行政法に，フランス民法典と同じ「人・物・取得方法」という3分

類による私法的体系を与えた。

ポワティエ学派　一方，ポワティエ学派は，行政を公的奉仕として考えるパリ学派とは対照的に，行政法規範を何よりもまず個人の自由制限としてとらえた。そこには，個人の領域に対する国家の干渉をできるだけ制限しようとする，19世紀的「夜警国家」型の自由主義的傾向が色濃く見られる。

ポワティエ大学公法講座初代のフカール『公法・行政法要論』（全3巻，1834年）は，公法を「政治法」と「固有の行政法」に分け，行政警察法を「政治法」に入れて，あくまで国家の干渉を制限する視点から体系化した。デュクロック『行政法講義』（1861年）は，権力行政法は憲法上の人権を具体化するものであり，それこそが行政法の本質的部分だとする。彼は，パリ学派のバトビイが私法学の手法を用いて行政法を体系化することを批判し，「法人国家」としての国家行為は，行政法でなく私法でカバーすべきだとした。

要するに両学派の相違は，行政法学の射程範囲を広くとらえるか（パリ学派），逆に狭くとらえて，その他の部分を極力憲法学や私法学にカバーさせようとするか（ポワティエ学派）という基本的姿勢にあったといえよう。

コンセイユ・デタ　一方，コンセイユ・デタはすでにナポレオン統領時代の1799年，行政裁判所の機能を備えた高等行政機関として創設された。フランス行政法学の歩みは，このコンセイユ・デタの性質や運用そして制度改革をめぐる議論とともにあった。

▶コンセイユ・デタの特殊性

　フランスのコンセイユ・デタ（Conseil d'État）は200年余の伝統を誇る国家機関であるが，三権分立の視点からすればかなり特殊な構造をもつ。

　コンセイユ・デタには行政訴訟を審理する訴訟部のほかに，内務，財務，公土木，社会専門の行政部があり，それぞれ関係省庁の法律関連事項をサポートする役割を担っている。この点でコンセイユ・デタは活動行政権であり，各省庁の法案作成準備に携わるので立法活動にも関与していることになる。ドイツの行政裁判所が司法権に統括された第二次世界大戦後以降は，こうしたコンセイユ・デタの特異性はますます際立つ。

　存続期間は長いが，コンセイユ・デタは19世紀を通じてさまざまな改変を経ている。

　コンセイユ・デタの行政裁判権は，最初から完全な自律性をもっていたわけではなかった。1814年以降の王政復古期の反動的再編を経て，コンセイユ・デタの委任裁判権と判事の終身制の身分保障が初めて認められたのが1849年，独立の裁判権が確立したのは1872年である。

　一方で，コンセイユ・デタの任務過重も問題であった。1800年には80の県すべてに地方行政裁判権を担う県参事会が創設されたが，その管轄権は戦後まで非常に限定されたものだったので，中央のコンセイユ・デタの負担は大きかった。　　　　　　（N）

行政国家・司法国家論争　特に1814年以降の王政復古期は，裁判の係属をめぐって行政国家・司法国家論争が繰り広げられた。具体的な争点として，大革命時に貴族から没収された国有財産の売却行為をあらそう「国有財産売却訴訟」を，司法裁判権（通常裁判所）と行政裁判権（コンセイユ・デタ）のどちらに任せるかという問題があった。

背景には，王政復古後に帰国した旧亡命貴族が，没収された土地を訴訟で取り返そうとしたという事情があった。つまり，この国有財産売却訴訟には，多くの旧特権階級の利害が絡んでいたのである。

保守的な行政国家論の立場は，国有財産売却訴訟をコンセイユ・デタの手に委ねようとした。これは，復古王政期にコンセイユ・デタが再編され，旧土地所有者にとって有利な判決をだすことが見込まれたためである。一方，司法国家論者は，行政裁判所は極力限定されるべしとし，国有財産売却訴訟は司法裁判所に係属すると主張した。この両者の中間にあった行政裁判国家論は，コンセイユ・デタに事件を係属させる代わりに，同機関の改革を推進すること，すなわち活動行政から独立した行政裁判権として改造することを唱えた。

行政法理論がこのような論争を下敷きに展開したので，フランス行政法学は「この封建的反動の時代における市民，農民の権利擁護のために誕生した」（村上順）とされている。フランス行政法学は，市民的自由主義を政治的に実践するための，一つの装置であった。

判例の蓄積と行政法学書　19世紀後半は，コンセイユ・デタの判例が蓄積していき，またコンセイユ・デタ判事たちが判例を元に体系的行政法理論を作り上げた時代であった。

以下に掲げる3人はみなコンセイユ・デタ判事であるが，彼らの行政体系化思考の土台には，どのような事件がコンセイユ・デタの管轄に属すかという実際的思考が常に横たわっていた。

まず，行政学の先駆者とされるヴィヴィアンの『行政研究』（1854年）は，行政法学にも新風をふきこんだ。行政法を「総論」と「各論」に分ける編成は，彼によって初めてもたらされたという。

次に，『行政法述義』（3巻，1869〜76年）の著者オーコックは，自らの行政法学の中心に行政行為概念をすえた。彼はパリ学派と同様，行政行為を広く理解し，警察行為だけでなく公役務管理行為も含めて考えた。公役務の管理を行政行為に含めるということは，これが行政裁判の統制に服するという主張につながった。オーコックはまた，大臣決定こそが第一審判決だとする伝統的な「大臣裁判」を否定した。実際に後の1889年コンセイユ・デタの判決で，大臣裁判制は否定された。

さらに，E. ラフェリエールの『行政裁判論』（1887年）は，行政行為を「権力行為」と「管理行為」に区別し，「権力行為」は行政裁判権の統制に服すが，「管理行為」は私

法にしたがい，法規に特別規定された場合にのみ公益にかかるものとして，例外的に行政裁判権の統制に服するものとした。こうした区別の基準として，公権力の観念がある。行政作用を公法と私法に区別し，公権力の行使としての権力行為を律するものを公法とし，行政裁判権に帰属させる一方で，私人と同等の地位で行政が活動する場合の法を私法とし，司法裁判権に服させるのである。

ラフェリエールのような訴訟実務上の考え方を通じて，公法・私法の二元体系は19世紀フランス近代行政法学に根づいたのである。

3 ドイツの公法学

第二共和政を祝うフランスのアレゴリー

私法理論による公私法の峻別 上にみたように，フランスではコンセイユ・デタの確立と大学における「公法」講座の設立が近代公法学の発展を促したが，ドイツでは事情が少し違った。ドイツでも成文憲法や行政裁判権といった新しい装置が公法学の土台となったことには変わりがない。しかし，革命を体験せず，制度的改革の遅れたドイツでは，公法学の輪郭はむしろ法学理論によって，それも私法学の働きかけによって生じた。

私法学者たちは，私法は市民間の関係を定めるものであり，国家形式や政治目的の移り変わりに左右されることがない（ツァイラー）とか，国家の働きかけとは関係なく民族精神から発する（サヴィニー）ものであるといった論点により，私法と公法の理論的峻別を図った（ディーター・グリム）。

2つの法体系を区別する基準は，公法の政治性・時事性に求められ，翻って私法における普遍性もしくは安定性が強調された。国家（公）と社会（私）の分離という，19世紀市民社会の成立にそくして現れた理論も，この公法・私法二分論の土台となった。

政治的分裂 このように，まず理論ありきというドイツ公法の展開には，当時のドイツの政治的分権状態が大きく影響している。ナポレオンの侵攻により1806年に神聖ローマ帝国が解体して以来，ドイツには1871年まで統一政府が存在しなかった。そもそも神聖ローマ帝国は，実のところ現代的な意味での統一国家ではなく，300ほどの大小の領邦がつくる緩やかな連合にすぎなかった。1814年に結成されたドイツ同盟では，構成国は40ほどに集約されたものの，独自の統一憲法を制定させるまでには至らなかった。

第22章 近代公法学の誕生 *301*

ドイツ憲法学　このような伝統的分権状態のもと，19世紀前半のドイツ憲法学は3つの道を歩んだ。

第一の道は，「普通ドイツ国法」というもので，これはドイツ同盟各国の国法を寄せ集め，いわば比較法的視点を用いて描写する方法である。これは，神聖ローマ帝国時代に確立された帝国公法論の研究手法を踏襲したものでもあった。

第二の道は，カントの理性法論に影響を受けた国法学者ら（アレティン，ロテック）による，理性法的国法である。これは，現実のドイツ諸国家を論じるよりはむしろ，あるべき国法や人権，そして国家と市民の関係に論点を絞った理論であった。

第三の道は，成文憲法をもつ諸国家で用いられた憲法教科書である。三月革命までは，成文憲法をもっていたのは南西ドイツ諸国だけであり，プロイセンとオーストリアの二大列強には憲法がなかったので，いきおい，この第三の道にはフランス法の影響が強くみられた。この方向の集大成は，モールの『ヴュルテンベルク王国国法』である。

19世紀前半の，とりわけ第二と第三の方向に共通するのは，政治的自由主義であった。ロテックとヴェルカーが編集し，当時の代表的国法学者が多数参加した『国家辞典』（1834～43年）には，諸国の専制を糾弾する項目を多数含み，三月革命前の政治的自由主義の雰囲気がよく現れている。1848年のフランクフルト国民議会にも，モールをはじめ多くの法学者が議員に選ばれることになった。

公法実証主義　こうした19世紀前半のリベラルで政治的な憲法学に対し，後半期の憲法学は，三月革命の失敗を機に次第に保守的色彩を帯びていった。公法学は，ここでも私法学の影響を強く受けている。当時ドイツではパンデクテン法学（第21章参照）が盛んであったが，その方法論的特徴である法実証主義を公法学も採用したのである。

公法実証主義の代表的法学者ゲルバーは，19世紀前半に私法学者たちが唱えた公法・私法の本質相違論を崩そうとした。ゲルバーの課題は，公法学から政治の要素を厳密に切り離すことであり，さらに，パンデクテン法学が成し遂げたような，自己完結した概念体系を作り上げることであった。ゲルバーがこの構想を『ドイツ国法体系の基礎』（1865年）で追求したとき，ドイツはまだ統一されていなかった。

1871年の帝国憲法発布以降の公法実証主義を継承したのは，「ゲルバーの遺言執行人」と呼ばれるラーバントであった。ラーバントによれば，実定法の教義の本質は，法制度の構築にある。すなわちそれは，それぞれの法規を一般的概念に帰せしめ，概念上の帰結をとりだすことであり，その手段には論理以外のいかなる要素も存在しない。「あらゆる歴史的・政治的・哲学的考察は，具体的法素材の教義にとって何の意味も成さない」というのである。

歴史学派ギールケの激しい批判にもかかわらず，ラーバントは「帝国国法学の父」として絶大な影響力を及ぼした。

ビスマルク体制　このように，方法論上では政治学的思考を一切排除しようとした公法実証主義であるが，実際の政治的立場は保守的であった。

例えばラーバントの法律概念理論は，予算を実質的法律概念から除外することによって，プロイセン憲法闘争におけるビスマルクの強行政策を正当化した。1862年，政府の軍事費増額に反発して予算を否決した下院に対し，宰相ビスマルクは4年ものあいだ予算承認なしで軍事費支出を決行していた。プロイセン憲法第99条は「国家の支出は，毎年法律によってこれを確定する」と定めていたので，下院は政府の違憲行為を非難する決議をだした。これが憲法闘争である。ラーバントは毎年の予算は形式的意味の法律にすぎず，租税法・俸給法といった実質的な法律の規定を超えない限り議会の承認は不要であるとし，違憲の疑義を否定した。

ラーバントの理論はほかにも国家の人格化論などでビスマルク憲政の弁護役を果したので，実証主義の仮面の裏に体制へのきわめて政治的な加担があったとする後世の批判は多い。フランスの公法学者デュギーも，19世紀のドイツ公法理論は単に権力行使のための詭弁にすぎないという厳しい評価を下している。逆の角度から見れば，このように現状維持的性格の色濃いドイツ公法実証主義が繁栄し続けたのは，ビスマルク体制下での政治的安定に支えられていたからだとも言える。

行政裁判所の不在　行政法学の出発点にも，中央集権の伝統的不在というドイツ史の特徴が強く現れている。まず，コンセイユ・デタのような統一行政裁判権をもたなかったドイツでは，行政法学を牽引するような判例の蓄積はもとより望めなかった。

19世紀後半には，バーデン（1863年）を皮切りに各領邦が行政裁判所を設置し始めたが，それらの間には権限や組織構造に大きな隔たりがあった。ブレーメンのように司法国家主義をとる領邦もあったが，少数派だった。1871年のドイツ統一後でさえ，行政裁判所は相変わらず各州単位で構成されており，ドイツ全土を統括する行政裁判所は1941年までついに生まれなかった。1919年のヴァイマール憲法はそのような行政裁判所を予定していたが，実現しなかった。

ちなみに，最高行政裁判所の設立を達成したのは，強権的に中央集権化を進めたナチス政権であった。

架空の裁判制度をめぐる論争　このような状況は，行政裁判所の是非をめぐる論争にも反映された。それぞれ異なる領邦出身の論客たちが，架空の裁判制度をめぐって議論を戦わせたのである。主要な論客を見ても，クールヘッセンの裁判官ベールとプロイセン王国の国法学者グナイストでは，それぞれのバックグラウンドがまったく異なっている。

王権と地方貴族（ユンカー）が強いプロイセンの教授グナイストは，国家と社会の分離を再び結合する役割としての地方名望家自治構想を具体化し，行政裁判所の下級審に名望家を参加させる参審員制を導入しようとした。この場合，行政裁判所は行政権に属

すものと考えられている。

　一方，自由主義市民層が強いクールヘッセンのベールは，1864年の著書『法治国家』で，公法に関する訴訟であっても少なくとも最終審では司法裁判所に服することを主張した。

　ちなみに，分裂状態のドイツにも一度だけ司法組織統一のチャンスがあった。1849年のフランクフルト憲法が，統一ドイツ裁判所を予定していたのである。この憲法は第182条で司法国家モデルを採用し，行政司法を廃止し，すべての権利侵害について裁判所が決定を下すと宣言した。これはドイツには珍しい司法国家モデル転換への試みであったが，三月革命が失敗に終わって水泡に帰した。

法治国家論　このように分権状態の続くドイツでは，各領邦のばらつきや立ち遅れを埋め合わせる抽象的な国家論が前面に押し出されることになる。18世紀末，カントの理性法論の影響下で生まれた法治国家論である。

　カントは，18世紀ドイツの啓蒙思想を席巻したヴォルフの自然法論に挑戦し，その国家目的幸福説を否定した。従来の国家哲学では，国家の存在理由は臣民の幸福維持や公共の福祉にあるとされた。社会契約により，人は自然状態においてもっていた無制限の自由を国家に留保し，その代わりに秩序と安全を得る。しかし社会が成熟すると国家に対する要求の水準が高くなり，安全保障だけでなく福祉の充実も国家に課されるようになるというのである。

　しかし，この幸福説には，社会契約における自然権の譲渡という前提があった。そもそもヨーロッパの自然法論において，社会契約はながらく服従契約を内在していた。カントはこれに対し，社会契約の本質は自然権の譲渡にではなく自然権の保護にあるとし，その帰結として，国家の目的を個人の自由の保護に限定した。

　この新自然法論に加え，アダム・スミスの『国富論』やフランス革命という外部からの刺激も受けて，1800年前後のドイツ国家学において自由主義は空前の高まりを見せた。カント自身は法治国家という言葉を用いなかったが，当時のカント主義者はこのような国家観を「法治国家（Rechtsstaat）」という言葉で表した。この新しい造語は，1848年までは主に自由主義者の政治的スローガンとして使われたのである。

ポリツァイ学　一方，実際の国家任務は，自由主義の理論的高まりにおいても軽減されたわけではなかった。公共の福祉を目的とする各種行政を近世ではポリツァイ（近代以降は「警察」の意に縮減されていった）と呼んでいた（第16章参照）が，カントも救貧ポリツァイなどの国家活動を自説に反する要素とはみなしていない。

　ポリツァイ任務はすでに近世にも増え続けていたが，近代に入って行政と呼ばれるようになってからも減ることはなかった。モールの『法治国家原則によるポリツァイ学』（1832年）は，こうした国家の実務をよくとらえている。モールによれば，国家には個人の能力では太刀打ちできない障害を取り除き，さらに個人では達成しがたい理性的な

人間の目的実現を援助する任務がある。これを果すのがポリツァイ（行政）である。
　ただし法治国家においては，ポリツァイは法の前の平等，参政権，人格の自由，思想の自由などの基本原理を犯すことはできない。モールにとって，法治国家とポリツァイ国家（Polizeistaat）は国家機能の両輪をなすものであった。ちなみに，この Polizeistaat という言葉が，「警察国家」と訳すにふさわしい，忌わしき官憲国家といったニュアンスをもつようになるのは，1848年の革命以後のことである。

▶「法の支配（rule of law）」と「法治国家（Rechtsstaat）」

　イギリスの「法の支配」は，字面からすると「法治国家」と同じように見えるが，その成り立ちには相当な違いがある。

　「法の支配」はもともと中世イングランドにおける国王裁判所の発達から生まれた観念である。ノルマン征服王朝は，地方勢力を掌握するための手段として，一連の裁判所を設立した。後にコモン・ロー裁判所と呼ばれるこれらの裁判所で次第に蓄積した判決は，英米法特有の判例法主義（コモン・ロー）確立の土壌となった。

　「法の支配」に関するもっとも有名な逸話は，プロローグにもあるように，王権神授説の信奉者ジェームズ1世に対してコモン・ロー裁判所長官クックが「国王といえども神と法の下にあり」と諫めたという話であるが，これは具体的にはコモン・ロー裁判所の発する禁止令状を国王が破ろうとしたことから生じた。「法の支配」は，王権のブレーキ役にまで発展したコモン・ロー裁判所をよりどころとして確立した原理なのである。このように，もともと「法の支配」はすぐれて中世的価値である「コモン・ロー裁判所（判例）の支配」を意味したのである。

　これに対し，ドイツの「法治国家」原理は，近代主権国家という集権装置の登場をまって初めて生まれた。ここにいう「法治」は，国が立法・行政・司法の三権を独占し，それまで身分や団体により異なる法的カテゴリーにおいていた人々を「国民」あるいは「公民」という法的地位に一元化することを前提とする。

　「法の支配」が中世法理念の産物だとすると，「法治国家」は近代国家の産物である。それは「法の支配」とは違って人為的な造語であり，最初から近代的国家哲学によって理論武装された。「法治国家」原理は，同じく近代主権国家を母体とする近代公法学に受け入れられ，19世紀末には行政法学の中心概念となった。　　　　　　（N）

オットー・マイヤーの行政法学　一方，すでに同じ三月革命前に，保守派の哲学者シュタールは，法治国家概念を形骸化し，いくつかの形式的要件のみを満たす形式的原理として再構成し，革命以降の保守的国法学に浸透させた。19世紀末のオットー・マイヤーの行政法学に受け継がれていくのは，この形式的法治国家論である。

　上に述べた人々（モール，シュタール，ベール，グナイスト）はみな自前の法治国家論を提示していたが，現代の行政法学者が近代行政法学の樹立者と名づけるのは，もっと後世の法学者である。これは，近代行政法学成立の必要条件を「法学的方法」の確立にみれば，そういうことになる。換言すれば，行政法学は「法学的方法」を開発するこ

とにより，行政学（国家学）から分離して，古典的表現によるならば「国家学的方法から脱皮して」，初めて独自の学問となったということである。

こうした理解に従えば，近代行政法学は F. F. フォン・マイヤー『行政法原理』(1862年) に端を発し，オットー・マイヤー『ドイツ行政法』(1895年) により確立された。同時に，行政法学は誕生時からすでに公法実証主義の影響の下にあったことになる。

オットー・マイヤーは，法律学は形式のみを扱うと明言し，パンデクテン法学ばりに，完結した概念構成と体系化に邁進した。実際，当時の近代私法学が完成した概念体系に比べれば，19世紀ドイツ行政法の概念はまだ整備されていなかった。公法実証主義の目的はまさにこの概念整備にあった。

フランス行政法の援用 国法学のゲルバーやラーバントが私法学の概念を借用したのに対し，オットー・マイヤーが援用したのはフランス行政法学であった。例えば行政行為 (acte administratif) や公所有権 (domaine public) は，マイヤーがフランス行政法から借用してきた概念である。マイヤー法学の功績は，フランスのこの法技術的要素をドイツに導入したことだといわれる（塩野宏）。

他方で問題が残るのは，フランス行政法の「本質」についてのマイヤーの理解である。マイヤーの考えでは，フランス行政法から学ぶべきものはその全体的な精神，すなわち「国家行為の高権的性質に対する強い尊敬の念」であった。その帰結として，国が公の目的のために提供するサービスたる「営造物（öffentliche Anstalten）」（フランスの公役務 (services publics) に相当）においても，国家はその高権的性質を保つものとした。

フランス行政法学との違い この考え方でいくと，例えば学校や図書館のような公共施設の運営においても，国家と個人の法的関係は公権力関係で説明されることになる。だが，こうした理解は19世紀フランス行政法学の実態に沿ったものとは言い難い。

兼子仁によれば，まず，マイヤーのいう「国家行為の高権的性質」はポワティエ学派の行政観に沿ったものに見えるが，その前提にある狭い行政法概念をマイヤーは無視している。他方で，マイヤーは「営造物」に関してはオーコックに依拠している。たしかにオーコックはパリ学派流に行政行為を広くとらえ，公役務の管理を行政行為の一部としていたが，その狙いは行政裁判権による権利保障を公役務に関する事件にも拡大することであり，マイヤーのように公的サービスの領域においてまで国家高権をふりかざすことではなかった。

こうしたことから，マイヤーはパリ学派とポワティエ学派の理論をドイツの官憲国家体制に都合のよいように折衷したのだと批判される。すでに同時代の国法学者イェリネックも，マイヤーの考え方は国家の高権的性格を誇張し，私法の領域を著しく狭めるものだと批判している。

法治国家原理 さて，フランス行政法学と並んで，マイヤーの公法実証主義を支えたもう一つのよりどころは，法治国家原理である。マイヤーにとって法治国家とは，権力分立を基礎理念とする立憲国家であり，その前提のうえで「行政が可

能な限り司法の形式をとること」を意味した。そこからマイヤーが導き出した「法律による行政」，さらに「法律の優位」「法律の留保」といった諸原則は，今日まで行政法学の教義に活かされている。

マイヤーはまた，法治国家は「国家活動の進路と限界を，市民の自由な活動圏と同じく，法によって正確に定め限定する」というシュタールの定義を「最上の公式」として引用している。このように，法治国家の条件として形式的要件のみを求める態度は，法律学は形式にのみ関すると明言したマイヤーの公法実証主義の確認でもあった。

超時代性の夢　マイヤーは，形式にとどまることはすなわち超時代性を獲得することだ，という当時の法実証主義者たちに共通の集団催眠にかかっていた。彼はまた，権力分立と自由主義的性格を基盤とする行政法は憲法よりも超時代的であると信じていた。マイヤーがフランス法に注目した一つの大きなポイントも，度重なる体制変換を経てなお続いた当時のフランス行政法制の耐久力であった。

こうしたマイヤーの自負は，のちに「憲法滅びて行政法あり（Verfassungsrecht vergeht, Verwaltungsrecht besteht）」という有名な言葉となって表れたが，この定式はまもなく社会法の出現により修正され，ナチス法の出現により無惨にも打ち崩されることになる。

もっと学びたい人のために

① 河野健二著／阪上孝・富永茂樹編『革命と近代ヨーロッパ』岩波書店，1996年。
　＊前半「フランス革命小史」は40年前の文章で部分的に古くなった箇所もあるが，今でもフランス大革命の歴史的意味を考えるヒントがたくさんある。社会全体のダイナミックな構造変動をとらえる視点の大切さを雄弁に伝える一冊。

② 兼子仁他著『フランス行政法学史』岩波書店，1990年。
　＊19世紀フランス行政法学の揺籃期から完成期まで丹念に追った共著作。代表的行政法学者の理論だけでなく，大学やコンセイユ・デタといった制度面の展開にも注目している。

③ 塩野宏『オットー・マイヤー行政法学の構造』有斐閣，1962年。
　＊ドイツ近代行政法学の創設者と呼ばれるオットー・マイヤー行政法学の全体像を描く，行政法学研究の古典。

④ 村上順『近代行政裁判制度の研究──フランス行政法の形成時代1789～1849年』成文堂，1985年。
　＊コンセイユ・デタが確立するまでの道程とその社会的背景を探る。フランス革命後も形を変えて残った社会的矛盾が，「国有財産売却訴訟」などに赤裸々に描かれている。

⑤ 村上淳一『近代法の形成』岩波書店，1979年。
　＊「近代法」の歴史的意味を考えるなら，必ず読んでおくべき一冊。ヨーロッパで近代市民法体系が成立するための制度的・社会的地盤を考える。

【参照文献】

碧海純一・伊藤正己・村上淳一編『法学史』東京大学出版会, 1976年。
石井三記・寺田浩明・西川洋一・水林彪編『近代法の再定位』創文社, 2001年。
石川敏行「ドイツ近代行政法学の誕生（1）～(10)——F. F. フォン・マイアーと環境としてのヴュルテンベルク王国」『法学新報』第89巻5・6号～第93巻第11・12号, 1982～1987年。
石川敏行「いわゆる『法学的方法』について——ドイツ行政法学史から見た」『雄川一郎先生献呈論集・行政法の諸問題（上）』1990年所収。
上山安敏『憲法社会史』日本評論社, 1977年。
兼子仁・磯部力・村上順『フランス行政法学史』岩波書店, 1990年。
木村周市朗『ドイツ福祉国家思想史』未来社, 2000年。
栗城壽夫『ドイツ初期立憲主義の研究』有斐閣, 1965年。
塩野宏『オットー・マイヤー行政法学の構造』有斐閣, 1962年。
高田敏「法治国家概念と警察国家概念の形成（1）～（3）」『阪大法学』第70巻, 第141・142巻, 第164・165巻, 1969～92年。
瀧井一博『ドイツ国家学と明治国制』ミネルヴァ書房, 1999年。
滝沢正『フランス行政法の理論——国家賠償・地方制度』有斐閣, 1984年。
滝沢正『フランス法 [第2版]』三省堂, 2002年。
玉井克哉「法治国思想の歴史的構造（1）～（5）」『国家学会雑誌』第103巻第9・10号～第104巻第7・8号, 1990～91年。
藤田宙靖『公権力の行使と私的権利主張』有斐閣, 1978年。
三成賢次『法・地域・都市——近代ドイツ地方自治の歴史的展開』敬文堂, 1997年。
宮崎良夫『法治国理念と官僚制』東京大学出版会, 1986年。
村上順『近代行政裁判制度の研究——フランス行政法の形成時代1789～1849年』成文堂, 1985年。
村上淳一『近代法の形成』岩波書店, 1979年。
渡邊栄文『行政学のデジャ・ヴュ——ボナン研究』九州大学出版会, 1995年。
M. デュヴェルジェ／時本義昭訳『フランス憲法史』みすず書房, 1995年。
J. ハーバーマス／細谷貞雄・山田正行訳『公共性の構造転換 [第2版]』未來社, 1994年。
M. リーデル／河上倫逸・常俊宗三郎編訳『市民社会の概念史』以文社, 1990年。
Grimm, Dieter: "Öffentliches Recht II (seit 1750)", in: Adalbert Erler/Ekkehard Kaufmann (Hg.): *Handwörterbuch zur deutschen Rechtsgeschichte* [*HRG*], Bd. 3, Berlin 1984, Sp. 1198-1214.
Stolleis, Michael: "Öffentliches Recht I (bis 1750)", in: *HRG* Bd. 3 (1984), Sp. 1189-1198.
Stolleis, Michael: *Geschichte des öffentlichen Rechts in Deutschland*, Bd. 1-2, München 1988-1992.

（松本尚子）

第23章

近代法システムの完成

　法典編纂論争に端を発したドイツ民法典の編纂は，法解釈上の議論や社会政策的見地からの批判，さらにはラント間の勢力争いが錯綜するなかで達成された。ドイツ民法典はこうしたすべての対立点を克服したわけではないが，一応の妥協点を見出すことで，諸外国の立法に決定的な影響を及ぼすことになった。他方，刑法典編纂における論争は，刑罰観の対立に由来するもので，法典編纂によって収斂することはなかった。

1　ドイツ民法典の編纂

ドイツ民法典（BGB）の編纂　ドイツ民法典が成立したのは，1871年におけるドイツの政治的統一から25年を経た1896年，施行は1900年1月1日のことであった。
　すでに北ドイツ連邦時代から，統一民法典編纂の必要性は国民自由党を中心にたびたび訴えられていた。そのためには，まずは憲法改正の手続が必要であった。帝国の立法権限は，憲法上，債権法に限定されていたからである。また，家族法や相続法の統一にはなお反対が多かったのも事実である。このうち手続上の障害は，ドイツ帝国の成立後まもなく除去される。1873年12月に改正案が帝国議会，連邦参議院でも可決され，編纂作業が開始されることとなったからである。

第一委員会の設置　草案作成の手順として，まず1874年2月に連邦参議院内に設置された準備委員会が意見書をまとめ，それを受けて同じく連邦参議院内に1874年7月に設置された第一委員会が起草作業に入った。
　準備委員会は，バーデン，プロイセン，ヴュルテンベルク，ザクセン，バイエルンの5大ラントの上級実務裁判官5名から構成されていた。また，第一委員会の構成については「プロイセン一般ラント法」，ザクセン民法，バーデン・ラント法（フランス民法）及び普通法領域並びに主要ラントを考慮して，プロイセン4名，バイエルン2名，バーデン2名，ザクセン，ヴュルテンベルク，エルザス・ロートリンゲン各1名の計11名となった。これを職業別にみた場合，司法省官吏と裁判官が多数を占め，法学部教授としてはヴィントシャイト（ローマ法），ロート（ゲルマン法）が含まれていた。

309

第一草案の特徴　1888年に公表された民法典第一草案は「小ヴィントシャイト」と呼ばれるほど『パンデクテン法教科書』を忠実に反映したものであったという。ヴィントシャイト個人が指導的役割をどの程度積極的に果したかについては，彼が途中で委員を交替していることから，なお検討の余地があると指摘されている。とはいえ，委員たちがいずれもパンデクテン法学教育を受けてきた世代であることを考慮するならば，これをもとに法典を編纂することは，大方の意見が一致していたには違いない。

ギールケ

ギールケの第一草案批判　民法典第一草案に対しては，さまざまな批判がなされた。それらの中でも，社会政策的要求からの批判を展開したオットー・ギールケとアントン・メンガーが特に有名である。

ギールケの草案批判及び主張は，『民法典草案とドイツ法』（1889年）に発表されている。主な批判の対象とされたのは，第一草案において，ローマ法に対してゲルマン法の伝統が無視されていること，学識法に対して民衆法が無視されていることであった。

ゲルマン法の伝統　第一の批判点については，歴史法学派のゲルマニステン（第20章参照）の伝統を受け継いだ「わが民族，わが時代の精神から生まれたドイツ私法」としてのドイツ法の復権を実現するとともに，それをモデルにしつつも時代に即した法の創造が求められている。

ここで非難されるローマ法と概念法学は，同義語であって，ローマ法そのものというわけではない。ローマ法と彼のいうドイツ固有法の関係は，同年に発表された「私法の社会的使命」にも簡潔に著されている。

「われわれは，ローマ人の驚嘆すべき法律的思考技術によって作り上げられた形式を，感謝の念をこめて維持していきたい。しかし，この形式に生命を吹き込む精神は，われわれの父祖の法の精神なのである」。

民衆法　第二の点に対しては法曹の意識を民衆の法意識に合致させることが求められている。具体的には，例えば法典の用語を一般人に理解できるようにせよという要求に繋がる。また草案の個人主義的・資本主義的傾向に対して，「個人主義的，資本主義的，反共同体的根本概念」に対して弱者保護，小市民の配慮，契約自由の形式主義の緩和，職業や農村―都市の違いと労働組織への配慮を内容とした「社会法」の思想が対置されている。

具体的な批判の内容として，長期労働契約の解約告知権の問題を取り上げよう。第一草案の第564条は，長期労働契約の解約を告知する際に，契約の自由をほとんど制限しなかった。ギールケによれば，この規定は雇傭関係の倫理的・社会的側面を無視してい

る。その結果，雇傭契約は，あらゆる種類の労働に忍従を強いる，労働商品の自由な売買になっている，とギールケは批判した。

ギールケ批判の評価 民法典は特定の階級の利害を格別に配慮してはならず，関係のある利害をすべて考慮したうえで全体の福祉にもっとも適合した規定を定めなければならない，という立場から，第二委員会の委員長プランクは，ギールケの批判を切り返した。しかし，ギールケは特定階級の利益だけを主張したわけではない。

確かに，ギールケは「私法の社会的使命」の有名な一節で，私法に「社会主義的油の一滴」を要求している。しかし，これはいわゆる社会主義の主張ではない。実際，ギールケはそのすぐ前の部分で，私法の国家化は「不自由と野蛮」を意味するから反対だと述べているからである。

むしろ，ギールケがより強く主張したかったのは，およそ私法の権利一般について，個人自身のためだけに付与されているのではなく，人間社会の福祉に合致していなければならない，ということであった。ゲルマンの法思想は，ギールケにそのための根拠を与えてくれたのである。

メンガーの第一草案批判 社会主義的立場からの批判を代表するアントン・メンガーの批判は『民法と無産者階級』(1890年)で展開された。社会理論家で講壇社会主義者のメンガーは，ロマニステンとゲルマニステンの法学派対立に拘束されていなかった。

むしろ，メンガーは，法学派の内部対立から「全国民の5分の4を占めている」国民すなわち無産階級が閑却されている事態に鑑み，この利益を代表する「少数のドイツの法律家の一人」(『民法と無産階級』)を自負して，とりわけ政治的に目覚めた労働者階級のために発言したのである。

私法の中立性への疑問 メンガーは，外見上は抽象的かつ中立的である私法が，出発時点の位置で経済的に平等でない場合には，チャンスに恵まれていない個人を永続的に不自由ならしめる点，それによって経済的な弱者を支配する手段となる点について，現実分析を用いながら論証していった。

メンガーのこだわりは，『民法と無産階級』で批判した項目の順序にも現れている。彼によれば，ドイツ民法の草案の順序が債権法，物権法，親族法，相続法の順になっていること自体が，「主として商人および所有者の利害に関する取引上の利益のみを特に重く見る，時代の産物としての特色を有する」。これに対して，メンガーは，「社会的見地に従い正常なものとみえる順序」に従い，まずは親族法を最初に取り上げ，私生子の扱いに関する条項について草案批判を展開した。以下，物権法，債権法（特に雇傭関係），相続法の順に，草案批判が展開されている。

社会法学 こうしてメンガーは，ウィーン大学の学長就任演説「法学の社会的使命」(1895年)において，社会的弱者を視野にいれた社会法学の創設を提唱するにいたった。

もっとも，実のところメンガーはドイツ法学界からほぼ完全に拒絶されていた。同じく草案批判を展開したギールケですら，メンガーが「たくさんの正しい方向」をとらえていると認めながらも，メンガーの念頭にあるのは「純粋に社会主義的な法体系」だけであり，「階級利害の一面的強調」から出発する「社会主義的秩序」のために現存の秩序を破壊しようとしている，として非難したほどである。

ここに，現存の社会秩序の調和を優先するギールケと社会主義者メンガーとの明確な立場の違いが明らかとなっている。

第二委員会の編成 左右両陣営からのさまざまな批判のなか，編纂作業のために第二委員会が組織されることとなったが，今度は帝国司法庁 (Reichsjustizamt) の主導で設立と人選が進められた。四大法領域の代表，経済界の代表，社会民主党を除く帝国議会の主要政党，裁判官や教授，司法・行政官僚，また宗派別にみればキリスト教徒のほかユダヤ教徒も加わっている。

その結果，あくまで第一委員会に比べてのことではあるが，ラント代表以外の構成員の発言権が若干強くなったこと，ラントのなかでもプロイセンに対する中小ラントの対抗勢力が強まったこと，さらにはとりわけ司法庁官僚の主導権が強く働いたことが，第二委員会の特徴であった。しかも，第一委員会とは異なり，審議結果は逐次公表された。

第二草案の特徴 こうして1895年10月に完成した第二草案について，主な修正点を挙げることにしよう。

まず，雇傭契約における使用者の保護義務の拡大がある。これにはギールケの影響が大きいとされる。また，社団法の修正，賃貸借法における「売買は賃貸借を破る」大原則の緩和，婚姻法における修正，暴利禁止規定の導入，シカーネ（加害の意思をもってする権利行使）禁止条項（第226条），良俗違反による損害賠償義務の拡大，動物保有者責任の拡大，非嫡出子の法的地位の改善，自筆遺言の導入など，範囲も多岐にわたり，各々が実体法上重要な修正であることは間違いない。

ただし，第一草案の修正における委員会の基本方針は，あくまで①特定の階級の利益ではなく，全体の利益にもっともふさわしい規定を設けること，②法の改造ではなく，既存の法を法典化すること，であった。したがって，まずは第一草案に対する利益団体の批判や要望のうち，特定の階級に対する政策とみなされたものは，特別立法に委ねることになった。ドイツ民法典は，あくまでも「特別法のない場合に適用される一般的な原則を定めること」に徹するべきとされたのである。

その結果，全体としては，第一草案の基本構造は維持され，多くは細部の個別修正となった。また，批判を受けて修正された諸規定も，利益集団や批判者の要望からみれば，きわめて制限されたものとなっていた。

雇傭契約法 具体例として，まず雇傭契約法の改善を見てみよう。社会経済的強者と弱者の関係が鮮明に反映されることから，被用者が病気になった場合の看護や医者の治療を使用者に義務付ける規定（第617条），生命や健康に対する危険から

被用者を保護するため，使用者に，安全を配慮して事業所の場所，設備，器具類を設置・維持し，労務を定めることを義務付ける規定（第618条）など，使用者の保護義務が草案に取り入れられた。

しかし，これらを除き，営業令や奉公人法などの個別立法は，なるべく一般法たるドイツ民法典に取り込まないように努められた。

非経済的社団　もう一つの例として，非経済的社団の扱いを見てみよう。すでに，株式会社などの経済的社団については，設立要件は準則主義であったが，非経済的社団については，労働組合や社会主義団体などの政治的危険性を危ぶんで，多くのラントでは認許主義の建前を崩していなかった。第一草案では，この状況を受けて，非経済的社団の法人格の得喪について，ラントの法律に委ねようとしていた。

これに対して第二草案では，これを帝国法で準則主義とする，つまり予め法律で定めた要件を満たせば当然に法人格を認める原則が採用されることになった。とはいえ，その一方で社団登記簿への登記の義務づけを権利能力取得要件とし，登記の申請にあたって行政官庁に異議権を認めることによって，原則が換骨奪胎されたのである。

▶エミリー・ケンピン（Emilie Kempin-Spyri, 1853〜1901）
　ヨーロッパで最初の女性法律家となったエミリー・ケンピンの生涯は，挑戦と挫折の繰り返しであった。チューリヒ大学で法学を学び，1887年に両法博士の学位を取得したケンピンは，まず弁護士資格の取得をめざして活動するが，彼女の請願は斥けられた。しかし，弁護士資格を女性に門戸開放した1898年のチューリヒ弁護士法制定に至る動きに決定的に寄与したのは，ケンピンの請願であった。次にケンピンは新大陸に渡ってまで大学教授職をめざすが，これにも失敗する。しかし，その過程でチューリヒ大学とニューヨーク市立大学は，法律家を志望する女性に正式の入学資格を認めるようになった。このように，ケンピンの挑戦はいずれも挫折に終わったが，結果として女性が法の世界に主体的に関与する可能性を開くものとなった。
　とはいえ，ケンピンの活動でもっともめざましいものは，1896年に帝国議会で審議されたドイツ民法典の最終草案である第三草案への対案提出であろう。ドイツ民法典の性格としては，しばしばリベラルな企業家精神と保守的な家族制度という2つの時代精神を反映したものとされるが，ギールケらの草案批判が主としてこの前者に向けられたのに対して，後者について草案批判の論陣を張ったのがケンピンである。
　最大の目標であった夫婦別産制の導入にこそ失敗するが，妻の留保財産の拡大や夫の解約告知権の制限など，妻の法的地位について幾つかの重要な修正を実現したことは，ケンピンの功績である。しかし，皮肉にもこうした成果の評価をめぐって当時の女性運動家たちと対立し，やがて「裏切り者」とまで呼ばれたケンピンは，失意のうちに精神病を患い，48歳の若さで死去した。　　　　　　　　　　　　　　　　　　（R）

ドイツ民法典の成立　ドイツ民法典の成立によって，法的分裂は一挙に解消した。それまでは，「プロイセン一般ラント法」，ザクセン民法典，バーデ

ン・ラント法（フランス民法）及普通法などの適用領域からなっていたが，これがドイツ全体に適用される民法典のもとに統一されたのである。

法的統一という観点からすれば，法典は，「個別の連邦構成国の間の政治的格闘（ein politisches Ringen zwischen den deutschen Bundesstaaten)」（クレッシェル）の結果であった。編纂委員会の委員はラントの政府と連絡があり，バイエルンやバーデンは独自の民法典委員会をこしらえていた。メックレンブルクは附従性のない土地債務に賛成して，これを法典に盛り込ませたが，バイエルンは附従性をもつ抵当権を主張し，体系的にこれを土地債務の前におくことに成功した。

エミリー・ケンピン

政治的中立　法典編纂計画においては，もっぱら法技術的問題のみ取り上げられ，何らかの社会理念を掲げてそれを実現しようとする意図はみられなかった。立法の任務は，既存の法制度を確認し，その指導原理を示すことであって，社会改革の実施ではなかった。編纂者たちは，あえて政治的中立を守ろうとした，という。

しかし，編纂者たちが，いくら中立的であろうとしたといっても，実際にドイツ民法典が政治的に無色でありえたはずはなく，一方でビスマルクに協力した市民層と貴族層の利益を保護するべく編纂された点は否めない。例えば，農業者団体の意見が不動産担保法や相隣関係法に影響を与え，「売買は賃貸借を破る（Kauf bricht Miete）」に対する新たな「売買は賃貸借を破らず（Kauf bricht nicht Miete）」の原則が取り入れられたのに，社会政策から距離をおこうとしたのは，いかにも片手落ちの感がある。そのような意味で，ギールケやメンガーの批判は，立法者に対する大衆からの痛烈な異議申立てであった。

「開かれた」法典　他方で，編纂過程では経済的自由主義から保護貿易主義への政策転換も経ており，国家が介入主義へと方針転換している。こうした社会経済的背景を編纂者たちが無視あるいは看過した，と考えるのは適当でない。むしろ，さまざまな特別立法に対応できるように，ドイツ民法典の目的は一般原則の定立にあった，と説明することも可能である。あえて政策的な介入を控えることで，ドイツ民法典は学説・判例による法形成や慣習法に対して「開かれた」性格をもつことになったという指摘もある。

実際，民法典施行法は，民法典によって明白に廃止されていないかぎり，既存の帝国

法律はそのまま存続する，しかも慣習法も帝国法律に属すると規定している。また，学説・判例がまだ確定していない問題の立法的解決は意識的に避けられた。例えば，契約締結上の過失や譲渡担保のような問題群は民法典に取り入れられなかった。これは学説・判例による将来の発展を期待していたためである。

2 他のヨーロッパ諸国における民法典編纂

中・東欧諸国における法典編纂活動 　啓蒙絶対主義下で編纂されたオーストリア一般民法典は，成立当時の編成を維持しつつも，19世紀の私法学と無数の改正法令，判例を通してドイツ民法と実質的に密接に結びついていった。1867年以降，ハプスブルク二重体制の一翼を担うハンガリーは，ドイツ民法典を指標としつつ，独自の私法典編纂に取り組んでいた。ただし，ハンガリーで統一民法典が成立するのは奇しくも社会主義体制下のことではあったが。このほか，ギリシアや，第一次世界大戦によって崩壊したハプスブルク帝国の後継諸国家が，法典編纂の参考にしたのも，主にオーストリア民法典とドイツ民法典であった。

スイス民法典 　スイス連邦は，1898年に民法全体の立法権限を憲法改正によって承認され，法典編纂に乗り出した。この法典は，ゲルマン法学者フーバーがカントン私法の比較研究をふまえて作った作品である。この民法典がパンデクテン法学に由来していることは明らかであるが，ドイツ民法典よりも現実の社会秩序に一層適合した法典として，より高い評価を得ることになった。

主な特徴としては，まず総則を持たないことが挙げられる。しかし，その代わりに置かれた一般規定や序文は明瞭で，かえって一般原則が分かり易いと高く評価されている。また，条文中で他の条文を参照する方法も廃止され，欄外標題を付加することで全体の見通しを良くしたこと，誰にでも分かりやすい用語を採用したこと，ドイツ民法典のなかで争いのある諸概念を整理し改良したこと，法律に欠缺ある場合に裁判官の法創造を委ねるという「開かれた体系」を明文化（第1条第1項，第3項）していることなどが挙げられる。

「多面的文明化的私法交換」 　トルコへの継受をはじめ，その後のヨーロッパの改正法令や新法典編纂に際して，スイス民法典，場合によってはこれに加えてドイツ民法典から影響を受けなかったものは，ほとんど存在しなかったといっても過言ではない。フランス民法典も例外ではなかったし，例えばイタリアには1865年以来，広範にフランス法に倣った民法典が存在していたが，これに加えてスイス民法典やドイツ民法典を斟酌しながら独自の特色が築かれていった。1922年のソヴィエト連邦の民法典でさえ，債権法部分についてドイツ民法典の影響が指摘されている。

ヴィーアッカーはこうした多元的な民法典の影響関係を「多面的文明化的私法交換」と呼び，「20世紀初頭の世界の諸法文化は，4つの精神的根源——すなわち，『市民法大

全』の中世的解釈・法律学的人文主義・理性法論およびパンデクテン法学——をもつところのヨーロッパ大陸的法律学の遺産である」と総括している。

3 ドイツ刑法典の編纂

新旧学派の対立　民事法分野において概念法学と自由法論の対立のような新旧学派による法学方法論上の対立がみられたように，刑法学分野においては，古典学派（旧派）と近代学派（新派）との対立があった。ただし，刑法学における新旧学派の対立は，社会理念の対立というより，犯罪と刑罰をめぐる学問的方法論にあった。

古典学派　古典学派の代表的人物としては，カント，フォイエルバハ，ヘーゲル及びビンディングの名前が挙げられる。さらに，近代学派の代表者リストが登場する時代には，ビルクマイアーが古典学派の代表者として学派の争いを展開した。

古典学派の共通項をくくり出すとすれば，①犯罪人の自由意思を認めること，②自由意思の発現としての客観的犯罪概念を採用し，刑事責任の基礎をもっぱら外部的に表現された犯人の行為に求めること，③応報刑論を基調とすること，となるであろう。とはいえ，古典学派にはベッカリーアなど啓蒙期の刑法思想家に由来する長い伝統があるばかりか，内容や方法論も個々の学者によってかなり異なるため，例えば私法学におけるパンデクテン法学者を一括して論ずるような仕方で，古典学派を一括して論ずることはできない。

いずれにせよ，古典学派の基本的な刑法理論は19世紀中葉までのヨーロッパ大陸諸国における個人主義・自由主義の潮流に適合的であった。

近代学派　しかし，19世紀後半になると，産業革命とそれに付随した社会経済の変革が進行し，失業などに起因する犯罪・累犯・少年犯罪などが急激に増加することになった。こうした新たな社会情勢に対して，古典学派の刑法理論は充分に対処できなくなった。時代は新たな観点からの刑法理論を求めていた。

パンデクテン法学に対抗した自由法論が「運動」のレヴェルに留まったのとは対照的に，古典学派に対抗して登場した近代学派の刑法理論は，リストの掲げた綱領によって定式化されていた。すなわち，1882年に発表された論文「刑法における目的思考」，世に名高い「マールブルク綱領」である。この綱領において，リストは，ロンブローゾやガロファーロら人類学的方法論を用いたイタリア犯罪学派の影響のもと，イェーリングの社会功利主義的目的思想やエールリッヒの自由法論と相通ずる刑法理論を展開した。

リストによれば，刑罰の目的は法益保護にあり，どのようにして法益を保護するかは，規範というよりも，犯罪学的考察に基づく客観的な知見から考察すべきである。

「刑罰はどのようにして法益の保護を果たすのか。……こうした問いに，疑問の余地ない確実性をもって答えることができる方法はただ１つしかない。それは社会学の方法，つまり大量現象の体系的観察である。最も広義における犯罪統計学のみが，我々

を確実な答えに導いてくれる。我々が刑罰の法益保護機能や犯罪予防機能を学問的確実性をもって確定するためには，犯罪を社会的現象として，刑罰を社会的機能として考察しなければならない」(「刑法における目的思考」)。

古典学派が「窃盗罪・殺人罪・偽証罪がいかなる刑罰に値するか」を問題としたのに対して，リストが問題としたのは「この窃盗犯・殺人犯がいかなる刑罰に値するか」であった。その判断材料を揃えるために，リストは，刑法学が犯罪諸科学との協力体制を樹立することを力説し，犯罪と刑罰に関する科学的認識の必要性を強調した。リストにとって，刑法学は，あくまでも現実の社会的現象としての犯罪に取り組むべきものであった。ここが，近代学派と古典学派の重要な分岐点であった。

リスト

ドイツ刑法典の編纂　オーストリア刑法典 (1787年) や「プロイセン一般ラント法」など，啓蒙思想に基づく刑事立法を一層徹底させたものは，ナポレオンが制定したフランス刑法典であった。革命期の刑法典は，内容があまりに過激だとして廃止されたが，1810年のナポレオン刑法典は，一方では刑罰の厳格化という反動的傾向も帯びているが，他方では罪刑法定主義を標榜し，自由刑を原則とし，道義的責任の観念を明らかにするなど，啓蒙思想を具体化した刑法典の代表格となった。

ドイツでは，19世紀中葉以降，ラントの刑法典編纂が相次ぐが，その先駆けとなったのがフォイエルバハの立案による1813年のバイエルン刑法典である。ここで，ほとんどすべての身体刑が廃止され，死刑の加重も廃止されることになった。1871年のドイツ帝国刑法典の基礎をなしたのは，1851年のプロイセン刑法である。

もっと学びたい人のために

① 石部雅亮編『ドイツ民法典の編纂と法学』九州大学出版会，1999年。
　＊ドイツ民法典編纂過程に関する必読書。収録されている諸論稿は，編纂作業とそれを取り巻く状況の詳細な検討から，個別制度をめぐる諸問題へと多岐にわたる。近時公刊された新資料も駆使されており，実定法学研究と歴史研究の双方が射程に含められている。
② 高橋眞『日本的法意識論再考』ミネルヴァ書房，2002年。
　＊著者が冒頭で紹介しているとおり，本書には社会科学に関する本の読み方の入門講義とその素材について書かれた論文が収録されている。本章との関連では，第二章の「ドイツ民法典と『共同体思想』」が特に示唆に富む。雇傭契約に関する諸規定の成立背景について「ゲルマン的共同体」の伝統よりも近代的政策をとる上の必要という視点を強調

し,「ドイツ的」という固定観念に対する反省を促す。
③ 甲斐道太郎・稲本洋之助・戒能通厚・田山輝明『所有権思想の歴史』有斐閣, 1979年。
 ＊英, 仏, 独, 日の各国についての近代的な所有権理論の成立と展開が, 新書版用に要領よくまとめられている。本章及び第21章との関連では, 特にこの中のドイツに関する叙述を参照するとよい。
④ 西村克彦訳『近代刑法の遺産』（上・中・下）信山社, 2002年。
 ＊西欧近代刑法学を代表する諸学者の著作を収録した翻訳集。私法学と異なり, 日本語で読める近代刑事立法史に関する専門書は意外と少ない。そのなかにあって, 本書によればミッターマイアー, フォイエルバハやリストらの古典的著作に触れることができる。

【参照文献】
碧海純一・伊藤正己・村上淳一編『法学史』東京大学出版会, 1976年。
石尾賢二「ドイツ民法典成立後における賃貸借法の展開――ギールケを中心として」『六甲台論集』1987/88年, 107〜122頁。
石部雅亮・笹倉秀夫『法の歴史と思想』放送大学教育振興会, 1995年。
石部雅亮編『ドイツ民法典の編纂と法学』九州大学出版会, 1999年。
岩村等・三成賢次・三成美保『法制史入門』ナカニシヤ出版, 1996年。
大塚仁『刑法概説総論』有斐閣, 1963年。
笹倉秀夫『近代ドイツの国家と法学』東京大学出版会, 1979年。
久保正幡先生還暦記念出版準備会編『西洋法制史料選 Ⅲ』創文社, 1979年。
西川洋一・新田一郎・水林彪編『罪と罰の法文化史』東京大学出版会, 1995年。
西村重雄・児玉寛編『日本民法典と西欧法伝統』九州大学出版会, 2000年。
西村稔『知の社会史』木鐸社, 1985年。
村上淳一『ドイツの近代法学』東京大学出版会, 1964年。
村上淳一『〈法〉の歴史』東京大学出版会, 1997年。
屋敷二郎「法律家としてのエミリー・ケンピン＝シュピーリ」『一橋論叢』第126巻第1号, 2001年。
F. ヴィーアッカー／鈴木禄弥訳『近世私法史――特にドイツにおける発展を顧慮して』創文社, 1961年。
O. v. ギールケ／石尾賢二訳『ドイツ私法概論』三一書房, 1990年。
G. クラインハイヤー, J. シュレーダー編／小林孝輔監訳『ドイツ法学者事典』学陽書房, 1983年。
H. シュロッサー／大木雅夫訳『近世私法史要論』有信堂, 1993年。
A. メンガー／井上登訳『民法と無産者階級』弘文堂, 1928年。
H. リューピング／川端博・曽根威彦訳『ドイツ刑法史綱要』成文堂, 1984年。

（上田理恵子）

第24章

近代法システムの揺らぎ
――ワイマールからナチズムへ――

ワイマール共和国からナチス体制に至るドイツでは，19世紀に築き上げられた近代市民法秩序の修正もしくは「超克」がさまざまな角度から試みられた。そこでこの章では，近代市民法システムに対する挑戦という文脈に焦点を絞って，20世紀の両世界大戦間のドイツ法史をたどってみよう。

1 近代法システムの揺らぎ

近代法の特徴　ヨーロッパ法の時空において「脱近代」を問うならば，そもそも近代法とは何かを踏まえなければ話は始まらない。そこで，まず「近代法」の最大公約数と思われる特徴を簡単に整理しておこう。

近代法には，理念上の特徴と構造上の特徴という，2つの角度からみた特徴がみられる。理念的な特徴としては，身分制・封建制の廃止を前提とした個人主義・自由主義がみられ，これが近代私法の三大原則といわれる「人格の自由・所有の自由（所有権の絶対）・契約の自由」や，それらを包括する「私的自治」原則の理念的基盤となっている。近代法の建前上では，人はみな自由・平等の権利をもち，身分の差はないことになっている。市民社会の成立を前提とするこの近代法原理は，理念的に市民法原理とも呼ばれる。

一方で構造的な特徴としては，体系性がある。公法・私法の二元体系，国家法全体を階層序列化した法典体系，それぞれの法典における編成の体系性，近代法学における体系的思考など，近代の法は体系性に満ちている。また，身分制の解体に伴って生じた法概念の抽象化現象は，この体系性を満たす前提としてさらに高められていった。

近代法システムの修正　近代法システムの修正は，この理念と構造の両方について試みられた。理念については，個人主義・自由主義の修正（とりわけ所有権の絶対・契約の自由の制限）が，土地所有と労働関係を中心に現れた。背景には，19世紀後半からみられるドイツの工業化に伴う社会構造の変化がある。長らく農業国家であったドイツは，19世紀末に都市人口が農村人口を上回り，市民社会から大衆社会への変貌を遂げていた。変化の牽引役は「公共の福祉」そして「社会的平等」という，2つの異なる理念であった。この2つの理念と市民的「自由」とが三つ巴となり，ときに激しくぶつか

り合うことになったのである。

　一方、構造については、まず公法・私法の二元体系が、社会法という新しい法ジャンルの登場により揺らぎ始めた。一方で法学における体系的方法は、ドイツではパンデクテン法学の厳格な法実証主義に対する批判というかたちで挑戦を受け、すでに20世紀初頭には自由法運動や利益法学の批判にさらされている（第21章参照）。

　こうした一応の流れを踏まえた上で、ワイマール期からナチス期にかけて起こった法の変化を具体的に見ていくことにしよう。

ヴェルサイユ条約の署名

② ワイマール共和国時代

ワイマール憲法　第一次世界大戦の敗北、帝政の崩壊、共和国の樹立という動乱を経て、ワイマール憲法は1919年に誕生した。一般にこの憲法には漠然と、「民主的」だが不幸な結末を迎えた憲法というイメージがある。しかし、よく見れば、もっと具体的な意味で19世紀近代市民法の枠組みを超えた現代憲法であることがわかる。

政治的平等　上述の理念枠組みで見ると、ワイマール憲法の特徴はまず「平等」理念ベクトルの伸びにある。もっとも画期的なのは男女普通選挙制度の導入（第22条）であるが、これには近代市民法システムの修正という文脈では次のような意義がある。

　近年では近代法の特徴を論ずるに当たり、「近代法の個人主義は家父長個人主義にすぎなかった」という認識が法学の諸分野で見られる。身分制を払拭した近代法は個人の自由意思に基づく社会を建前としているが、実際の運用では、家父長的な地位にある（市場経済に所有者として登場する）限られた人間だけに許された個人主義だった、という認識である。

▶「市民的家父長制」と「公私二元論」
　家父長制は、前近代の身分制社会に典型的な伝統的支配形態のひとつとして語られてきた（ヴェーバー）が、これに対し、近代市民社会にもまた別の「家父長制」をみる議論がある。身分制はなくなったが、実際に政治社会（市民的公共圏）の担い手となったのは、経済的強者である市民層男性のみであったという主張である。社会学では、この新しい支配形態を伝統的家父長制と区別して「市民的家父長制」と呼ぶことがある。
　一方、市民的家父長制論にたつフェミニズムの立場からは、近代市民社会における男

> 女の公私棲み分けに着目した公私二元論が提起されている。近代市民社会の「家」が小家族化・私的領域化するなかで，公的領域（政治・軍隊）は男，私的領域（家庭）は女という社会的性別秩序（ジェンダー秩序）が浸透し，女性が公共圏から締め出されて私的領域に閉鎖される構造が確立したという。
>
> 　階級闘争という手段で公共圏参加を果たした非市民層男性（労働者や農民など）に比べ，女性は経済的弱者であるのみならず，公私二分という近代的ジェンダー秩序によって長らく自立への道を閉ざされたのである。近代市民法システムは，ここでは目に見えない抑圧をはらんだ体系として理解される。　　　　　　　　　　　　　　（N）

　近代市民法の対象外にあったのは，市民社会の外側にいた労働者や農民，そして女性であった。とりわけ女性は長くそして構造的に，市民法社会という公共圏の外に置かれていた。エミリー・ケンピンの挑戦が示しているように，既婚女性の契約締結能力や法廷に立つ権利は，19世紀末までほとんど認められていなかった（第23章参照）。

　民事上の女性の権利は19世紀末から徐々に法規範レベルでは実現するが，公法上の権利に対する壁はさらに高かった。その公法上の権利の最たるものである参政権を，ワイマール憲法は女性に拡大したのである。ちなみにこれは，世界でもニュージーランドや北欧諸国などに次いで早い導入であった。

社会的平等　ところで，平等理念において参政権（政治的平等）に劣らず重要なのが，社会的平等に関する条項である。ワイマール憲法を有名にしたのは，とりわけその豊富な労働権規定であった。

　憲法は「労働力は，国の特別の保護を受ける」（第157条）とし，すべての職業に対する団結の自由（第159条）と，労働条件・生産力発展に関する労働者と使用者の対等な共同参与権（第165条）を保障した。19世紀の近代憲法にはない，社会法の規定の導入である。これは言うまでもなく，個人主義による「契約の自由」を標榜した近代私法原則を修正し，団体による交渉によって，一人では企業に太刀打ちできない労働者を社会的に対等な立場に押し上げることを企図している。「契約」から「協約」へ，「個人」から「団体」への移行である。

　社会法の台頭は，ドイツではすでに19世紀末から各種社会保険法や帝国営業令の労働者保護規定などに現れているし，1900年施行のドイツ民法典にも若干，労働者保護規定が組み込まれている。しかし成立当初から弾圧の対象であった労働組合は，のちに放任されるようにはなったが大戦に至るまで非合法のままであった。ワイマール憲法はこの労働組合を，憲法の保障する団体として認めたのである。しかも，ドイツの労働者は上述の第165条で一定の経営参与権さえ獲得した。また労働権の司法的保障制度として，労働裁判所が1926年に設置されることになった。

公共の福祉　一方，「公共の福祉」理念のベクトルも，ワイマール憲法では大きく伸びている。その際の特徴は，「公共の福祉」が「社会的」という言葉に

結びつけて理解された点であろう。

　典型的な例が，有名な社会的所有権条項である。憲法第153条第３項は「所有権は義務を伴う。その行使は同時に公共善に役立つものでなくてはならない」と定めている。これは，所有者に所有権の絶対（処分の自由）を認める近代市民法の所有権概念とは異なり，所有者に社会的義務をも課すという意味で，「自由な所有権」から「社会的所有権」への移行を表すものとされる。

「社会的」土地所有権　この社会的所有権で念頭におかれているのは，何よりもまず土地所有権である。それは，「土地を耕作し，これを十分に利用することは，共同体に対する土地所有者の義務である」（第155条第３項）といった憲法上のその他の規定からも察することができる。

　では，なぜ土地なのか。それは，近代法成立過程でもっともラディカルな変革を被った所有関係が，土地所有だったからである。前近代では，土地は長い間ずっと支配の道具であった。封建制は封土の貸与（レーエン）を土台に成り立っており，臣従と引き換えに貸与される封土には裁判権や城塞建設権や関税徴収権といった多様な権利がしばしば付随した。上級所有権と下級所有権の区別が示すように，実際に畑を耕す人が土地処分権をもつことはなかった。近代的所有権概念の意味は，こうした封建制に基づく所有権の分割を取り去ったことにある。

　近代私法原理では，誰でも土地を持つことができ，自由にそれを使用し処分できる。所有権は手厚く保護され，他の物権に比べて絶対的優位に立つ。「所有権の絶対」である。ところが，実際にはすでに19世紀後半には，「所有権の絶対」は大きな問題に直面していた。一方で農業危機，他方で都市化という，土地をめぐる社会経済構造の大変動が生じていたからである。

　1870年代のドイツでは農地価格が上がり，逆に農産物価格は低下，さらに技術発達に伴う経営の集約化が農家の負債を増やすという危機状態が生じた。そこでは農業保護のため，むやみな土地分割を禁止したり，高価な農機具の維持義務を課したりといった試みがみられた。一方で都市には工業化の波が押し寄せ，19世紀末には都市人口が農村人口を上回っている。大都市では，粗悪な住宅事情を解消するための集合住宅政策が進んでいた。

前近代との関係　ところで，実はこの社会的所有権を支えた「公共の福祉」理念は，前述の平等理念とは異なり，決して新しいものではない。ドイツではとりわけ18世紀，すなわち近代前夜にも，啓蒙絶対主義下で発展したポリツァイ学において「公共の福祉」観念が好んで使われていたからである（第16章参照）。ワイマール憲法の社会的所有権条項も，直接には，19世紀末に民法典草案をゲルマニステンの立場から批判したギールケの所有権観念に則ったものだといわれる。

　すると社会的所有権は，ローマ法継受前の古きゲルマン法的所有観念に逆戻りする，単なる前近代への回帰にすぎないのであろうか。あるいは近代胎動期の啓蒙絶対主義に

回帰する理念なのだろうか。もちろん，そのどちらでもない。

例えばワイマール憲法は，土地の分配と利用に際しては，「すべてのドイツの家族，特に子どもの多い家族に対して，その必要に応じた宅地及び家産地を確保するという目的を達成するように」（第155条第1項）国が努力する旨定め，また土地収用の目的として，入植や開墾，農業促進に先駆け「住居確保」（同条第2項）を挙げている。これらの条項には，前近代の公共の福祉観念にはない「社会的平等」要素が含まれている。

こうした意味で，ワイマール憲法上の社会的所有権は，単なる前近代への回帰ではなく，新しい内容を含んだものだといえる。そこでは近代私法の自由な所有権や自由な個人間契約原則を，つまり近代的自由理念を修正する傾向が明らかだが，その牽引役である「公共の福祉」と「平等」理念は，「社会的平等」という共通項でつながっているのである。

司法の反法実証主義 ワイマール時代の私法学には，20世紀初頭の自由法運動や利益法学に比べると，特にこれといった革新運動や学派は生まれなかった。むしろこの時代を刺激したのは，よくも悪くも司法実務であった。経済や政治の不安定が引き金となって，司法が制定法逸脱をもいとわない判決を生み出し，それを法学が追認していったからである。

一般条項 その際に司法実務で切り札として使われたのが，いわゆる一般条項（Generalklausel）であった。一般条項とは，例えばドイツ民法典第157条「契約は，取引慣行上の信義誠実にしたがい解釈されねばならない」（信義則）に代表されるような，一定の要件をきわめて一般的な言葉によって定めた条項である。

この条項の特徴は，裁判官に広い裁量の余地を与えることである。一般条項を積極的に用いることは，法実証主義の立場からすれば，法条文及び法概念適用による緻密な包摂作業を放棄する暴挙と映った。逆に自由法運動の立場からすれば，「生ける法」を尊重し，実際の法生活や法感情にそくした紛争解決が期待された。学界でも，一般条項は社会や経済の変化に対応し，具体的な権利救済を図るために有効な手段である，という一般条項論が台頭した。

増額評価判決 この一般条項をめぐって私法学を揺さぶった事件が，1923年11月28日大審院民事第5法廷判決，通称「増額評価判決（Aufwertungsurteil）」である。増額評価とは，ここでは極端なインフレの応急処置として金銭債権の価値を切り上げて評価し直すことを指す。第一次世界大戦後のドイツは悪性インフレに見舞われ，1923年のピーク時で大戦前の1マルクが1兆分の1の価値に落ちるというすさまじい通貨危機を体験していた。そのような状況で起きた事件は，以下のようなものであった。

南西アフリカのドイツ保護領の土地所有者Aは1913年にこの土地を抵当に入れ，Bがその抵当権を1万3000マルクで手に入れていた。1920年，Aは抵当債務の額をマルクで返した。ところが，当時すでにドイツマルクの下落が始まっており，Aが返済したマルクは1913年当時の価値には遥かに及ばなかった。そこでBは，Aが保護領で通用してい

た貨幣もしくは相応する為替相場で換算された債権額で債務を支払うべきだと主張し，抵当証券の返還を拒否したのである。Aはこれに反発，抵当証券の返還を請求して提訴に及んだ。

さて，当時の通貨法上では，債務の弁済は通貨価値の変動にかかわらず名目額を払うべしという「マルクはマルク」原則が通用しており，原審もこの実定法にしたがい原告Aの訴えを認めた。ところが，大審院はマルクの名目額による返済を不当として原審判決を覆し，インフレに応じて債権額をつり上げることを認めた。

問題は，通貨法制に明らかに反するこの債権額切り上げ容認の法的根拠をどこにおくかであるが，大審院がこのとき依拠したのが，まさしく上述の一般条項にあたる信義則であった。ちなみに当時の大審院には，違憲立法審査権が与えられていなかった。

判決の評価 では，この判決は，大インフレという異常事態に対する一国家権力の例外的で超法規的な措置なのか，それとも他の事件にも適用可能な新しい判決スタイルなのだろうか。当時の民法学界はおおむね後者の意味でこの判決に好意的な反応をよせた。一方，裁判官に対する法律の優位を固持し判決を鋭く批判したのは，他ならぬ法実証主義批判で名高い利益法学のヘックであった。

今日の法史学者のなかにも，クレッシェルのように，大審院の立場を「自然法的正義の観念への復帰」とし，実質的にはすでに中世教会自然法で認められていた「給付と反対給付が等価でなければならない」とする「古い衡平の原則」に立脚したものと好意的に評価するむきもある。しかし，一方では広渡清吾の指摘するように，判決が「242条という実定法規を形式的根拠としつつ，反制定法的な裁判官的法創造を行った」事実は否めない。

大審院と政府の確執 この一般条項論問題を歴史的に評価するには，その背後の事情を把握しておかねばならない。そこにはまず，大インフレへの対処をめぐる大審院と政府との確執があった。

大審院はすでに同年夏，インフレへの立法的措置を促す法律案を公表し，そこで裁判官の自由な増額評価を認める規定を盛り込んでいた。しかしその法案は通らず，大審院を失望させていた。先の判決は，そうした意味では大審院の立法府に対するいらだちを体現したものだとも言える。さらに判決後，政府が増額評価を阻止する法律を考慮中という情報が流れると，大審院裁判官協会は共和国政府へ意見書を提出し，大審院の見解が立法によって覆されないよう牽制した。

広渡清吾によると，意見書は，「判決は，われわれの法的生活を支配している信義則の偉大な思想に立脚しており，「マルクはマルク」という考え方に固執しつづけることが法治国家においては容認しがたい不法を結果するという認識に依拠している」とし，政府が強行に法律を制定すれば，裁判所は再び信義則によりその適用を阻むであろうといったニュアンスの威嚇さえ行っている。

これに対し，司法大臣エミンガーは，裁判官の道徳律に合わないからといって裁判所

が法律を適用しないならば、それは「法秩序の解体と国家機構の不健全な動揺に帰着することになるだろう」と応酬している。

最終的には政府が増額評価を認める立法的措置に乗り出してこの争いには一応の決着がついたが、裁判官が一般条項を用いる判決は、次のナチス政権下にさらに大きな波となって現れる。その意味では、増額評価判決は後の司法の逸脱への前史であったとも言える。

「階級司法」 こうした司法省（共和国政府）と大審院の見解の対立は、国家機関同士の管轄争いのレベルをはるかに超えて、政治的な背景をもっていた。

ワイマール共和国では、帝政期に裁判官職にあった人々が体制変換後も引き続き法廷を司っていた。彼ら裁判官の出自は旧体制の社会的エリート層であり、その価値観は帝政期の有産市民層のそれであったから、労働者を支持基盤とする当時の社会民主党政権の世界観とは明らかにずれていた。彼らはワイマール憲法に対する忠誠心も薄いといわれ、社民党や共産党の論客からは「階級司法」と批判されていた。

裁判官の「自由法的」姿勢も、自由法運動当初の要求を受け継いだものというよりは、共和国憲法と共和国政府への不信を実現するための方便にすぎなかったともいわれる。さらに最近の社会史では、この「階級司法」がナチス政権をもたらす布石になったという主張さえ聞かれる。例えば1923年のヒトラー一揆では、オーストリア人であるヒトラーを追放刑に処すこともできたのに、わずか5年の禁錮刑しか下されなかった。このように、ワイマール期の裁判官が極右政治犯に対して余りにも軽い判決を下したことが、ナチス台頭の遠因だというのである。この主張の妥当性は今後も検討されねばならないが、いずれにせよ、当時の裁判官の保守性という史的評価は今日ほぼ定まった感がある。

③ ナチス政権時代

党の基本方針 ナチス党の正式名称は、「国民社会主義ドイツ労働者党（Nationalsozialistische Deutsche Arbeiterpartei）」である。伝統的なカテゴリーでは「国民」（「民族」と訳されることもある）と「ドイツ」の部分が保守派、「社会主義」「労働者」の部分が革新派の政治的信条を標榜する言葉であるが、まさにこの左右のイデオロギー用語を併せもつ渾然とした政党名に、ナチズム問題の現代性が現れている。

そこには、労働者階級もしくは中産階級という比較的新しい社会層の不満を、排他的国家主義（民族主義）という近代帝国主義的枠組を用いて解消しようという矛盾がある。具体的な党の基本姿勢は、政権奪取より13年もまえに遡る1920年の党綱領ですでに示されていた。ここでは綱領の全25項のうち、一部を紹介しておこう。

「3．われわれは、国民を養うための、又われわれの過剰人口を植民させるための土地を要求する。

4．ドイツ公民（Staatsbürger）たり得る者はドイツ民族（Volksgenosse）に限る。……如何なるユダヤ人もドイツ民族ではあり得ない。

6．……性格および能力を考えないでただ党派的見地からだけで官職の配置を決定する腐敗した議会政治を排斥する。

7．国家は……全人口を扶養することができない場合には，他国民はこれを国外に追放すべきものである。

10．ドイツ公民の第一の義務は，精神的又は肉体的に働くことでなければならない。各人の行為は全体の利益に反してはならない。

25．これら全てを実行するため，ドイツ国の強固な中央権力確立を要求する」（『世界各国憲法典』）。

かくしてその実体は，ユダヤ系資本を没収する一方でドイツ系大企業は温存させ利用し，労働組合を解散させ社会主義者と共産主義者を弾圧する一方で新たに「ドイツ労働戦線」を結成，党による全労働者の画一的掌握をめざすものであった。こうした党の「要求」は，1933年の政権掌握後2年足らずでそのほとんどが実現されることになる。

政権奪取後の立法 では，当時世界でもっとも民主的と謳われたワイマール憲法からナチス体制への転落はいったいどのような立法的道程をたどったのだろうか。近代法の変質というこの章のテーマからは少々脱線するが，1933年以降のドイツの特殊な展開を理解するためには，ナチスの立法活動を簡潔に追っておく必要がある。

1933年1月にナチス政権が誕生した当初は，政府は連立政権であり，決して一党独裁の体をなしていたわけではなかった。ただこのときすでにドイツでは，世界恐慌のダメージから国会が機能麻痺に陥り始めており，それと反比例して「大統領の緊急命令権」発動が急増していた。

緊急命令権 ナチス政権独裁の突破口はこの「大統領の緊急命令権」であり，その法的根拠は皮肉なことにワイマール憲法であった。第一次世界大戦後の極端な政情不安から，ワイマール憲法は大統領に強大な緊急命令権を与えていた（第48条）。これは部分的にとはいえ，大統領に基本権の一時的な停止を許したものであった。

1933年2月28日の国会議事堂炎上事件を機に，ナチス政権は大統領ヒンデンブルクにこの緊急命令権を発動させ，人身・意見表明・出版・結社及び集会の自由制限と通信の秘密侵害，さらに所有権の制限を図った。この事件の真相はいまだ不明であるが，放火犯人として共産党員が逮捕されると，ナチス政権は，当時右派の脅威であった共産党を国会から締め出すことに成功した。

授権法 この共産党議員締め出しやその他の議員の恐喝などにより，ナチス政権は国会議員の3分の2の議決を要する「授権法（Ermächtigungsgesetz）」を首尾よく通過させたのである。

この有名な3月24日の「民族及び国家の危機を除去するための」授権法は，政府に単

独立法権を与え，さらにその法律が憲法に違反することをも原則として認めた。このようなう「民主的手続」を経て，ワイマール憲法の定める議会制民主主義はあっけなく崩壊したのである。
　こうして始まった政府単独立法は，4月には「職業官吏制再建法」によりユダヤ系，社民党及び共産党の官吏を職場から追放，5月には「ドイツ労働戦線」なる統一組織を創設して労働組合を強制的に解散，7月には「政党新設禁止法」で複数政党制の廃止を実現させている。翌年12月の「国家と党に対する悪意のある攻撃を罰する法律」により，言論の自由は決定的ダメージを与えられた。遅くともこのとき民主主義は完全に息の根を止められたといってよい。

連邦制の解体　こうした中央レベルの党独裁体制強化と平行して，連邦制の解体も進められた。とりわけ1934年1月30日の「帝国改造法」は州議会を廃止し，州高権を中央へ委譲させた。これにより連邦国家制の息の根が止められ，千年余にわたってドイツを特徴づけていた分権主義にあっけなく幕が下ろされたのである。
　国の中央集権化は，ここではナチスの用語にいう「均制化（Gleichschaltung）」の一環として行われた。それは地方からの批判勢力を捻りつぶし，全体への奉仕を強要する「全体主義（Totalitarismus）」以外の何ものでもなかった。

法学界の危機　ナチス期の法理論は法学界からの多大な頭脳流出という政治的事情を抜きにしては語れない。すでに1933年のナチス政権奪取直後から弾圧は始まり，大学教授の1割強が追放されたという。排除の対象は，社民党とユダヤ系ドイツ人であった。
　社民党系では，ユダヤ系でもある憲法学者ヘラーが解雇され亡命・客死，社民党政権で司法大臣を務めた著名な刑法学・法哲学者ラートブルフも5月に解雇されて「国内亡命」に入った。ユダヤ系の出自ゆえに解雇された法学者としては，純粋法学で名高い憲法学者ケルゼン，自由法運動の提唱者カントロヴィッツ，労働法の父ジンツハイマー，代表的行政法学者W. イェリネックの名前が挙げられる。これらの人々の多くは，ナチス政権発足まもない1933年4月の職業官吏制再建法を根拠に解雇された。
　法分野に注目してみると，ナチス初期に壊滅的損失を被ったのは，まずユダヤ系法学者が主力を担っていた法社会学であった。激しいゲルマン民族至上主義のため，ローマ法学も大きなダメージを受けた。一方，法哲学は，新ヘーゲル主義者たちのナチス政権正当化によって，少なくとも数年は生き長らえた。

キール学派と新秩序構想　この大追放の結果空席となったポストは，「新秩序形成」構想に燃える若手法学者に差し出された。とりわけワイマール共和国建設に縁の深いキール軍港のあるキール大学は，ナチス政権直後に多くの人材を失い，間もなく新進気鋭の学者たちを招聘して穴を埋めることとなった。この招聘人事により計画的に作り出されたのが「キール学派」と呼ばれる若手法学者集団であり，彼らを中心として，ナチス精神による「新秩序」形成への包括的試みがなされることになる。この試みは近

代市民法秩序を意識し徹底的に批判をしたものであったから，ここで少し詳しく見なければならない。

「具体的普遍概念」構想 このキール学派の新秩序構想でもっとも斬新で分かりやすいのが，ラーレンツの「具体的普遍概念」の構想である。ラーレンツは，新ヘーゲル主義の法哲学に則ってこの構想を展開した。ヘーゲルの『法哲学』では，「具体的」という用語は，抽象法（正）と道徳（反）の倫理への止揚において使われる弁証法上の言葉である。ラーレンツの意図は，一言でいえば民法上の基本的な法律概念をことごとく新秩序概念にすげ替えることにあった。自由主義・個人主義的価値観にたつドイツ民法典は，その帰結として抽象的な法概念，すなわち「人」「権利」「物」「契約」等を用いているが，新秩序下ではこうした古い法概念で築かれた体系の再編成を図らねばならない，というのである。

まず従来の「自由な権利主体」としての「人」に代わって，民族構成員としての「法構成員」が与えられる。その必然的帰結として，権利概念，特に所有権に対する修正が必要となり，「権利」の代わりに「法的地位」の観念が現れる。これは民族共同体の成員である法構成員が全体の中で自分の担当する地位を指し，この法的地位に応じて，具体的には各々の職能に応じて各種の権限と義務が生じる，というものである。

この際，所有権の絶対的優位は排されて，他の物権との質的差異は認められなくなる。「物」という抽象的概念も攻撃の対象となった。物はおのおのの具体的機能，例えば土地ならば世襲農場なのか住宅地なのか，建物なら住居か工場か，動産なら商品か持ち物か等に応じてそれぞれにふさわしい法律上の扱いを受けるべきとされる。

これらの概念批判の中でももっとも激しい攻撃は，「契約」の自由原則に向けられた。「人」の概念把握の変革に準じ，個人意思に代わって団体意思が契約原則に決定的な意味をもつのであるから，団体的な制約は契約当事者の団体意思への拘束の当然の結果とされる。かくして所有権の絶対・契約の自由原則を支柱とする民法典の自由主義・個人主義的性格は，その抽象的諸概念の解体によって崩壊する。

世襲農場法 こうした「具体性」を重んじる考え方は，ナチス政権初期の個別法，その中でも代表的な世襲農場法と国民労働秩序法にも見られる。

1933年の世襲農場法は，「農地を負債の過重と相続による分裂から保護し，農場における所有地面積の健全な配分を確保する」ために，世襲農地を単独相続権の対象とし，またその譲渡と担保を認めないことを規定している。これは民法典における「所有権の絶対」原則の修正であるが，それだけなら，ワイマール憲法153条3項の「所有権は義務を伴う」の意味での社会的所有権の延長線上にあるとも理解できる。

しかし，ナチス期の所有権概念がワイマール期のそれと根本的に異なるのは，所有権の本質を「もはや抽象的な支配権や処分権能にある」とは認めず，「ある具体的な社会秩序の内部におけるその社会的な機能や任務によって内容的に規定される」（クレッシェル）とする点にあり，この点で従来の考え方とは本質的に異なるものである。

国民労働秩序法　一方，1934年の国民労働秩序法は「契約の自由」原則の切り崩しであった。そこでは労使間の利益関係の対立を「止揚」し，一種の職能団体として両者をいわゆる経営共同体に包括することによって，個人間の契約に優位する団体意思による契約の制約を規定している。この場合の経営共同体は，ワイマール憲法に謳われた労使の「対等な共同参与権」とはまったく異なるものであった。

すでに政権奪取後半年足らずで労働組合が強制解散に追い込まれた後では，この「経営共同体」の本質が「団体意思」をタテマエとして労働者の団結権を奪うことにあったのは明らかである。要するに，どちらの法律の場合も，「公共の福祉」を楯に，近代的「自由」と社会的「平等」の双方が切り崩されたのである。

カール・シュミットの公法学　ナチス政権当初は，公法学も激しい近代市民法秩序批判を展開した。ケルゼンやヘラーを失った憲法学界で絶大な影響力をもったのは，すでにワイマール期から鋭い法実証主義批判と民主主義批判を繰り広げていたカール・シュミットであった。

シュミットが1934年に提唱した「具体的秩序及び形成思考」は，新秩序形成の波に先鞭をつけるものとなった。シュミットは歴史上の法思想を「規範主義」「決定主義」そして「具体的秩序及び形成思考」という3つの思考類型に分ける。彼の説明はこうである。

法の本質を規範に見出す「規範主義」は，法の規範性を絶対視し，問題をその規範に適合するかのみで判断し，われに客観的正義ありと主張する。「決定主義」は，規範も秩序もない社会状態を前提に，主観的な決断の権威により法が創造されると考える。ホッブズに代表される社会契約論に基づく近世絶対主義の法思想に，この傾向が強く見られる。実のところ，ワイマール期には，シュミット自身もこの立場に属していた。

これに対し，第三の「具体的秩序及び形成思考」は，規範や決断は畢竟，歴史上のある具体的な全体的秩序に源を発するものだから，法はこの生きた社会における具体的な秩序のなかにこそあるとする。歴史上ではゲルマン固有の法思想や中世カトリック，そしてルターにもこの具体的秩序思考が見出されるという。

「具体的秩序思考」　こうした前提に立つシュミットにとって，ドイツ近代とは，決定主義すなわち国家権力機関の議会制による立法が，規範主義すなわち市民社会を基盤とする自由主義・個人主義的法体系への信望と結合することによって，法実証主義が台頭し，ドイツの伝統的な具体的秩序思考を破綻に陥れた時代にほかならなかった。

これに対して，ナチス法学は，この法実証主義の基盤にある国家と社会の二元的構造が，ナチス体制の打ち立てる国家・運動・民族という3つの秩序系列により「克服」されることによって，具体的秩序思考の復活に向かう，としたのである。

「一元化」　この「具体的秩序思考」を土台にして，国法学者はさらに「一元化」構想を展開した。そこでは三権分立，公法・私法の二元体系，国家と社会の二元構造が近代特有のシステムとして攻撃され，それらの解消つまり「一元化」が主張された。

憲法学者フーバーはヘーゲルの権力分立論を自己流に解釈し,「ナチス革命はブルジョワ（市民的）法治国家の権力分立を克服する」というテーゼを立てた。公法・私法の二元体系を批判したショイナーは,あらゆる法の分類は時代と民族の表現であり,変化し衰退すると考えた。公法・私法の区別は絶対主義に端を発するが,国家に対する社会の優位という19世紀の自由主義的傾向に対応して私法の優位・公法の従属という主従関係に移行した。しかし,ナチズムによる民族共同体は,時代的制約に縛られたこの二元体系を「克服」するというのである。

こうした「一元化」構想は,必然的に近代公法学が生んだ法治国家原理の遺棄へとつながった。シュミットの弟子たちは,法治国家概念を近代自由主義・個人主義の象徴ととらえ,ナチス法にとってもはや時代遅れとみなした。

新秩序構想の影響　ところで,これらの新秩序構想がナチス体制に与えた影響は,実のところきわめて低かった。理由の一つは,法学界における新ヘーゲル主義の立場が必ずしも支配的ではなかったことである。新ヘーゲル主義はナチス政権を正当化したが,逆にナチズムに影響を与えるほどの力はなかった。キール学派も,最初の数年の熱狂が過ぎると,人事異動によってあっさり自然消滅してしまった。

もう一つの理由は,ナチス政権が法学をほとんど無視していたことにある。政権奪取後まもなくナチス党は「ドイツ法アカデミー」なる法学者のエリート組織を作って党の監督指導下においたが,この「アカデミー」の努力,とりわけナチス的世界観の法学による結晶として準備された「民族法典」草案は実現しなかった。結局,法学者はナチズム正当化の手段に利用できるかぎりで存在を許されていたにすぎなかった。

近代法システムの修正　一方,「新秩序」構想の内容を,近代法システムの修正という視点から評価するとどうなるであろうか。社会学者マウスは,「20世紀の法学方法論における本来の「パラダイムの転換」がナチズムにおいて行われた」というが,この指摘は,法実証主義の抽象的概念体系を解体する初めての試みという点では妥当であろう。

自由法学や利益法学は,汎形式論理主義への批判と現実の法生活上の利益衡量という視点で法学に柔軟性をもたらしたが,もとよりそれは決してパンデクテン法学の構築した法体系そのものに対する代替案ではなかった。むしろそれは,裁判官の自由裁量の拡大という実務上の問題であり,近代法体系の根本的改造をめざしたものではない。このような意味で,ナチス初期の「新秩序」構想は,その成果はさておき,近代法体系へのもっとも根本的な攻撃であった。

また,法史学者クレッシェルは,ナチス初期における所有権概念変革が現代に及ぼした影響を認める。権利一般に制限が内在するという「内在説」は現在でも通用するし,部分的には,物の機能から所有権の類型を区別する具体的所有権概念の名残も見られるという。

これに対して,国法学者の一元化構想にみられたような,近代市民法体系を「克服」

して「まったく新しいもの」を作ろうという試みは、成功したとは言いがたい。市民法システムの史的分析には斬新なところもあるが、その「克服」後の具体的な国家機能改変への現実案に欠けていたからである。

全体的評価　このように、近年の研究には、ナチス期の法学の成果を冷静に評価しようとするものもみられる。とはいえ、ナチス法学の幾ばくかの功績は、以下で述べることを考えるとき、すっかり霞んでしまうだろう。

総じてナチス法では、ひとり「公共の福祉」理念のベクトルが巨大化し、近代的「自由」と社会的「平等」理念はその影に隠れてしまったが、「新秩序」構想はこうしたナチス法の致命的欠陥を補うことはできなかった。「新秩序」構想は、一方で民法典やワイマール憲法の自由主義・個人主義を攻撃することで、いわば公然と「自由」理念に対立した。他方で、「平等」理念は攻撃の対象とせず、隠然と圧殺した。

つまり彼らの主張には、あたかもそれぞれの具体的秩序の中に調和的な「団体意思」があるかのような錯覚を起こさせる作用があったが、そこでは少数者や政権批判者の権利は勘定に入っていなかった。実際には、全体主義政策に取り込まれた「公共の福祉」理念は、社会的弱者やアウトサイダーの切り捨てを意味していた。それは最終的には、社民党員や共産党員といった政敵およびユダヤ人やロマ（ジプシー）や同性愛者の強制収容所収監、精神病者や身体障害者や不治の病人に対する優生断種法適用や強制安楽死という措置に徹底して現れた。

自由主義を近代的・ローマ法的悪弊と断罪し、法治国家原理を時代遅れとした「新秩序」形成の法学は、こうしたナチス的「公共の福祉」肥大化暴走の危険に対してあまりに無防備であった。

▶**ローマ法学の弾圧**

　ナチス期において、ローマ法の地位はかつてない危機にさらされた。ゲルマン民族至上主義の波が法学に押し寄せたからである。すでに19世紀後半からロマニステンとゲルマニステンの学問的対立（第20章参照）が生じていたが、パンデクテン法学が主流の私法学では、ロマニステンの存在意義が疑われたことはなかった。それがナチス期には一転して、細々と生き延びるしかなくなったのである。

　ナチスは最初からローマ法に敵対的だった。すでに1920年の党綱領は、「唯物主義的な世界秩序に奉仕するローマ法に代えて普通ドイツ法を要求」している（19項）。実際には、こうした要求は、同盟国イタリアへの配慮もあって貫徹されなかった。それでも、大学の講義要綱ではローマ法史は「古代法史」の影に隠れ、ローマ法継受は新設の「近世私法史」に組み入れられた。さらに、著名なローマ法学者たちが政治的理由で教壇を追われたことも、ローマ法学にとって痛手であった。

　パウル・コシャカーが戦火の中で名著『ヨーロッパとローマ法』を著して、ローマ法の危機に警鐘を鳴らし、ヨーロッパ法文化におけるローマ法の意義を唱えた（ただし出版は1947年になった）のは、このような政治文化的文脈においてである。　　　（N）

連合軍の空襲によって破壊されたドレスデン

ナチス期の司法実務 　ナチス政権は司法人事には大きな影響を与えなかった。1933年の職業官吏制再建法で多くの法学者が職を追われたときも、もともと保守層の占める裁判官の人事にはさしあたり大きな変化はなかった。通常裁判所ではこれといった組織改革はなく、とりわけ民事に関する日常的な裁判はワイマール期と変わらず行われていた。

　したがって、ナチス期の裁判官に対する戦後の評価は、当初は同情的なものが多かった。悪名高い民族裁判所や一部の刑事裁判は別として、一般の裁判官に対しては、遵法精神ゆえに悪法も適用せざるを得なかった不運の公僕、またはナチス以前の法律を楯に正義を貫いた人、というイメージがあった。実際に、そういう実例もなくはなかった。

　こうした認識は、おそらく戦後当初の「自然法の再生」ムードを反映したものといえるだろう。ナチス政権による人権蹂躙の全貌が明らかになると、ドイツでは「実質的正義」を確立するための自然法論が台頭した。それは、法哲学者ラートブルフに代表されるような省察、すなわち価値中立的な法実証主義がナチス政権台頭を許したのだ、という法実証主義者の自省を土台の一つにしていた。

「無制限の解釈」 　しかし1960年代から新しい世代によるナチス期司法の検証が始まると、この裁判官像はにわかに修正を迫られるようになる。とりわけ大きな影響を与えたのが、リュータースの『無制限の解釈』である。

　リュータースの研究は膨大な裁判資料を用いて、当時の民事裁判で一般条項が多く用いられていたことを証明した。よく利用されたのは、民法第138条の「良俗」、第242条の「取引における信義誠実」、第626条の「重大な事由」であった。つまり、裁判官は法律実証主義に縛られていたのではなく、むしろ一般条項の助けを借りて個々の条文から

解放され,「無制限の解釈」に陥っていたというのである。この観点からすれば,上述したワイマール期の増額評価判決は,ナチス期の裁判官による一般条項濫用への一里塚だったと考えることもできるだろう。

　他方で,ナチス時代に新たに設けられた「一般条項」を指摘する研究もある。例えば1935年の刑法改正は,法律が定める行為のほかに,刑法典の基本思想及び「健全な民族感情」に照らして罰すべき行為は処罰可能とした。これは真正面から罪刑法定主義を免除する規定である。この他にも,遺言法や相続法,債務整理法のなかに,「健全な民族感情」に基づく判断を裁判官に委ねる規定が設けられたことが,明らかになった。

　こうした実証研究の成果は,ナチス期裁判官像への修正を迫るだけでなく,先の戦後ドイツの自然法回帰ブームに対しても問題を提起することになった。少なくとも裁判官実務に関して法実証主義の冤罪が晴らされた現在では,自然法回帰の根拠も相対的に薄れたからである。こうして今も続くナチス法研究は,法とは何かという深遠な問いと常に向かい合っているのである。

もっと学びたい人のために

① G. グラス／高本研一訳『ブリキの太鼓』集英社（集英社文庫），1978年。
　＊ナチス時代に普通の人々が巻き込まれ,また自ら荷担した全体主義の雰囲気を,シニカルに独特のエロティシズムで描いた20世紀屈指の小説。同名の映画も名作。

② 高田敏・初宿正典編訳『ドイツ憲法集』（改訂版）信山社，2001年。
　＊ワイマール憲法やナチス法のほか,1848年のフランクフルト憲法から現行のドイツ連邦共和国基本法まで,ドイツ近現代の諸憲法を全訳した便利な一冊。解説つき。

③ K. クレッシェル／石川武監訳『ゲルマン法の虚像と実像』創文社，1989年。
　＊本書所収の「ナチズム下におけるドイツ法学」・「『ゲルマン的』所有概念説について」は,ナチス期の法学理論を明快に分析している。

④ 広渡清吾『法律からの自由と逃避——ヴァイマル共和制下の私法学』日本評論社,1986年。
　＊ワイマール期の私法学の動きと,その政治的背景を一望に見渡す一冊。ワイマール期の増額評価判決については,同「大インフレーションとライヒスゲリヒトの『クーデター』」（『法学セミナー』1973年12月号）を参照されたい。

⑤ H. ロットロイトナー他／ナチス法理論研究会訳『法,法哲学とナチズム』みすず書房，1987年。
　＊本文で引用したマウス論文「ナチズムにおける法学方法論と司法の機能」ほか,ナチス時代における各法分野の動向を追った論文集。やや難解だが読み応えはある。

【参照文献】

吾妻光俊『ナチス民法学の精神』岩波書店，1942年。
石井三記・寺田浩明・西川洋一・水林彪編『近代法の再定位』創文社，2001年。
岡田正則「ナチス法治国家と社会的法治国家——戦後西ドイツ公法学への『連続性』問題の一考察」早稲田大学大学院法研論集第41～43，45号（1987～88年）。
川越修他編著『近代を生きる女たち——19世紀ドイツ社会史を読む』未來社，1990年。
京都大学憲法研究会編『世界各国の憲法典（新訂増補版）』有信堂，1965年。
田山輝明『ドイツの土地住宅法制』成文堂，1991年。
ナチス研究班『ナチス法の思想と現実』（関西大学法学研究所研究叢書第3冊）関西大学法学研究所，1989年。
日本法哲学会編『〈公私〉の再構成』法哲学年報（2000），2001年。
広渡清吾「大インフレーションとライヒスゲリヒトの『クーデター』」『法学セミナー』1973年12月号。
広渡清吾『法律からの自由と逃避——ヴァイマル共和制下の私法学』日本評論社，1986年。
三成美保『ジェンダーの法史学』勁草書房，2005年。
村上淳一『ドイツ市民法史』東京大学出版会，1985年。
若尾祐司『近代ドイツの結婚と家族』名古屋大学出版会，1996年。
高田敏・初宿正典編訳『ドイツ憲法集 改訂版』信山社，2001年。（本文中の条文引用は同書に依拠したが，一部訳語を変更した）
J-L. アルペラン／野上博義訳「ナポレオン法典の独自性」『名城法学』第48巻第4号。
P. ヴァイス／岩淵達治訳『追及——アウシュヴィツの歌』白水社，1966年。
A. カウフマン／宮沢浩一他訳編『現代法哲学の諸問題——法存在論的研究』（慶應義塾大学法学研究会叢書；19）慶應義塾大学法学研究会，1968年。
A. カウフマン／中義勝・山中敬一訳『グスタフ・ラートブルフ』成文堂，1992年。
K. クレッシェル／石川武監訳『ゲルマン法の虚像と実像——ドイツ法史の新しい道』創文社，1989年。
E. コルプ／柴田敬二訳『ワイマル共和国史——研究の現状』刀水書房，1987年。
C. シュミット／掘眞琴・青山道夫訳『国家・議会・法律』白揚社，1939年。
C. シュミット／長尾龍一他訳『危機の政治理論』ダイヤモンド社，1973年。
F. ノイマン／加藤栄一他訳『ビヒモス——ナチズムの構造と実際』みすず書房，1963年。
U. フレーフェルト／若尾祐司・原田一美訳『ドイツ女性の社会史』晃洋書房，1990年。
H. ヘラー／今井弘道編訳『国家学の危機——議会制か独裁か』風行社，1991年。
D. ポイカート／小野清美・田村栄子・原田一美訳『ワイマル共和国——古典的近代の危機』名古屋大学出版会，1993年。
I. マウス／今井弘道他訳『カール・シュミットの法思想——ブルジョア法とファシズムの間』風行社，1993年。

H. モムゼン／関口宏道訳『ヴァイマール共和国史――民主主義の崩壊とナチスの台頭』水声社，2001年。

Ch. ミュラー，I. シュタフ編著／安世舟・山口利男編訳『ワイマール共和国の憲法状況と国家学』未來社，1989年。

H. ロットロイトナー他／ナチス法理論研究会訳『法，法哲学とナチズム』みすず書房，1987年。

Michael Stolleis: Art. „Nationalsozialistisches Recht", in : *HRG* Bd. 3 (1984), Sp. 873-892.

（松本尚子）

エピローグ

19世紀ヨーロッパ法の継受から
20世紀アメリカ法の受容へ

1 法の継受

西洋法制史学　これまで、ヨーロッパ大陸における法の発展過程をさまざまな角度から叙述してきた。明治以来、大学の法学部では法史学はローマ法とともに、かなり重要な位置づけがなされてきた。これは19世紀ドイツの歴史法学の影響によって、現行法の歴史的理解のために法制史が必須とされたためである。また、西洋法制史学の対象となる国は、ほとんどドイツ、フランス、イギリスに限定されていた。

この偏りは、まずフランス法とドイツ法が継受されたことと、当時の一等国であるイギリスの近代化も、日本にとって学ぶべき重要な模範だったことによる。また歴史学的な関心からも、これら代表的な列強の法史は、歴史的発展とくに近代化の法的側面からのアプローチとして、学問的関心を喚起したといってよい。ここでは、外国法西欧法の継受という観点から、日本における西洋法史の問題を取り上げておこう。

江戸期までの日本法　歴史を通じて、日本民族は法的なシステムを独自に創造することはなかった。

日本人がまとまった法システムに最初に触れたのは、聖徳太子の時代に隋に派遣された留学生であったと思われるが、中国の法制の影響は、すでに7世紀初頭の十七条憲法に見られる。例えばその11条には「明察功過賞罰必當」とあり、すでにここに中国法を構成する思想として法家思想が引用されている。さらに律令継受の具体的動きは、唐に留学したクスシ恵日が、623年「大唐国は法式の備わり定まりたる珍しき国なり。常にすべからくかようふべし。」と進言している。以後7世紀中頃の近江令にはじまり、8世紀初頭の唐律令に依拠した大宝律令や養老律令などが制定されるが、仏教の影響を受けて、律の刑罰が日本ではやや緩和されていた。また当然のことながら土着の神祇的な習俗との妥協もみられた。

法システムの点からいって、思想の面でもっとも影響力があったのは、法家思想であった。この愚民思想を前提とする専制権力的統治志向は、もともと法的構造をもたない儒教の、礼による支配よりはるかに能率的で広域支配に馴染むものであった。したがって、これは、律令体制が崩壊してのち、荘園制に続く封建制を支配した幕府にも引

き継がれていく。すなわち13世紀の貞永式目あるいは17世紀の諸法度の武家法においても，法は武家支配すなわち権力者のための諸規定であることに変わりはない。

　中世から近世にかけても，日本は中国から多くの文化を受け入れてきた。易姓革命や宦官等受容しなかったものもあるが，社会道徳としての古い儒教や近世儒教である朱子学に付随する「尊皇攘夷」思想あるいは禅を受け入れ，そして明や清の律令を学ぶことも怠らなかった。したがって明治維新の直後まで，日本人の法に関する思想やシステムは，中国の律令法すなわち，法とは権力者が社会秩序を保ち，支配を貫徹するための命令（行政法）とその徹底のためのサンクションとしての刑法がすべてであった。このように一般民衆が法の主体たり得る余地はまったくなかった。

　この間，16世紀のキリスト教伝来の時代に，織田信長がセミナリオ設置を許可し，キリシタンに寛容であったことを考えると，信長の治世がもう少し長ければ，カノン法の導入はあったかもしれない。また宣教師がヴェネツィア共和国にたとえた自治都市堺から，民衆主導の法制や法思想が生まれる可能性もあったと思われる。しかし堺は織田信長の直轄領に組み込まれたし，「百姓のもちたる国」といわれた加賀の一向一揆も鎮圧された。豊臣秀吉は，1588年「刀狩り」を実施して，兵農分離体制への道を開き，抵抗力を奪われた民衆は，17世紀には徳川幕藩体制において，武家の絶対的支配の下に置かれ，また鎖国の時代を迎える。かくして民衆が自らの自由を追求するための法を生み出すことはなかったのである。

　不平等条約　徳川幕府の鎖国政策において，唯一の西欧への窓口である出島から，蘭学の医学，自然科学や兵学等の知識が徐々に日本に流れ込んできた。だが西欧の法学や政治学については，1863年に津田真道と西周がレイデン大学に留学して，幕末に『泰西国法論』や『万国公法』を公にするまで，まったくみるべきものはなかった。坂本龍馬が日本の将来を託した西欧の法知識『万国公法』は，清から輸入されたホイートンの『国際法要論』の漢訳であった。

　1853年，いうまでもなくアメリカの東インド艦隊が，鎖国の眠りを覚ますことになった。捕鯨基地へのアメリカの強い要求が，日本を開国に導いたが，それは列強諸国との不平等な修好・通商条約へと繋がっていき，やがて世界市場に組み入れられる結果となる。そしてそれは，今日も続く日本における西欧法の継受，法の近代化・国際化の道程の始まりでもあった。

　明治維新後，近代的国民国家の創造に向けて，政府は当然従来の幕府法と各藩法の多元性を克服せねばならなかった。その意味で，政府は最初の統一法として，新律綱領を明治3（1870）年に制定したが，これは王政復古に関連して近代の明・清の律令に依拠した刑法であって，当時の伝統的法律観に基づくものであったし，土着の伝統法の統一は，立法政策の常道であった。この時代日本での法の正当性の根源は「天」であって，「天賦の人権」という言葉が生れた。

　しかし明治政府は法政策について，難題を抱えていた。それは徳川幕府が西欧列強と

締結した不平等な条約である。西欧列強は軍事的に非西欧諸国を圧倒し，それらを植民地にするか，あるいは不平等条約を締結して半植民地化していた。すでに西欧は19世紀までに，自由主義を根幹とする近代刑法を創出していて，これを持たない非西欧諸国の司法に，居留民の裁判を委ねるわけにはいかないとして，治外法権による領事裁判を強制していた。

　不平等条約ではこれに加えて，関税自主権も認められず，日本の国際的地位は独立国に程遠いものであった。明治4年の遣欧使節団の最初の交渉案件も条約改正であったが，これは容易ならざる課題であった。西欧側は，日本が西欧型の近代市民法原理を基本とする法制を持たない限り，条約改正には応じられないとする基本姿勢をとり，明治政府は止むをえず，泰西主義（western principles）による統一法制定を目標とせざるを得なかった。

フランス法継受　　明治初年においては，西欧の法導入に関して，もっとも身近であったのはフランスであった。幕府はフランスと密接な関係を有していた。幕末のフランス公使ロッシュが，幕府に肩入れし，幕府改革案を提示したり，幕臣小栗がフランスの借款でツーロンに倣った横須賀軍港を建設した等のことはあったが，フランス法の世界的名声は，外国奉行としてパリ万博に赴き帰国した栗本（安芸守）鋤雲（1822～97）が，ナポレオンの法典を，帰国後の『暁窓追録』（慶応5年）で紹介した。それにはこうある。

　「佛国に新定律書あり。「ナポレオンコード」と名付く。其五類始の一項は，太子の定めかた，特に己の子のみに限らず一族の賢を選び，臣民の意に叶ひ治国の材に堪へたるを定むるを始として，遂に下下婚姻嫁娶の掟，並に一家の主たる者歳二十に至らざれば独立すること能はず，必ず親戚長者の代々管する者を待て，金銀貸借は勿論，百事證記を為すに非ざれば，券書取り替はせ出来ず，若し犯す者は雙方の曲となり，何らかの罰を得るの類を詳記し，……故に吏となりて上に在り令を奉ずる者，民となりて下にあり令を受くる者，共に此律に因りて断定し，断定せられ，更に一語不服の者なし。……プロシア，イタリア，オランダ，スペイン等傍近の数大国，皆此の書に頼り各其の自国の律書を改定し……」。

　19世紀前半，ナポレオンに征服されたヨーロッパ諸国，あるいは折から独立した中南米の各国は，先を争ってフランス法を導入した。それの継受は後進国にとっては，当時の国際法上のランクからいって，半主国から自主国へ上昇するためのパスポートであった。

　かくして明治の前半すなわち1870年から20年間にわたって，日本はフランス法を積極的に継受する。それは明治初年から10年代にいたる，太政官布告や司法省達などの夥しい個別立法にはじまる。朝令暮改という言葉はこの頃生れた。

ボアソナード　　司法卿江藤新平は，折からパリ万博から帰国した箕作麟祥にフランス法の早急な翻訳を命じた。そして明治政府はボアソナード（Boissonade）

をパリ大学から招聘する。現在最高裁判所の図書室には，民の訴えを聴く聖徳太子の絵画とともに，日本における法律学の父として，ボアソナードの胸像が飾られている。

彼は明治 6 (1873) 年パリ大学法学部から日本政府の招聘に応じ，22年間にわたって (明治 6〜28 (1873〜95) 年) 日本への西欧法導入に尽力した。代表的著書は『性法講義』であるが，明治 6 年の来朝以来の司法省明法寮でのフランス法講義に加えて，日本に最初の西欧型の法典である旧刑法を制定したことは日本にとって画期的なことであった。

明治政府にとって，日本の伝統的法律観からいっても，立法政策上もっとも重要で急を要する立法は刑事法であった。ボアソナードにもまず刑法・治罪法の制定が依頼され，それは明治13年に公布された。これが日本で最初に完成した西欧型の統一法典である。

民事慣習の収集　もちろん，すでに早くから司法官僚制度等，裁判法制の整備も行われた。しかし司法卿として敏腕を振るい，新律綱領を改定律令に改正し，また当時として驚くべきことであるが，西欧の近代司法が民を中心としたものであることを，いち早く見抜いていた江藤が，佐賀の乱に巻き込まれて，余りにも早く明治 7 年に世を去ったことは，明治法史上の痛恨事であり，このことで日本人の権利意識の覚醒と司法制度の近代化が，数十年遅れることになったことは確かである。

明治初年においては，民事関係の体系的立法までは手が届かなかった。民事法はもちろん民事判例・慣習の蓄積を持たない日本においては，司法省はまず民事慣習の収集から始めなければならなかった。明治13年から「民事慣例類集」・「商事慣例類集」の編集が開始されたが，おそらく明治初期の武士出身の官吏は，民衆を主体とする法を法律とは考えていなかった。箕作麟祥が，フランス民法の (droit civil) を「民権」と訳出したところ，役所では「民に権ありとは如何なる意味ぞ」と異論が続出したが，江藤がそれを取りなしたと伝えられる。

勧解制度　ここで注目したいのは，明治 8 年から23年に至るまで，紛争処理に大きな役割を果たした勧解制度 (Conciliation) である。これはフランス民事訴訟法に規定された勧解前置主義の導入であるが，日本の伝統的な「内済制度」，すなわちもともと訴権の観念がなく，名望家の介入による和解解決及び司直の裁判は権力者の思し召しという伝統的法意識と，フランス革命の遺産である訴訟以前の民衆的和解解決の原則とが偶然にも一致する点があったため，導入された。勧解は松方デフレの時期にきわめて効率的に機能したが，その実情は，解部意識の抜けきれない裁判官による高圧的強制調停であった。外国法導入の典型的な予想外効果現象である。

仏法派と英法派　ボアソナードには民事訴訟法の草案作成をはじめ，旧民法草案等数々の事績があるが，条約改正を急ぐあまり大隈が考えた外国人裁判官の導入には，独立国の見地から反対を表明している。明治23年帝国議会に上程されたボアソナードの民法草案をめぐる議論いわゆる民法典論争は，穂積八束の「民法出でて，忠孝亡ぶ」という余りにも有名なコピーによって，凄まじい保守対革新の対立構

造を想定させるが，実態は明法寮や明治法律学校，和仏法律学校等でフランス法を学んだ仏法派法曹と大学南校や英吉利法律学校でイギリス法を学んだ英法派との激しい政争であった。

巨視的にみて，旧民法草案と民法典との間に，決定的な違いを見出すのは困難であることを思うと，ボアソナードが16年にわたって心血を注いだインスティトゥチオネン（法学提要）式民法草案が，政争的な理由で葬り去られたことは誠に気の毒なことであった。

ドイツ法　その後の民法編纂には，穂積陳重が留学先をロンドンからベルリン大学に転じてドイツ法をもち帰り，東大初代の法学部長に就任したことが決定的な意味をもった。それゆえ，旧刑法は別として，憲法はもちろん，民法，さらにすでに勧解を導入していたにもかかわらず，民事訴訟法もまた，フランス法の採用にはいたらなかった。明治15年に旧刑法・治罪法施行以後，フランス系法律の導入は，結局は廃案になった旧民法草案の議会への上程以外は，松方正義による明治22年の会計法くらいしか想起できない。そしてドイツ型憲法が制定されたのち，治罪法にかわって，ドイツ法を加味した刑事訴訟法が明治23年に制定されることになる。明らかにフランス法は退潮していく。

その一つの理由は，フランス諸法典が19世紀初頭のもので，レスタウラチオン（旧制復活）を経て久しい世紀末においては，古びたという印象もあり，それは穂積陳重がロンドンから留学先を変更する際，当時のドイツ法学すなわちパンデクテン法学をヨーロッパの先端に位置づけて，ベルリン大学を選んだことからも窺われる。

また，日本国内の明治15年の政変に関連する反動化，それを受けて伊藤博文が憲法を求めてドイツ・オーストリアに向かい，シュタインの教えを受けたことが，日本における継受外国法をドイツ法へと転換する道に繋がっていった。日本でのドイツ法学は，明治14年の獨逸學協会の発足によって，端著が開かれたといえるが，明治政府は各西欧国との関係改善を考慮して，バランスをとったこともあり，漸く日本でもドイツに対して親近感が広まりつつあった。ドイツ法への傾斜を強めるうえで，政府顧問のロエスラーや初代ドイツ公使青木周蔵の助言が大きな意味をもっていた。

こうして，例えば民事訴訟法立法は，ボアソナードも草案を用意していたにもかかわらず，別にテヒョウをドイツから招聘して，その手に委ねることになった。ドイツ商法への関心も高まり，モッセに地方自治制を進言させるなど，医学や史学の導入とともに，ドイツ法学の日本への影響はますます強くなっていく。要するに明治15（1882）年の政変を転換点として，ドイツ法継受の胎動が始まり，明治22年の憲法や商法立法に向けてそのうねりは高まっていった。

イギリス法　当初から明治政府はイギリスと友好関係にあり，フルベッキの助言以来，外国語教育や高等教育には英語を採用し，英米文化の導入に非常に積極的であったから，法の面でもイギリス法の継受は当然考えられた。現に大学南校では英

語による法学教育が行われていて，メインやオースティンなどのテキストが講義されていた。ここで注目しておきたいのは，この頃のイギリス法学が，ドイツ法学の影響を受けていたことで，これはのちの英法派のドイツ法への結びつきと関連してくる。穂積陳重も文部省から，まずロンドンのミドル・テムプル法曹学院に留学しているし，星亨は太政官からイギリスに派遣され1877年に帰国し，司法省の代言人に就任しており，イギリスで弁護士資格を取得した者も少なくなかった。明治18年には英吉利法律学校が設立されていて，やがてミドル・テムプルに因んで「中央大学」と改名される。この大学のカリキュラムでは長く英法が重視されていた。

このようにイギリス法導入の条件は整っていたともいえる。当時のイギリスの国威については申し分はないのだが，結果的にイギリス法は日本で継受されなかった。イギリス法が植民地以外では自発的継受の対象となり難い理由は，まず法曹養成が大学でなく，弁護士ギルドの法曹学院（Inns of court）で行われていたことと，法の形式が判例法であって，基本法の法典を持たなかったことの2つが挙げられる。特に，判例法は植民地以外での導入はきわめて困難であるし，法曹には経験と閃きが要求される。イギリス法は明治期の日本では，旧弁護士法（明治26年）の参考にされた程度であった。民法の「法人の能力」の規定は，穂積のイギリス法学の置土産である。

日本民法典の誕生　明治26（1893）年の民法草案否決に関して，これをサクソン式に修正するという付帯決議が行われた。これは1863年のザクセン民法典の方式すなわちいわゆるパンデクテン式民法を指している。ドイツの法実証主義に基づくパンデクテン法学は，当時としては最新の法律学であり，その模範国ドイツも第二帝政の統一法典編纂の作業を開始していた。

日本が直接参考としたドイツ民法第一草案（明治20（1887）年）は，もっとも新しい民法として受け入れられた。この場合旧民法草案の修正という建前があったこと，法典調査会（1893年設置）のメンバーに梅謙次郎，富井政章というフランス留学経験者を擁していたこと，そして当然のことであるが，ドイツ民法第一草案自体もフランス民法の影響を相当受けていたことなどから，例えば物権変動理論などには，フランス法の直接的影響が残っている。またこのドイツ民法第一草案は，ドイツにおいて，ゲルマン法学者ギールケや社会法学者メンガーなどの，19世紀末の資本主義体制と市民法原理との問題点についての鋭い批判に晒され，また営業の自由の原理（公の秩序）も19世紀末の大不況の洗礼を受けつつあった。だが，こうした批判を受け入れたドイツ民法第二草案を，日本の法典調査会はほとんど考慮しなかった。こうして日本民法は，母国ドイツの民法（1900年施行）に先んじて，明治31（1898）年7月に施行された。

この他ドイツ系の法継受は，明治22（1889）年憲法，24（1891）年の民事訴訟法，32（1899）年商法などがある。そして民法施行の翌年明治32年に，長年の悲願であった条約改正が一部発効するが，条約改正が完成するのは明治44（1911）年である。かくして西欧法の継受の国際的な目的は，ここに達成された。

刑法についても再三ドイツ刑法による改正が提案され，漸く明治40（1907）年刑法の全面改正がなされたが，これは刑法学説の大転換を受け入れたものであった。

条約改正後　条約改正が終了すると，外国法の継受は，少なくかつ消極的になる。間接的にしろ国際的強制力がなくなったためである。明治期の一連の法継受は，日本人にとって，決して積極的なものではなかった。文化的にみれば，夏目漱石がいうように，八つ裂きの刑にあっているようなものであったから，自発的な外国法継受は回避される傾向が出るのは当然のことであった。一般民衆の意識も高いとはいえず，憲法発布を「絹布の法被」を政府がくれると思っていたとの話もあるし，自由民権運動も右旋回をしていく。特に内外の政治情勢やイデオロギーの問題も影響する。

第一次大戦後のドイツにおける都市政策が参考となって，借地借家法や借地借家調停法等の調停制度が導入されているが，ドイツ法の影響は大きいといわれながら，ワイマール憲法体制のドイツ法の影響にみるべきものはない。例えばドイツの労働法，社会法や法社会学の受容については，紹介に止まっている。しかし，国際情勢の影響から1930年代のナチス立法，例えば国民学校の制度や経済統制立法は影響を与えている。

日本におけるドイツ法の影響は，立法もさることながら，法解釈学における学説の影響として，20世紀の初頭から1945年までは，決定的なものがあった。したがって日本はドイツ法学の国であることは確かであり，特に法学界における影響力は絶対的に近く，それは1960年代までも続いた。ドイツの学問は，法学だけでなく，医学，歴史学等多くの学問分野で，第二次大戦後までの日本の学界を完全に支配した。現在でも法学界における基盤の部分には，ドイツ色が残っている。しかし，そのドイツ色も今では古色蒼然としたものになっているのも確かである。特に第二次大戦後，司法界においては戦争責任の追及がほとんどなされず，人的な連続性が保たれたことも影響している。こうした法学界の基本的保守性も手伝って，日本法制のドイツ的な面は，今や19世紀ドイツ的遺物であるとみなされている。

つまり自発的な法改正は，伝統的学界の識者に委ねられるが，基本的にこれらの識者は保守的で，現実即応の体質に欠ける。長年の刑法改正作業がその典型である。こうした現状維持的体質は，体系的法システムに特有のようにみえるが，実はそうではない。本家のドイツ法学では，法と現実の乖離を極力防止しようと，きわめて精力的な時宜にかなった法改正作業が行われている。

日本における法のありかたの特徴として，条文に収録される法命題が少なく，少ない法文を融通無碍に適当に適用することで足りるという傾向があるように思える。これは漢の高祖の「法三章」の伝統のしからしむるところであろうか。

2　アメリカ法の影響

法受容の強制　第二次大戦後，日本もドイツもともにアメリカ占領下に置かれて，強力な強制力を伴うアメリカ法の影響にさらされた。これは，日本にとって，まったく初めての法受容の強制であった。

1950年代以降の，アメリカの世界における覇権的な影響力は，アメリカ法をグローバル・スタンダードにのし上げた。今や日本もヨーロッパも，ともにヨーロッパ法の体系とアメリカ法の影響下にあって，新時代の判例から生み出される個別的判断との接合に苦慮しつつある。

周知のように，第二次大戦後アメリカ法の影響が顕著な法域は，刑事訴訟法，会社法，独禁法，労働法や消費者法等の経済法，そして行政手続法や情報公開法などの市民の具体的参政権にかかわる領域である。この点については，日本の司法も行政も戸惑いを隠せない。それと同時に，従来の法制と新立法との間のギャップの問題はかなり深刻で，法学方法論の面からみても，従来の法文解釈を要素とする体系的解釈論と個別具体的な事案における妥当な解決とのすり合わせが求められる。さりながら事案解決での具体的妥当性の追求は，ローマ以来，法曹の使命である。

しかし，世界史的に日本における西欧法の継受を客観的にみる必要もある。明治22(1889)年の旧憲法は，新憲法からみれば，積極的に評価できないが，1889年のアジアという当時の日本の時空史的な位置からみれば，旧憲法発布はまさに画期的な快挙であった。国民の参政権の点で不完全であったとしても，その後の民法や民事訴訟法の制定など，信用や既得権や社会的地位に左右されない，個人の権利や契約を保障する客観的制度が整備されたことは，いくら評価しても評価しすぎることはないであろう。それ以前には個人の権利の保障はなにもなかったのである。ただ，19世紀末の国際環境もあって，日本は天皇制国家の国力増強を国是とし，個人の権利中心の社会構成をとることはなかったということである。

今後の課題　西欧法について見るべきものは，契約と訴権が重要な法の要素となっていたということである。ローマ法は民事訴訟からスタートしている。かつての身分制の段階においても，レーエン制が厳格な契約のシステムによって行われていたし，イギリスのアサイズ訴訟に見るような救済制度も用意されていた。個人の自由権をめぐる強制力をもった法制の制定は，既得権益に依存する支配層にとっては，決して歓迎すべきことではない。これはもともとは革命という暴力，そうでない場合はいわば外圧によって，初めて実現可能になる。

日本の明治維新において働いた強制は，西欧的法システム，近代市民法原理に基づく客観的な独立した法の強制装置を導入しなければ，不平等な条約改正はないというものであった。これは，いわば間接的強制だった。そして日本は第二次大戦後，アメリカ占

領軍によって，第二のそして今度は直接に，国民主権の憲法に加えて，財閥解体と農地解放が強制され，平等，平和，効率を国是とする戦後の日本社会の構築へと進んだ。

日本は，19世紀型の西欧法的法システムすなわち権利とそれを保障する客観的機構を，さらに20世紀的に補強した。この二度の自発的とはいえない西欧法の継受が，現在までのところ，今日の日本の産業社会の発展や国民の生活水準の向上，そして世界一の長寿に象徴される繁栄を導く，社会的基盤を形造ったということができる。

人類は，その発展の歴史の過程で，自然的環境を次々に克服してきた。その過程において，人類は個人の自由の実現を求め続け，そのための政治制度を工夫して現代に至っている。それは，少なくとも今日までは，普遍的な価値として位置づけられてきている。その源泉，原理及びその制度化は，ヨーロッパにおける法の歴史のなかに見出すことができる。日本人が，ここまで自ら伝統的法律観のうえに西欧法制を継受して培ってきたものを，21世紀に向けてどう使いこなしていくか。これが，非西欧国のリーダーとしてのわれわれの今後の課題である。

日本は明治期の近代化に際して，半ば強制的に19世紀のヨーロッパ大陸法を継受し，現在の繁栄の基盤を構築した。その際千年以上に及ぶ中国的伝統法の土壌に，ローマ法を要素とするいわゆる西欧法を植えつけようと試みた。第二次大戦後はアメリカ法も強制的に加わった。ここに一種の法のクレオール現象が起こり，制度やその運用そして法意識にもアマルガム（合金）が生まれ，今も生まれつつある。したがって法制史を含む基礎法学においては，現代日本法を基盤とした比較法史的アプローチが，非常に重要な課題なのである。

なにぶんにも法制史学の歴史はせいぜい200年であって，その発生の動機もかなり実践的であった（サヴィニー）ことを思うと，専門法律家や現代法に関心をもつ人々に向けて，西欧法を継受し，継受しつつある現代日本法に潜んでいる，日本法史的・西洋法史的要素の理解を促すような，研究・教育を志向せねばならない。そしてそれが実定法専一に傾きがちな法学教育の歪みを正し，現行法の包括的な歴史理解を通じて，真の意味での衡平な法的判断（aequitas）を生み出す原動力を醸成することになるであろう。

【参照文献】

石井紫郎『日本近代法史講義』青林書院，1982年。
大木雅夫『日本人の法観念――西洋的法観念との比較』東京大学出版会，1983年。
勝田有恒「紛争処理法制の一断面――勧解制度が意味するもの」『国際比較法制研究』Ⅰ，
　　ミネルヴァ書房，1990年。
川島武宜『日本人の法意識』岩波書店，1967年。
水林彪・新田一郎・大津透・大藤修編『法社会史』山川出版社，2001年。
瀧井一博『文明史のなかの明治憲法――この国のかたちと西洋体験』講談社，2003年。

（勝田有恒）

西洋法制史の基本文献

▰入門書・教科書
阿部謹也『刑吏の社会史』中公新書，1978年。
石部雅亮・笹倉秀夫『法の歴史と思想――法文化の根柢にあるもの』放送大学教育振興会，1995年。
岩村等・三成賢次・三成美保『法制史入門』ナカニシヤ出版，1996年。
船田享二『法思想史』勁草書房，1953年。
村上淳一『「権利のための闘争」を読む』岩波書店，1983年。
山内進『決闘裁判――ヨーロッパ法精神の原風景』講談社現代新書，2000年。
H. コーイング/久保正幡・村上淳一訳『近代法への歩み』東京大学出版会，1969年。
P. スタイン/屋敷二郎監訳/関良徳・藤本幸二訳『ローマ法とヨーロッパ』ミネルヴァ書房，2003年。
K. W. ネル/村上淳一訳『ヨーロッパ法史入門』東京大学出版会，1999年。
F. ハフト/平田公夫訳『正義の女神の秤から』木鐸社，1995年。
H. ミッタイス/林毅訳『法史学の存在価値』創文社歴史学叢書，1980年。

▰概説書・各国別通史
碧海純一・伊藤正己・村上淳一編著『法学史』東京大学出版会，1976年。
佐藤篤士『ローマ法史Ⅰ・Ⅱ』敬文堂，1982年。
柴田光蔵『ローマ法概説』玄文社，1978年，『ローマ法の基礎知識』有斐閣，1973年。
原田慶吉『ローマ法―改訂―』有斐閣，1955年。
船田享二『ローマ法』全5巻，岩波書店，1968～72年。
J. アンベール/三井哲夫・菅野一彦訳『フランス法制史』白水社，1974年。
W. エーベル/西川洋一訳『ドイツ立法史』東京大学出版会，1985年。
G. クリンゲンベルク/瀧澤栄治訳『ローマ債権法講義』大学教育出版，2001年。
G. ケブラー/田山輝明監訳『ドイツ法史』成文堂，1996年。
F. シュルツ/眞田芳憲・森光訳『ローマ法の原理』中央大学出版部，2003年。
A. ニュスボーム/広井大三訳『国際法の歴史』こぶし社，1997年。
J. ベイカー/小山貞夫訳『イングランド法制史概説』創文社，1975年。
O. ベーレンツ/河上正二訳『歴史のなかの民法』日本評論社，2001年。
Fr. オリヴィエ-マルタン/塙浩訳『フランス法制史概説』創文社，1986年。
H. ミッタイス，H. リーベリッヒ/世良晃志郎訳『ドイツ法制史概説』創文社，1971年，世良晃志郎・広中俊雄訳『ドイツ私法概説』創文社，1961年。
F. W. メイトランド/小山貞夫訳『イングランド憲法史』創文社，1981年。
A. ワトソン/瀧澤栄治・樺島正法訳『ローマ法と比較法』信山社，2006年。

■基本文献――私法史
上山安敏『法社会史』みすず書房，1966年。
河上倫逸『法の文化社会史』ミネルヴァ書房，1989年。
堅田剛『歴史法学研究』日本評論社，1992年。
R. C. v. カネヘム／小山貞夫訳『裁判官・立法者・大学教授』ミネルヴァ書房，1990年。
H. シュロッサー／大木雅夫訳『近世私法史要論』有信堂高文社，1993年。
F. ヴィーアッカー／鈴木禄弥訳『近世私法史』創文社，1961年。
P. G. ヴィノグラードフ／矢田一男・小堀憲助・眞田芳憲訳『中世ヨーロッパにおけるローマ法』中央大学出版部，1967年。
H. コーイング／佐々木有司編訳『ヨーロッパ法史論』創文社，上山安敏監訳『ヨーロッパ法文化の流れ』ミネルヴァ書房，1983年。
H. ティーメ／久保正幡監訳『ヨーロッパ法の歴史と理念』岩波書店，1978年。
C. H. ハスキンズ／別宮貞徳・朝倉文市訳『十二世紀ルネサンス』みすず書房，1985年。
D. ラスガム／鶴島博和・吉武憲司編『12世紀ルネサンス』慶應義塾大学出版会，2000年。

■基本文献――国制史・公法史
小林孝輔『ドイツ憲法小史』学陽書房，1992年。
村上淳一『近代法の形成』岩波書店，1979年。
G. エストライヒ／阪口修平・千葉徳夫・山内進訳『近代国家の覚醒――新ストア主義・身分制・ポリツァイ』創文社，1993年。
K. クレッシェル／石川武監訳『ゲルマン法の虚像と実像――ドイツ法史の新しい道』創文社，1989年。
F. ケルン／世良晃志郎訳『中世の法と国制』創文社歴史学叢書，1968年。
M. シュトライス編／佐々木有司・柳原正治訳『一七・一八世紀の国家思想家たち』木鐸社，1995年。
F. ハルトゥング／成瀬治・坂井栄八郎訳『ドイツ国制史』岩波書店，1980年。
F. ハルトゥング他／成瀬治他訳『伝統社会と近代国家』岩波書店，1982年。
O. ヒンツェ／成瀬治訳『身分制議会の起源と発展』創文社歴史学叢書，1975年。
H. プラーニッツ／林毅訳『中世ドイツの自治都市』創文社歴史学叢書，1983年。
O. ブルンナー／石井紫郎・山田欣吾訳他『ヨーロッパ――その歴史と精神』岩波書店，1974年。
M. ブロック／新村猛・森岡敬一郎他訳『封建社会1・2』みすず書房，1973年。
K. ボーズル／平城照介・山田欣吾・三宅立監訳『ヨーロッパ社会の成立』東洋書林，2001年。
A. R. マイヤーズ／宮島直機訳『中世ヨーロッパの身分制議会』刀水書房，1996年。
C. F. メンガー／石川敏行他訳『ドイツ憲法思想史』世界思想社，1988年。
M. リーデル／河上倫逸・常後宗三郎編訳『市民社会の概念史』以文社，1990年。

■基本文献――刑事法史
阿部謹也『西洋中世の罪と罰――亡霊の社会史』弘文堂，1989年。
上山安敏『魔女とキリスト教――ヨーロッパ学再考』講談社学術文庫，1998年。

A. M. アール，E. P. エヴァンズ／神鳥奈穂子・佐伯雄一訳『拷問と刑罰の中世史』青弓社，1995年。
J. アンベール／吉原達也・波多野敏訳『死刑制度の歴史』白水社，1997年。
N. ゴンティエ／藤田朋久・藤田なち子訳『中世都市と暴力』白水社，1999年。
R. バートレット／竜嵜喜助訳『中世の神判——火審，水審，決闘』尚学社，1993年。
D. ブラジウス／矢野久・矢野裕美訳『歴史のなかの犯罪——日常からのドイツ社会史』同文舘出版，1990年。
H. リューピング／川端博・曽根威彦訳『ドイツ刑法史綱要』成文堂，1984年。

■シンポジウム記録・論文集
石井三記・寺田浩明・西川洋一・水林彪編『近代法の再定位』創文社，2001年。
石部雅亮編『ドイツ民法典の編纂と法学』九州大学出版会，1999年。
上山安敏編著『近代ヨーロッパ法社会史』ミネルヴァ書房，1987年。
上山安敏・牟田和男編『魔女狩りと悪魔学』人文書院，1997年。
海老原明夫編『法の近代とポストモダン』東京大学出版会，1993年。
加藤哲実編『市場の法文化（法文化叢書2）』国際書院，2002年。
金山直樹編『法における歴史と解釈』法政大学出版局，2003年。
河上倫逸編『ドイツ近代の意識と社会』ミネルヴァ書房，1987年。
河上倫逸，M. ハーダー編『ドイツ法律学の歴史的現在』ミネルヴァ書房，1988年。
河上倫逸編『法史学者の課題』未来社，2004年。
久保正幡編著『中世の自由と国家』全3巻，創文社，1963～69年。
津野義堂編『コンセンサスの法理（法文化叢書5）』国際書院，2007年。
佐藤篤士・林毅編著『司法への民衆参加——西洋における歴史的展開』敬文堂，1996年。
仲手川良雄編著『ヨーロッパ的自由の歴史』南窓社，1992年。
西村重雄・児玉寛編『日本民法典と西欧法伝統』九州大学出版会，2000年。
原島重義編『近代私法学の形成と現代法理論』九州大学出版会，1988年。
水林彪・金子修一・渡辺節夫編『王権のコスモロジー』弘文堂，1998年。
村上淳一編『法律家の歴史的素養』東京大学出版会，2003年。
森征一編『法文化としての租税（法文化叢書3）』国際書院，2005年。
森征一・岩谷十郎編著『法と正義のイコノロジー』慶應義塾大学出版会，1997年。
森田成満編『法と身体（法文化叢書4）』国際書院，2005年。
山内進編『混沌のなかの所有（法文化叢書1）』国際書院，2000年。
歴史学研究会編『紛争と訴訟の文化史』青木書店，2000年。

■モノグラフィー
赤阪俊一『神に問う——中世における秩序・正義・神判』嵯峨野書院，1999年。
赤松秀岳『十九世紀ドイツ私法学の実像』成文堂，1995年。
足立昌勝『国家刑罰権力と近代刑法の原点』白順社，1993年，『近代刑法の実像』白順社，2000年。
筏津安恕『失われた契約理論』昭和堂，1998年，『私法理論のパラダイム変換と契約理論の再編』昭和堂，2001年。

池谷文夫編『ドイツ中世後期の政治と政治思想』刀水書房，2000年。
石井三記『18世紀フランスの法と正義』名古屋大学出版会，1999年。
石川武『序説中世初期の自由と国家』創文社，1983年。
石部雅亮『啓蒙的絶対主義の法構造』有斐閣，1969年。
稲元格『ドイツ中世都市「私」法の実証的研究』敬文堂，1996年。
上山安敏『憲法社会史』日本評論社，1977年，『ドイツ官僚制成立論』有斐閣，1964年。
大沼保昭編『戦争と平和の法』東信堂，1995年。
加藤哲実『法の社会史——習俗と法の研究序説』三嶺書房，1991年。
河上倫逸『ドイツ市民思想と法理論』創文社，1978年。
北嶋繁雄『中世盛期ドイツの政治と思想』梓出版，2001年。
久保正幡『西洋法制史研究』岩波書店，1952年。
黒田忠史『西欧近世法の基礎構造』晃洋書房，1995年。
小山貞夫『イングランド法の形成と近代的変容』創文社，2002年，『中世イギリスの地方行政』創文社，1994年，『絶対王政期イングランド法制史抄説』創文社，1992年。
佐久間弘展『ドイツ手工業・同職組合の研究』創文社，1999年。
櫻井利夫『中世ドイツの領邦国家と城塞』創文社，2000年。
笹倉秀夫『近代ドイツの国家と法学』東京大学出版会，1979年。
佐藤彰一『ポスト・ローマ期フランク史の研究』岩波書店，2000年。
佐藤信夫『法理学——インド・ヨーロッパ比較法思想史の試み』芦書房，2000年。
志垣嘉夫『フランス絶対王政と領主裁判権』九州大学出版会，2000年。
渋谷聡『近世ドイツ帝国国制史研究』ミネルヴァ書房，2000年。
荘子邦雄『近代刑法思想史序説——フォイエルバッハと刑法思想の近代化』有斐閣，1983年。
白田秀彰『コピーライトの史的展開』信山社，1998年。
神宝秀夫『近世ドイツ絶対主義の構造』創文社，1995年。
世良晃志郎『封建制社会の法的構造』創文社，1977年，『歴史学方法論の諸問題（第2版）』木鐸社，1975年。
高橋一彦『帝政ロシア司法制度史研究』名古屋大学出版会，2001年。
瀧井一博『ドイツ国家学と明治国制』ミネルヴァ書房，1999年。
谷口貴都『ローマ所有権譲渡法の研究』成文堂，1999年。
近見正彦『海上保険史研究——14・5世紀地中海時代における海上保険条例と同契約法理』有斐閣，1997年。
仲手川良雄『古代ギリシアにおける自由と正義』創文社，1998年。
成瀬治『絶対主義国家と身分制社会』山川出版社，1988年。
西村隆誉志『ヨーロッパ近代法学形成史の研究——16世紀フランス知識社会とドノーの法律学』敬文堂，1998年，『ローマ損害賠償法理論史』青葉図書，1999年。
西村稔『知の社会史』木鐸社，1985年，『文士と官僚』木鐸社，1998年。
橋場弦『丘のうえの民主政』東京大学出版会，1997年，『アテナイ公職者弾劾制度の研究』東京大学出版会，1993年。
服部良久『ドイツ中世の領邦と貴族』敬文堂，1998年。
林深山『西洋法制史の研究』第一法規出版，1996年。
林毅『西洋中世都市の自由と自治』創文社，1986年，『西洋法史学の諸問題』敬文堂，1978

年,『ドイツ中世自治都市の諸問題』敬文堂, 1999年,『ドイツ中世都市と都市法』創文社, 1999年,『ドイツ中世都市法の研究』創文社, 1997年,『ドイツ都市制度史の新研究』敬文堂, 2003年,『法史学方法論と西洋法史』敬文堂, 2000年。
林智良『共和政末期ローマの法学者と社会』法律文化社, 1997年。
原田俊彦『ローマ共和政初期立法史論』敬文堂, 2002年。
伏島正義『スウェーデン中世社会の研究』刀水書房, 1998年。
堀米庸三『ヨーロッパ中世世界の構造』岩波書店, 1976年。
松村勝二郎『イギリス法史講話』明石書店, 1995年。
三成賢次『法・地域・都市――近代ドイツ地方自治の歴史的展開』敬文堂, 1997年。
三成美保『ジェンダーの法史学』勁草書房, 2005年。
耳野健二『サヴィニーの法思考』未來社, 1998年。
宮崎揚弘『フランスの法服貴族――18世紀トゥルーズの社会史』同文舘出版, 1994年。
村上淳一『ゲルマン法史における自由と誠実』1980年,『ドイツ市民法史』東京大学出版会, 1985年,『ドイツの近代法学』東京大学出版会, 1964年,『〈法〉の歴史』東京大学出版会, 1997年。
屋敷二郎『紀律と啓蒙――フリードリヒ大王の啓蒙絶対主義』ミネルヴァ書房, 1997年。
柳原正治『ヴォルフの国際法理論』有斐閣, 1998年。
山内進『北の十字軍』講談社選書メチエ, 1997年,『新ストア主義の国家哲学――ユストゥス・リプシウスと初期近代ヨーロッパ』千倉書房, 1985年,『掠奪の法観念史――中・近世ヨーロッパの人・戦争・法』東京大学出版会, 1993年。
山田欣吾『教会から国家へ――古相のヨーロッパ』創文社, 1992年,『国家そして社会――地域史の視点』創文社, 1992年。
山本文彦『近世ドイツ国制史研究――皇帝・帝国クライス・諸侯』北海道大学図書刊行会, 1995年。
吉野悟『近世私法史における時効』日本評論社, 1989年。
若曽根健治『中世ドイツの刑事裁判』多賀出版, 1998年。
和田小次郎『近代自然法学の発展』有斐閣, 1951年。

■史料
久保正幡還暦記念『西洋法制史料選』全3巻, 創文社, 1978～1981年。
久保正幡訳『サリカ法典』創文社, 1977年,『リブアリア法典』創文社, 1977年,『ザクセンシュピーゲル・ラント法』創文社, 1977年。
小橋一郎訳『サヴィニー 現代ローマ法体系』1～5巻, 成文堂, 1993～2003年。
佐藤篤士訳『ガーイウス 法学提要』敬文堂, 2002年,『改訂 LEX XII TABULARUM』早稲田大学比較法研究所, 1993年。
佐藤信夫『古代法解釈――ハンムラビ法典楔形文字原文の翻訳と解釈』慶應義塾大学出版会, 2004年。
世良晃志郎訳『バイエルン部族法典』創文社, 1977年。
中田一郎訳『ハンムラビ「法典」』リトン, 2000年。
西村克彦訳『近代刑法の遺産』(上・中・下), 信山社, 2002年。
『塙浩著作集』全19巻, 信山社, 1992年～2000年。

船田享二訳『ガイウス　法学提要新版』有斐閣，1967年。
松村勝二郎訳『中世イングランド王国の法と慣習――グランヴィル』明石書店，1993年。

■事典・図録
佐藤幸二・長尾龍一他編『コンサイス法律学用語辞典』三省堂，2003年。
川端博監修『拷問の歴史――ヨーロッパ中世犯罪博物館』河出書房新社，1997年。
G. クラインハイヤー，J. シュレーダー編／小林孝輔監訳『ドイツ法学者事典』学陽書房，1983年。
H. K. シュルツェ／千葉徳夫他訳『西欧中世史事典』ミネルヴァ書房，1997年。

■定期刊行物
『法制史研究』創文社 1 (1951)～55 (2005)。
『Historia Juris 比較法史研究』未來社 1 (1992)～13 (2005)。

■ビブリオグラフィー
『法制史文献目録』1～3巻，創文社（1945～1989年）。
　＊　1990年以降については年1回刊行の『法制史研究』巻末に法制史文献目録が掲載される（最新号を除き法制史学会ホームページでも閲覧可能）。最新の文献は『法律時報』巻末の文献月報に毎月掲載される。また，『法律時報』では毎年12月号で学界回顧が特集されるので，「西洋法制史」は無論のこと「ドイツ法」「フランス法」などの項を参照してほしい。

（屋敷二郎）

年　　表

年代（西暦）	事　　　象
B. C. 753	伝承におけるローマ建国
B. C. 449	12表法制定
B. C. 242	外国人係法務官の設置
A. D. 132頃	ハドリアヌス帝「永久告示録」
161頃	ガイウス『法学提要』
395	ローマ帝国の東西分割
426	引用法に関する勅法公布
438	「テオドシウスの勅法彙纂」施行
475頃	「エウリック王の法典」
476	西ローマ帝国滅亡
500頃	「ブルグントのローマ法典」
500頃	「テオドリック王の告示法典」
506	「西ゴートのローマ法典」＝「アラリックの抄典」
507～11頃	「サリカ法典」
527	ユスティニアヌス，東ローマ皇帝に即位
533～34	ユスティニアヌス法典完成
643	「ロータリ王の告示」
712～20頃	「アレマンネン法典」
741～43頃	「バイエルン法典」
800	カール1世の戴冠（→カール大帝となる）
802	「ザクセン法典」
843	ヴェルダン条約
870	メルセン条約
892	バシリカ法典
962	オットー1世戴冠，神聖ローマ帝国成立
989	シャルー司教区会議の決議（神の平和運動始まる）
1030頃	「学説彙纂」の「ピサ本」再発見
1075～1122	聖職叙任権闘争
1088	イルネリウス，この頃ボローニャでローマ法の講義を始める
1096	第一回十字軍
1103	マインツにおける最初のラント平和令発布
1122	ヴォルムス協約
1140頃	「グラティアヌスの教令集」完成
1152	帝国大ラント平和令
1158	ロンカリア帝国会議

年代（西暦）	事　　象
1183	コンスタンツの和約
1187頃	グランヴィル『イングランドの法と慣習』
1210	アーゾ『勅法彙纂集成』
1215	マグナ・カルタ
1215	第4回ラテラーノ公会議，神判への聖職者の関与を禁止
1219	パリ大学におけるローマ法教育禁止令（ホノリウス3世）
1221～25頃	アイケ・フォン・レプゴウ「ザクセンシュピーゲル」完成
1224	ハインリヒの休戦
1234	「グレゴリウス9世教皇令集」
1235	マインツ大帝国ラント平和令
1250頃	ブラクトン『イングランドの法と慣習』
1250頃	アックルシウス『標準註釈』
1256～65	「7部法典」
1256	大空位時代（～73）
1266～73	トマス・アクィナス『神学大全』
1271	デュランティス『法廷鑑』
1275～76	「ドイッチェンシュピーゲル」
1275～76	「シュヴァーベンシュピーゲル」
1283	ボマノワール「ボヴェジ慣習法書」
1298	ボニファティウス8世，「第六書」
1317	ヨハネス22世，「クレメンス集」
1340頃	バルトルス400法鑑定
1356	「金印勅書」
1388頃	「ジャック・ダブレージュのフランス大慣習法書」
1414～18	コンスタンツ公会議
1425	『訴訟鑑』
1433	ニコラウス・クザーヌス『普遍的和合について』
1450頃	活版印刷技術の発明
1453	東ローマ帝国滅亡
1479	ニュルンベルク改革都市法典
1495	永久ラント平和令，帝室裁判所令
1497	帝国宮内法院
1507	シュヴァルツェンベルク，バンベルク刑事裁判令制定
1510	「パリ大慣習法書」
1517	ルター，九十五箇条の提題を提示
1520	ツァジウス，フライブルク改革都市法典を起草
1521	ウォルムス帝国議会
1522	ルターによる聖書ドイツ語訳
1525頃	ドイツ農民戦争
1530	帝国ポリツァイ条令発布

年代(西暦)	事　　象
1532	カール5世,「カロリーナ刑事法典」発布
1555	アウクスブルクの宗教平和令
1576	ボダン『国家論6巻』
1577	帝国ポリツァイ条令
1580	改正「パリ大慣習法書」
1598	アンリ4世,ナントの勅令発布
1618〜48	三十年戦争
1625	グロティウス『戦争と平和の法』
1628〜44	クック『イングランド法提要』
1635	カルプツォフ『帝国ザクセン刑事新実務』
1643	コンリング『ゲルマン法の起源』
1648	ウェストファリア条約
1651	ホッブズ『リヴァイアサン』
1654	帝国最終決定
1672	プーフェンドルフ『自然法と万民法』,1673年『人と市民の義務』
1688〜89	名誉革命
1689	権利の章典
1689〜94	ドマ『自然的秩序における市民法』
1690	ロック『統治二論』
1690	シュトリュク『パンデクテンの現代的慣用』
1694	ハレ大学創設
1705	トマージウス『自然法と万民法の基礎』
1740	フリードリヒ2世,プロイセン王に即位,拷問廃止
1740	マリア・テレジア大公位継承,1745年夫フランツ1世皇帝
1740〜48	ヴォルフ『科学的方法による自然法』
1747	フリードリヒ2世,コクツェーイを大法官に任命
1748	モンテスキュー『法の精神』
1756	「バイエルンのマクシミリアン民法典」
1761	ポティエ『債権論』
1762	ルソー『社会契約論』
1764	ベッカリーア『犯罪と刑罰』
1765	ヨーゼフ2世,皇位継承
1765〜69	ブラックストン『イングランド法註解』
1768	「テレージア刑法典」
1776	アメリカ独立宣言
1779	水車粉屋アルノルト訴訟
1787	ヨーゼフ2世の刑法典「犯罪とその処罰に関する一般法典」
1789	ベンタム『道徳と立法の原理序論』
1789	フランス革命,人権宣言
1794	「プロイセン一般ラント法」施行

年代（西暦）	事　　象
1799	コンセイユ・デタ創設
1804	フランス民法典
1806	神聖ローマ帝国の終焉
1808 (12,19,23)	アイヒホルン『ドイツ国家‐法制史』
1811	オーストリア一般民法典
1814	法典論争
1827 (37)	プフタ『慣習法』
1837	ゲッティンゲン七教授事件
1840〜49	サヴィニー『現代ローマ法体系』
1848	フランクフルト国民議会，ドイツ連邦憲法制定
1862 (65,70)	ヴィントシャイト『パンデクテン法教科書』
1868 (72,81)	ギールケ『ドイツ団体法論』
1871	ドイツ帝国成立
1872	イェーリング『権利のための闘争』
1881	リスト『ドイツ刑法』
1900	ドイツ民法典施行
1914	ラートブルフ『法哲学要綱』
1914〜18	第一次世界大戦
1919	ワイマール憲法
1933 (〜45)	ナチス政権
1949	ボン基本法
1951	ヨーロッパ石炭鉄鋼共同体（パリ条約）
1957	ヨーロッパ経済共同体，ヨーロッパ原子力共同体（ローマ条約）
1989	ベルリンの壁崩壊
1992	欧州連合条約（マーストリヒト条約）調印，批准
1993	欧州連合条約発行
2004	EU拡大（25か国），EU憲法条約採択

（藤本幸二）

写真・図版出典一覧

9ページ　Grimal, P., *La Civilisation Romaine*, Arthaud, Paris, 1960.
15ページ　Köbler, G., *Bilder aus der deutschen Rechtsgeschichte*, Verlag C. H. Beck, München, 1988.
19ページ　Grimal, P., *La Civilisation Romaine*, Arthaud, Paris, 1960.
29ページ　Köbler, G., *Bilder aus der deutschen Rechtsgeschichte*, Verlag C. H. Beck, München, 1988.
40ページ　Schulze, H., *Germany: A New History*, Harvard University Press, Cambridge (Massachusetts), 1998.
51ページ　Partner, P., *Two Thousand Years: The First Millennium: The Birth of Christianity to the Crusades*, Granada Media, London, 1999.
60ページ　Köbler, G., *Bilder aus der deutschen Rechtsgeschichte*, Verlag C. H. Beck, München, 1988.
66ページ　Wagner, W. J., *Chronik Bildatlas der deutschen Geschichte*, Chronik Verlag, München, 2001.
77ページ　Fehr, H., *Das Recht im Bilde*, Eugen Rentsch Verlag, Erlenbach-Zürich, 1923.
81ページ　Riley-Smith J. *The Oxford Illustrated History of the Crusades*, Oxford University Press, Oxford, 1995.
92ページ　Kocher, G., *Zeichen und Symbole des Rechts: Eine historische Ikonographie*, Verlag C. H. Beck, München, 1992.
99ページ　Schild, W., *Alte Gerichtsbarkeit: Vom Gottesurteil bis zum Beginn der modernen Rechtsprechung*, Callwey Verlag, München, 1985.
109ページ　Fehr, H., *Das Recht im Bilde*, Eugen Rentsch Verlag, Erlenbach-Zürich, 1923.
117ページ　Gratian, *The Treatise on Laws with the Ordinary Gloss*, translated by Thompson, A. and Gordley, J., The Catholic University of America Press, Washington, D. C., 1993.
119ページ　Benevolo, L., *The European City*, Blackwell, Oxford, 1993.
123ページ　Köbler, G., *Bilder aus der deutschen Rechtsgeschichte*, Verlag C. H. Beck, München, 1988.
136ページ　Bartolus de Saxoferrato, *Omnia, quae extant, opera*, Venetiae, 1596.
147ページ　Mann, H. K., *The Lives of the Popes in the Middle Ages*, Kegan Paul, London, 1928.
155ページ　Mittelalterliches Kriminalmuseum, *Bilder aus dem Kriminalmuseum*, Rothenburg o. d. T., 1984.
162ページ　Mittelalterliches Kriminalmuseum, *Bilder aus dem Kriminalmuseum*, Rothenburg o. d. T., 1984.
176ページ　Scheurmann I., (Hrsg.), *Frieden durch Recht: Das Reichskammergericht von 1495 bis 1806*, Verlag Philipp von Zabern, Mainz, 1994.
177ページ　Scheurmann I., (Hrsg.), *Frieden durch Recht: Das Reichskammergericht von 1495 bis 1806*, Verlag Philipp von Zabern, Mainz, 1994.
183ページ　Scheurmann I., (Hrsg.), *Frieden durch Recht: Das Reichskammergericht von 1495 bis 1806*, Verlag Philipp von Zabern, Mainz, 1994.

188ページ　Schild, W., *Alte Gerichtsbarkeit: Vom Gottesurteil bis zum Beginn der modernen Rechtsprechung*, Callwey Verlag, München, 1985.

191ページ　Schild, W., *Alte Gerichtsbarkeit: Vom Gottesurteil bis zum Beginn der modernen Rechtsprechung*, Callwey Verlag, München, 1985.

192ページ　Wolf, E., *Grosse Rechtsdenker der deutschen Geistesgeschichte*, J. C. B. Mohr (Paul Siebeck) Tübingen, 1963.

196ページ　Scheurmann I., (Hrsg.), *Frieden durch Recht: Das Reichskammergericht von 1495 bis 1806*, Verlag Philipp von Zabern, Mainz, 1994.

198ページ　Scheurmann I., (Hrsg.), *Frieden durch Recht: Das Reichskammergericht von 1495 bis 1806*, Verlag Philipp von Zabern, Mainz, 1994.

207ページ　Wolf, E., *Grosse Rechtsdenker der deutschen Geistesgeschichte*, J. C. B. Mohr (Paul Siebeck) Tübingen, 1963.

210ページ　Wolf, E., *Grosse Rechtsdenker der deutschen Geistesgeschichte*, J. C. B. Mohr (Paul Siebeck) Tübingen, 1963.

217ページ　Grewe, W. G., *Epochen der Völkerrechtsgeschichte*, Nomos Verlagsgesellschaft, Baden-Baden, 1988.

219ページ　Brunner, O., *Adeliges Landleben und Europäischer Geist*, Otto Müller, Salzburg, 1949.

220ページ　Koenigsberger, H. G., *Early Modern Europe 1500-1789*, Longman, Burnt Mill, 1987.

226ページ　Oestreich, G., *Antiker Geist und moderner Staat bei Justus Lipsius (1547-1606)*, Vandenhoeck & Ruprecht, 1989.

239ページ　Benedikt Carpzov Strafrecht nach neuer Kurfürstlich-Sächsischer Praxis über setzt v. Oehler, D., Keip Verlag, Goldbach, 2000.

248ページ　Grotius, H., *De Jure Belli ac Pacis, Apud Janssonio-Waesbergios*, Amstelodamum, 1735.

262ページ　Gundermann, I., *Allgemeines Landrecht für die preussischen Staaten 1794*, v. Hase & Koehler Verlag, Mainz, 1994.

269ページ　Klemmer K., Wassermann, R. und Wessel, T. M., *Deutsche Gerichtsgebäude: von der Dorflinde über den Justizpalast zum Haus des Rechts*, Verlag C. H. Beck, München, 1993.

277ページ　Wolf, E., *Grosse Rechtsdenker der Deutschen Geistesgeschichte*, J. C. B. Mohr (Paul Siebeck) Tübingen, 1963.

286ページ　Wolf, E., *Grosse Rechtsdenker der Deutschen Geistesgeschichte*, J. C. B. Mohr (Paul Siebeck) Tübingen, 1963.

290ページ　Wolf, E., *Grosse Rechtsdenker der Deutschen Geistesgeschichte*, J. C. B. Mohr (Paul Siebeck) Tübingen, 1963.

301ページ　Blanning, T. C. W. (ed.), The *Oxford Illustrated History of Modern Europe*, Oxford University Press, Oxford 1996.

310ページ　Wolf, E., *Grosse Rechtsdenker der deutschen Geistesgeschichte*, J. C. B. Mohr (Paul Siebeck) Tübingen, 1963.

314ページ　Hasler, E., *Die Wachsflügelfrau: Geschichte der Emily Kempin-Spyri*, Verlag Nagel & Kimche AG, Zürich/Frauenfeld Umschlag von Urs Stuber, 1991.

317ページ　Vormbaum, T. (Hrsg.), *Strafrechtsdenker der Neuzeit*, Nomos Verlagsgesellschaft, Baden-Baden, 1998.

320ページ　Grewe, W. G., *Epochen der Völkerrechtsgeschichte*, Nomos Verlagsgesellschaft, Baden-Baden, 1988.

332ページ　Blanning, T. C. W. (ed.), *The Oxford Illustrated History of Modern Europe*, Oxford University Press, Oxford 1996.

あ と が き

　西洋法制史はいうまでもなく法律学の一分野に属する。歴史的にみても，サヴィニー以来法学部に属している（本書第20章参照）。日本でも事情は変わらない。しかし，憲法学や民法学などに比して，そのイメージはあいまいで，西洋法制史という学問が法学部にあるということすら一般にはほとんど知られていない。それが実情であろう。
　学問には様々な種類がある。実践的なものや現代的なものから思索的で基礎的なものに至るまで千差万別である。そういったものが層を成すことでその学問分野は深みと厚みを増す。法律学は基本的には実践的学問であるから，民法学など具体的現実と直接かかわる分野が主流となるのは当然である。しかし，法律学が学問として研究教育されるものである以上，現代の具体的現実から距離をおいて思索する部分もまた必要となる。思索することを中心的課題とするのが基礎法と呼ばれる分野で，法制史は法哲学などとともにその一翼を担っている。
　法制史は法というものを歴史的に思索する学問である。西洋法制史は，それを西洋という時空に即して行う。むろん，この時空は広大であるから，思索の成果を統一的に示すこと，全体として言わば一個の宇宙を描き出すことはたいへん難しい。西洋法制史研究の歴史は日本でも長く，すぐれた研究も少なくなかったにも拘わらず，これまでその本格的概説書は書かれてこなかった。これは，その難しさのためであろう。
　しかし，西洋法制史というと直ちに思い浮かぶような本格的概説書が一つもなかった，ということが一般にそのイメージを湧かせない一つの大きな理由となっている。西洋法制史のシンボルとなるような，学生や研究者のみならず一般読者にとってもまた読み応えのある概説書を書くべきではないか。私はそう考えていた。
　ミネルヴァ書房編集部の杉田啓三氏（現社長）にテキスト執筆の誘いを受けたのは「ベルリンの壁」の崩壊（1989年）から少したった頃のことであった。大きく変動する時代にこそ歴史的な眼が必要だ，法と秩序のあり方が国内的にも国際的にも変貌を遂げつつあるこの時期に西洋法の通史を提示することが大切だ，と

359

いう主旨だったように思う。私は同感し，恩師勝田有恒教授とともに執筆にとりかかることにした。

　しかし，難しいことは難しい。私は自分の研究や大学改革の仕事に追われ，概説書の執筆の方はついつい先伸ばしにしてしまった。時間はたちまちのうちに過ぎ，ついに21世紀がやってきた。法科大学院設立の声も聞こえてきた。もはやこれ以上伸ばすことはできない。そう考え，勝田教授とも相談し森征一教授に編者に入って頂き分担執筆によって著作を完成させることにした。幸いこの間に勝田教授の下で直接，間接に学び研究した若手研究者も育っていた。その意味では分担執筆といっても調和のとれた思索を全編を通して展開することは可能だった。また，最先端の研究に従事している優秀な若手研究者に参加してもらうことで，テキスト全体を活性化することが期待できた。結果は狙い通りになっていると思う。ただ，執筆者の多くが大陸法それもローマ，ドイツ法史を中心に研究しているため手薄な部分が生じたこと，とくにイングランド法史の扱いが不十分だったことは認めざるを得ない。この点も含めて，将来さらに内容を充実させることができればと考えている。

　むろん，勝田教授を中心とする研究者グループによる思索といっても全体の骨子を決め，執筆者それぞれの長所を生かしつつまとめていくことは容易ではない。この点では，とくに屋敷二郎氏に御活躍いただいた。表現や用語の統一はもとより全体の整合性を図るうえで，有能な氏の精力的作業がなければ本書はいまだに刊行されていなかったであろう。なお，文体のある程度の統一には山内があたった。

　最後に杉田啓三社長に改めてお礼を申し上げたい。「思い切って書いて下さい。その方がよいものができます」という最初の言葉通り，このように分厚い概説書を出すことができたのは，現在の出版事情を考えるととりわけ有り難いことだと思う。また，編集部の河野菜穂さんには，ずいぶん面倒な作業を実にていねいにして頂いた。河野さんの熱意と技量に深く謝意を表したい。本書が良質な著作として社会で高く評価され広く読まれることをもってお礼にかえたいと思うが，さてどうなるであろうか。

2004年8月30日

　　　　　　　　　　　　　　　　　　　編著者を代表して　山内　進

人名索引

ア 行

アーゾ　*130, 166*
アイヒホルン　*277*
アウグストゥス　*29, 30, 31, 35, 39*
青木周蔵　*340*
アクィナス，トマス　*132, 143, 151, 246*
アックルシウス　*130, 132, 138, 203, 204, 206*
阿部謹也　*42, 110*
アリストテレス　*129, 132, 167, 208, 210, 219, 224, 227, 258, 298*
アルチャート　*202, 203*
アンドレアエ　*147*
イヴォ　*143*
イェーリング，ルドルフ・フォン　*13, 279, 288-290, 292, 316*
イェリネック，G.　*306*
イェリネック，W.　*327*
五十嵐修　*70*
イシドールス　*142, 143*
伊藤博文　*340*
イルネリウス　*122, 123, 127, 129, 131, 143, 211*
インスティトリス　*198*
インノケンティウス３世　*144, 146*
インノケンティウス４世　*147, 151*
インノケンティウス８世　*198*
ヴァラ　*202*
ヴィーアッカー　*160, 207, 208, 237, 264, 278, 289, 315*
ヴィノグラドフ　*282*
ヴィントシャイト　*279, 285-290, 292, 309, 310*
ヴェーバー，マックス　*165, 226*
ヴェルカー　*302*
ヴォルテール　*195, 256, 259, 260*
ヴォルフ，クリスティアン　*251, 304*
梅謙次郎　*341*
ウルバヌス２世　*111*
ウルピアヌス　*21, 34-36, 60*
エーベル　*111*
エールリッヒ　*288, 290-292*

エカテリーナ２世　*256*
エストライヒ　*226, 227, 229, 247*
江藤新平　*338, 339*
エドワード１世　*166, 167*
エリアス，ノルベルト　*226*
オーコック　*300, 306*
オースティン　*341*
オットー大帝　*106*
オドアケル　*56*
オドフレドゥス　*129*
オトマン　*205*
オベルトゥス　*127*

カ 行

カール４世　*163*
カール５世　*191, 193*
カール大帝　*52, 70, 71, 74, 93, 141, 142, 209*
ガイウス　*21, 23, 24, 32-34, 36, 37, 57, 60*
カエサル　*29, 39, 46*
兼子仁　*298, 306*
カラカラ帝　*25*
カルプツォフ，ベネディクト　*194, 196-198, 237, 238, 240*
カルマー　*263*
ガロファーロ　*316*
カント，イマヌエル　*255, 273, 276, 302, 304, 316*
カントロヴィッツ　*289, 290, 327*
カンバセレス　*265*
キーヌス（チーヌス）　*133, 134*
ギールケ，オットー　*281, 302, 310-314, 322, 341*
キケロ　*17, 31, 246*
キルヒマン　*288*
グージュ　*266*
クーデンホーフ　*1*
クザーヌス，ニコラウス　*171*
クック，エドワード　*6, 167, 168, 305*
グナイスト　*303, 305*
クライトマイア　*237*

361

クライン 263
グラックス 28
グラティアヌス 143, 144
グランヴィル、ラヌルフ・ド 96, 166, 167
グリム、ヤーコブ 93, 274, 276, 280
栗本（安芸守）鋤雲 338
グレーヴィチ 6, 7, 42
グレゴリウス7世 107, 111, 123, 149, 150
グレゴリウス9世 145
クレッシェル、カール 42, 49, 92, 330
クローヴィス 52, 55, 56, 58, 65, 68, 224, 238, 245, 247-249, 251, 252
ケープラー、ゲルハルト 92
ケルゼン 291, 327, 329
ゲルバー 302, 306
ケルン、フリッツ 91, 92
ケンピン、エミリー 313, 321
コクツェーイ、ザムエル 262, 263
コシャカー、パウル 167, 331
ゴトフロワ（ゴトフレードゥス） 61, 205
コバルビアス、ディエゴ・デ 241, 246
コンリング、ヘルマン 201, 208, 209, 211, 212, 232, 238, 289

サ　行

サヴィニー、フリードリヒ・カール・フォン 34, 264, 274-280, 283, 285, 292, 301, 344
坂本龍馬 337
サレイユ 290
ジェニー 290
ジェランドー 298
ジェンティーリ 248, 249
塩野宏 306
シュヴァルツェンベルク、ヨハン・フォン 192, 193
シュタール 305, 307
シュタイン 340
シュトリュク 213, 233, 241-243, 250, 251
シュトルーヴェ 235, 236, 241
シュプレンガー 198
シュミット、エーベルハルト 113, 188, 260
シュミット、カール 329, 330
シュロッサー、ハンス 92, 93
シルター、ヨーハン 213, 241
ジンツハイマー 327

スアレス、フランシスコ 246
スヴァーレツ 261, 263
スキピオ 28
スタンダール 266
スミス、アダム 304
聖ルイ 95, 164, 165
セプルベダ 247
世良晃志郎 10, 79
ゼン、マルセル 97
ソト、ドミンゴ・デ 246, 247
ゾンネンフェルス 229, 264

タ　行

ダーウィン 282
タキトゥス 41, 42, 44, 46, 48, 68, 80, 209, 236
田中英夫 165
ダンテ 143
ダンネンバウアー 42, 43
ツァイラー 264, 265, 301
ツァジウス 202, 206-208, 233
津田真道 337
ディーステルカンプ 93
ディオクレティアヌス帝 30, 35, 58
ディドロ 256
ティボー 274-277
テウトニクス 144, 146
テオドシウス帝 36
テオドリック大王 56, 57
デカルト 245, 279
テヒョウ 340
デュムラン、シャルル 95, 265
デュギー 303
デュクロック 299
デュランティス 147
テレージア、マリア 264
ドノー 205, 247
ドマ、ジャン 251, 265
トマージウス 242, 250, 262
富井政章 341
トリボニアヌス 60, 61, 143, 204

ナ　行

夏目漱石 342
ナポレオン 256, 261, 265, 266, 273, 274, 299, 301, 338

西周　337
ネル，クヌート・W.　93

ハ 行

バーマン，ハロルド・J.　70, 107, 148
ハイネクチウス　242, 243
ハインリヒ4世　107, 111, 123
ハインリヒ5世　89
ハインリヒ7世　111
ハインリヒ獅子公　112
パウルス　34-36, 60
パスカル　251
バトビイ　298
ハドリアヌス1世　141
パノルミタヌス　148
パピニアヌス　21, 34-37, 60
バルドゥス　5, 133, 134, 159, 164
ハルトゥング　172, 179
バルトルス　5, 122, 132-138, 159, 202-204, 206, 207, 234
バルベイラク，ジャン　250
ハワード，ジョン　260
ハンニバル　28
ビスマルク　303
ビトリア，フランシスコ　246, 247
ピュッター　211, 242, 263
ビュデ　202-204
ビルクマイアー　316
広渡清吾　324
ビンディング　316
ヒンデンブルク　326
フーコー，ミシェル　256
フーバー　330
プーフェンドルフ　248-250, 264
フェール，ハンス　108
フォイエルバハ　276, 316, 317
フォーテスキュー　167
フォンテーヌ，ピエール　164
フカール　299
ブフタ　279, 288-290
プラーニッツ　88
ブラウン，ピーター　106, 113
ブラクトン，ヘンリー・ド　6, 96, 166
ブラックストン　168
ブラント　206

ブリアン　1
フリードリヒ1世　111, 112, 120, 124
フリードリヒ2世（皇帝）　111, 120, 145, 163
フリードリヒ2世（大王）　251, 256-258, 261-263
フリードリヒ3世　172, 173
ブルヒャルト　142
フルベッキ　340
ブルンナー，オットー　44, 86, 108, 218
ブルンナー，ハインリヒ　42, 48, 104, 105
ブルンネマン　194, 242
ブロック，マルク　53, 79
ヘーゲル　273, 316, 328, 330
ベーゼラー　280
ベーマー　194, 242, 250
ベール　303-305
ベッカリーア，チェザーレ　257, 259, 316
ヘック　291, 292
ヘネベルク，ベルトルト・フォン　172
ヘラー　327, 329
ベンタム，ジェレミー　260
ヘンリー8世　168, 247
ボアソナード　338-340
ホイートン　337
ホイジンガ　109
ホスティエンシス　147
ボダン，ジャン　218, 223-225
ホッブズ，トーマス　248-250, 272, 329
穂積陳重　340, 341
穂積八束　339
ポティエ　265
ホノリウス3世　124, 144, 164
ボマノワール，フィリップ　95, 164
ポルタリス　265
ボワソナード　266

マ 行

マイヤー，オットー　305-307
マイヤー・テオドール　220
マウス　330
マウリッツ　224
マキアヴェリ　222-224
マクシミリアン　178, 184, 192, 193
マクシミリアン1世　111, 112, 163, 173, 183
マティルダ　123

マルティーニ　*264*
ミッタイス，ハインリヒ　*42, 29, 80, 112*
箕作麟祥　*338, 339*
村上順　*300*
村上淳一　*92, 290*
メイトランド　*282*
メイン　*281, 282, 341*
メヴィウス　*236, 238, 240, 250*
メッテルニヒ　*277*
メランヒトン　*212*
メンガー，アントン　*310-312, 314, 341*
モール　*302, 304, 305*
モッセ　*340*
モデスティヌス　*35, 36*
森義信　*73*
モンテーニュ　*259*
モンテスキュー　*257, 258, 263, 298*

ヤ 行

ユスティ　*229*
ユスティニアヌス　*13, 14, 33, 35, 52, 55, 58-60, 62, 63, 122, 125, 126, 130, 131, 166, 233*
ユリアヌス　*33*
ヨーゼフ2世　*264*

ラ 行

ラートブルフ，グスタフ　*113, 327, 332*
ラーバント　*285, 302, 303, 306*
ラーレンツ　*328*
ライザー，アウグスティン　*242*
ライムンドゥス　*145, 147*
ラフェリエール，F.　*298*
ラフェリエール，E.　*300*
ラス・カサス　*247*
リスト　*316, 317*
リトルトン　*167*
リプシウス，ユストゥス　*167, 209, 218, 223-226, 238, 247*
リュータース　*332*
ルター　*180, 181*
レオポルト2世　*261, 264*
レプゴウ，アイケ・フォン　*94*
ロエスラー　*340*
ロータル2（3）世　*211, 212*
ロック，ジョン　*252, 272*
ロテック　*302*
ロンブローゾ　*316*

事項索引

ア 行

アイゲン　*100*
アウクスブルクの宗教平和令　*181, 182*
アエブティウス法　*23*
握取行為　*24*
アクティオ（訴権）　*22, 32, 34*
アジール　*101, 110*
アハト　*47, 48, 175, 181, 184*
アラゴン慣習法書　*95*
アラリックの抄典　*57, 65, 72*
アルノルト訴訟　*262, 263*
アレマンネン法典　*72*
按察官　*19*
アンシャン・レジーム　*265, 296*
家　*205, 223, 257*
違憲立法審査権　*297*
遺言　*98*
イタリア学風（mos italicus）　*159, 162, 195, 203*
イタリア政策　*120*
一般条項　*323-325, 332*
一般予防　*258*
イネ王法典　*59*
『イングランドの法と慣習』　*96, 102, 166, 167*
『イングランド法註解』　*168*
インテルポラーティオ　*61*
引用法　*36, 37*
ヴェストイェータ法典　*96*
ウェストファリア条約　*174, 179, 225, 295*
ヴォルムス協約（1122年）　*107*
永久告示録　*33*
永久法　*246*
永久ラント平和令　*163, 173-175, 182, 192, 193*
嬰児殺　*258*
エウリック王の法典　*57, 72*
エクイティ　*165-167*
エストイェータ法典　*96*
エセルビルフト王法典　*58*
欧州連合（ＥＵ）　*2, 161*

カ 行

王法（lex regia）　*131, 135*
応報刑　*316*
オーストリア一般民法典（Allgemeines Bürgerliches Gesetzbuch）　*251, 264, 265*
恩給制　*80, 81*
改革法典（Reformation）　*97, 207, 233, 237*
外国人係法務官　*20, 22, 23*
解答権　*31, 33, 37, 60*
概念法学　*288, 290-293, 310, 316*
『海洋自由論』　*248*
加害者委付　*32*
書かれた理性（ratio scripta）　*161, 132, 213, 232, 251*
下級所有権　*322*
学識法　*3, 5, 156, 158, 159, 178, 233, 310*
確実な法的根拠　*236*
学説彙纂　*14, 34, 35, 60-62, 122, 126, 159, 202-204, 206, 210, 241, 242, 251, 271, 273, 285, 295*
学説法　*60*
家産制　*222*
カズイスティク　*67, 271*
家政学　*219, 224*
カノン法　*5, 53, 96, 100, 107, 124, 141, 142, 148-152, 158, 160, 162, 166, 167, 241, 337*
カノン法訴訟　*160, 161*
カノン法大全　*145*
家父　*11, 15, 32, 44-47*
家父権（パトリア・ポテスタス）　*11, 15, 21, 22, 32*
家父権（ムント）　*11, 45, 80, 87, 98, 219, 220, 222, 257*
カマヴィ法典　*73*
神の休戦　*110*
神の平和　*110, 111, 153*
カルプツォフの理論　*187*
カロリーナ刑事法典　*187, 189, 191, 193, 194-198, 240, 241*

365

カロリング朝　52, 65, 70, 74
勧解　339, 340
慣習法　6, 17, 69, 74, 81, 82, 91-96, 120, 129, 160, 163, 164, 166, 168, 233, 242, 251, 265, 274, 275, 281
官房学（Kameralistik）229
官僚制　224-227
偽イシドールス教令集　142
騎士　85, 108, 110, 180, 228
騎士フェーデ　108
貴族　42-44, 69, 74, 80, 82-87, 96, 106, 108, 110, 121, 175, 221, 227, 228
旧学説彙纂　127
旧民法　266
糾問訴訟　152, 156, 187, 189, 190, 193-197, 260
旧ヨーロッパ（Alteuropa）218, 219, 223, 225, 228, 257
教会　52, 65, 69, 71, 74, 98, 106, 107, 126, 141, 143, 148, 150, 158, 160, 180, 195, 220, 228, 229, 296
教会法　53, 71
教皇　5, 53, 70, 104, 107, 119, 121, 209
教皇革命　104, 107, 111, 113, 148
教皇訓令書　149, 150
教皇令集学派（デクレタリスト）147
教皇令集録5巻　144
教師団体　124
教授免許　124
行政裁判所　297
共通見解（communis opinio）133
教令集学派（デクレティスト）146, 147
共和政　30
紀律（disciplina）226, 227
紀律化　157
金印勅書　97, 163
緊急命令権　326
近代学派（新派）316
近代家族　257
近代公法学　295-297, 305
近代公法理論　298
近代市民法　321, 322
近代市民法原理　343
近代法　3, 270-272, 319, 320
近代法学　319
近代法原理　270, 272, 281

近代法システム　270, 272, 319, 330
グーツヘルシャフト　87
クーリア会　18
具体的秩序思考　329
苦痛刑　102, 112, 259, 260
区別（distinctio）133
グラーガース　95
グラティアヌスの教令集（decretum）143, 144, 146
グレゴリウス9世教皇令集　145, 147
グレゴリウスの勅法集　56, 57
クレメンス集　145
グンドバッド法典　65
刑罰　67, 104, 112, 113, 137, 198, 252, 258-260, 317
刑法　102, 150, 151
刑法学　240
啓蒙　255, 256, 277
啓蒙思想　317
啓蒙主義　157, 237, 255-260, 266, 271
啓蒙主義者　256
啓蒙絶対主義　227, 251, 257, 262, 264, 315, 322
契約　53, 66, 70, 78, 79, 84, 100, 121, 123, 137, 149, 150, 152, 236, 237, 249, 250, 266, 270, 283, 287, 289, 296, 310, 312, 319, 321, 323, 328, 329, 343
ゲヴェーレ　45, 46, 81, 98
血讐　4, 86
ゲッティンゲンの7教授　280
決闘裁判　4, 101, 102, 105, 108, 112, 160, 164
家人（ミニステリアーレン）86
『ゲルマーニア』41, 43, 44, 46, 209, 236
ゲルマニステン　13, 279-281, 310, 311, 322, 331
ゲルマン法　10, 11, 280, 310
『ゲルマン法の起源（De origine iuris germanici）』201, 208, 209, 211, 213
厳格法　13
元首　31
元首政　30, 36
現代法　270
『現代ローマ法体系』274
ケントゥリア会　18
権利　4, 7, 27, 343
『権利のための闘争』289
元老院　15, 20, 28-30, 204

元老院議決　33
公共の福祉　227, 321-323, 329, 331
公権力　301
公私二元論　320, 321
構成法学　286
公撰書　61, 126
公知性　235, 236
公知性の理論　234, 235
皇帝　5, 53, 62, 70, 104, 106, 107, 119-121, 124, 129-131, 135, 136, 161-163, 171-174, 178-180, 184, 209-211, 225, 234, 264
高等按察官　33
高等法院（パルルマン）　164, 165, 204, 221
衡平　31
衡平法　13, 23, 167
公法実証主義　302, 303, 306, 307
拷問　153, 190, 193, 195, 197, 257
合理化　226
功利主義　260, 261
国王裁判所　71
告示　23, 31, 33
告訴主義　102
『古代法』（1861年）　281, 282
古典学説　41, 43, 81, 82
古典学派（旧派）　316, 317
古典荘園　88
古典荘園制　87
護民官　16, 21, 30
コモン・ロー　96, 165-168, 305
コモン・ロー裁判所　168, 305
固有法　213, 232, 233, 235, 236, 240, 242, 243, 250, 281
コルプス・ユーリス　126, 130-133, 137
コンスタンツの和約　120
コンスタンティヌスの寄進状　142
コンスル　56, 59
コンセイユ・デタ（国務院）　297-301, 303
コンソレ　119-121

　　　　　サ　行

罪刑均衡　258
罪刑法定主義　317, 333
裁治権　120, 135-137, 234
裁判手続論　146
財務官　19

ザクセンシュピーゲル　85, 94, 95, 97, 100, 102, 105, 164, 237, 238, 240
ザクセン法典　72
サビヌス派　31-34
サリカ法典　48, 52, 58, 65-68, 74, 223
サン・ルイ法令集　95
三月革命　280, 302, 304, 305
三権分立　297
三十年戦争　171, 174, 183, 184, 225
参審員　303
参審人　72, 86, 93, 94, 160, 189, 193, 196
三部会　227
時空　2-4, 10, 13, 59, 218, 223, 246, 252, 263, 319, 343
自権者　21, 32
自己保存　252
市場集落　88
自然権　252, 253, 304
自然状態　252
自然法　23, 107, 137, 157, 168, 213, 223, 232, 236, 246, 248-251, 261, 264, 265, 270, 272, 274-276, 290, 295, 324, 332, 333
自然法論　224, 237, 245-249, 252, 264, 277, 278, 282, 286
自治権　120
自治都市　118, 119
7部法典　95
執政官　16, 18-20, 28, 30, 43
実体的真実原則　190, 194
ジッペ　41, 42, 44, 45, 47, 69, 104
四帝国理論　209
指導原則　278, 283
支配権移転理論　209
自白　190, 191, 197
市民　87, 89, 223, 228, 280
市民係法務官　20, 22
市民社会　253, 270, 279, 281, 301, 329
市民的家父長制　320
市民法　22, 24, 25, 137, 223, 270
市民法原理　319, 341
市民法大全　52, 60-62, 126, 202, 274, 279, 281, 285
『使命』　275-278
社会契約　252, 282, 304
社会契約論　259, 329

事項索引　367

社会主義　311, 312
社会的紀律化　218, 225-228, 237, 255, 256
社会的所有権　322, 323, 328
社会的平等　323
社会法　270, 282, 288, 307, 310, 321
社会法学　290
ジャック・ダブレージュのフランス大慣習法書　95
シュヴァーベンシュピーゲル　94
集外法規集（Liber extra）　145
宗教改革　171, 174, 179-182, 206, 224, 225, 271
宗教戦争　224, 225
宗教平和令　174, 183
自由刑　112, 260, 317
自由婚　98
従士　42, 45
従士制　80, 83
自由人　41-44, 67, 69, 71, 73, 74, 78, 80, 82-84, 102, 108, 205
12世紀ルネサンス　113
12表法　13, 16, 17, 22-24
自由法運動　320, 323, 325
自由法学　292, 330
自由法論　288, 291, 304, 316
自由法論者　290
主権　135, 136, 222-224, 226, 229, 252
主権国家　296, 305
授権法　326
手工業者　89
シュタイン＝ハルデンベルクの改革　264
シュライマンネン　47, 188
荘園　86
荘園制　78-83, 336
荘園法　53
上級所有権　322
使用取得　25
商人　88, 119, 121-123
証人　47, 102, 152, 161, 191
商人定住地（ヴィークス）　87, 88
商人法　53
常備軍　224-227
証明理論　234
条約改正　341-343
条例　120, 121, 130, 131, 134-138, 212, 228, 229, 234, 242

条例優先理論　137, 159, 178, 234, 235, 242
条例理論　233, 234
諸巻　127
贖罪　258
贖罪金　48, 59, 67-69, 100, 101, 111
助言　134
助言と助力（consiliun et auxilium）　221
職権主義原則　189, 194
職権審理手続　35
所有権　223, 249, 266, 270, 272, 287, 297, 319, 322, 323, 328, 330
自力救済　11, 35, 46, 52, 67, 86, 101, 108, 218-220, 222
人格　270, 319
新学説彙纂　127
進化論　281-283
信義誠実　23, 31, 323, 332
信義則　323, 324
新旧論争　248
人権　6, 297
人権宣言　249, 271, 297
親告訴訟　187
親告手続　193
新ストア主義　218, 222, 224, 226, 247
神聖ローマ帝国　191, 209, 210, 225, 232, 237, 240, 264, 272, 273, 279, 295, 301, 302
身体刑　104, 111-113, 317
新勅法彙纂　61, 62, 126
シンディカートゥス制　203
人的結合国家　220
神判　101, 102, 104, 106, 108, 158, 160, 164
審判手続　22, 23
審判人　22, 35
人文主義　201, 203, 206, 233, 316
人文主義法学　156, 162, 201-203, 205, 232, 249, 278
神法　223
人命金　67
スカンスケ・ロー　96
スコーネ法書　96
スコラ学　125, 129, 132, 158, 201, 206, 207
正義　5, 151
誠実　80, 81, 83, 100, 236
聖職者　221
聖職叙任権闘争　53, 104, 106, 119, 123, 124,

126, 158
聖俗分離　7, 104, 106, 113
正当価格　152, 229
制度的領域国家　220
政務官　16, 18, 19, 21, 30
誓約　110, 111
雪冤宣誓　101, 161
絶対主義　225-227, 229, 257, 264, 329, 330
専主政　30, 35
宣誓　47, 88, 101, 102, 104, 105, 112, 149, 152, 161, 188, 189
宣誓補助者　47, 101, 161, 188
『戦争と平和の法』　249
全体主義　327
選帝侯　163, 173
捜査原則　190, 194
争定決定　22, 160
属人主義　57
属人法　72, 96
属地主義　57
属地法　96
訴権　339, 343
訴訟記録送付　159

　　　　　タ 行

大学　121, 124, 125, 162
　——ウィーン　311
　——オックスフォード　121, 166
　——ケンブリッジ　166, 168
　——パヴィア　146, 202
　——パリ　121, 122, 145, 146, 298, 338, 339
　——ハレ　242, 243, 250, 251
　——フィレンツェ　122
　——ベルリン　340
　——ボローニャ　53, 95, 121-124, 127, 145, 146, 158, 202, 211
　——ライデン　208, 209, 224, 238, 247, 248, 337
大学団　124
大権判決　257
大法官府裁判所　166-168
第六書　145
託身　80
弾劾手続　102, 187, 188
註解（commentaria）　131

註解学派（commentatores）　121, 129, 132, 134, 152, 159, 203, 249
中間団体　223, 224
中間的諸権力　226, 227
註釈（glossa）　130
註釈学派（glossatores）　129-132, 146, 241
中世ローマ法学　5, 129, 157, 203
『中世ローマ法史』　274
徴憑　189-191, 193, 196, 198
徴憑理論　190, 194, 196
勅法　31
勅法彙纂　14, 61, 62, 122, 126, 127, 202
勅令　74, 143
剣の貴族（Nobless d'épée）　222
ディオニシアーナ　141, 142
帝国　158, 161, 162, 171-173, 178, 193, 209-211, 225, 226, 228, 296
帝国アハト　112
帝国改造運動　174
帝国改造計画　163
帝国議会　192, 193, 210, 221, 225, 309, 312, 313
帝国宮内法院　178-180, 183
帝国クライス　174
帝国公法論　295, 296, 302
帝国諸侯　180
帝国等族　172, 174, 175, 179, 182, 184, 209, 210, 225
帝国統治院　174, 182, 192, 193
帝国都市　181
帝国法　97
帝室裁判所　156, 162, 171, 173-175, 179, 180, 182-184, 191, 212, 225, 235, 296
帝室裁判所令　163, 174, 175, 179, 212, 242
テオドシウスの勅法彙纂＝テオドシウス法典　56, 57, 58, 59, 62, 72
テオドリック王の告示法典　57
手は手を守れ　100
テューリンガ法典　73
テレージア刑法典　193, 264
典雅法学　203
ドイチェンシュピーゲル　94
『ドイツにおける一般民法典の必要性について』　273
ドイツ普通法学　285
ドイツ民法典（ＢＧＢ）　206, 251, 285, 286,

事項索引　369

309, 312-315, 321, 328
――第一草案　310, 312, 341
――第三草案　313
――第二委員会　312
――第二草案　341
同害報復　112, 259
動産　46, 98
等族（Stände）　220, 221, 227, 229
『統治二論』　252
独裁官　19, 204
戸口総監　18-20, 32
特別平和　110
都市　87-89, 118-120, 125, 131, 135, 163, 171, 206, 207, 220, 221, 227, 228, 234, 280
都市国家　118, 119, 122, 131, 135-137
都市自治　121
都市法　88, 97, 98, 207
都市法家族　97
土地保有農　86, 87
トリブス会　18

ナ 行

ナチス　303, 325-327, 329, 330, 331, 333, 342
ナチス政権　332
ナチス法　307
ナチズム　292, 330
ナポレオン法典　266
西ゴートのローマ法典　57
ネーデルラント運動　224, 238, 247
ネーデルラント後期人文主義　209
農民　53, 79, 81-84, 87, 96, 108, 180, 228, 280
ノルマンディー大慣習法書　95

ハ 行

パーラメント　221
バイエルン法典　72
売官制　222
パヴィア法学校　122
伯管区制　73
伯裁判所　71, 72
博士たちの共通見解　159, 203
莫大損害（laesio enormis）　229
ハドリアヌス法典　71, 142
パトリキ　15-18
ハビタ　124

バリアドリーの大論争　247
パリ学派　298, 299, 306
パリ慣習法　164, 265
パリ大慣習法書　95
パリンプセスト　125
反映刑　112
判決人　174, 175, 178
判決発見人　72, 81, 93, 160, 193
判告　97
万国教授権　124, 125
判告集　82
判告録　73
『犯罪と刑罰』　257, 259
パンデクタエ　60
パンデクテンの現代的慣用　157, 208, 213, 230, 232, 234, 236-238, 240-243, 245, 250, 261, 262, 285
パンデクテン法学　31, 206, 251, 279, 285, 287, 288, 290-292, 302, 306, 315, 316, 320, 330, 331, 340, 341
『パンデクテン法教科書』　285, 286, 310
バンベルク刑事裁判令（バンベルゲンシス）　192, 193
万民法　22-25, 137, 246, 247, 249, 295
判例法　3, 69, 168, 341
庇護関係　78, 83
庇護民　28
ピサ本　126, 133, 202, 204
卑俗ローマ法　57
人及び市民の権利宣言（Déclaration des droits de l'homme et du citoyen）　265, 267
評価制度　121
『標準註釈』　130, 131, 138
『標準注釈書』　146
ファスケス　19, 204
不移管・不上訴特権　163, 225
不移管特権　175
フィレンツェ本　126
風評　194, 195
風評訴訟　187, 188
フェーデ（私戦）　4, 44, 47, 48, 69, 71, 86, 104, 108, 109, 111, 112, 171-173, 175, 187, 218, 219, 225
フェーメ　187
フェミニズム　320

普及本　*126, 133*
復讐　*44, 47, 48, 69, 101, 108, 151, 187, 190*
不上訴特権　*175*
武装権　*108, 110*
部族　*97*
部族法　*54*
部族法典　*57, 59, 62, 67, 74*
普通追加教皇令集　*145*
普通法（ユス・コムーネ）　*13, 53, 54, 131, 137, 138, 141, 156, 158-161, 166, 167, 207, 210, 232-235, 240, 274, 279, 281*
普通法学　*296*
不動産　*46, 98*
フライジング法書　*95*
フライブルク改革都市法典　*207*
フランクフルト憲法　*304*
フランクフルト国民議会　*280, 302*
フランス学風　*203, 206*
フランス革命　*156, 266, 272, 274, 276, 296, 297, 304, 339*
フランス民法　*309*
フランス民法典（Code civil）　*34, 251, 266, 275, 276, 298*
フリーゼン法典　*73*
ブルク　*42*
ブルグス（市場集落）　*87, 88*
ブルグントのローマ法典　*58*
ブルグント法典　*58*
プレブス　*16, 17, 18*
プロイセン一般ラント法　*193, 251, 263, 264, 267, 285, 309*
プロクルス派　*31-34*
プロロガティオ　*149*
分析法学　*281*
文明化　*226*
平民会　*16*
平民会決議　*17*
平和　*44, 49, 71, 88*
平和会議　*109, 110*
平和金　*66, 67*
平和喪失　*47-49, 67, 101, 112*
平和令　*173*
ヘルモゲニアーヌスの勅法集　*56, 57*
ヘンリー一世の法律　*96*
「ボヴェジ慣習法書」　*95, 102, 164*

法学識者　*5*
『法学提要』　*34*
法学提要　*14, 60-62, 122, 126, 166, 206, 237*
封建社会　*53, 78-80, 84, 87, 96, 108*
封建制　*6, 53, 73, 78, 79, 82, 84, 221, 296, 319, 322, 336*
封建法書　*94, 97, 127*
方式書訴訟　*23, 35, 36, 286, 288, 291, 292, 302, 307, 320, 323, 329, 332, 333, 341*
法実証主義批判　*324*
法社会学　*290*
法書　*94*
封臣制　*80, 81*
封臣制度　*83*
法生活の学問化　*159*
法曹学院　*166-168, 341*
法曹法　*3, 280, 291*
法治国家　*7, 304-306*
『法廷鑑』　*147*
法廷手続　*22, 23*
法典編纂　*14, 243, 250, 255, 262, 264, 265, 274-277, 282, 283*
法典論争　*273, 275-277, 283*
法の支配　*305*
『法の精神』　*257, 258*
法判告　*93*
法服貴族　*222*
法務官　*18-20, 22-24, 33, 43*
法務官法　*23*
法律訴訟　*23, 35*
補強学説彙纂　*127*
保護者　*28*
ポデスタ制　*121, 134, 203*
ポリツァイ　*218, 221, 225, 227-229, 304, 322*
ポリツァイ学　*229*
ポリツァイ事項　*296*
ホルテンシウス法　*17, 18*
ボローニャ大学の4博士　*130*
ボローニャ本　*126, 127*
ポワティエ学派　*298, 299, 306*

マ　行

マクシミリアン・バイエルン民法典　*237*
魔女裁判　*194-198, 225, 238, 250*
『魔女の鉄鎚』　*198*

事項索引　　*371*

全き家　219, 257
身分　79, 84, 85, 158
身分から契約へ　281, 282
身分制議会　172, 218, 221, 223, 225, 227, 297
身分制国家　156
身分制社会　270
ミュールハイゼン帝国法書　95
民会　11, 16-18, 20, 21, 27, 29, 30, 43, 49, 121, 221
民衆法　280, 310
民族精神　278, 281, 283
民法典　331
『民法典序論』　266
民法典編纂　292
名誉革命　253
命令権　15, 20, 21, 28-30
目的法学　289
問答契約　25

ヤ 行

夜警国家　299
有拠主張論　213, 235
ユスティニアヌス法　210
ユスティニアヌス法典　17, 34, 52, 54, 55, 58-63, 125-127, 129, 130, 159, 160, 195, 205
ユリアヌス抄録　126
ヨーロッパ経済共同体（EEC）　1, 2
良き古き法　91, 92, 96, 150, 225, 264
ヨハネス22世追加教皇令集　145

ラ 行

ライン同盟　275
ライン同盟時代　276
ランゴバルド法　211
ラント　225
ラントにとって有害な人々　188
ラント平和　220
ラント平和令　97, 104, 111-113, 172, 183
ラント法　97, 220, 240
リアリズム法学　288, 292
『リヴァイアサン』（1651年）　252
利益衡量　330
利益法学　288, 290-292, 320, 323, 324, 330

理性　132, 133, 157, 219, 245, 249, 256, 261, 262, 274
立憲主義　297
『立法と法学に対する現代の使命』（1814年）　274
リブアリア法典　58
領事裁判　338
両法博士　125, 158
ルネサンス　118, 125, 156, 201, 204, 271
流布本　202
レヴィジオ　178, 183
レーエン　53, 85, 86, 179, 322
レーエン制　78-81, 83, 343
レーエン法　53
レガーリア　85, 120, 171
歴史法学　243, 273, 276-279, 281, 283, 336
『歴史法学雑誌』　277
歴史法学派　264, 277, 279, 310
レッケスヴィント王の西ゴート法典　57
ロータリ王の告示　58
ロータル伝説　208, 211-213, 235, 238
ローマ＝オランダ法　206
ローマ＝カノン法訴訟　153, 163, 164, 165
ローマ教皇　106
ローマ法　5, 6, 10, 11, 13, 32, 39, 53, 55, 57, 65, 94, 96, 100, 107, 118, 122-126, 129-132, 135, 136, 141, 143, 151, 156, 158, 160-162, 164, 166, 167, 190, 193, 195, 201-203, 205-208, 211-213, 230, 232, 234, 236, 238, 242, 243, 251, 265, 271, 277, 279, 281, 285-287, 290, 310, 331, 336, 343, 344
ローマ法継受　156-163, 165, 175, 187, 196, 206, 210, 212, 232, 233, 234, 237, 242, 280, 322, 331
ローマ法の効力　211
ロマニステン　278-281, 285, 311, 331
ロマン主義　278

ワ 行

ワイマール共和国　325
ワイマール憲法　320-323, 325-327, 331, 342
和解　48, 151, 339
和解の体系　101, 112

執筆者紹介 （所属，執筆分担，執筆順，＊印は編著者）

＊山内　　進（一橋大学名誉教授，プロローグ／Ⅱ：総説／第3・4・5・
　　　　　　　6・7・8・11章／Y）

　屋敷　二郎（一橋大学大学院法学研究科教授，Ⅰ：総説／第1・2・16・18・19章／R）

＊森　　征一（慶應義塾大学名誉教授，第9・10章／S）

＊勝田　有恒（一橋大学名誉教授，元駿河台大学法学部教授，第12・17章／エピローグ／K）

　村上　　裕（関東学院大学法学部教授，Ⅲ：総説／第13・15章／M）

　藤本　幸二（岩手大学人文社会科学部准教授，第14章／F）

　松本　尚子（上智大学法学部教授，Ⅳ：総説／第20・22・24章／N）

　上田理恵子（駒澤大学法学部教授，第21・23章／U）

〈編著者紹介〉

勝田　有恒（かつた・ありつね）
- 1931年　熊本に生まれる。
- 1960年　一橋大学大学院法学研究科修了。
  一橋大学名誉教授、元駿河台大学法学部教授。
- 2005年　逝去。
- 主　著　「フリードリッヒ・バルバロッサといわゆる「ローマ法の理論的継受」」『法学研究』（一橋大学）6　1966年、「紛争処理法制継受の一断面──勧解制度の意味するもの」『国際比較法研究Ⅰ』1990年、Japan's grey legal culture : Studies in legal System ; Mixed & mixing, Martinus Nijhoff, 1966、「法継受論の展開──日本のグレーの法文化の形成」『比較法文化11』駿河台大学比較法研究所、2003年。

森　征一（もり・せいいち）
- 1943年　室蘭市に生まれる。
- 1967年　慶應義塾大学法学部法律学科卒業。
  慶應義塾大学名誉教授。
- 主　著　『満場一致と多数決──ものの決め方の歴史』（共編著）日本経済新聞社、1980年、『法と正義のイコノロジー』（共編著）慶應義塾大学出版会、1997年、『福澤諭吉の法思想』（共編著）慶應義塾大学出版会、2002年。

山内　進（やまうち・すすむ）
- 1949年　小樽市に生まれる。
- 1972年　一橋大学法学部卒業。
  一橋大学名誉教授。
- 主　著　『掠奪の法観念史』東京大学出版会、1993年、『北の十字軍』講談社、1997年、『決闘裁判』講談社、2000年、『文明は暴力を超えられるか』筑摩書房、2012年。

概説　西洋法制史

2004年10月15日　初版第1刷発行　　〈検印省略〉
2024年3月10日　初版第20刷発行

定価はカバーに表示しています

編著者	勝田　有恒
	森　　征一
	山内　　進
発行者	杉田　啓三
印刷者	坂本　喜杏

発行所　株式会社　ミネルヴァ書房
607-8494　京都市山科区日ノ岡堤谷町1
電話代表　（075）581-5191番
振替口座　01020-0-8076番

©勝田有恒・森征一・山内進, 2004　冨山房インターナショナル・吉田三誠堂製本

ISBN 978-4-623-04064-3
Printed in Japan

▍近世・近代ヨーロッパの法学者たち——グラーティアヌスから カール・シュミットまで

——勝田有恒・山内進編著

A5判　442頁　本体3500円

多彩で，個性的な法学者たちにスポットをあて，彼らについて基本的な事項を描き出すとともに，西洋法制史の基本的理解を深める書。

▍グロティウス『戦争と平和の法』の思想史的研究——自然権と理性を行使する者たちの社会

——山内進著

A5判　336頁　本体6500円

主に国際法と国際政治の世界で評価されてきたこの書を，ホッブスに先行する近代的政治・社会思想の先駆的著作として捉え直す。

▍法の文化社会史——ヨーロッパ学識法の形成から ドイツ歴史法学の成立まで

——河上倫逸著

A5判　328頁　本体3000円

ドイツでは学識法曹階層によるローマ法継受と慣習法の相克からザヴィニーを中心に歴史法学派が生まれる。それらを通し，ヨーロッパ近代法律学の形成過程を描く。

▍ヨーロッパ史のなかの裁判事例——ケースから学ぶ 西洋法制史

——U・ファルク／M・ルミナティ／M・シュメーケル著
小川浩三・福田誠治・松本尚子訳

A5判　472頁　本体6000円

古代から19世紀まで。18の裁判事例から各時代の法律家や人々の論理と思想を探る。

▍ローマ法とヨーロッパ

——ピーター・スタイン著　屋敷二郎監訳　関良徳・藤本幸二訳

四六判　224頁　本体2800円

ローマ法がヨーロッパ法文化の発展に果たした役割とは。その道程を辿り，ローマ法の発展過程を判例法や慣習法など，法生活の現実を意識した叙述から描き出す。

▍ローマ法の歴史

——ウルリッヒ・マンテ著　田中実・瀧澤栄治訳

四六判　160頁　本体2500円

近代の法制度にまで影響を与えた法をいかに発展させていったかを鮮やかに描き出したローマ法の入門書。

——ミネルヴァ書房——
https://www.minervashobo.co.jp/